이렇게만 공부하면 파이토치는 끝!

다양한 프로젝트로 끝장내는

파이토치 딥러닝

이렇게만 공부하면 파이토치는 끝!
다양한 프로젝트로 끝장내는 파이토치 딥러닝

초판 1쇄 인쇄 | 2024년 12월 05일
초판 1쇄 발행 | 2024년 12월 10일

지은이 | 신은섭
펴낸이 | 김휘중
펴낸곳 | 위즈앤북(Wiznbook)
주   소 | 서울시 중구 창경궁로1길 14 충무로하늘N 208호
전   화 | (직통/문의) 070-8955-3716
팩   스 | (도서 주문) 02-6455-5316
등   록 | 제25100-2023-045호
정   가 | 23,000원
ISBN | 979-11-986853-4-6 13000

기획/진행 | Vision IT
표지/내지 디자인 | 서혜인
인스타그램 | www.instagram.com/wiznbook
페이스북 | www.facebook.com/wiznbook
블로그 | blog.naver.com/wiznbook

열정과 도전을 높이 평가하는 위즈앤북에서는 참신한 아이디어와 역량 있는 필자를 항상 기다리고 있습니다. IT 전문서에 출간 계획이 있으시면 간단한 기획안을 메일로 보내주세요. 도서 출간이 처음이신 분들에게도 위즈앤북의 문은 언제나 활짝 열려있습니다.
원고 투고 및 문의 : wiznbook@naver.com

Published by Wiznbook, Inc. Printed in Korea
Copyright ⓒ 2024 by 신은섭 & Wiznbook, Inc.

이 책의 저작권은 신은섭과 위즈앤북에 있습니다.
이 책은 저작권법에 의해 보호를 받는 저작물이므로 무단 복제와 무단 전재를 금합니다.

※ 잘못된 책은 바꾸어 드립니다.

머리말

이 책을 집어 든 여러분! 진심으로 환영합니다.

최근 몇 년간 우리는 딥러닝의 발전이 가져온 혁신적인 성과들을 목격해 왔습니다. 이미지 인식을 이용한 자율주행, 자연스러운 대화를 나누는 챗봇, 인간처럼 질문에 답하는 검색 엔진까지 딥러닝의 응용은 우리 생활 곳곳에서 찾아볼 수 있게 되었습니다. 특히, ChatGPT로 대표되는 생성형 AI는 텍스트뿐만 아니라 자연스러운 이미지를 생성하는 기술로 주목받고 있으며, 이는 앞으로도 기술 발전의 핵심 동력이 될 것입니다. 이처럼 딥러닝은 우리 삶에 실질적인 변화를 주고 있는 중요한 기술입니다. 이러한 기술을 이해하고 창의적으로 활용할 수 있는 능력은 여러분의 미래에 중요한 자산이 될 것입니다.

파이토치는 이러한 딥러닝을 가장 직관적이고 효율적으로 구현할 수 있는 도구입니다. 제가 파이토치를 처음 접했을 때 느낀 매력은 그 단순함 속에 숨겨진 강력한 기능들이었습니다. 수많은 연구자와 개발자들이 파이토치를 사랑하고 있으며, 최신 연구의 상당 부분이 파이토치로 이루어지고 있습니다. Papers with Code에 따르면 2024년 6월 기준으로 60% 이상의 딥러닝 연구 코드가 파이토치로 작성되었습니다.

저는 2017년 딥러닝 열풍이 불기 시작할 때 처음 딥러닝을 접했습니다. 시간이 지나면서 비교적 이른 시기에 딥러닝을 시작한 저에게 딥러닝 공부 방법에 관해 묻는 사람들이 많아졌고 스터디와 온라인 강의를 진행하면서 초심자들은 복잡한 이론에 쉽게 흥미를 잃지만 자신만의 딥러닝 모델은 빨리 만들어 보고 싶다는 점을 알게 되었습니다. 그래서 제가 찾은 방법은 "실습"을 위주로 공부하는 방법이었습니다. 실습을 통한 학습은 앞선 두 가지 문제를 해결함과 동시에 지속적인 흥미를 불러일으켜 공부를 지속해 나가는데 큰 도움이 됩니다.

이 책은 초심자가 쉽게 딥러닝을 시작할 수 있도록 단순히 이론을 나열하는 것에 그치지 않고, 프로젝트를 통해 이론을 실제로 구현하고 실습할 수 있도록 구성했습니다. 다양한 프로젝트를 직접 진행하면서 여러분은 이론을 실전에 적용하는 경험을 하게 될 것입니다. 이러한 실습 중심의 학습을 통해 딥러닝에 대한 이해도가 높아질 뿐만 아니라 딥러닝을 더 깊이 탐구할 수 있는 기초를 쌓게 될 것입니다.

책 후반부에는 최신 딥러닝 분야들을 소개하고, 각 분야의 핵심 기술을 프로젝트로 진행합니다. 초심자들이 많이 하는 질문 중 하나인 "다음에는 무엇을 공부해야 하나요?"에 대한 답변이 될 챕터들입니다. 이를 통해 여러분은 보다 발전된 딥러닝 분야로 나아갈 수 있는 발판을 마련할 것입니다.

마지막으로 본 도서가 여러분의 딥러닝 여정에 큰 도움이 되기를 바라며, 이 책이 출간되기까지 아낌없이 지원을 해 준 우리 가족과 제 아내 그리고 몽이에게 이 책을 바칩니다

저자 **신은섭**

이 책의 구성

학습 목표

핵심 이론에서 배울 내용에 대해 전체적인 개념과 세부 요소를 설명합니다.

핵심 이론

파이토치 프로젝트를 실습하기 전에 딥러닝, 구글 코랩, 텐서, 데이터 프레임, 시각화, 신경망 등의 핵심(필수) 이론에 대하여 설명합니다.

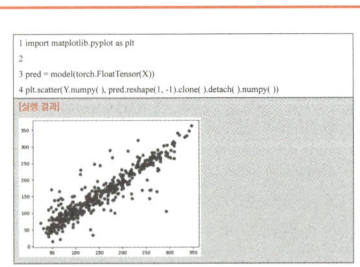

딥러닝 몸풀기

본격적인 딥러닝 과제를 실습하기에 전에 간단한 예시 문제를 풀어보면서 데이터 준비, 전처리 학습, 시각화 등 문제 해결 방법에 대해 설명합니다.

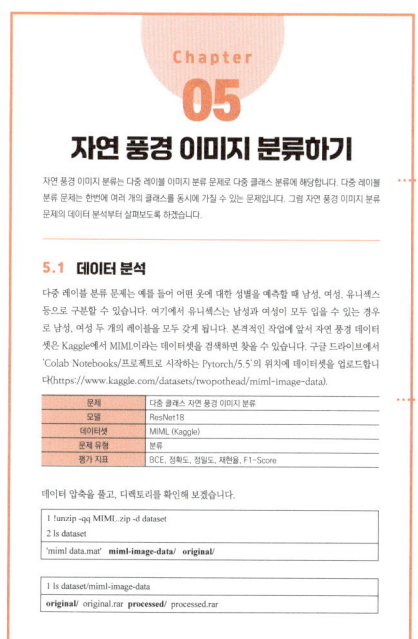

챕터 목표

이번 프로젝트에서 배울 내용에 대해 전체적인 개념과 학습 목표를 설명합니다.

프로젝트 구성

해당 프로젝트의 문제, 모델, 데이터셋, 문제 유형, 평가 지표에 대해 핵심 요소를 살펴봅니다.

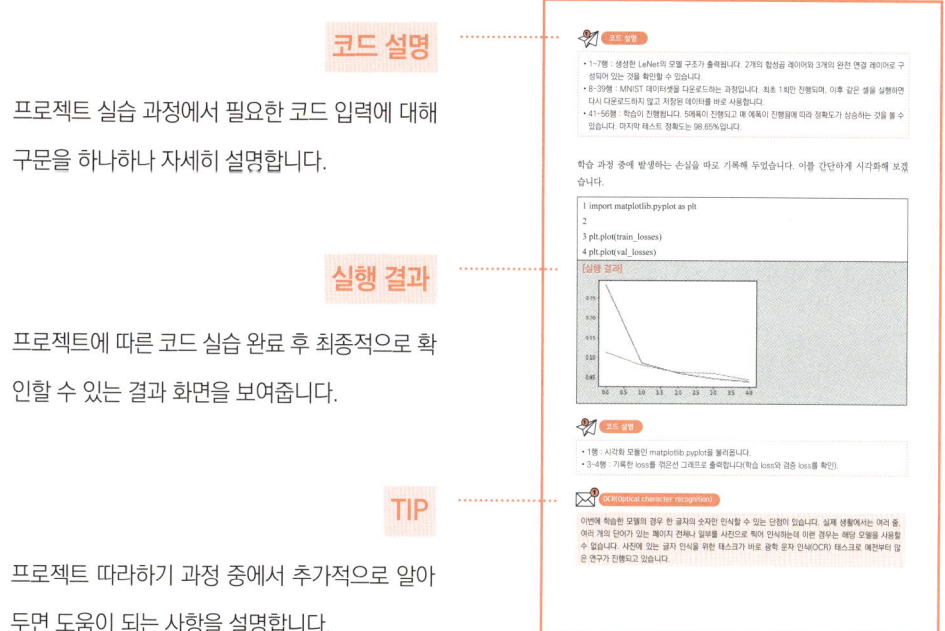

코드 설명

프로젝트 실습 과정에서 필요한 코드 입력에 대해 구문을 하나하나 자세히 설명합니다.

실행 결과

프로젝트에 따른 코드 실습 완료 후 최종적으로 확인할 수 있는 결과 화면을 보여줍니다.

TIP

프로젝트 따라하기 과정 중에서 추가적으로 알아두면 도움이 되는 사항을 설명합니다.

소스 코드 사용 방법

깃허브 저장소 찾아가기

깃허브 주소(https://github.com/kairos03)에 접속한 후 화면 상단에서 'Learning-PyTorch-Deeplearning-with-Hands-On-Projects'를 클릭합니다.

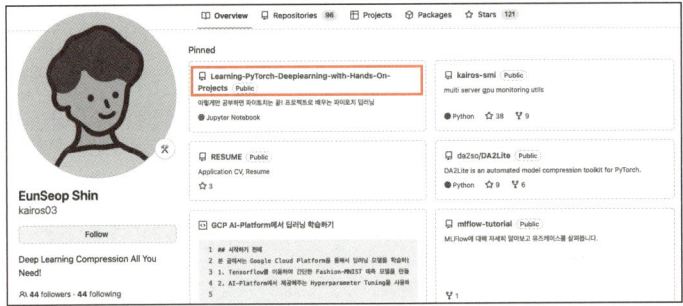

코드 다운로드

[Code]-[Download ZIP]을 선택하여 전체 소스 코드를 다운로드 받습니다.

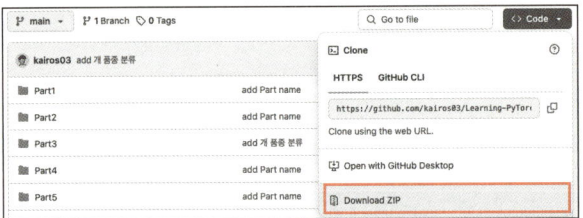

구글 드라이브 업로드

압축을 푼 후 구글 드라이브의 Colab Notebooks에 폴더 전체를 업로드합니다.

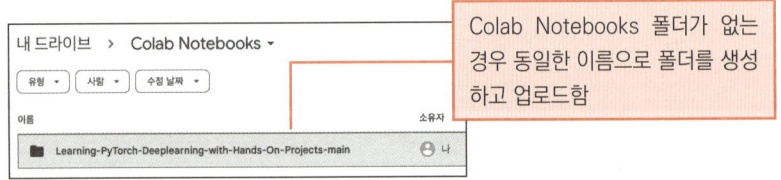

Colab Notebooks 폴더가 없는 경우 동일한 이름으로 폴더를 생성하고 업로드함

코드 실행하기

실습하고자 하는 폴더에서 노트북 파일(.ipynb)을 더블 클릭하면 코랩에서 노트북 파일이 열립니다.

독자 및 수강생 생생 후기

파이토치에 처음 도전해 보았는데 이 책 덕분에 딥러닝 프로젝트를 직접 구현해 보는 재미를 알게 되었어요. 기초부터 실습까지 자연스럽게 연결되어 있어서 딥러닝 입문자도 충분히 따라갈 수 있었습니다!

김진수 / 대학생 컴퓨터공학과 / 딥러닝 초보자

딥러닝이 어렵게만 느껴졌는데 이 책으로 공부한 후 구체적으로 무엇을 해야 할지 알게 되었습니다. 특히, 실습 중심이라 프로젝트를 실제로 구현해 보니 업무에도 바로 적용할 수 있을 것 같아요!

이정훈 / 웹 개발자 / 현업 개발자

기존 이론서와는 다르게 이 책은 실제로 구현할 수 있는 코드 예제 중심이라 연구에 큰 도움이 됐어요. 실험 환경 세팅부터 모델 구현까지 단계별로 잘 설명되어 있어서 처음 연구를 시작하는 데 큰 도움이 되었습니다.

박수진 / 원자력공학과 대학원생 / 학과 연구에 딥러닝 활용

마케팅 데이터 분석에서 더 나아가 딥러닝을 배우고 싶어 이 책을 선택했는데 실습 기반이라 이해가 훨씬 쉬웠어요. 실전 프로젝트로 구성된 내용이 실제 커리어 전환 준비에도 실질적인 도움이 되었습니다!

장혜원 / 마케팅 분석가 / 커리어 전환 희망자

이 책은 단순히 기초 실습을 넘어서 논문 구현이나 연구 모델 개발에 필요한 구조화된 접근법을 제시합니다. 모든 코드가 명확하고 깔끔해서 제 연구 환경에 바로 적용할 수 있었습니다. 정말~ 감사합니다.

신동훈 / 딥러닝 모델 개발 연구원 / 딥러닝 연구원

목차

Part 1 신경망 이론 정복하기

Chapter 01 딥러닝 이해하기

    1.1 인공지능, 머신러닝, 딥러닝의 기본   12
    1.2 지도학습, 비지도학습, 강화학습   13
    1.3 문제 해결 과정   15

Chapter 02 파이토치와 친해지기

    2.1 파이썬과 파이토치   17
    2.2 구글 코랩 개발 환경 설정   19
    2.3 텐서 이해하기   23
    2.4 판다스로 데이터 처리하기   45
    2.5 Matplotlib으로 시각화하기   56

Chapter 03 신경망 입문하기

    3.1 퍼셉트론의 기본 개념   60
    3.2 다층 신경망과 XOR 문제 해결하기   66
    3.3 손실 함수/경사 하강법/오차 역전파 이해하기   71
    3.4 ReLU로 기울기 소실 극복하기   74
    3.5 과소적합과 과적합 이해하기   75

Part 2 딥러닝 몸풀기

Chapter 01 사인 함수 예측하기

    1.1 딥러닝 모델의 가중치   78
    1.2 3차 다항식 모델 정의하기   79
    1.3 3차 다항식 모델 학습하기   81
    1.4 자동 미분(Auto-grad)   84
    1.5 파이토치 모듈 사용하기   88
    1.6 최적화 함수   91

Chapter 02 당뇨병 진행도 예측하기

    2.1 데이터 살펴보기   95
    2.2 모델 구현 및 학습   99
    2.3 모델 성능 평가   101

Chapter 03 붓꽃 종 예측하기

    3.1 데이터 살펴보기   105
    3.2 파이토치 데이터 유틸 사용하기   108
    3.3 모델 구현 및 학습   109
    3.4 모델 성능 평가   112

Part 3 딥러닝의 기본 이미지 분류하기

Chapter 01 손 글씨 숫자 분류와 CNN

1.1 합성곱 신경망(CNN)	114
1.2 합성곱(Convolution)	115
1.3 풀링(Pooling)	122
1.4 이미지 분류(Image Classification)	123
1.5 학습 준비	123
1.6 MNIST 데이터셋	125
1.7 LeNet 모델	127
1.8 학습, 검증, 테스트	129

Chapter 02 CIFAR10 이미지 분류와 VGG, ResNet

2.1 CIFAR10 데이터셋	136
2.2 VGG, ResNet 모델	139
2.3 모델 학습	142

Chapter 03 개의 품종 분류와 사전 학습하기

3.1 사전 훈련과 전이 학습	157
3.2 데이터셋(개의 품종 분류)	161
3.3 사전 학습된 ResNet50 모델	169
3.4 학습, 검증, 테스트	172

Chapter 04 흉부 엑스레이 분석과 데이터 증강하기

4.1 데이터셋	178
4.2 데이터 증강과 Albumentations	183
4.3 학습 모델(ResNet18)	189
4.4 학습 및 기록(Wandb)	190

Chapter 05 자연 풍경 이미지 분류하기

5.1 데이터 분석	200
5.2 데이터셋	203
5.3 ResNet18 모델	206
5.4 모델 학습	208
5.5 정확도/정밀도/재현율/F1 스코어	208
5.6 테스트	211

Part 4 딥러닝의 이미지 데이터와 영상 처리

Chapter 01 객체 인식으로 마스크 인식하기

1.1 객체 인식의 이해	218
1.2 데이터 분석	220
1.3 데이터셋	224
1.4 FasterRCNN 모델	228
1.5 모델 학습	231
1.6 추론	236

Chapter 02 오토 인코더로 이미지 노이즈 제거하기

2.1 데이터 분석	238
2.2 데이터셋	240
2.3 오토 인코더(Auto-Encoder) 모델	242
2.4 모델 학습	246
2.5 추론	248

Chapter 03 U-Net 객체 분할로 인물 사진 배경 흐리게 하기

3.1 데이터 분석(EG1800)	250
3.2 데이터셋	251
3.3 U-Net 모델	255
3.4 모델 학습	260
3.5 추론 및 배경 흐리게 처리하기	263

Chapter 04 숫자 이미지 생성하기

4.1 GAN 알아보기	266
4.2 데이터와 데이터셋	267
4.3 CGAN 모델	268
4.4 모델 학습	270
4.5 추론	275

••• Part 5 시퀀스 데이터와 자연어 처리

Chapter 01 RNN으로 비트 코인 가격 예측하기

1.1 RNN 이해하기	278
1.2 RNN, LSTM, GRU	279
1.3 비트 코인 가격 데이터	284
1.4 LSTM 모델	290
1.5 모델 학습	292
1.6 추론	295

Chapter 02 문자 RNN을 이용해 자연어 품사 태깅하기

2.1 품사 태깅 이해하기	298
2.2 품사 태깅 데이터	299
2.3 RNN 분류기 모델	305
2.4 모델 학습	308
2.5 추론	312

Chapter 03 트랜스포머를 이용한 객체명 인식기

3.1 트랜스포머 이해하기	314
3.2 객체명 인식 데이터	321
3.3 데이터셋	324
3.4 트랜스포머 모델	328
3.5 모델 학습	336
3.6 추론	341

Part 1

신경망 이론 정복하기

신경망의 기본적인 개념과 작동 원리를 이해하는 것은 딥러닝의 궁극적인 목표를 달성하는 첫 걸음입니다. 여기에서 설명하는 이론을 통해 신경망이 데이터를 어떻게 처리하고 학습하는지 깊이 있게 알아보겠습니다.

Chapter 01
딥러닝 이해하기

이번 챕터에서는 딥러닝을 이해하기 위해 인공지능과 머신러닝 그리고 딥러닝의 분야를 정확히 구분하고, 머신러닝의 다양한 학습 방법을 통해 필요한 배경 지식을 간단하게 살펴보겠습니다.

1.1 인공지능, 머신러닝, 딥러닝의 기본

오늘날 인공지능이라는 단어는 대중적으로 사용되는 단어가 되었습니다. 인공지능은 말 그대로 인공적으로 만들어낸 지능이라는 의미로 상당히 오래된 개념인데 이는 전문가 시스템(Expert System), 머신러닝(Machine Learning), 딥러닝(Deep Learning)의 형태로 발전하고 있습니다.

전문가 시스템은 여러 상태에서 '예/아니오'의 문답 세트를 구성한 인공지능입니다. 의사가 감기인지 폐렴인지를 진단하는 방식을 학습시킨다고 가정해 봅시다. 기침을 하는지, 콧물이 많이 나는지, 목이 부었는지 등 환자의 다양한 증상을 기반으로 병을 진단하게 됩니다. 전문가가 진단하는 것처럼 행동하는 인공지능을 전문가 시스템이라고 부릅니다. 최초의 보건 분야 인공지능인 덴드랄(DENDRAL)은 1960년대 개발되었습니다.

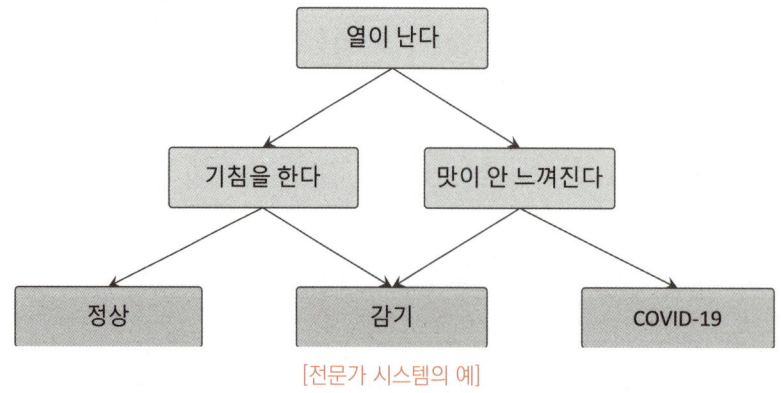

[전문가 시스템의 예]

전문가 시스템만으로 다양한 판단을 할 수 있었으나 인공지능이라고 부르기는 많이 부족했습니다. 예시를 보면 알 수 있듯 전문가 시스템은 여러 개의 if-else 구문을 이용하여 가능한 많은 경우의 수를 고려하는 단순한 프로그램에 불과했습니다. 인간의 사전 지식을 이용한 전문가 시스템은 1980년까지 사용되다가 기존 지식에 관찰되지 않은 샘플은 구분하지 못하는 한계로 더 이상 사용되지 못하였습니다.

전문가 시스템의 이러한 한계는 기계 스스로 학습하지 못한다는 점에 있었습니다. 즉, 다양한 시행착오를 통해 외부의 지식을 기반으로 인공지능 자신만의 결정 체계를 구축하지 못했습니다. 이후 데이터를 기반으로 스스로 시행착오를 거치는 학습 방법이 등장하면서 인공지능은 머신러닝의 시대로 넘어가게 되었습니다. 머신러닝은 데이터를 기반으로 컴퓨터가 스스로 학습할 수 있다는 중요한 특징이 있습니다. 전문가 시스템과 비슷한 이진 트리를 학습하는 결정 트리와 데이터를 구분하기 쉬운 과정으로 이동시키는 SVM(Support Vector Machine) 등 획기적이고 다양한 알고리즘의 발전이 지속되었습니다.

딥러닝은 머신러닝의 한 분야입니다. 머신러닝 초창기 학자들은 인간의 뇌세포인 뉴런을 컴퓨터로 옮겨 학습을 시키려는 시도를 하였는데 이런 인공 뉴런이 바로 퍼셉트론입니다. 초기 퍼셉트론은 1개 층만 사용하는 단층 퍼셉트론이었는데 이는 XOR 문제를 해결할 수 없어서 2층 이상의 다층 퍼셉트론이 필요했습니다. 하지만 학자들은 다층 퍼셉트론을 학습할 방법을 찾지 못해 신경망은 암흑기를 맞이하였고, 이후 편미분을 이용한 역전파 학습법과 기울기 소실문제를 해결한 ReLU 등의 발견으로 인공신경망은 놀라운 성능을 보이며 딥러닝이라는 이름으로 사용되게 되었습니다.

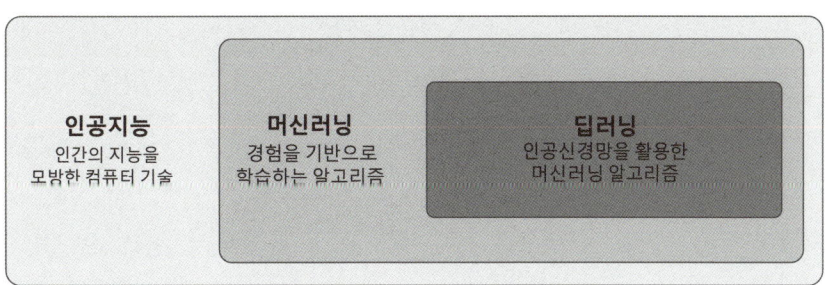

[인공지능, 머신러닝, 딥러닝의 관계]

1.2 지도학습, 비지도학습, 강화학습

머신러닝의 학습 방법은 다양하게 제안되었는데 그중 가장 널리 사용되는 세 가지 학습 방법에 대해 알아보겠습니다. 첫 번째는 학습할 데이터에 정답을 알려주는 지도학습, 두 번째는 정답을 알려주지 않는 비지도학습, 세 번째는 경험을 통해 보상을 제공하는 강화학습입니다.

지도학습은 학습에 사용하는 데이터셋에 정답을 같이 제공하는 방식입니다. 예를 들어 강아지와 고양이 분류기를 학습한다고 했을 때 강아지 이미지는 강아지, 고양이 이미지는 고양이라는 정답을 지정해 놓습니다. 이런 데이터를 이용해 인공지능을 학습하고, 이미지만 넣어주면 강아지인지 고양이인지를 인공지능이 예측하고 결과를 출력합니다.

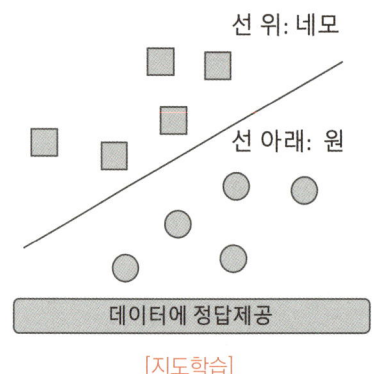

[지도학습]

비지도학습은 지도학습과 반대로 학습에 사용되는 데이터셋에 정답을 제공하지 않는 방식입니다. 예를 들어 게임의 행동 패턴을 기록한 데이터가 있을 때 이동 거리, 공격 방식 등을 이용해 사용자를 분류할 수 있습니다. 이처럼 정답은 없지만 주어진 데이터를 이용해 상관관계를 찾아내고 군집화, 이상치 탐지를 하는데 주로 사용됩니다.

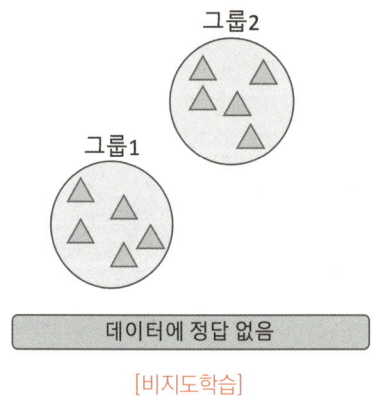

[비지도학습]

강화학습은 지도, 비지도학습과 달리 데이터를 활용하지 않습니다. 대신 인공지능이 특정 환경과 상호작용을 하면서 학습이 진행됩니다. 인공지능이 목적에 부합하는 행동을 하면 보상을 주고, 반대의 경우는 패널티를 줍니다. 이런 과정을 통해 인공지능은 보상을 최대화하는 행동을 하도록 학습됩니다.

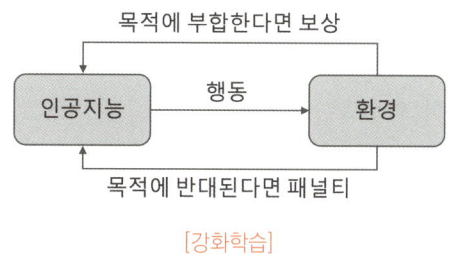

[강화학습]

1.3 문제 해결 과정

인공지능(AI)을 이용하여 주어진 문제를 해결하는 과정은 다음과 같습니다.

[문제 해결 과정]

문제 정의

가장 먼저 어떤 문제를 해결하고자 하는지 문제 정의를 합니다. 예를 들어 이미지 문자를 읽어 글자로 변환하는 것이거나 설명을 보고 적합한 그림을 생성하는 것 등으로 문제를 정의할 수 있습니다. 앞으로 '강아지, 고양이 이미지 구분'을 풀고자 하는 예시 문제로 정의하고 설명하도록 하겠습니다.

대략적인 문제 정의 후 구체적으로 문제를 어떻게 풀어나갈지 생각해야 합니다. 먼저, 해당 문제가 어떤 타입의 문제인지 정의합니다. 문제 타입은 분류, 회귀, 이상 값 탐지, 추천, 군집화, 생성 등으로 나뉠 수 있습니다. 정의한 문제가 어떤 타입의 문제로 해결될 수 있는지를 고민합니다. 이어서 어떤 모델을 사용할지 해당 모델을 학습하기 위해서는 어떤 데이터가 필요한지를 생각하고 다음 단계로 넘어 갑니다. 한가지 주의할 점은 모든 문제를 딥러닝으로 해결할 필요는 없습니다. 딥러닝은 문제를 해결하는 다양한 방법 중 하나일 뿐입니다. 단순한 규칙 기반이나 머신러닝으로도 해결이 가능한 문제가 많습니다. 처음에는 가장 간단한 문제와 기존에 비슷한 문제를 해결하기 위해 많이 시도되는 방법으로 진행하는 것이 좋습니다.

데이터 수집, 가공

문제 정의에서 데이터를 기반으로 하는 방식을 사용한다면 데이터 수집을 진행합니다. 학습을 위한 데이터는 입력과 정답이 필요합니다. 이런 두 가지를 염두 해 두고 데이터 수집을 시작합니다. 예시 문제에는 강아지, 고양이 각각의 다양한 이미지가 필요하고, 각 이미지가 어떤 범주에 속하는지의 정보도 필요합니다. 데이터는 캐글이나 에이아이허브 등과 같은 데이터셋을 제공하는 사이트에서 이미 만들어진 데이터를 찾거나 웹 크롤링, 레이블링 등을 수행하여 직접 데이터를 구성할 수 있습니다.

데이터 수집 후 수집된 데이터에서 학습에 방해될 만한 이상한 데이터는 없는지, 여러 데이터셋을 합쳐야 한다면 어떤 데이터를 기준으로 합칠지 등을 정하여 학습을 위한 데이터로 가공합니다. 예시 문제의 데이터를 직접 수집할 때 이미지 중 강아지와 고양이가 같이 있거나 강아지나 고양이가 아닌 동물, 물건이 있는 이미지가 있을 경우는 학습에 방해가 될 수 있습니다. 이런 경우 해당 데이터를 제거하는 가공 및 정제 과정이 필요합니다.

인공지능 모델 설계

문제 정의 단계에서 생각한 인공지능 모델을 설계합니다. 머신러닝의 경우 scikit-learn, xgboost 등 파이썬 패키지를 이용하여 쉽게 설계할 수 있고, 딥러닝은 파이토치, 텐서플로우를 주로 사용합니다. 향후 파이토치로 모델을 설계하는 방법을 배웁니다.

인공지능 모델 학습

모델 설계 후 데이터셋을 이용하여 모델을 학습합니다. 데이터셋의 입력을 주고 모델의 예측이 정답과 맞는지를 비교하면서 모델을 학습합니다. 이때 모델이 얼마나 올바르게 학습하고 있는지를 나타내는 수치를 '손실'이라고 합니다. 최종적으로 모델은 손실을 최소화하는 방향으로 학습이 이루어 집니다.

성능 평가

최종 학습이 끝난 후 모델이 어느 정도의 성능을 나타내는지 평가하는 단계입니다. 최종적인 평가지표를 사용하여 모델의 성능을 검토하고, 목표하는 성능에 도달하였는지 확인합니다.

문제 파악 및 반복

마지막은 반복으로 문제 정의부터 성능 평가까지 한번에 원하는 결과에 도달하는 것은 어려운 일입니다. 성능 평가 후 어떤 점이 문제였는지를 파악하고, 데이터가 부족하거나 가공이 잘못되었다면 데이터 수집, 가공 단계로 돌아가 문제를 해결하고 다시 학습을 진행합니다. 마찬가지로 문제를 해결하는데 모델이 잘못되었다면 모델 설계 단계로, 학습 방법이 잘못되었다면 학습 단계로 돌아가 예상 문제를 해결하고 다시 학습합니다. 이렇게 문제를 분석하고 반복된 실험을 통해 해결하는 것이 인공지능 문제 해결 과정의 마지막 단계입니다.

Chapter 02

파이토치와 친해지기

이번 챕터에서는 파이토치와 친해지기 전에 파이썬과 파이토치의 관계를 간단히 알아봅니다. 이후 딥러닝은 어떤 과정으로 프로젝트를 진행하는지에 대해 살펴보고, 딥러닝을 학습 및 설계하기 위해 필요한 파이토치의 핵심 구성 요소와 기본적인 사용 방법을 배워보겠습니다.

2.1 파이썬과 파이토치

인공지능은 전문가 시스템(Expert System), 머신러닝(Machine Learning), 딥러닝(Deep Learning)의 형태로 발전하고 있는데 머신러닝과 딥러닝의 시대로 넘어오면서 데이터가 중요한 비중을 차지하고 있습니다. 이런 이유로 데이터를 분석하고 활용하는 데이터 마이닝(Data Mining), 데이터 사이언스(Data Science)라는 분야도 새롭게 생겨나고 있습니다.

파이썬(Python)

현재 머신러닝과 딥러닝 그리고 데이터 사이언스 분야에서는 파이썬을 프로그래밍 언어로 가장 많이 사용하고 있습니다. 데이터 사이언스가 오래된 분야인 만큼 다양한 언어가 활용되고 있는데 대표적으로는 R, 루아(Lua), 줄리아(Julia) 등이 있고, 이외에도 C++, Java, Ruby 등 범용 프로그래밍 언어도 데이터 사이언스를 위해 사용할 수 있습니다.

파이썬이 널리 사용되는 이유는 크게 두 가지가 있는데 첫 번째는 직관성입니다. 파이썬은 문법이 간단하고 직관적으로 되어 있기 때문에 초심자가 배우기 쉽고 개발 속도도 빨라 생산성이 높다는 특징이 있습니다. 두 번째는 확장성입니다. 앞서 R이나 줄리아 같은 언어들은 통계 분석과 계산에 특화된 언어로 파이썬 보다 계산하는 속도가 월등히 빠릅니다. 그럼에도 불구하고 파이썬은 다양한 응용 프로그램을 개발할 수 있는 범용 언어로써 장점이 있습니다. 파이썬으로 개발한 분석 모델을 다른 서버 프로그램이나 응용 프로그램과 쉽게 결합할 수 있습니다. 통계 분석에서만 끝나는 것이 아니라 비즈니스, 서비스에 활용하는 진정한 의미를 갖기 때문에 확장성은 매우 중요한 요소입니다. 특히, 파이썬은 TIOBE에서 매년 조사하는 언어별 사용량에서 부동의 1위를 차지하고 있는 언어입니다. 앞에서 설명한 장점을 기반으로 사용자가 빠르게 늘어났고, 2022년에는 프로그래밍의 전통 강자인 C와 JAVA를 제치고 1위에 등극하였습니다.

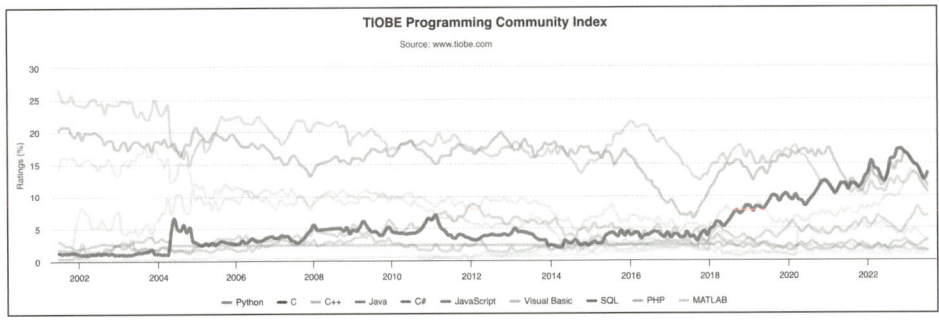

[TIOBE 파이썬 인덱스] – 출처: https://www.tiobe.com/tiobe-index/

파이토치(PyTorch)

딥러닝을 위한 프레임워크는 어떤 것을 사용해야 할까요? 딥러닝 모델을 학습하는 데는 다양한 알고리즘을 사용합니다. 이런 알고리즘을 하나씩 작성한다면 많은 시간이 소요됩니다. 다행히도 다양한 알고리즘과 여러 도구를 모아둔 프레임워크가 있어 이중 하나를 골라 사용할 수 있습니다.

현재 딥러닝 프레임워크에는 파이토치와 텐서플로우라는 두 강자가 있습니다. 파이토치는 페이스북 주도로 개발되었고, 텐서플로우는 구글 주도로 개발되었습니다. 파이토치는 논문 등에서 이용한 모델 구조나 수식을 바로 코드로 옮겨서 구현하기에 편리합니다. 또한, 문법이나 구조가 파이썬과 크게 다르지 않아 사용하기도 쉽습니다. 텐서플로우는 다양한 플랫폼(웹, 모바일 등)에서 사용 가능하다는 장점이 있는데 이러한 장점을 기반으로 어떤 프레임워크를 사용할지 선택해야 합니다. 최근에는 텐서플로우와 파이토치의 성능 차이가 많이 줄어 들었지만 파이토치는 직관적으로 사용이 쉽기 때문에 파이토치를 더 많이 사용하고 있습니다.

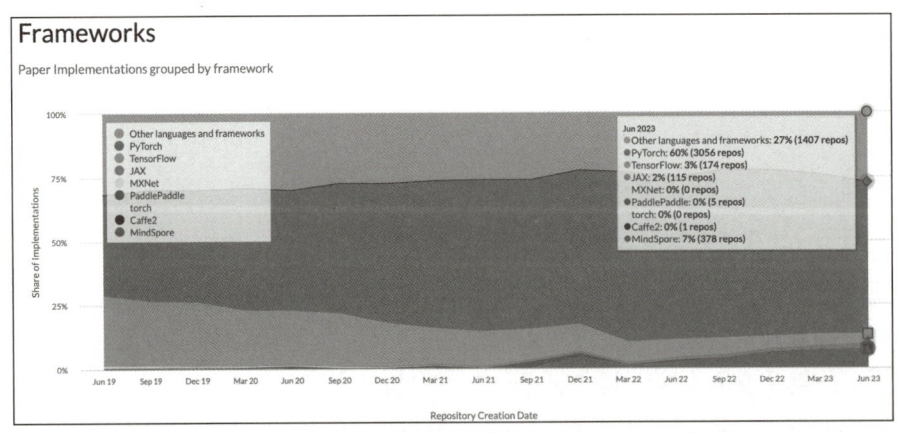

[2023년 6월 프레임워크 점유율] – 출처: https://paperswithcode.com/trends

두 가지 프레임워크를 보다 쉽게 사용할 수 있도록 추상화시킨 프레임워크들이 있습니다. 대표적으로 파이토치 라이트닝(Pytorch Lightning), 페스트에이아이(FastAI), 케라스(Keras) 등입니다. 최근에는 사전 학습된 언어 모델의 활용이 늘어나면서 허깅페이스의 트랜스포머 (Transformer) 프레임워크도 많이 사용되고 있습니다. 이러한 프레임워크들만 사용하더라도 쉽고 빠르게 모델을 개발할 수 있습니다. 하지만 파이토치와 텐서플로우의 자유도가 훨씬 높고, 새로운 모델을 만들거나 기존 모델을 커스터마이즈 하는데 유용하기 때문에 파이토치와 텐서플로우가 더 많이 사용됩니다.

 프레임워크와 라이브러리

프레임워크와 라이브러리는 프로그래밍에서 자주 사용되는 용어로 뜻이 비슷하여 혼용되는 경우가 많습니다. 프레임워크와 라이브러리는 미리 정의된 기능 집합을 사용하여 빠르게 개발할 수 있다는 공통점이 있습니다. 차이점은 프로그램 흐름 제어(Flow Control)로 프레임워크는 프로그램 흐름 제어를 프레임워크가 합니다. 개발자는 프레임워크에서 정의해둔 흐름에 맞게 코드를 추가, 수정하여 사용합니다. 라이브러리는 반대로 개발자가 흐름을 직접 제어합니다.

2.2 구글 코랩 개발 환경 설정

구글 코랩(Google Colab)은 구글에서 개발한 웹 기반의 파이썬 개발 환경입니다. 코랩은 일부 제한이 있지만 무료로 GPU 자원을 사용할 수 있고, 기본적인 환경이 어느 정도 설정되어 있습니다. 따라서 GPU가 없거나 환경 설정에 어려움을 겪을 수 있는 초보자들에게 추천합니다.

 파이썬 가상 환경과 패키지 관리

파이썬은 언어 특성상 다양한 패키지를 import하여 사용합니다. 이때, 하나의 파이썬 환경에서 여러 프로젝트를 진행하는 경우 패키지 간의 종속성이 불일치하는 문제가 발생할 수 있습니다. 파이썬은 이를 위해 격리된 공간인 가상 환경을 제공합니다. 프로젝트에서 하나의 가상 환경을 사용하면 서로 다른 프로젝트에는 영향을 미치지 않습니다. 종속성 문제는 패키지와 패키지 간에도 발생할 수 있고, 이를 해결하기 위해 패키지 관리자를 사용합니다. 기본적으로 설치하는 pip도 있지만 poetry는 패키지 간의 종속성을 분석하여 최적의 패치 버전을 설치하도록 도와줍니다.

구글 코랩(Google Colab)의 환경

구글 코랩은 머신러닝, 데이터 분석에 사용되는 패키지가 미리 설치되어 있는 웹 개발 환경으로 무료 GPU/TPU를 사용할 수 있습니다. GPU와 TPU를 사용하는 경우 하루 12시간으로 제한되고, 90분간 사용하지 않으면 자동으로 종료됩니다. 또한, 사용할 수 있는 GPU 타입도 낮은 사양의 타입이 랜덤으로 지정됩니다. 하지만 유료 요금인 코랩 프로(Pro), 프로 플

러스(Pro+)를 사용할 경우는 월 9.99달러, 49.99달러로 많은 GPU의 사용 시간과 보다 좋은 GPU를 사용할 수 있습니다. 구글 코랩을 검색하거나 다음의 주소로 접속합니다.

https://colab.research.google.com

구글 계정으로 로그인하면 바로 코랩을 사용할 수 있습니다. 2023년 7월 기준 다음과 같은 패키지가 기본적으로 설치되어 있습니다. 코랩은 지속적으로 업데이트가 되기 때문에 버전은 계속 바뀔 수 있습니다.

Python 3.10.6 / Pytorch 2.0.1+cuda118 / Pandas 1.5.3 / Matplotlib 3.7.1 / Numpy 1.22.4 / Sklearn 1.2.2

[새 노트]를 클릭하여 새로운 노트 파일을 생성합니다. 이미 사용했던 노트 파일은 [최근 사용]이나 [Google Drive] 탭에서 확인할 수 있습니다. 구글 코랩은 주피터 랩 환경과 유사한 환경을 제공합니다. 주피터 랩에서는 노트, 노트북이라는 파일을 사용하고, 확장자는 인터랙티브 파이썬 노트북의 약자로 .ipynb를 사용합니다.

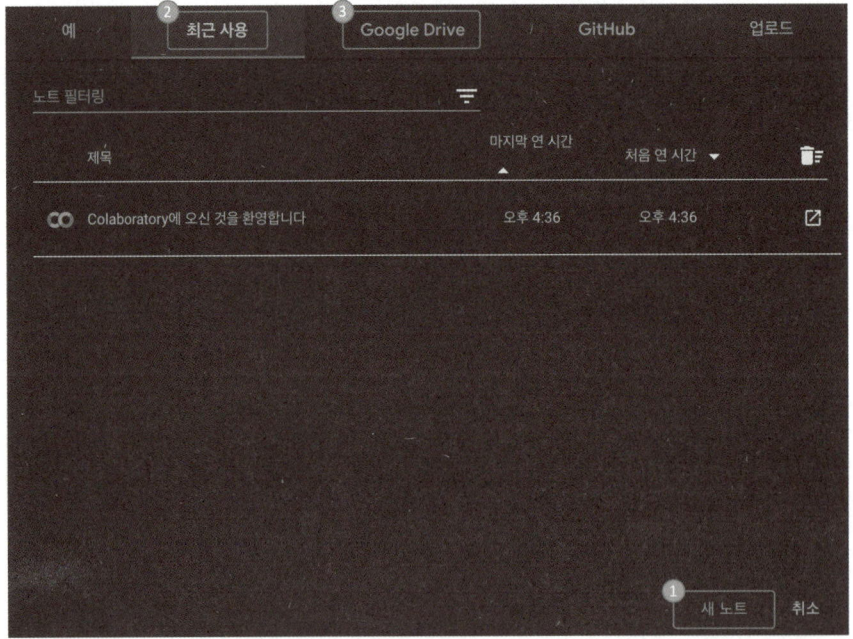

[코랩 새로 만들기]

다음은 코랩의 화면 구성에 대해 알아보겠습니다.

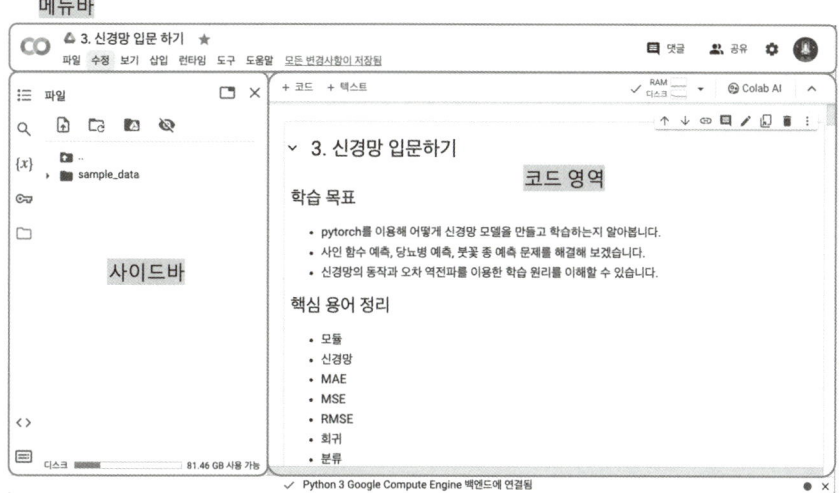

[코랩의 화면 구성 요소]

- 메뉴바 : 코랩 파일의 이름과 즐겨찾기를 설정하고, 각종 메뉴를 선택할 수 있습니다.
- 사이드바 : 코드 영역의 콘텐츠, 검색, 변수, 비밀키, 작업 디렉토리를 확인할 수 있습니다. 여기에서 구글 드라이브도 연결할 수 있습니다.
- 코드 영역 : 코드나 마크다운 텍스를 작성하는 영역으로 가장 많이 사용됩니다.

구글 드라이브 연결

실습 시 구글 드라이브에 다양한 데이터셋과 파일을 저장해서 사용하려면 구글 드라이브를 코랩에서 접근할 수 있도록 설정해야 합니다. 화면의 사이드바에서 [구글 드라이브] 아이콘을 클릭하여 연결합니다.

[코랩의 구글 드라이브 연결]

리소스 유형 변경

코랩은 CPU, GPU 및 TPU까지 다양한 유형의 리소스를 사용할 수 있습니다. 하지만 자동으로 모든 리소스가 연결되는 것이 아니라 수동으로 사용할 리소스를 설정해야 합니다. 코드 영역 상단에서 리소스 모니터 옆의 화살표(목록 단추)를 누르면 런타임 관련 메뉴를 확인할 수 있습니다. 여기에서 [런타임 유형 변경]을 선택한 후 하드웨어 가속기를 체크(선택)하고, [저장]을 클릭하면 커널이 재시작 하면서 해당 리소스를 사용할 수 있습니다. 무료 버전의 경우는 CPU, T4 GPU, TPU를 선택할 수 있는데 T4 GPU, TPU 타입은 코랩 자원이 부족하면 연결되지 않을 수도 있습니다. 유료 버전인 Pro, Pro+를 결제하면 보다 좋은 GPU 타입의 A100 GPU와 V100 GPU를 사용할 수 있습니다.

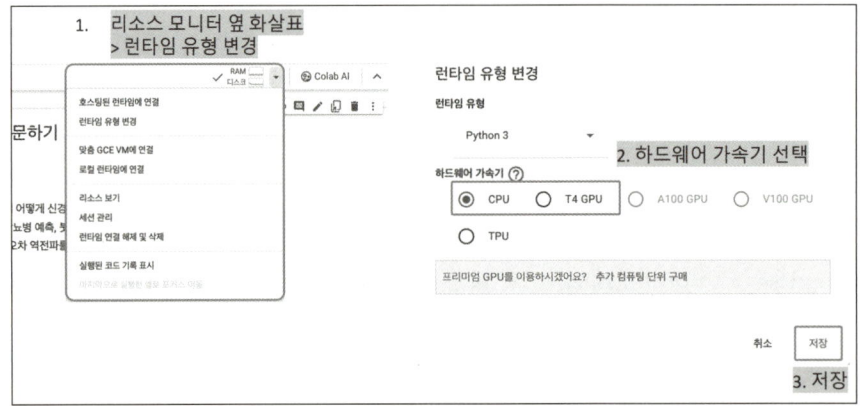

[리소스 유형 변경]

리소스 사용량 확인

리소스 모니터에서는 코랩에서 사용중인 시스템 RAM, GPU RAM, 디스크 사용량을 확인할 수 있습니다. 배치사이즈를 너무 크게 하거나 아주 큰 딥러닝 모델을 GPU로 사용할 경우는 GPU 메모리가 초과되어 실행할 수 없다는 오류가 발생합니다. 이때, 리소스 모니터를 켜 놓고 GPU 메모리 사용량을 보면서 코드를 수정하면 편리하게 작업할 수 있습니다. 리소스 모니터 화면의 하단에서 [런타임 유형 변경]을 클릭하면 앞의 '리소스 유형 변경'과 같은 창이 뜨고 해당 리소스를 변경할 수 있습니다.

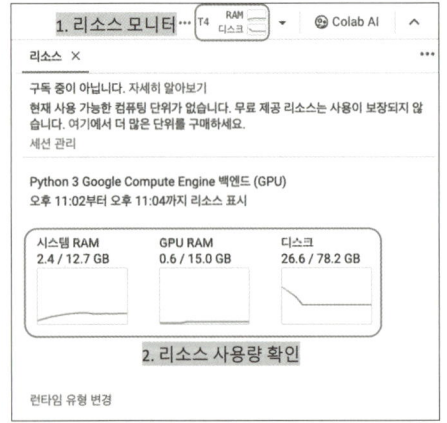

[리소스 사용량 확인]

세션 다시 시작

간혹 알 수 없는 파이토치의 런타임 에러나 이상 없이 실행되다가 갑자기 오류가 발생하는 경우는 커널을 재시작해 주면 대부분 해결됩니다. 메뉴에서 [런타임]-[세션 다시 시작]을 선택합니다. 만일, 세션을 재시작한 후 모든 셀을 순차적으로 실행하고 싶다면 [런타임]-[세션 다시 시작 및 모두 실행]을 선택합니다.

[런타임 재시작]

2.3 텐서 이해하기

이번에는 파이토치에서 데이터를 표현하는데 기본 단위인 텐서(Tensor)에 대해 알아보겠습니다. 먼저, 텐서의 기본 개념을 이해한 후 파이토치에서 텐서를 생성하고 다루는 방법에 대해 살펴봅니다. 여기에서는 텐서를 조작하는 다양한 방법을 코드와 함께 설명하는데 이때, 모든 코드와 함수 사용법을 힘들게 외울 필요는 없습니다. 지금은 '이런 기능을 하는 함수가 있구나!' 하는 정도만 인지하고 추후 파이토치로 모델링하고, 학습하는 코드를 작성할 때 텐서 조작을 다시 참고하는 방식으로 학습하면 됩니다.

스칼라/벡터/매트릭스/텐서

하나의 숫자를 표현하는 것을 스칼라(Scalar)라고 하고, 이러한 스칼라 값이 여러 개 모여 1차원으로 배열된 묶음을 벡터(Vector)라고 합니다. 이를 다시 2차원 형태로 배열한 것을 매트릭스(Matrix) 또는 행렬이라고 합니다. 이런 행렬을 다시 한 번 쌓아 3차원으로 만든 것이 바로 텐서(Tensor)입니다. 텐서는 3차원 이상의 숫자 배열을 의미하는데 텐서라는 개념을 확장하여 모든 차원의 데이터를 텐서로 표현할 수 있습니다.

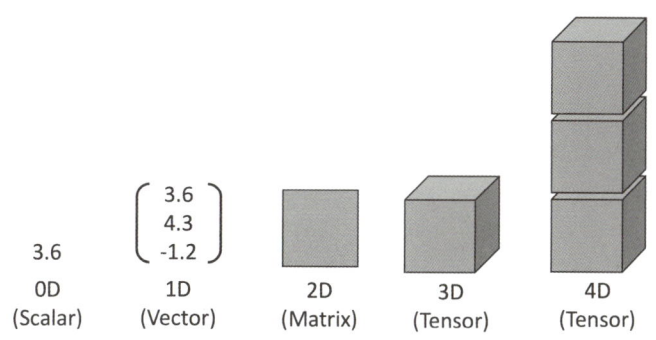

[스칼라/벡터/매트릭스/텐서]

벡터의 길이는 벡터에 있는 스칼라의 개수를 의미합니다. 텐서에서도 비슷한 개념이 있는데 바로 모양(Shape)입니다. 텐서의 모양은 텐서 각 차원의 길이라고 할 수 있습니다. 2D 텐서부터 4D 텐서까지 딥러닝에서 많이 사용되는 형태로 예시와 함께 텐서의 모양을 살펴보겠습니다.

2D 텐서는 2차원 텐서로 매트릭스, 행렬과 같습니다. 텐서를 t라고 했을 때 텐서의 모양을 수식으로 표현하면 |t|입니다. 그림의 2차원 텐서에서 세로 차원을 첫 번째 차원, 가로 차원을 두 번째 차원으로 볼 때 텐서의 모양은 (2,3)이라고 할 수 있습니다. 딥러닝에서 2D 텐서는 주로 다층 퍼셉트론(MLP)의 입력 값으로 사용됩니다. 다층 퍼셉트론 입력 값의 모양은 (batch size, features) 형태입니다. 배치 크기(batch size)는 한번에 학습할 데이터의 개수이고, 특징(features)은 각 데이터를 나타내는 고유의 속성 값을 의미합니다.

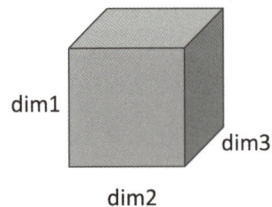

차원은 영어로 Dimension이고, 축약해서 dim으로 표시

- $|t| = (dim1, dim2) = (2, 3)$
- ex) $|t| = (batch\ size, features)$

[2D 텐서]

3D 텐서는 3개의 차원이 있는데 주로 자연어 처리 데이터에서 많이 사용됩니다. 어떤 문장을 텐서로 나타낸다고 가정했을 때 총 문자열의 길이는 length, 각 문자열을 나타내는 특정 벡터 혹은 임베딩은 features입니다.

- $|t| = (dim1, dim2, dim3)$
- ex) $|t| = (batch\ size, length, features)$

[3D 텐서]

4D 텐서는 대표적으로 Computer Vision의 이미지 데이터를 표현하는데 사용합니다. 이미지의 가로, 세로 길이를 각각 세 번째, 네 번째 차원에 표시하고, RGB의 색상 영역을 나타내는 채널을 두 번째 차원으로 나타낼 수 있습니다.

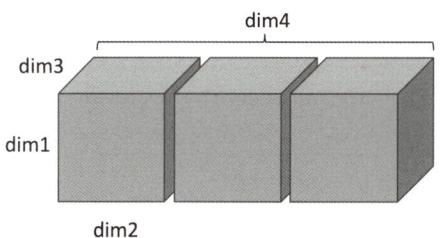

- $|t| = (dim4, dim3, dim2, dim1)$
- ex) $|t| = (batch\ size, channel,\ height, width)$

[4D 텐서]

텐서 생성과 슬라이싱 - torch.Tensor( ) vs torch.tensor( )

파이토치에서 텐서를 생성하는 방법은 매우 다양합니다. 대표적으로 torch.tensor( ) 함수를 사용하는 방법과 torch.Tensor( ) 클래스를 사용하는 방법이 있습니다. torch.tensor( )는 함수로 입력 데이터의 데이터 타입을 그대로 사용합니다. 입력 데이터가 모두 같은 데이터 타입이 아니라면 가장 넓은 범위의 타입을 사용합니다. 새로운 텐서를 생성할 때 입력 데이터를 새로운 공간으로 복사해서 저장하는 특징이 있습니다. torch.Tensor( )는 클래스로 입력 데이터 타입을 모두 실수로 변환합니다. 입력 데이터가 텐서라면 해당 텐서가 사용하는 메모리 영역을 참조해서 사용합니다. 하지만 입력 데이터가 텐서가 아닌 list, numpy array 라면 새로운 메모리 공간으로 복사합니다. 클래스를 사용하는 생성 방법은 torch.Tensor( ) 뿐만 아니라 torch.FloatTensor( ), torch.ByteTensor( ), torch.BoolTensor( ) 등 특정 데이터 타입을 명시한 다양한 타입의 클래스를 사용할 수 있습니다.

✉ 텐서의 데이터 타입

파이썬 리스트는 각 원소의 데이터 타입을 유지시킨 상태로 저장이 가능하나 파이토치 텐서는 하나의 텐서에 하나의 데이터 타입만 사용할 수 있습니다.

```
1 data = [1, 0.3, True]
2 print("list:\t", data)
3 print("tensor:\t", torch.tensor(data))
```

```
list:     [1, 0.3, True]
tensor:   tensor([1.0000, 0.3000, 1.0000])
```

1차원 텐서

1차원 벡터 텐서를 만들어 보겠습니다. 코랩의 코드 영역에 다음의 코드를 입력하고, 실행 결과를 살펴보겠습니다.

```
1 Import torch
2
3 t = torch.tensor([1., 3., 5., 7., 9., 4.])
4 print(t)
```

[실행 결과]
tensor([1., 3., 5., 7., 9., 4.])

파이토치의 텐서에는 앞서 설명한 텐서의 차원(rank)과 모양(shape)을 나타내는 함수가 있습니다. dim( ) 함수는 텐서의 차원을 나타냅니다. 텐서 t는 1차원 벡터 텐서이므로 1이 출력되었습니다. shape 속성과 size( ) 함수는 텐서의 모양을 반환합니다. 즉, 6개의 원소가 있기 때문에 6이 나오는 것을 확인할 수 있습니다.

```
1 print(t.dim( ))    # rank
2 print(t.shape)     # shape
3 print(t.size( ))   # shape
```

[실행 결과]
1
torch.Size([6])
torch.Size([6])

텐서는 파이썬 리스트와 마찬가지로 대괄호 연산을 통해 각 원소에 접근하고, 특정 영역을 슬라이싱할 수 있습니다.

```
print(t[0], t[3], t[-1])   # Element
print(t[1:4], t[3:-1])     # Slicing
print(t[:3], t[4:])        # Slicing
```

[실행 결과]
tensor(1.) tensor(7.) tensor(4.)
tensor([3., 5., 7.]) tensor([7., 9.])
tensor([1., 3., 5.]) tensor([9., 4.])

2차원 텐서

1차원 텐서와 동일하게 2차원 텐서도 리스트 형태의 데이터를 이용해 생성할 수 있습니다.

```
t = torch.tensor([[1., 3., 5.],
                  [7., 9., 11.],
                  [2., 4., 6.],
                  [8., 10., 12.],
                  ])
print(t)
```

[실행 결과]
```
tensor([[1., 3., 5.],
        [7., 9., 11.],
        [2., 4., 6.],
        [8., 10., 12.]])
```

차원과 모양도 확인해 보겠습니다.

```
print(t.dim( ))   # rank
print(t.shape)    # shape
```

[실행 결과]
```
2
torch.Size([4, 3])
```

2차원 텐서이기 때문에 차원은 2가 출력되었습니다. 모양은 4행 3열의 행렬임을 확인할 수 있습니다. 2차원 텐서부터는 원소 접근 및 슬라이싱 방법의 경우 파이썬 방법과 약간 다릅니다. 다음의 코드를 하나씩 살펴보겠습니다.

```
1  print(t[0, 0], t[3, -1])  # Element
2  print( )
3  print(t[0], t[0, :])       # Vector
4  print(t[0].shape)          # Vector shape
5  print( )
6  print(t[:, 2])             # Vector
7  print(t[:, 2].shape)       # Vector shape
8  print( )
9  print(t[1:4, :2])          # Matrix Slicing
```

```
[실행 결과]
tensor(1.) tensor(12.)

tensor([1., 3., 5.]) tensor([1., 3., 5.])
torch.Size([3])

tensor([5., 11., 6., 12.])
torch.Size([4])

tensor([[7., 9.],
        [2., 4.],
        [8., 10.]])
```

1행은 원소 접근 방법으로 대괄호 연산을 사용합니다. 파이썬 리스트와 차이점은 차원 간에 대괄호로 구분하지 않고, 대괄호 안에서 콤마로 구분합니다. 또한, 행은 위에서 아래로, 열은 왼쪽에서 오른쪽으로 커집니다. 0행 0열 원소인 1을 출력하고, 3행 2열 원소인 12가 출력됩니다. 파이썬과 마찬가지로 -1 인덱스는 뒤에서 첫 번째, -2 인덱스는 뒤에서 두 번째 등으로 사용합니다. 3~4행은 2차원 텐서에서 첫 번째 차원만 지정한 경우 0행 벡터를 반환합니다. t[0]은 t[0, :]과 같은 의미로 사용될 수 있습니다. 반환된 0행 벡터의 모양을 보면 3인것을 확인할 수 있습니다. 6~7행은 열 차원의 벡터를 슬라이싱 하기 위해 첫 차원의 요소는 모두 가져오고, 다음 차원에서 원하는 열의 인덱스를 지정합니다. 코드는 2열 벡터를 조회합니다. 9행에서 각 차원의 슬라이싱 방식을 조합하면 특정 행렬을 슬라이싱 할 수 있습니다. 코드는 1행부터 3행까지, 0행부터 1행까지 부분 행렬을 조회합니다. 이를 응용하면 3차원, 4차원 등의 텐서에서도 동일하게 원소 조회와 슬라이싱을 할 수 있습니다.

많이 사용되는 텐서 생성 방법

직접 값을 넣어 텐서를 생성하는 방법 이외에도 0으로 채워진 텐서, 랜덤 텐서 등 다양한 방법이 있습니다. 이런 생성 방법은 기본 생성 함수와 이를 확장한 like 생성 함수 두 가지를 활용합니다. 기본 함수는 생성할 텐서 모양을 입력 받아 텐서를 반환하는 방법입니다. like 생성 함수는 기본 함수 이름 뒤에 _like를 붙여서 사용합니다. 해당 함수는 텐서 모양이 아닌 다른 텐서를 입력 받습니다. 출력은 입력으로 받은 텐서 모양과 일치하는 텐서를 내보냅니다.

- 기본 함수 : 출력 텐서의 모양을 입력 받아 텐서를 반환
- _like 함수 : 다른 텐서를 입력 받아 입력 텐서와 같은 모양의 텐서를 반환

• **empty**

empty는 입력 모양에 따라 비어 있는 텐서를 반환합니다. 여기에서 비어 있는 텐서란 0으로 채워진 텐서가 아니라 초기화를 하지 않은 즉, 의미 있는 값이 아닌 임의의 값으로 채워진 텐서를 의미합니다. [3, 4] 모양의 비어 있는 텐서를 생성하였고, like 방식은 다음과 같이 사용할 수 있습니다.

```
1 t = torch.empty([3, 4])
2 print(t)
```

[실행 결과]
tensor([[9.8091e-45, 0.0000e+00, 0.0000e+00, 0.0000e+00],
        [0.0000e+00, 0.0000e+00, 0.0000e+00, 0.0000e+00],
        [0.0000e+00, 0.0000e+00, 0.0000e+00, 0.0000e+00]])

empty_like 함수는 empty 함수 인자에 텐서 t의 모양을 인자로 설정한 것과 동일합니다. 여기에서는 t의 모양인 (3, 4)로 생성되는 것을 볼 수 있습니다. 생성된 텐서는 의미 없는 값으로 초기화되어 있습니다.

```
1 print(torch.empty_like(t))
2 print(torch.empty(t.shape))
```

[실행 결과]
tensor([[0., 0., 0., 0.],
        [0., 0., 0., 0.],
        [0., 0., 0., 0.]])
tensor([[9.8091e-45, 0.0000e+00, 0.0000e+00, 0.0000e+00],
        [0.0000e+00, 2.0000e+00, 1.0478e+21, 2.5814e-09],
        [1.7376e-04, 8.3097e+20, 1.3662e-05, 2.1392e+23]])

• **zeros**

zeros는 입력 모양에 맞게 0으로 초기화된 텐서를 생성합니다. 여기에서는 0으로 채워진 (3, 2, 2) 크기의 3차원 텐서를 생성하고, Zeors_like 함수에 텐서를 넣어주면 동일한 결과가 나타납니다.

```
1 t = torch.zeros([3, 2, 2])
2 tl = torch.zeros_like(t)
3 print(t)
4 print(tl)
```

[실행 결과]
tensor([[[0., 0.],
         [0., 0.]],

        [[0., 0.],
         [0., 0.]],

        [[0., 0.],
         [0., 0.]]])
tensor([[[0., 0.],
         [0., 0.]],

        [[0., 0.],
         [0., 0.]],

        [[0., 0.],
         [0., 0.]]])

- **ones**

ones는 1로 채워진 텐서를 반환합니다. zeros와 비슷하게 1로 채워진 텐서를 반환하는 것을 확인할 수 있습니다.

```
1 t = torch.ones([2, 3, 4])
2 tl = torch.ones_like(t)
3 print(t)
4 print(tl)
```

[실행 결과]
tensor([[[1., 1., 1., 1.],
         [1., 1., 1., 1.],
         [1., 1., 1., 1.]],

        [[1., 1., 1., 1.],
         [1., 1., 1., 1.],
         [1., 1., 1., 1.]]])
tensor([[[1., 1., 1., 1.],
         [1., 1., 1., 1.],
         [1., 1., 1., 1.]],

        [[1., 1., 1., 1.],
         [1., 1., 1., 1.],
         [1., 1., 1., 1.]]])

• **full**

full은 특정 값으로 채워진 텐서를 반환합니다. zeros나 ones는 full의 인자에 채울 숫자로 0과 1을 주는 함수로 볼 수 있습니다. full 함수는 첫 번째 인자로 텐서 모양과 초기값을 받고, full_like는 첫 번째 인자로 텐서, 두 번째 인자로 초기값을 받습니다. 다음에서 첫 번째 텐서는 7로 채워진 텐서를 생성하고, 두 번째 텐서는 첫 번째 텐서와 같은 모양의 9로 채워진 텐서를 생성합니다.

```
t = torch.full([1, 2, 4], 7)
tl = torch.full_like(t, 9)
print(t)
print(tl)
```

[실행 결과]
tensor([[[7, 7, 7, 7],
         [7, 7, 7, 7]]])
tensor([[[9, 9, 9, 9],
         [9, 9, 9, 9]]])

• **random**

여러 통계 및 딥러닝 프레임워크와 마찬가지로 파이토치도 랜덤한 값으로 텐서를 생성할 수 있습니다. 주로 사용되는 세 가지 랜덤 초기화 방법을 알아보겠습니다.

rand는 [0, 1)의 범위에서 랜덤한 값으로 채워진 텐서를 생성합니다. 함수는 출력 텐서의 모양을 입력으로 받습니다.

```
1 print(torch.rand([3, 4]))
```

[실행 결과]
tensor([[0.3267, 0.2082, 0.0863, 0.9358],
        [0.5228, 0.2261, 0.4668, 0.9208],
        [0.0244, 0.6614, 0.7269, 0.2181]])

randn는 random normal의 줄임말로 평균 0, 분산 1인 표준 정규 분포 값으로 채워진 텐서를 생성합니다. 함수는 출력 텐서의 모양을 입력으로 받습니다.

```
1 print(torch.randn([2, 3]))
```

[실행 결과]
tensor([[-1.3073, -0.4841, -1.6730],
        [0.0078, 0.1233, -0.1651]])

randint는 정수형 텐서를 반환하고, [low, high] 범위의 균일 분포 값으로 채워진 정수형 텐서를 생성합니다. 함수는 범위의 최소값(low), 최대값(high), 생성할 텐서의 모양을 입력으로 받습니다.

```
1 print(torch.randint(0, 5, [2, 4]))
```

[실행 결과]
tensor([[2, 3, 2, 3],
        [1, 1, 3, 1]])

- **arange**

파이썬의 range와 마찬가지로 연속적인 숫자 텐서를 반환합니다. 함수의 인자로 범위 시작, 범위 끝, 간격을 받는데 간격이 주어지지 않으면 기본값 1을 사용합니다.

```
1 print(torch.arange(0, 16))
2 print(torch.arange(start=0, end=16, step=2))
```

[실행 결과]
tensor([0, 1, 2, 3, 4, 5, 6, 7, 8, 9, 10, 11, 12, 13, 14, 15])
tensor([0, 2, 4, 6, 8, 10, 12, 14])

산술 연산과 브로드캐스팅

사칙연산에 자주 사용되는 산술과 서로 다른 모양의 텐서끼리 연산하였을 때 작은 크기의 텐서가 큰 크기의 텐서 모양으로 확장되어 연산되는 브로드캐스팅에 대해서 알아보겠습니다. 덧셈 연산은 + 기호 혹은 add 함수를 사용합니다. add 함수는 torch.add 형태나 tensor.add 형태로 사용할 수 있습니다. 같은 모양의 텐서끼리 덧셈 연산을 하면 위치가 같은 원소끼리 연산됩니다.

```
1 t1 = torch.tensor([[1, 3]])
2 t2 = torch.tensor([[2, 2]])
3 print(t1 + t2)
5 print(t1.add(t2))
4 print(torch.add(t1, t2))
```

[실행 결과]
tensor([[3, 5]])
tensor([[3, 5]])
tensor([[3, 5]])

다른 크기의 텐서끼리는 어떻게 될까요? 먼저 스칼라와 벡터를 연산해 보면 [[2, 2]] 텐서와 덧셈을 한 것과 같은 것을 볼 수 있습니다. 이처럼 서로 다른 모양의 텐서를 연산하면 큰 크기의 텐서 모양에 작은 크기의 텐서 값을 복사하여 같은 크기로 만든 뒤 연산이 됩니다. 이를 브로드캐스팅이라고 합니다.

```
1 t1 = torch.tensor([[1, 3]])
2 t2 = torch.tensor([2])      # [2] => [[2, 2]]
3 print(t1 + t2)
```

[실행 결과]
tensor([[3, 5]])

벡터와 스칼라가 아닌 서로 다른 모양의 벡터끼리는 어떻게 될까요? [2, 1] 모양의 t1 텐서와 [1, 2] 모양의 t2 텐서를 더해 보았습니다. 먼저 각 차원에서 가장 큰 크기를 확인합니다. 1차원은 t1 텐서의 2, 2차원은 t2 텐서의 2가 가장 큰 텐서입니다. 각 차원을 가장 큰 텐서 크기로 확장시킵니다. 따라서 t1 텐서는 1~2줄의 주석처럼 [2, 2] 텐서로 확장되고, t2 텐서는 3~4줄의 주석처럼 확장됩니다. 이후 원소별 덧셈을 해서 결과를 내보냅니다.

```
1 t1 = torch.tensor([[1, 3]])      # [[1, 3]] => [[1, 3],
2                                  #              [1, 3]]
3 t2 = torch.tensor([[2], [4]])    # [[2], => [[2, 2],
4                                  #  [4]]    [4, 4]]
5 print(t1 + t2)
```

[실행 결과]
tensor([[3, 5],
        [5, 7]])

이와 동일한 법칙은 뺄셈, 곱셈, 나눗셈 등에도 적용됩니다. 각 연산을 할 수 있는 연산자와 함수는 다음과 같습니다.

이름	연산자	함수
덧셈	+	add
뺄셈	-	subtract, sub
곱셈	*	mul
나눗셈	/	div
행렬 곱	@	matmul, mm
제곱	**	pow
나머지	%	remainder
제곱근		sqrt
로그		log
지수		exp

자주 사용되는 연산

합 연산은 텐서 내에서 모든 원소의 합을 반환하되 특별한 차원 지정이 없다면 모든 원소의 합을 반환합니다. 1행은 합 예시에 사용할 텐서를 초기화 합니다. arrange 함수를 통해 0~12까지의 값을 갖는 1차원 텐서를 생성하고, reshape 함수를 통해 차원을 변환합니다. 2~3행은 초기화한 텐서를 확인합니다. reshape 함수대로 (3, 2, 2) 모양을 갖습니다. 4행은 텐서의 전체 합을 출력합니다.

```
1 t = torch.arange(12).reshape(3, 2, 2)
2 print(t.shape)
3 print(t)
4 print(t.sum( ))      # 전체 합
```

[실행 결과]
```
torch.Size([3, 2, 2])
tensor([[[0, 1],
         [2, 3]],

        [[4, 5],
         [6, 7]],

        [[8, 9],
         [10, 11]]])
tensor(66)
```

sum 연산에는 dim이라는 특수한 인자를 사용할 수 있는데 이런 경우 지정된 dim 차원의 원소들만 합 연산을 진행합니다. 따라서 지정된 차원이 제거된 나머지 차원 모양의 텐서가 결과로 반환됩니다. 코드를 한 줄씩 살펴보겠습니다.

```
1 print(t.sum(dim=0))    # 0 번째 차원을 기준으로 합, 0차원 제거
2 print(t[:, 0, 0], t[:, 0, 0].sum( ))
3 print(t[:, 0, 1], t[:, 0, 1].sum( ))
4 print(t[:, 1, 0], t[:, 1, 0].sum( ))
5 print(t[:, 1, 1], t[:, 1, 1].sum( ))
```

[실행 결과]
```
tensor([[12, 15],
        [18, 21]])
tensor([0, 4, 8]) tensor(12)
tensor([1, 5, 9]) tensor(15)
tensor([2, 6, 10]) tensor(18)
tensor([3, 7, 11]) tensor(21)
```

1행은 0번째 차원의 합을 구합니다. 즉, [(0, 4, 8), (1, 5, 9)], [(2, 6, 10), (3, 7, 11)]의 합을 구해 남은 1, 2차원의 크기인 (2, 2)의 결과가 출력됩니다. 2~5행은 합 결과를 각 원소별로 구하는 것으로 첫 번째 (0, 0) 위치의 결과는 1차원 0, 2차원 0인 위치의 모든 0차원 값을 합친 값입니다. 코드는 t[:, 0, 0]으로 선택 위치의 값들을 확인할 수 있습니다. 이와 마찬가지로 (0, 1), (1, 0), (1, 1) 위치의 값도 코드와 같이 선택되어 합 연산이 실행됩니다.

dim을 지정하면 해당 차원에 속하는 원소들끼리 합이 구해집니다. 다음은 1번째 차원의 합을 구하는 것으로 [(0, 2), (1, 3)], [(4, 6), (5, 7)], [(8, 10), (9, 11)]의 합을 구해 남은 0, 2차원의 크기인 (3, 2) 크기의 결과가 출력됩니다. 2 dim에서는 원소 조회, 슬라이싱과 마찬가지로 음수를 사용할 수 있습니다. 예시의 경우 -1로 마지막 차원을 사용하며 2번째 차원의 합을 구합니다. [(0, 1), (2, 3)], [(4, 5), (6, 7)], [(8, 9), (10, 11)]의 합을 각각 구하고 남은 0, 1차원의 크기인 (3, 2) 크기의 결과가 출력됩니다.

```
1 print(t.sum(dim=1))    # 1번째 차원을 기준으로 합
2 print(t.sum(dim=-1))   # 2번째 차원을 기준으로 합 (-1차원)
```

[실행 결과]
```
tensor([[2, 4],
        [10, 12],
        [18, 20]])
tensor([[1, 5],
        [9, 13],
        [17, 21]])
```

마지막으로 dim에서는 여러 개의 차원을 지정하는 것도 가능합니다. 이런 경우 지정된 차원의 모든 원소의 합을 구합니다. 1행은 (0, 1)을 dim으로 지정하였음으로 [(0, 2, 4, 6, 8, 10), (1, 3, 5, 7, 9, 11)]의 합이 각각 구해지고 남은 2차원의 크기인 (2,) 모양의 텐서가 반환됩니다. 2~3행에서 결과의 각 원소는 2, 3줄의 코드와 같이 3차원 각 위치의 모든 원소를 각각 구하고, 합한 결과로 구성됩니다.

```
1 print(t.sum(dim=(0, 1)))
2 print(t[:, :, 0], t[:, :, 0].sum( ))
3 print(t[:, :, 1], t[:, :, 1].sum( ))
```

[실행 결과]
tensor([30, 36])
tensor([[0, 2],
        [4, 6],
        [8, 10]]) tensor(30)
tensor([[1, 3],
        [5, 7],
        [9, 11]]) tensor(36)

집계 함수들은 기본적으로 dim에 지정된 차원의 경우 결과값에서 사라집니다. 특정 경우에서 dim에 지정된 차원을 그대로 유지해야 할 때가 있는데 이런 경우는 keepdim 인자를 통해 dim에 지정된 차원을 제거하지 않을 수 있습니다. 1~2행은 (1, 2) 차원을 기준으로 합을 구합니다. 3~4행은 동일하게 합을 구합니다. Keepdim 인자를 True로 설정할 경우 dim으로 지정된 차원이 사라지지 않고 남아 있습니다.

```
1 m = t.sum(dim=(1, 2))
2 print(m, m.shape)
3 mk = t.sum(dim=(1, 2), keepdim=True)
4 print(mk, mk.shape)
```

[실행 결과]
tensor([6, 22, 38]) torch.Size([3])
tensor([[[6]],

        [[22]],

        [[38]]]) torch.Size([3, 1, 1])

이와 비슷하게 다음과 같은 함수들이 많이 사용됩니다.

이름	함수
합	sum( )
평균	mean( )
편차	var( )
표준편차	std( )
편차와 평균	var_mean( )
표준편차와 평균	std_mean( )
최대값	max( )
최소값	min( )
Argmax(최대값의 위치)	argmax( )
Argmin(최소값의 위치)	argmin( )

최댓값, 최솟값과 argmax, argmin에 대해 조금 더 알아보겠습니다. 1행은 예제에서 사용할 텐서를 초기화 합니다. 2~3행에서 모양은 [2, 3, 2]이고, 출력은 다음과 같습니다.

```
1 t = torch.tensor([[[1., 2.], [3., 4.], [5., 6.]],[[7., 8.], [9., 10.], [11., 12.]]])
2 print(t.shape)
3 print(t)
```

[실행 결과]
torch.Size([2, 3, 2])
tensor([[[1., 2.],
         [3., 4.],
         [5., 6.]],

        [[7., 8.],
         [9., 10.],
         [11., 12.]]])

최대/최소의 기본 기능은 텐서 내의 원소 중 최댓값과 최솟값을 반환합니다.

```
1 print(t.max( ))
2 print(t.min( ))
```

[실행 결과]
tensor(12.)
tensor(1.)

다른 집계 함수와 동일하게 max, min 함수에도 dim을 인자로 사용할 수 있습니다.

```
print(t.max(dim=0))
```

[실행 결과]
torch.return_types.max(
values=tensor([[7., 8.],
               [9., 10.],
               [11., 12.]]),
indices=tensor([[1, 1],
                [1, 1],
                [1, 1]]))

dim에 인자를 사용하면 반환되는 값이 조금 바뀝니다. 두 가지를 반환하는데 첫 번째는 values로 각 위치의 최댓값을 반환하고, 두 번째는 최댓값의 위치인 indices를 반환합니다.

이러한 값이 어떻게 출력되는지 한 단계씩 살펴보겠습니다. 1행은 dim=1에서 최대값과 인덱스를 구합니다. 2~3행은 값을 확인합니다. 5~6행은 1차원 0, 3차원 0인 위치의 모든 2차원 값을 확인합니다. 이는 [1., 3., 5.]이고, 여기에서 최대값은 5가 됩니다. 해당 결과 텐서에서 5의 위치는 2번째 인덱스이므로 value의 5 index는 2가 됩니다. 이와 마찬가지로 다른 위치의 value와 index를 구하고 합친 결과로 반환됩니다.

```
1 v, i = t.max(dim=1)
2 print(v)
3 print(i)
4 print( )
5 print(t[0, :, 0])
6 print(t[0, :, 0][2])
```

[실행 결과]
```
tensor([[5., 6.],
        [11., 12.]])
tensor([[2, 2],
        [2, 2]])

tensor([1., 3., 5.])
tensor(5.)
```

분류 태스크에서는 여러 범주 중 가장 확률이 높은 범주를 예측 값으로 내보냅니다. 즉, 최대값을 갖는 인덱스가 반환되어 출력됩니다. max 함수의 indices를 사용할 수도 있지만 최대값에서 indices만 반환하는 함수가 따로 있는데 바로 argmax 함수입니다. 1행에서 argmax 함수를 아무 인자없이 호출하면 다음과 같이 11이라는 다소 이상한 반환 값을 전달합니다. argmax는 dim을 지정하지 않을 경우 입력 텐서를 1D 텐서로 펼친 후 최대값의 위치를 반환합니다. 2행은 텐서를 1D로 변환합니다. 3행은 1D 텐서에서 최대값과 위치를 구하고, 반환 값의 두 번째 값인 indices를 반환합니다. argmin 또한 argmax와 동일하게 동작하면서 최소값을 찾는다는 차이만 있습니다.

```
1 print(t.argmax( ))
2 print(t.flatten( ))
3 print(t.flatten( ).max(dim=0)[1])
```

[실행 결과]
```
tensor(11)
tensor([0, 1, 2, 3, 4, 5, 6, 7, 8, 9, 10, 11])
tensor(11)
```

텐서 차원 조작하기

파이토치의 텐서는 다양한 차원의 데이터를 저장할 수 있고, 해당 모양을 자유자재로 조작할 수 있는 연산을 지원합니다. 차원 변환 시에는 원본 데이터 값은 동일하게 유지되고, 접근 가능한 모양만 변한다는 특징이 있습니다.

- **reshape**

텐서 모양을 변환하는데 가장 많이 사용되는 함수로 예제에서 사용할 [2, 2, 3] 크기의 텐서를 하나 생성하겠습니다.

```
1 t = torch.tensor([[[1., 2., 3.], [4., 5., 6.]], [[7., 8., 9.], [10., 11., 12.]]])
2 print(t)
3 print(t.shape)
```

[실행 결과]
```
tensor([[[ 1.,  2.,  3.],
         [ 4.,  5.,  6.]],

        [[ 7.,  8.,  9.],
         [10., 11., 12.]]])
torch.Size([2, 2, 3])
```

3D 텐서를 2D 텐서로 변환하려면 변환하고자 하는 모양을 인자로 지정해 주면 됩니다.

```
1 print(t.reshape([4, 3]))
2 print(t.reshape([4, 3]).shape)
```

[실행 결과]
```
tensor([[ 1.,  2.,  3.],
        [ 4.,  5.,  6.],
        [ 7.,  8.,  9.],
        [10., 11., 12.]])
torch.Size([4, 3])
```

텐서 모양 변화 시 유의할 점은 텐서의 값과 개수는 모두 그대로 유지되기 때문에 전체 원소의 개수가 다른 모양으로는 변환이 불가능합니다. 예를 들어 (3, 2, 2) 모양의 텐서는 3x2x2=12개의 원소를 가지고 있는데 이를 (4, 3)의 모양으로 변환은 가능하지만 (6, 3) 등의 모양으로는 변환이 불가능합니다.

```
1 print(t.reshape([1, 2, -1]))
2 print(t.reshape([1, 2, -1]).shape)
```
[실행 결과]
tensor([[[1., 2., 3., 4., 5., 6.],
         [7., 8., 9., 10., 11., 12.]]])
torch.Size([1, 2, 6])

모양 변환 시 인자의 모양에는 -1 값을 사용할 수 있습니다. 이는 -1 이외의 주어진 차원으로 변환하고, 나머지는 알아서 계산한 후 변환하라는 의미입니다. 예시를 살펴보면 (2,2,3) 모양의 텐서를 (1, 2, -1)로 변환하려고 합니다. 전체 원소의 개수가 변하면 안되기 때문에 -1 차원에 들어갈 숫자가 6인것은 쉽게 계산할 수 있습니다. -1 지정 시 주의할 점은 한곳에서만 사용이 가능하다는 점입니다. 예를 들어 (2, -1, -1)인 경우 (2, 3, 2), (2, 2, 3), (2, 1, 6) 등 다양한 경우가 가능하기 때문에 -1은 특정 차원 한곳에서만 사용할 수 있습니다.

- **permute**

데이터 순서는 그대로 유지한 채 차원 간의 위치를 바꾸어 주는 함수입니다.

```
1 t = torch.tensor([[[1., 2., 3.], [4., 5., 6.]]])
2 print(t)
3 print(t.shape)
```
[실행 결과]
tensor([[[1., 2., 3.],
         [4., 5., 6.]]])
torch.Size([1, 2, 3])

[1, 2, 3] 모양의 텐서를 생성하였습니다. 데이터는 그대로 두고 모양만 [2, 3, 1]로 바꾸고 싶다면 어떻게 해야 할까요? permute 함수에 따라 바꾸고자 하는 차원을 순서대로 넘겨줍니다. [2, 3, 1]로 바꾸려면 원래 2 크기였던 차원은 1, 3 크기인 차원은 2, 1 크기인 차원은 0이므로 이를 순서대로 하여 [1, 2, 0]을 인자로 넘겨줍니다. 그러면 [2, 3, 1] 모양으로 변경된 것을 확인할 수 있습니다.

```
1 tp = t.permute([1, 2, 0])
2 print(tp)
3 print(tp.shape)
```

[실행 결과]
tensor([[[1.],
        [2.],
        [3.]],

       [[4.],
        [5.],
        [6.]]])
torch.Size([2, 3, 1])

- **squeeze**

크기가 1인 차원을 제거하는 함수로 코드 설명은 다음과 같습니다. 1행은 랜덤 함수로 텐서를 초기화 합니다. 2행에서 아무 인자없이 squeeze 함수를 사용하면 크기가 1인 모든 차원을 제거합니다. 이때, 1차원과 3차원이 제거되어 0차원, 2차원만 남아 [3, 4] 모양의 텐서가 반환됩니다. 3행은 squeeze 함수에도 dim 인자를 사용할 수 있습니다. dim 차원의 크기가 1인 경우 해당 차원을 제거합니다. 4행의 squeeze도 원소의 순서, 개수는 동일하게 유지하고 모양만 바꾸는 것입니다. 따라서 reshape 함수를 통해 동일한 결과를 얻을 수 있습니다.

```
1 t = torch.rand([3, 1, 4, 1])
2 print(t.squeeze( ).shape)
3 print(t.squeeze(dim=1).shape)
4 print(t.reshape([3, 4]).shape)
```
[실행 결과]
torch.Size([3, 4])
torch.Size([3, 4, 1])
torch.Size([3, 4])

- **unsqueeze**

squeeze 함수의 반대 기능을 하는 함수로 크기가 1인 차원을 추가합니다. 코드 설명은 다음과 같습니다. 1행은 텐서를 초기화 합니다. 2행의 unsqueeze 함수는 dim 인자를 필히 지정해야 합니다. 즉, 지정된 위치에 크기가 1인 차원이 추가되고, 나머지 차원은 뒤로 밀립니다. dim=0인 경우 맨 앞의 0차원에 크기가 1인 차원이 추가되고, 나머지 차원은 뒤로 밀리게 됩니다. 3행은 dim이 1인 경우에 0차원은 그대로 있고, 1차원에 크기가 1인 신규 차원이 추가되며 나머지 차원은 뒤로 밀려 [3, 1, 4] 모양의 텐서가 반환됩니다. 4행의 unsqueeze도 squeeze와 같이 모양만 바꾸는 함수이기 때문에 reshape로 같은 결과를 만들 수 있습니다.

```
1 t = torch.rand([3, 4])
2 print(t.unsqueeze(dim=0).shape)
3 print(t.unsqueeze(dim=1).shape)
4 print(t.view([3, 1, 4]).shape)
```

[실행 결과]

torch.Size([1, 3, 4])

torch.Size([3, 4, 1])

torch.Size([3, 4, 1])

텐서 합치기

여러 개의 텐서를 하나로 합치는 방법에 대해 알아보겠습니다.

• cat

concatenate의 줄임 말로 '결합하다'라는 의미를 가지고 있는 함수인데 모양 변환의 reshape와 같은 함수로 대부분의 텐서 합치기가 가능합니다. 3행은 cat 함수를 이용해 세 개의 x 텐서를 결합합니다. 함수의 첫 번째 인자는 결합하고자 하는 텐서들을 리스트나 튜플 형태로 전달합니다. 함수의 두 번째 인자는 dim인데 어떤 차원으로 결합할지를 나타냅니다. 4행에서 결합된 결과와 모양을 보면 지정한 0차원에 세 개의 텐서가 결합되어 (6, 3) 크기로 변경되었음을 확인할 수 있습니다.

```
1 x = torch.randn(2, 3)
2 print(x)
3 print(torch.cat((x, x, x), dim=0))
4 print(torch.cat((x, x, x), 0).shape)
```

[실행 결과]

tensor([[-0.8108, 1.9548, -0.1242],
        [-0.3428, -1.6298, -1.6609]])

tensor([[-0.8108, 1.9548, -0.1242],
        [-0.3428, -1.6298, -1.6609],
        [-0.8108, 1.9548, -0.1242],
        [-0.3428, -1.6298, -1.6609],
        [-0.8108, 1.9548, -0.1242],
        [-0.3428, -1.6298, -1.6609]])

torch.Size([6, 3])

그렇다면 dim을 1로 설정하는 경우는 어떤 모양으로 결합이 될까요? 1~2행에서 0차원은 크기 2를 유지한 채 1차원만 텐서 3개의 크기를 합친 값으로 바뀌었습니다.

```
1 print(torch.cat((x, x, x), 1))
2 print(torch.cat((x, x, x), 1).shape)
```

[실행 결과]
tensor([[-0.8108, 1.9548, -0.1242, -0.8108, 1.9548, -0.1242, -0.8108, 1.9548, -0.1242],
        [-0.3428, -1.6298, -1.6609, -0.3428, -1.6298, -1.6609, -0.3428, -1.6298, -1.6609]])
torch.Size([2, 9])

그러면 서로 다른 크기의 텐서도 합칠 수 있을까요? 한 가지 조건을 만족한다면 가능합니다. 1~3행은 합칠 세 가지의 텐서를 초기화합니다. 5~6행은 텐서 0차원을 기준으로 합치기를 합니다. 이때, 만족해야 하는 한 가지 조건은 합치려는 텐서에서 기준이 되는 차원 이외의 차원 크기는 같아야 한다는 점입니다. 예시에서는 0차원을 기준으로 하고 있기 때문에 1차원 크기가 모두 3으로 같습니다. 3, 4차원을 갖는 텐서도 마찬가지로 dim으로 지정할 차원 이외의 차원은 같은 크기를 가지고 있어야 병합이 가능합니다.

```
1 x1 = torch.rand(2, 3)
2 x2 = torch.rand(1, 3)
3 x3 = torch.rand(3, 3)
4
5 print(torch.cat([x1, x2, x3], 0))
6 print(torch.cat([x1, x2, x3], 0).shape)
```

[실행 결과]
tensor([[0.7499, 0.2781, 0.0033],
        [0.0397, 0.9698, 0.7495],
        [0.0773, 0.9472, 0.2625],
        [0.3852, 0.7281, 0.9882],
        [0.5964, 0.9674, 0.9254],
        [0.6012, 0.9209, 0.6535]])
torch.Size([6, 3])

• stack

기존 텐서들을 새로운 차원으로 생성한 후 생성된 차원을 기준으로 합치는 함수입니다. 1행은 크기가 2인 벡터 텐서를 초기화 합니다. 3행은 stack을 사용하여 초기화한 텐서 3개를 합칩니다. 즉, 각 텐서에 0차원을 신규로 생성하고, 이를 기준으로 텐서를 병합합니다. 따라서 모양이 (3, 2)가 되는 것을 볼 수 있습니다.

```
1 x = torch.randn(2,)
2 print(x)
3 print(torch.stack((x, x, x)))
4 print(torch.stack((x, x, x)).shape)
```

[실행 결과]
tensor([-0.9557, 0.1901])
tensor([[-0.9557, 0.1901],
        [-0.9557, 0.1901],
        [-0.9557, 0.1901]])
torch.Size([3, 2])

stack의 병합 과정을 설명해 보겠습니다. 병합하려는 모든 텐서를 dim 기준 축에서 크기가 1인 새로운 차원으로 생성합니다. 그리고 새로운 차원을 기준으로 병합을 진행합니다. stack 함수의 경우 크기가 같은 여러 개의 텐서가 있을 때 새로운 차원을 자동으로 생성하여 합치기 때문에 많이 사용합니다.

```
1 print(torch.cat((x.unsqueeze(0), x.unsqueeze(0), x.unsqueeze(0)), 0))
```

[실행 결과]
tensor([[-0.9557, 0.1901],
        [-0.9557, 0.1901],
        [-0.9557, 0.1901]])

dim의 기본값이 0인 경우 해당 값을 변경하여 기준 축을 지정할 수도 있습니다. dim을 1로 지정하면 새로운 차원이 1차원 위치에 생성하여 해당 차원을 기준으로 병합된 결과를 확인할 수 있습니다.

```
1 print(torch.stack((x, x, x), dim=1))
2 print(torch.stack((x, x, x), dim=1).shape)
```

[실행 결과]
tensor([[-0.9557, -0.9557, -0.9557],
        [0.1901, 0.1901, 0.1901]])
torch.Size([2, 3])

이상으로 텐서 데이터를 다룰 때 많이 사용하는 연산에 대해 알아보았습니다. 초반에도 언급했지만 모든 함수의 사용법을 외울 필요는 없습니다. 어떤 함수가 있는지를 살펴보고, 해당 함수가 필요할 때 다시 사용법을 확인하면 자연스럽게 이해가 될 것입니다.

2.4 판다스로 데이터 처리하기

통계 분석, 데이터 분석을 위한 언어로 R이라는 언어를 사용하는데 판다스는 이러한 R 언어에서 영감을 받아 만들어진 파이선용 데이터 통계 분석 라이브러리입니다. R 언어의 특징 중 데이터 프레임이라는 자료형을 거의 그대로 가져왔는데 이는 엑셀과 같은 표 형식의 데이터 처리에 특화되어 있으며 대부분의 데이터 분석을 데이터 프레임과 함께 한다고 할 수 있습니다. 딥러닝도 데이터를 사용하여 학습을 진행하기 때문에 데이터 조작과 분석을 수행하는 경우가 대부분입니다.

	Date	meanPriceEach	totalOrder	orderType_1	orderType_2
0	2015-01-04	1.56	58065.35	10049.66	25228.37
1	2015-01-04	1.10	2578275.12	575245.44	1311502.53
2	2015-01-11	1.17	2335986.11	560119.16	1032606.49
3	2015-01-11	1.52	65483.08	14570.74	30445.75
4	2015-01-18	1.65	52559.10	11415.28	25306.56
...	...	...	...	...	...
15004	2017-08-13	1.55	286679.02	64304.67	33590.30
15005	2017-08-20	1.25	388250.81	113908.85	34529.25
15006	2017-08-20	1.59	20129.12	544.70	3347.81
15007	2017-08-27	1.64	18415.34	391.46	2392.09
15008	2017-08-27	1.32	304000.24	99924.49	29648.99

[데이터 프레임의 3요소]

판다스(Pandas)는 데이터 프레임의 시작과 끝이라고 할 수 있습니다. 모든 데이터는 데이터 프레임 형태로 나타내고, 분석과 처리는 데이터 프레임을 이용해 실행합니다. 데이터 프레임은 표(Tabular) 형식의 데이터를 처리하는데 특화되어 있고, 여기에 필요한 3요소는 열(Column), 행(Row), 인덱스(Index)입니다.

데이터 프레임 만들기

데이터 프레임은 다양한 데이터 형태를 이용해서 만들 수 있습니다. 지원하는 데이터 형태는 파이썬의 기본 데이터 형인 리스트, 튜플, 딕셔너리, 넘파이의 ndarray, 그리고 판다스의 시리즈와 데이터 프레임을 이용할 수 있습니다.

```
1 import pandas as pd
2 import numpy as np
3 from IPython.display import display
4
5 # 2D array
6 my_2darray = np.array([[1, 2, 3], [4, 5, 6]])
7 display(pd.DataFrame(my_2darray))
8
9 # dictionary
10 my_dict = {"a": ['1', '3'], "b": ['1', '2'], "c": ['2', '4']}
11 display(pd.DataFrame(my_dict))
12
13 # DataFrame
14 my_df = pd.DataFrame(data=[4,5,6,7], index=range(0,4), columns=['A'])
15 display(pd.DataFrame(my_df))
16
17 # Series
18 my_series = pd.Series({"United Kingdom":"London", "India":"New Delhi",
19                       "United States":"Washington", "Belgium":"Brussels"})
20 display(pd.DataFrame(my_series))
```

[실행 결과]

	0	1	2
0	1	2	3
1	4	5	6

	a	b	c
0	1	1	2
1	3	2	4

	A
0	4
1	5
2	6
3	7

	0
United Kingdom	London
India	New Delhi
United States	Washington
Belgium	Brussels

코드 설명

- 1~2행 : 판다스와 넘파이의 라이브러리를 import합니다. 파이썬의 as 문법을 사용하는데 판다스는 pd로 넘파이는 np로 축약합니다.
- 3행 : IPython.display의 display 함수를 사용해서 데이터 프레임을 출력하면 IPython 환경에서 데이터 프레임을 보기 쉬운 표형식으로 출력합니다.
- 6~7행 : numpy.ndarray의 2D array를 이용해 데이터 프레임을 생성합니다.
- 10~11행 : 파이썬 딕셔너리 타입을 이용해 데이터 프레임을 생성합니다. 딕셔너리의 키는 컬럼 이름으로 지정됩니다.

- 14~15 : 데이터 프레임을 이용해 데이터 프레임을 만들 수 있습니다. 데이터 프레임의 데이터로 리스트를 넣고, 행 번호인 index를 0~4까지 지정한 후 해당 컬럼 이름을 'A'로 설정합니다.
- 18~20 : 판다스의 시리즈 형태를 데이터 프레임으로 바꿀 수 있습니다. 시리즈는 열 하나에 담긴 데이터로 시리즈를 딕셔너리로 생성하면 딕셔너리 키는 인덱스로 지정됩니다. 데이터 프레임은 정수, 실수, 문자열 등 다양한 데이터 타입을 모두 저장할 수 있습니다.

df.shape 속성을 통해 데이터 프레임의 열과 행수를 알 수 있습니다. 또한, df.index 속성을 통해 어떤 인덱스가 있는지 확인이 가능하며, 동일한 df.column을 통해 컬럼 이름을 볼 수 있습니다.

```
1 df = pd.DataFrame(np.array([[1, 2, 3], [4, 5, 6]]), columns=['a', 'b', 'c'])
2 display(df)
3
4 print(df.shape)
5
6 print(len(df.index), list(df.index))
7
8 print(len(df.columns), list(df.columns))
```

[실행 결과]

	a	b	c
0	1	2	3
1	4	5	6

(2, 3)
2 [0, 1]
3 ['a', 'b', 'c']

 코드 설명

- 4행 : 데이터 프레임의 모양을 확인합니다(2행 3열).
- 6행 : index의 길이로 행 길이를 알 수 있으며, 인덱스도 확인할 수 있습니다.
- 8행 : index와 마찬가지로 column으로 열 개수와 열을 확인할 수 있습니다.

데이터 프레임에서 열/행 선택하기

데이터를 조작하면서 가장 많이 사용되는 부분은 특정 열이나 행을 선택하여 값을 확인하는 작업입니다. 판다스에서는 다양한 방법을 통해 조회할 수 있습니다. 대표적으로 loc, iloc 또는 대괄호 연산을 통해 특정 열과 행을 확인할 수 있습니다. 먼저 loc과 iloc의 차이점에 대해 알아봅시다. loc은 location의 약자로 열이나 행에서 사람이 읽을 수 있는 이름으로 접근하는 방식이고, iloc은 integer location의 약자로 열과 행에서 컴퓨터에 저장된 인덱스 값을 기반으로 접근하는 방식입니다. 다음과 같이 샘플 데이터를 준비합니다.

```
1 df = pd.DataFrame({
2     "id": [1, 2, 3],
3     "name": ["Gyuri", "Eunseop", "Mong"],
4     "city": ["Seoul", "Incheon", "Suwon"],
5     "item": ["jewelry", "Laptop" , "snack"]}).set_index("id")
6 display(df)
```

[실행 결과]

id	name	city	item
1	Gyuri	Seoul	jewelry
2	Eunseop	Incheon	Laptop
3	Mong	Suwon	snack

loc을 이용해 데이터에 접근하는 방법은 다음과 같습니다.

```
1 display(df.loc[1])
2 display(df.loc[[1, 3]])
3 display(df.loc[:, ["name"]])
4 display(df.loc[[1, 3], ["name", "item"]])
```

[실행 결과]

name   Gyuri
city   Seoul
item   jewelry
Name: 1, dtype: object

id	name	city	item
1	Gyuri	Seoul	jewelry
3	Mong	Suwon	snack

id	name
1	Gyuri
2	Eunseop
3	Mong

id	name	item
1	Gyuri	jewelry
3	Mong	snack

코드 설명

- 1행 : 첫 번째 행은 1이라는 이름의 index 값을 가지고 있습니다.
- 2행 : 여러 개의 인덱스를 지정하면 여러 행을 조회할 수 있습니다.
- 3행 : loc과 iloc은 [행, 열]로 조회가 가능합니다. 한 열만 조회하려면 loc[:, "열 이름"]으로 지정합니다.
- 4행 : 해당 방법을 조합하여 행과 열에서 조회하려는 이름을 각각 넣으면 부분 조회도 가능합니다.

iloc을 이용해 데이터에 접근하는 방법은 다음과 같습니다(loc과 동일한 결과).

```
1 display(df.iloc[0])
2 display(df.iloc[[0, 2]])
3 display(df.iloc[:, 0])
4 display(df.iloc[[0, 2], [0, 2]])
```

[실행 결과]

name   Gyuri
city   Seoul
item   jewelry
Name: 1, dtype: object

name	city	item
id		
1	Gyuri	Seoul	jewelry
3	Mong	Suwon	snack

	name
id	
1	Gyuri
2	Eunseop
3	Mong

	name	item
id		
1	Gyuri	jewelry
3	Mong	snack

 코드 설명

- 1행 : iloc은 인덱스를 기반으로 하기 때문에 첫 번째 행 조회 시 0 인덱스를 사용합니다.
- 2행 : 첫 번째와 세 번째 행을 조회할 때도 인덱스를 사용하여 [0, 2]로 지정합니다.
- 3행 : 열을 조회할 때에도 사용법은 동일합니다. 인덱스로 변한 것만 주의하면 iloc[:, 0]으로 첫 번째 열을 조회합니다.
- 4행 : loc과 동일하게 행과 열의 인덱스를 조합하여 조회할 수 있습니다.

열만 간편하게 조회하고 싶은 경우 데이터 프레임의 대괄호 연산을 사용할 수 있습니다.

```
1 display(df["name"])
2 display(df[["name", "city"]])
```

[실행 결과]
```
id
1    Gyuri
2    Eunseop
3    Mong
Name: name, dtype: object
```

	name	city
id		
1	Gyuri	Seoul
2	Eunseop	Incheon
3	Mong	Suwon

 코드 설명

- 1행 : df에 대괄호를 사용하여 조회하는 경우 열 이름을 기반으로 조회됩니다.
- 2행 : 여러 개의 열을 조회하고 싶은 경우 리스트로 열 이름을 넘겨줍니다.

데이터 프레임에서 데이터 추가하기

인덱스를 설정하는 경우 판다스는 기본적으로 인덱스에 0부터 1씩 차례로 커지는 자연수를 부여합니다. 기본 인덱스 이외에 인덱스를 지정하기 위해서는 set_index 함수를 사용하거나 데이터 프레임 생성 시 인덱스를 따로 넘겨줄 수 있습니다.

```
1 df = pd.DataFrame({"A":[1,4,7], "B":[2,5,8], "C":[3,6,9]})
2 display(df)
3
4 df = df.set_index('A')
5 display(df)
6
7 df = pd.DataFrame({"B":[2,5,8], "C":[3,6,9]}, index=[1,4,7])
8 df.index.name = 'A'
9 display(df)
```

[실행 결과]

	A	B	C
0	1	2	3
1	4	5	6
2	7	8	9

	B	C
A		
1	2	3
4	5	6
7	8	9

	B	C
A		
1	2	3
4	5	6
7	8	9

 코드 설명

- 4행 : set_index 함수를 이용해 'A' 컬럼을 인덱스로 지정합니다. A 컬럼의 값인 1, 4, 7이 인덱스로 지정됩니다.
- 7행 : 데이터 프레임을 생성할 때 인덱스를 지정할 수 있습니다.
- 8행 : 차이점으로 인덱스 이름은 별도로 지정해 주어야 합니다.

loc을 이용하여 새로운 열을 추가할 수 있습니다.

```
1 df = pd.DataFrame({"A":[1,4,7], "B":[2,5,8]})
2 display(df)
3
4 df.loc[2] = {"A": 10, "B": 11}
5 display(df)
6
7 df.loc[len(df.index)] = [50, 51]
8 display(df)
9
10 df.loc[0] = [100, 101]
11 display(df)
```

[실행 결과]

	A	B
0	1	2
1	4	5
2	7	8

	A	B
0	1	2
1	4	5
2	7	8
3	10	11

	A	B
0	1	2
1	4	5
2	7	8
3	10	11
4	50	51

	A	B
0	100	101
1	4	5
2	7	8
3	10	11
4	50	51

 코드 설명

- 4행 : loc을 이용하여 새로운 열을 추가하되 loc[인덱스] 형태로 추가할 열의 인덱스 이름을 지정합니다. 딕셔너리 형태로 컬럼 이름과 데이터를 지정하여 추가합니다.
- 7행 : 리스트를 넘겨주면 열 순서대로 데이터가 추가됩니다. 인덱스가 0부터 순서대로 추가될 때 가장 마지막에 추가하기 위해서는 len(index)를 인덱스로 사용합니다.
- 10행 : 수정이 필요할 때는 loc을 이용하여 수정하고자 하는 행을 선택한 뒤 값을 덮어씁니다.

열 선택과 행 추가를 조합하면 열을 추가하거나 수정할 수 있습니다.

```
1 df = pd.DataFrame({"A":[1,4,7], "B":[2,5,8]})
2 display(df)
3
4 df["C"] = [3, 6, 9]
5 display(df)
6
7 df.loc[:, "D"] = [4, 7, 10]
8 display(df)
9
10 df.loc[:, "A"] = [11, 14, 17]
11 display(df)
```

[실행 결과]

	A	B
0	1	2
1	4	5
2	7	8

	A	B	C
0	1	2	3
1	4	5	6
2	7	8	9

	A	B	C	D
0	1	2	3	4
1	4	5	6	7
2	7	8	9	10

	A	B	C	D
0	11	2	3	4
1	14	5	6	7
2	17	8	9	10

 코드 설명

- 4행 : 데이터 프레임의 대괄호 연산을 이용해 열을 선택할 수 있으므로 동일하게 대괄호 연산으로 신규 열 이름을 지정하고, 데이터를 넣어주면 새로운 열이 생성됩니다.
- 7행 : loc을 이용해서 새로운 열을 추가할 수 있습니다.
- 10행 : 열 선택 시 기존 열을 선택하면 데이터를 덮어 쓸 수 있습니다.

데이터 프레임에서 데이터 삭제하기

인덱스를 삭제하는 경우는 거의 없지만 필요에 따라 삭제를 한다면 reset_index 함수를 사용해 index를 리셋하는 방법으로 삭제합니다. 인덱스 이름을 삭제하려면 'del df.index.name'으로 이름을 삭제할 수 있습니다.

drop 함수를 이용하면 열과 행을 삭제할 수 있습니다.

```
1 df = pd.DataFrame({"A":[1,4,7], "B":[2,5,8]})
2 display(df)
3
4 df = df.drop(1)
5 display(df)
6
7 df.drop('A', axis=1, inplace=True)
8 display(df)
```

[실행 결과]

	A	B
0	1	2
1	4	5
2	7	8

	A	B
0	1	2
2	7	8

	B
0	2
2	8

 코드 설명

- 4행 : drop 함수에 index를 지정하여 해당 인덱스를 삭제합니다.
- 7행 : drop 함수에 열 이름을 지정하여 해당 열을 삭제합니다. 열을 삭제하기 위해서는 axis=1을 반드시 지정해야 합니다. axis=0은 행을 삭제하고, axis=1은 열을 삭제합니다. axis의 기본 값은 0이고, inplace 인자에 True를 지정하면 기존 데이터 프레임을 대체하겠다는 의미입니다. 즉, df.drop('A', inplace=Treu)는 df = df.drop('A')와 같습니다.

데이터 처리의 주된 목적은 중복된 데이터 또는 값이 없고 이상한 데이터를 삭제하는 작업입니다. drop_duplicates( ) 함수와 drop_na( ) 함수를 이용해 중복 행과 결측치 데이터를 제거할 수 있습니다.

```
1 df = pd.DataFrame(data=np.array([[1, 2, 3], [4, 5, 6], [7, 8, 9], [11, 12, 13], [21, 22, 23]]),
2                   index= [1, 1, 2, 3, 4],
3                   columns=['A', 'B', 'C'])
4 display(df)
5
6 df.reset_index(inplace=True)
7 display(df)
8
9 df = df.drop_duplicates(subset='index', keep='last').set_index('index')
10 display(df)
```

[실행 결과]

	A	B	C
1	1	2	3
1	4	5	6
2	7	8	9
3	11	12	13
4	21	22	23

	index	A	B	C
0	1	1	2	3
1	1	4	5	6
2	2	7	8	9
3	3	11	12	13
4	4	21	22	23

index	A	B	C
1	4	5	6
2	7	8	9
3	11	12	13
4	21	22	23

코드 설명

- **1행** : 5행 3열의 데이터 프레임을 생성합니다. 1인 인덱스가 두 개로 중복되어 있습니다.
- **6행** : reset_index를 이용해 기존 인덱스를 열로 변환하면 'index'라는 이름의 열이 생성됩니다.
- **9행** : index 열에서 중복을 찾아 제거합니다. 남는 행은 keep 인자를 통해 지정하되 'last'로 가장 마지막 행을 남깁니다. Keep에는 first, last 그리고 부울 값인 False를 지정할 수 있습니다. first와 last는 순서대로 처음 값, 마지막 값을 남기고 False는 중복일 때 모든 항목을 제거합니다. 다시 인덱스를 지정하기 위해서는 set_index로 index 열을 인덱스로 지정합니다.

다음의 코드에서는 결측치를 제거합니다.

```
1 df = pd.DataFrame(data=np.array([[1, np.nan, 3], [1, 5, np.nan], [7, 8, 9]]), columns=['A', 'B', 'C'])
2 display(df)
3
4 df = df.dropna( ).reset_index(drop=True)
5 display(df)
```

[실행 결과]

	A	B	C
0	1.0	NaN	3.0
1	1.0	5.0	NaN
2	7.0	8.0	9.0

	A	B	C
0	7.0	8.0	9.0

 코드 설명

- 1~2행 : 결측치가 있는 데이터 프레임을 생성합니다. 판다스에서 결측치는 NaN으로 표현됩니다.
- 4행 : dropna 함수를 사용하여 결측치가 있는 행을 제거합니다. 행이 제거되어도 인덱스는 그대로 남기 때문에 reset_index 함수를 사용하여 인덱스를 재정렬합니다. 이때, drop=True로 지정하면 기존 인덱스가 index 열로 만들어지지 않고 바로 삭제됩니다.

2.5 Matplotlib으로 시각화하기

시각화는 데이터를 보기 좋은 형태로 만들어 숫자로 보았을 때 보다 데이터를 이해하기 쉽게 만들고, 새로운 인사이트를 얻을 수 있는 방법으로 데이터 분석에서 중요합니다. 파이썬에서 시각화는 주로 Matplotlib 라이브러리를 사용합니다. Matplotlib을 이용해 손실 함수의 변화 그래프를 그리거나 입력, 출력으로 나오는 이미지를 표시하는 작업을 합니다. 이번에는 간단한 선 그래프와 이미지를 표시하는 방법 그리고 한번에 여러 개의 그래프를 그리는 방법에 대해 알아보겠습니다. 먼저 사용할 라이브러리를 설치하겠습니다.

```
!pip install matplotlib
!pip install numpy
```

 ! 명령

코랩과 같은 주피터 노트북 기반의 개발 환경에서는 '!' 명령을 붙여서 쉘 명령어를 실행시킬 수 있습니다.

예제로 사용할 간단한 데이터를 만들어 보겠습니다. 4행은 0~10 사이에서 일정한 100개의 점을 샘플링합니다. 5~6행은 제곱, 선 그래프의 값을 구합니다. 8행은 평균 10과 표준편차 10인 정규분포에서 1000개 점을 샘플링합니다.

```
1 import numpy as np
2 import matplotlib.pyplot as plt
3
4 x = np.linspace(0, 10, 100)
5 y1 = x ** 2
6 y2 = 10 * x + 2
7
8 x2 = 10 + 10 * np.random.randn(1000)
```

선 그래프 그리기

```
1 plt.plot(x1, y1, 'r--', label='y1')
2 plt.plot(x1, y2, 'b-', label='y2')
3 plt.title("line plot")
4 plt.xlabel("x")
5 plt.ylabel("y")
6 plt.legend(loc='upper left')
7 plt.show( )
```

[실행 결과]

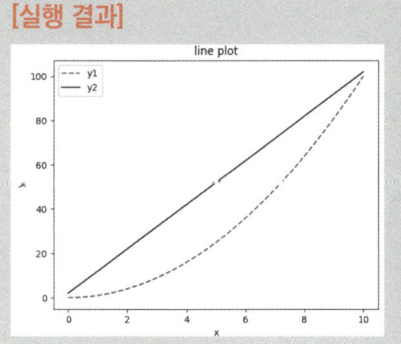

코드 설명

- 1~2행 : 두 개의 선 그래프를 그릴 때 데이터로 x축, y축 값을 넣습니다. 세 번째 인자로 선의 모양을 설정하고, 색상과 선 모양을 선택합니다. 레이블 인자로 레이블(이름)을 지정합니다.
- 3행 : 그래프의 제목을 지정합니다.
- 4~5행 : x, y축의 이름을 지정합니다.
- 6행 : 범례에는 1~2행에서 각 그래프에 지정한 레이블이 표시됩니다. loc 인자를 통해 범례의 표시 위치를 지정할 수 있습니다.

서브 플롯으로 그래프 동시에 그리기

```
1 plt.subplot(1, 2, 1)
2 plt.plot(x1, y1, 'g--')
3 plt.subplot(1, 2, 2)
4 plt.plot(x1, y2, '-')
5 plt.show( )
```

[실행 결과]

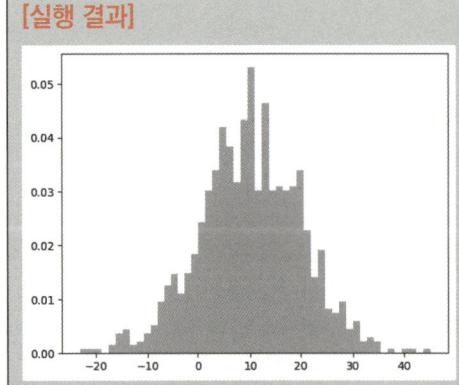

 코드 설명

- 1행 : 1행 2열의 서브 플롯 중 첫 번째 서브 플롯을 그립니다.
- 2행 : 1행에서 지정한 첫 번째 서브 플롯에 그래프를 그립니다.
- 3~4행 : 1행 2열의 서브 플롯 중 두 번째 서브 플롯을 지정하여 그래프를 그립니다.

히스토그램 그리기

```
1 plt.hist(x2, bins=50, density=True, facecolor='orange')
2 plt.show( )
```

[실행 결과]

 **코드 설명**

- 1행 : 히스토그램을 그리되 bins는 몇 개의 구간으로 나눠서 막대를 그릴지 지정합니다. dencity는 확률 밀도를 정확히 구하기 위해 값을 정규화시키는 것으로 히스토그램에 표시된 막대 면적이 1이 되도록 합니다. facecolor는 막대의 색상을 지정합니다.

이미지 표시하기

```
1 from skimage import data
2 plt.xticks([ ])
3 plt.yticks([ ])
4 plt.imshow(data.rocket( ))
```

[실행 결과]

 **코드 설명**

- 1행 : skimage의 샘플 이미지를 사용하기 위해 패키지를 불러옵니다.
- 2~3행 : x, y축의 틱을 제거합니다.
- 4행 : 로켓 이미지를 로드하고 표시합니다.

Chapter 03
신경망 입문하기

이번 챕터에서는 본격적인 신경망의 세계를 살펴보겠습니다. 인공 신경망은 다양한 머신러닝의 방법 중 하나로 최근 딥러닝이라는 인공 신경망을 여러 번 쌓아 올린 방법이 놀라운 성능을 보여주면서 관심이 높아지고 있습니다. 이에 신경망의 가장 기본 형태인 퍼셉트론과 해당 개념을 확장한 MLP, Neural Networks를 배워보겠습니다.

3.1 퍼셉트론의 기본 개념

신경망의 개념을 통해 최초의 신경망인 퍼셉트론에 대한 이해가 필요합니다. 여기에 논리 게이트 문제를 직접 풀어보면서 퍼셉트론의 동작 원리를 숙지하고, 어떤 문제를 어떻게 해결할 수 있는지 그리고 한계는 무엇인지를 살펴봅니다.

퍼셉트론(Perceptron)

인간의 신경 세포인 뉴런에서 영감을 받은 가장 기초적인 형태의 신경망입니다. 뉴런은 여러 개의 수용체에서 입력을 받아 이를 합치고 결과를 내보냅니다. 모든 입력에 대해 출력값을 내보내는 것이 아니라 특정 임계값을 넘어야 출력을 내보내는 특징이 있습니다.

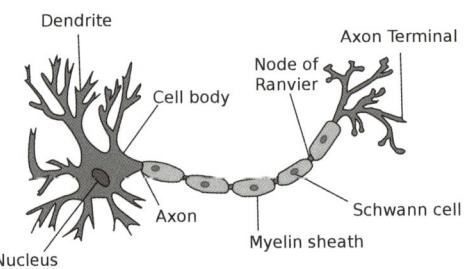

[뉴런 다이어그램] -출처: https://ko.wikipedia.org/wiki/신경유전학-

인공 신경망도 이와 유사하게 동작하도록 설계되었습니다. 여러 개의 입력을 받아 각 입력에 가중치를 곱하고 합해서 임계치가 넘는지를 체크하는 활성 함수(Activation Function)를 지나 출력을 내보냅니다. 퍼셉트론에서는 가중치가 뉴런의 축삭돌기(axon) 기능을 합니다. 가중치는 각 입력값에 곱해지는 값으로 하나씩 존재하는데, 해당 입력값이 출력에 영향을 미치는 중요한 값일수록 가중치가 커진다는 특징이 있습니다.

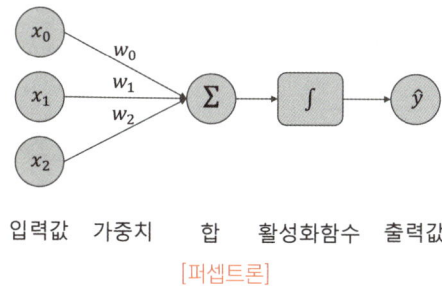

[퍼셉트론]

활성화 함수는 퍼셉트론에 비선형성을 주는 중요한 함수입니다. 앞서 설명하였듯 뉴런은 모든 입력 신호에 대해 출력값을 주지는 않습니다. 특정 임계점을 넘어야 출력값을 주는데 이를 컴퓨터에서 과학적으로 구현한 것이 바로 활성화 함수입니다. 특정 임계치를 넘길 때만 출력을 내보내려면 활성화 함수로 계단 함수를 사용할 수 있습니다.

$$\widehat{y} = \begin{cases} \sum W_i x_i \geq \theta & , 1 \\ otherwise & , 0 \end{cases}$$

[계단 함수 1]

각 입력과 가중치를 곱하여 합을 구한 뒤 합이 임계치를 넘으면 1을 내보내고, 아니면 0을 내보냅니다. 일반적으로 임계치는 θ로 표현합니다. 식에서 임계치를 좌변으로 이동하여 편향(bias) 형태로 많이 사용합니다. 편향은 입력이 항상 1인 가중치로도 생각할 수 있습니다. 식은 다음과 같이 표현됩니다.

$$\widehat{y} = \begin{cases} \sum W_i x_i + b \geq 0 & , 1 \\ otherwise & , 0 \end{cases}$$

[계단 함수 2]

활성 함수는 계단 함수 이외에도 인공 신경망 초기에 많이 사용되었던 Sigmoid, 딥러닝에서 많이 사용되는 ReLU, PReLU, Swish 등 다양합니다.

퍼셉트론으로 논리 게이트 문제 풀기

논리 게이트는 0, 1의 입력 신호를 받아 특정 연산을 통해 0 또는 1의 출력값을 내보내는 회로를 의미합니다. 기초적인 논리 게이트는 AND, OR, NOT으로 구성됩니다. 이러한 논리 게이트를 퍼셉트론으로는 어떻게 구현할 수 있을지 하나씩 살펴보겠습니다. 이번 논리 게이트 문제에서 사용되는 퍼셉트론은 모두 편향을 이용하고, 계단 함수를 활성화 함수로 사용하겠습니다.

• **AND 게이트**

입력값 두 개가 모두 1일 때만 1을 내보내고, 나머지 경우는 0을 내보내는 게이트입니다.

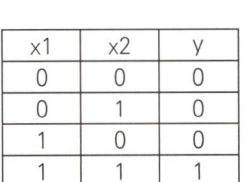

[AND 게이트의 입출력]

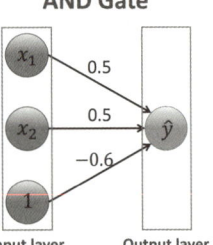

[AND nn]

AND 게이트 구성에서 두 입력의 가중치에는 0.5 그리고 편향에는 -0.6을 입력하면 AND 게이트와 같은 동작을 하는 퍼셉트론을 구성할 수 있습니다. 입력이 0, 0인 경우 (0 x 0.5) + (0 x 0.5) + (1 x -0.6) = -0.6 결과가 0보다 작기 때문에 계단 함수를 통과하면 원하는 답(0)이 출력되는 것을 볼 수 있습니다. 모든 계산 결과값은 다음과 같습니다.

x1	x2	가중합	결과
0	0	0x0.5 + 0x0.5 − 0.6 = −0.6	0
0	1	0x0.5 + 1x0.5 − 0.6 = −0.1	0
1	0	1x0.5 + 0x0.5 − 0.6 = −0.1	0
1	1	1x0.5 + 1x0.5 − 0.6 = 0.4	1

여기에서 구한 AND 게이트의 퍼셉트론을 코드로 살펴보겠습니다.

```
1 def AND_gate(x1, x2):
2     # weights
3     w1 = 0.5
4     w2 = 0.5
5     bias = -0.6
6
7     # forward
8     result = x1*w1 + x2*w2 + bias
9
10    # activation
11    if result > 0:
12        return 1
13    else:
14        return 0
15
16 print(AND_gate(0,0), AND_gate(0,1), AND_gate(1,0), AND_gate(1,1))
```

[실행 결과]
(0, 0, 0, 1)

코드 설명

- 1행 : 퍼셉트론을 AND_gate 함수로 구현합니다. 함수는 x1, x2 입력값을 인자로 받습니다.
- 3~5행 : 앞서 구한대로 가중치와 편향을 설정합니다.
- 8행 : 순전파 식을 구합니다. 각 입력과 가중치의 가중합을 구하고 편향을 더합니다.
- 11~14행 : 활성화 함수인 계단 함수를 구현합니다. 가중합이 0 보다 큰 경우 1을 내보내고 나머지 경우는 0을 내보냅니다.
- 16행 : 모든 경우를 구현한 AND 게이트의 출력값입니다.

OR 게이트

입력값 두 개 중 하나의 입력이 1이면 1을 내보내고, 둘 다 0인 경우에만 0을 내보내는 게이트입니다.

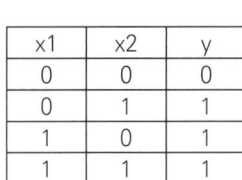

[OR 게이트의 입출력]

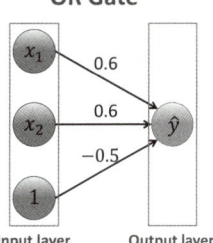

[OR nn]

다음은 OR 게이트의 가중치로 어떤 가중치와 편향을 사용하면 OR 게이트를 만들 수 있을지 스스로 가중치와 편향을 찾아봅니다. 다양한 경우의 수가 나올 수 있기 때문에 출력되는 값과 여러분이 찾은 값이 다르더라도 괜찮습니다. 가중치에는 각각 0.6 그리고 편향에는 -0.5를 주었고, 결과값은 다음과 같습니다.

x1	x2	가중합	결과
0	0	0x0.6 + 0x0.6 - 0.5 = -0.5	0
0	1	0x0.6 + 1x0.6 - 0.5 = 0.1	1
1	0	1x0.6 + 0x0.6 - 0.5 = 0.1	1
1	1	1x0.6 + 1x0.6 - 0.5 = 0.7	1

OR 게이트의 퍼셉트론을 코드로 살펴보겠습니다. AND 게이트 코드와 거의 동일합니다.

```
1 def OR_gate(x1, x2):
2     # weights
3     w1 = 0.6
4     w2 = 0.6
5     bias = -0.5
6
7     # forward
8     result = x1*w1 + x2*w2 + bias
9
10    # activation
11    if result > 0:
12        return 1
13    else:
14        return 0
15
16 print(OR_gate(0,0), OR_gate(0,1), OR_gate(1,0), OR_gate(1,1))
```

[실행 결과]
(0, 1, 1, 1)

- NOT 게이트

입력값이 하나인 게이트로 입력값과 반대되는 값을 내보냅니다.

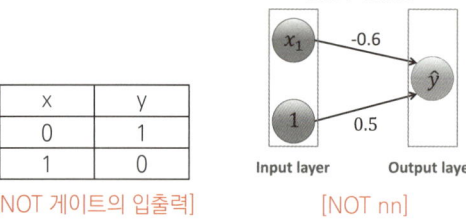

x	y
0	1
1	0

[NOT 게이트의 입출력]   [NOT nn]

가중치에는 -0.6 그리고 편향에는 0.5를 주면 간단하게 NOT 게이트를 만들 수 있습니다.

x1	가중합	결과
0	0x-0.6 + 0.5 = 0.5	1
1	1x-0.6 + 0.5 = -0.1	0

NOT 게이트의 퍼셉트론을 코드로 살펴보겠습니다. 기존 코드와 동일하나 입력값을 하나만 받고 그에 따라 순전파도 바뀌었습니다.

```
1  def NOT_gate(x1):
2      # weights
3      w1 = -0.6
4      bias = 0.5
5
6      # forward
7      result = x1*w1 + bias
8
9      # activation
10     if result > 0:
11         return 1
12     else:
13         return 0
14
15 NOT_gate(0), NOT_gate(1)
```

[실행 결과]
(1, 0)

- **XOR 게이트**

특수한 형태의 논리 게이트로 입력과 출력이 서로 다른 경우는 1, 같은 경우는 0을 출력으로 내보냅니다.

x1	x2	y
0	0	0
0	1	1
1	0	1
1	1	0

XOR 게이트도 퍼셉트론으로 해결이 가능할까요? 정답을 알려드리면 퍼셉트론으로는 XOR 문제를 풀 수 없습니다. 앞에서 풀어본 문제들을 그래프로 표현해 보겠습니다. 세로축이 x1, 가로축이 x2일 때 각 입력값을 그래프 위에 표현한 경우 앞에서 찾은 가중치와 편향은 결과값이 0인 부분과 1인 부분을 나누는 선 그래프를 나타냅니다. 즉, 선형으로 구분할 수 있는 문제는 퍼셉트론으로 해결할 수 있습니다. 여기에서 서로 다른 분류를 구분하는 경계를 결정 경계(Decision Boundary)라고 합니다.

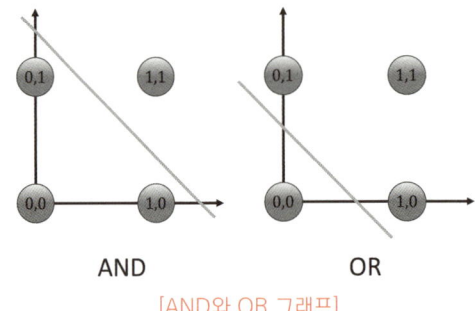

[AND와 OR 그래프]

XOR은 AND, OR와 달리 하나의 직선으로는 구분할 수가 없습니다. 왼쪽처럼 두 개의 직선을 이용하거나 오른쪽처럼 한 개의 곡선을 이용해야 합니다. 이런 경우 퍼셉트론으로는 구분이 불가능합니다. 간단하게 그림으로 설명했지만 이는 1969년 마빈 민스키가 퍼셉트론으로는 XOR 문제를 수학적으로 풀 수 없다는 사실을 증명했습니다. 그럼 어떻게 해야 할까요? 간단해 보이는 문제도 풀지 못하는 퍼셉트론은 쓸모가 없는 것일까요? 이러한 한계를 극복할 수 있는 방법은 다음에 설명할 다층 퍼셉트론입니다.

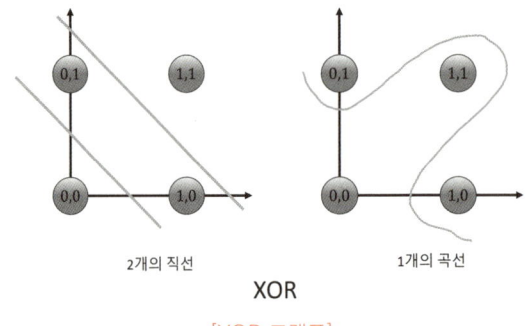

[XOR 그래프]

3.2 다층 신경망과 XOR 문제 해결하기

단층 신경망의 한계를 해결하기 위한 다양한 시도 중 간단하면서도 획기적인 방법은 신경망을 여러 번 쌓는 다층 신경망(Multi Layer Perceptron, MLP)입니다. 다층 신경망의 작동 원리와 단층 신경망의 한계인 XOR 문제를 어떻게 풀 수 있는지 알아보겠습니다.

다층 신경망

퍼셉트론은 1개의 층만 사용하여 단층 신경망(Single Layer Perceptron)이라고도 부릅니다. 다층 신경망(MLP)은 이러한 단층 신경망을 2개 층 이상 사용한 신경망입니다. 여러 개의 퍼셉트론을 사용하면 입력층과 출력층이 아닌 중간 단계 층이 생기는데 이러한 층들은 중간에 숨어 있기 때문에 은닉층(Hidden Layer)이라고도 합니다. 또한, 다층 신경망을 더 확장시켜 많은 은닉층을 사용한 신경망을 심층 신경망(Deep Neural Network, DNN)이라고 합니다. 레이어가 많아질수록 네트워크는 다양한 입출력을 다룰 수 있지만 그에 따라 많은 가중치를 학습해야 합니다.

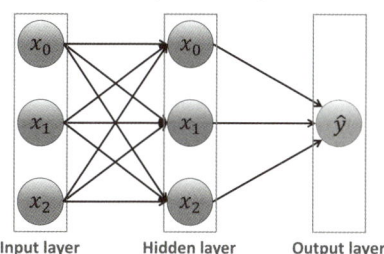

[다층 신경망의 구조]

XOR 문제 해결하기

퍼셉트론의 치명적인 단점은 간단한 XOR 문제를 해결하지 못한다는 점입니다. 이러한 문제를 쉽게 풀 수 있는 방법은 여러 개의 퍼셉트론을 연결하여 쌓아 올린 다층 신경망입니다.

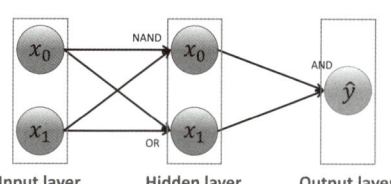

[XOR MLP의 구조]

XOR 문제를 해결하기 위해서는 많은 퍼셉트론이 필요하지 않습니다. 단 3개의 퍼셉트론을 2개층으로 쌓은 신경망으로 XOR 문제를 해결할 수 있습니다. 위의 그림은 XOR를 풀 수 있는 다층 신경망 중 하나입니다. 첫 번째 신경망은 NAND 게이트로 NOT + AND 게이트의 출력과 같습니다. 두 번째 신경망은 OR 게이트로 앞서 살펴보았습니다. 이렇게 두 개의 게이트가 첫 층이 되어 네트워크의 입력인 x1, x2를 받아 각각 결과를 내보냅니다. 마지막 게이트는 AND 게이트로 앞서 계산된 NAND, OR 게이트의 출력을 입력으로 받고 최종 출력을 내보냅니다. NAND 게이트의 입출력과 구현 코드를 살펴보겠습니다. NAND는 AND와 NOT 게이트를 연결해 사용한 것과 같은 결과를 내보냅니다.

x1	x2	y
0	0	1
0	1	1
1	0	1
1	1	0

[NAND 게이트의 입출력]

이전과 마찬가지로 가중치를 직접 구해보고 코드에서 가중치 값과 결과를 확인해 보겠습니다. AND와 유사하지만 부호만 반대인 가중치와 편향으로 쉽게 NAND 게이트가 구현됩니다.

```
1  def NAND_gate(x1, x2):
2      # weights
3      w1 = -0.5
4      w2 = -0.5
5      b = 0.6
6
7      # forward
8      result = x1*w1 + x2*w2 + b
9
10     # activation
11     if result > 0:
12         return 1
13     else:
14         return 0
15
16 NAND_gate(0, 0), NAND_gate(0, 1), NAND_gate(1, 0), NAND_gate(1, 1)
```

[실행 결과]
(1, 1, 1, 0)

앞서 설명했던 NAND와 OR로 한 개 층을 만들고, 두 번째 층에서 AND 게이트를 사용한 XOR 게이트 다층 퍼셉트론을 구현해 보겠습니다.

```
1  def step_function(x):
2      return 1 if x > 0 else 0
3
4  def layer1(x0, x1):
5      # weights
6      # NAND
7      w00 = -0.5
8      w01 = -0.5
9      b0 = 0.6
10     # OR
11     w10 = 0.6
12     w11 = 0.6
13     b1 = -0.5
14
15     # forward
16     result0 = x0*w00 + x1*w01 + b0
17     result1 = x0*w10 + x1*w11 + b1
18
19     # activation
20     result0 = step_function(result0)
21     result1 = step_function(result1)
22
23     return result0, result1
```

📩 코드 설명

- **1~2행** : 반복적으로 사용되는 활성화 함수인 계단 함수를 정의합니다. 파이썬의 3항 연산을 사용하여 입력 x가 0보다 큰 경우는 1을, 그렇지 않으면 0을 내보냅니다.
- **4행** : 첫 번째 레이어를 구현합니다. 첫 번째 레이어는 두 개의 입력을 받아 두 개의 출력을 내보내는 레이어로 각 출력은 NAND와 OR 게이트를 거친 결과를 내보냅니다.
- **5~13행** : 첫 번째 레이어에서 사용할 NAND와 OR 게이트의 가중치와 편향을 정의합니다.
- **16~17행** : 순전파를 계산합니다. 계산되는 식은 가중치 행렬과 입력 벡터가 곱해지는 것과 같습니다. 다음의 수식은 첫 번째 층에서 사용되는 순전파 식을 행렬식으로 나타낸 것입니다.

$$\begin{pmatrix} w_{00} & w_{01} & b_0 \\ w_{10} & w_{11} & b_1 \end{pmatrix} \begin{pmatrix} x_0 \\ x_1 \\ 1 \end{pmatrix} = \begin{pmatrix} (x_0 \times w_{00}) + (x_1 \times w_{01}) + (b_0 \times 1) \\ (x_0 \times w_{10}) + (x_1 \times w_{11}) + (b_1 \times 1) \end{pmatrix} = \begin{pmatrix} r_0 \\ r_1 \end{pmatrix}$$

[MLP 행렬곱]

- **20~23행** : 순전파 결과를 마지막으로 활성화 함수를 통과시킨 뒤 반환합니다.

행렬곱 연산

퍼셉트론은 입력과 가중치간 내적으로 순전파를 단순화 시킬 수 있습니다. 입출력이 커질수록 곱해지는 행렬의 크기도 커집니다. 이러한 행렬곱 연산은 CPU보다 GPU가 더 빠르게 처리할 수 있습니다. 이러한 이유로 딥러닝 학습에 GPU를 사용하는 것입니다.

이제 두 번째 레이어와 최종 XOR 다층 퍼셉트론의 결과를 확인해 보겠습니다.

```
1 def layer2(x0, x1):
2     # weights
3     # AND
4     w0 = 0.5
5     w1 = 0.5
6     b = -0.6
7
8     # forward
9     result = x0*w0 + x1*w1 + b
10
11    # activation
12    result = step_function(result)
13
14    return result
15
16 def XOR_MLP(x0, x1):
17     x0, x1 = layer1(x0, x1)
18     y = layer2(x0, x1)
19     return y
20
21 XOR_MLP(0, 0), XOR_MLP(0, 1), XOR_MLP(1, 0), XOR_MLP(1, 1)
```

[실행 결과]
(0, 1, 1, 0)

코드 설명

- 1~14행 : 두 번째 레이어를 구현합니다. 두 번째 레이어는 기존의 AND 게이트와 동일합니다.
- 16~19행 : XOR를 풀기 위한 다층 신경망을 정의합니다. 앞서 구현한 Layer1과 Layer2를 단순 연결해 주는 함수입니다.
- 21행 : 최종적으로 구현된 XOR_MLP 함수로 모든 경우의 결과를 확인해 보면 원하는 결과가 나오는 것을 확인할 수 있습니다.

여기까지는 가중치를 수동으로 찾았습니다. 입출력 개수가 얼마되지 않고 문제도 비교적 쉽기 때문에 어려운 일은 아니었습니다. 앞으로 해결해야 할 문제는 훨씬 어렵고 복잡하기 때문에 큰 네트워크가 필요합니다. 네트워크가 커질수록 사람이 가중치를 찾는 것은 쉬운 일이 아니겠죠? 따라서 가중치를 기계가 찾도록 자동화를 시켜야 합니다. 이는 네트워크(모델)를 학습(Training) 시킨다고 표현합니다.

3.3 손실 함수/경사 하강법/오차 역전파 이해하기

손실 함수

본격적인 학습에 앞서 어떤 가중치가 나은 것인지를 알아야 합니다. 그림에서 두 결정 경계 직선은 동그라미와 네모를 구분하고 있습니다. 어떤 결정 경계가 잘 구분하고 있을까요? 수치적으로 어떤 결정 경계가 나은 경계를 그었는지 정확히 판단할 수 있어야 합니다.

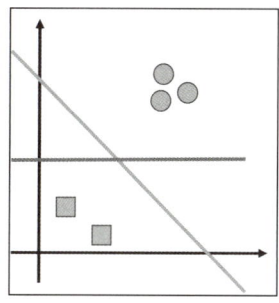

[손실 함수 비교]

나은 경계를 어떻게 판단할까요? 예를 들어 경계와 가장 가까운 샘플의 거리가 가장 멀도록 하는 직선이 더 나은 직선이라고 할 수 있습니다. 거리가 가까우면 결정 경계 근처에 특정 도형이 있을 경우 잘못된 판단을 할 수 있기 때문입니다. 왼쪽 그림과 같이 결정 경계와 가장 가까운 샘플을 거리와 비교하면 대각선 방향의 직선이 거리와 더 멀기 때문에 좋은 결정 경계라고 볼 수 있습니다. 하지만 오른쪽 그림처럼 학습 시 배우지 않은 위치에 사각형 샘플이 등장했을 때 대각선 경계는 해당 샘플이 직선 아래에 있어 사각형이라고 분류하지만 가로 방향의 경계는 직선 위에 있어 동그라미로 잘못된 분류를 할 수도 있습니다.

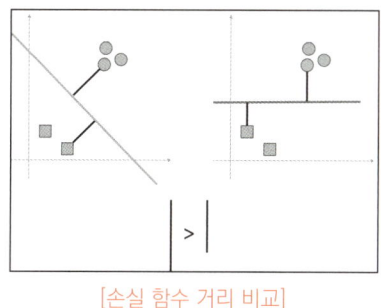

[손실 함수 거리 비교]   [결정 경계 오류]

딥러닝 학습시에는 실제 정답과 예측한 값이 맞는지에 대한 차이를 구해 합이 작아지도록 학습하는 방식을 가장 많이 사용합니다. 이때, 실제 정답과 예측한 값의 차이를 오차라고 하고, 오차를 계산하는 함수를 손실 함수라고 합니다. 가장 많이 사용되는 손실 함수는 평균 제곱 오차, 크로스 엔트로피 오차 등이지만 풀고자 하는 문제와 상황에 맞는 손실 함수를 사용해야 합니다.

손실 함수	용도	설명
평균 제곱 오차 (Mean Squared Error, MSE)	회귀	오차 제곱의 평균값으로 1보다 작은 오차는 작게하고, 1보다 큰 오차는 크게 키우도록 유도함
크로스 엔트로피 오차 (Cross Entropy, CE)	이진 분류, 다중 분류	두 확률 분포간의 차이로 분류 문제에서는 출력 값에 Softmax를 사용하여 각 클래스에 속할 확률 분포를 출력하고, 정답 값과 출력간의 확률 분포에 로그를 취한 값을 곱해 손실 값을 구함
평균 절대 오차 (Mean Absolute Error, MAE)	회귀	오차 절대값의 평균값으로 1보다 작은 오차까지 반영하며, 절대값을 사용하기 때문에 예측값을 낮게 예측했는지 높게 예측했는지 구분이 어려움(작은 오차라도 기울기가 커질 수 있어 학습이 불안정해질 수 있음)
평균 제곱근 오차 (Root Mean Squared Error, RMSE)	회귀	MSE에 제곱근을 취한 값으로 MSE가 제곱을 취함으로써 발생하는 매우 큰 오차에 대해 민감도를 줄임

경사 하강법

풀고자 하는 문제가 복잡해질수록 이를 풀기 위한 신경망도 더 깊고 넓어져야 합니다. 즉, 많은 가중치를 학습해야 하는데 이런 경우 문제를 풀기 위한 가중치 값을 구하는 작업은 매우 어렵습니다. '좋은 신경망을 만든다'라는 말은 신경망의 손실값을 낮추는 것과 같습니다. 그렇다면 어떻게 손실 함수를 가중치를 찾는데 사용할 수 있을까요? 바로 경사 하강법과 오차 역전파를 이용하면 문제를 해결할 수 있습니다.

경사 하강법은 손실 함수를 아래로 볼록한 어떤 함수라고 가정하는 것에서부터 시작합니다. 아래로 볼록한 함수이기 때문에 함수의 경사면을 따라가다 보면 최적점에 도달하게 됩니다. 여기에서 문제는 손실 함수가 정확히 어떤 함수인지를 모른다는 점입니다. 따라서 한번에 최적점으로 갈수는 없고 한 번씩 이동하면서 찾아가야 합니다. 손실 함수의 경사면을 따라가기 위해서는 손실 함수의 기울기를 구해야 합니다. 즉, 손실 함수를 미분하여 기울기를 구하고 그 크기만큼 이동합니다. 이동 시 알아야 할 것은 이동 방향과 거리입니다. 경사 하강법에서 이동 방향은 손실 함수의 기울기 부호로 결정됩니다. 음의 기울기면 오른쪽으로, 양의 기울기면 왼쪽으로 이동합니다. 이동하는 크기는 기울기 크기만큼 이동하며, 학습률이라는 것을 도입하여 이동 보폭을 늘이거나 줄일 수 있습니다.

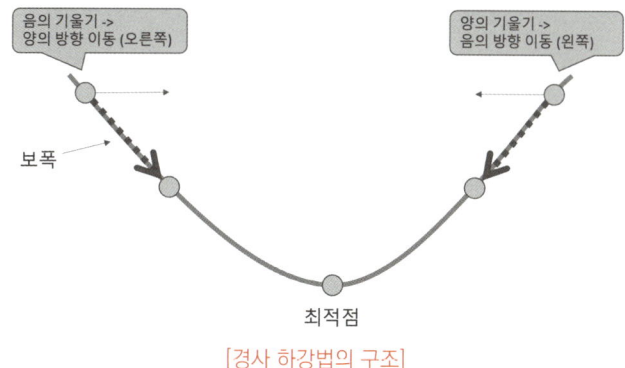

[경사 하강법의 구조]

이를 간단한 수식으로 살펴보겠습니다. 앞서 XOR 문제에서 MLP를 행렬 연산으로 표현했는데 이를 바탕으로 신경망을 수식으로 표현하면 다음과 같습니다. 가중치 W 행렬과 입력 벡터 x의 곱에 편향 벡터를 더한 뒤 활성화 함수 F를 거친 결과(y)를 출력하는 신경망입니다.

$$y = F(\mathbf{W}\mathbf{x} + \mathbf{b})$$

[신경망 수식]

신경망 출력을 구했으니 손실 함수도 구할 수 있습니다. 손실 함수는 L로 표현하며 예측값 y와 실제값 $\hat{y}$로 나타낼 수 있습니다.

$$loss = L(y, \hat{y})$$

[손실 함수 수식]

이제 가중치를 업데이트해 보겠습니다. 앞서 가중치는 손실 함수의 기울기와 학습률을 이용해 이동 방향과 보폭을 결정한다고 했으므로 이를 수식으로 표현하면 다음과 같습니다. 특정 가중치 w를 업데이트할 때 손실 함수를 해당 가중치 값에 편미분하여 기울기를 구합니다. 손실 함수에 특정 가중치 w가 얼마나 기여했는지에 따라 가중치를 업데이트해야 하기 때문에 w로 편미분을 합니다. 기울기 값에 -를 붙여 음의 기울기면 양의 방향으로 이동하고, 양의 기울기면 음의 방향으로 이동합니다. 이동 거리는 기울기 크기와 학습률(α)을 곱합니다. 이를 기존 기울기에 더하여 새로운 기울기인 w'를 구합니다.

$$w' = w - \alpha \frac{dL(y, \hat{y})}{dw}$$

[가중치 업데이트 수식]

기울기를 업데이트하였지만 최적점을 찾기에는 시간이 너무 오래 걸리는 것은 아닐까요? 그렇다면 보폭을 크게 넓혀 한번에 멀리 내려가면 빠르게 학습이 진행될까요? 학습률이 너무 큰 경우 최적점으로 나아가지 못하고 오히려 멀리 가버리는 오버슈팅(Overshooting) 현상이 발생할 수 있습니다. 반대로 학습률이 너무 작은 경우 최적화가 오래 걸리거나 전역 최적점이 아닌 지역 최적점에 빠지는 현상이 발생하여 학습이 제대로 이루어지지 않을 수 있습니다. 따라서 여러 번의 실험을 반복하면서 최적의 학습률을 찾아 내는 것이 필요합니다.

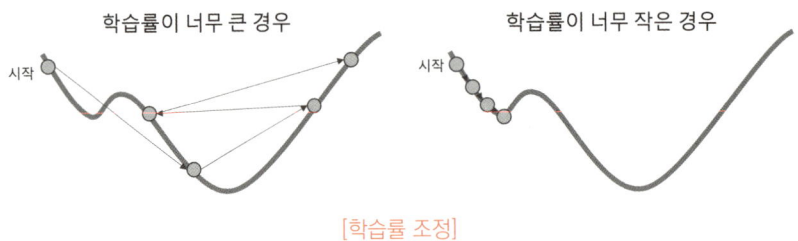

[학습률 조정]

오차 역전파

경사 하강법에서 살펴본 수식은 하나의 가중치를 업데이트 하는 수식입니다. 딥러닝 모델의 가중치는 매우 많기 때문에 모든 가중치의 기울기를 하나씩 구하는 것은 어렵고 작업 시간도 오래 걸립니다. 이것을 해결하려면 신경망의 구조를 이해해야 합니다. 신경망은 앞 층의 결과를 입력으로 사용하여 깊게 쌓은 구조입니다. 이런 경우 출력층에 가까운 레이어부터 연쇄 법칙을 사용해 기울기를 구하면 중복된 연산을 크게 줄이면서 각 가중치의 기울기를 구할 수 있습니다. 이러한 방식으로 기울기를 구하는 것을 '오차 역전파'라고 합니다. 오차 역전파 과정을 통해 각 가중치의 기울기를 모두 구한 후 경사 하강법 알고리즘을 이용하여 모든 가중치를 업데이트하게 됩니다.

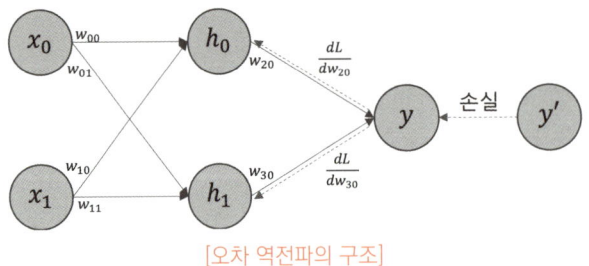

[오차 역전파의 구조]

3.4 ReLU로 기울기 소실 극복하기

오차 역전파 과정을 통해 출력층에서 입력층으로 올라가면서 기울기를 구합니다. 연쇄 법칙에 의해 구해지는 기울기는 이전 기울기를 계속 누적해 이를 곱하면서 구합니다. 이때, 입력층에 가까워질수록 기울기가 0에 가까워지는 기울기 소실(Gradient Banishing) 문제가 발생합니다. 문제의 원인은 기존 활성화 함수로 사용하던 시그모이드(Sigmoid) 함수 때문입니다. 이전 예제에서 사용한 계단 함수는 0에서 값이 연속하지 않아 미분이 불가능합니다. 여기에서는 미분이 가능한 활성화 함수로 시그모이드를 사용합니다.

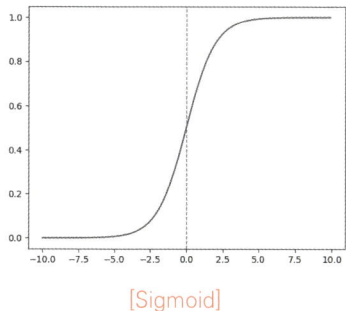
[Sigmoid]

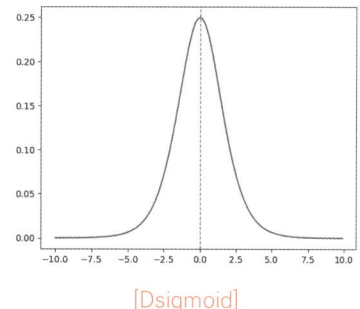
[Dsigmoid]

문제는 오차 역전파에서 한 층을 넘어갈 때마다 시그모이드의 도함수가 누적해서 곱해집니다. 시그모이드의 도함수는 최댓값이 0.25이기 때문에 곱해질수록 점점 작아질 수밖에 없습니다. 이러한 기울기 소실 문제로 인해 입력층에 가까운 가중치는 학습이 제대로 되지 않는 문제가 발생하여 일정 깊이 이상으로 신경망을 쌓아 학습시키는 것은 불가능합니다. 이런 기울기 소실 문제를 해결할 수 있는 새로운 활성화 함수는 렐루(Rectified Linear Unit, ReLU)입니다.

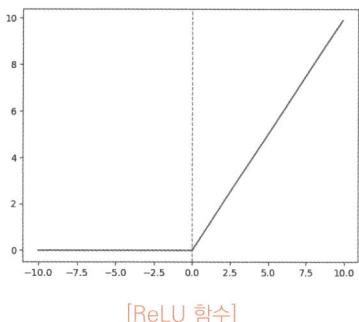
[ReLU 함수]

ReLU 함수는 0보다 작은 값은 0으로, 1보다 큰 값은 값 그대로 내보냅니다. 그리고 미분을 해도 0보다 큰 값은 무조건 기울기가 1인 값을 갖기 때문에 여러 번 중첩해서 곱히더라도 기울기 소실 문제는 발생하지 않습니다. 0보다 작은 범위에서는 0을 반환하기 때문에 전달할 정보가 없어지는 문제점도 일부 있습니다. 현재는 ReLU가 가장 대중적으로 사용되지만 이러한 단점을 수정하여 PReLU, Swish 등 다양한 종류의 활성화 함수가 개발되고 있습니다.

3.5 과소적합과 과적합 이해하기

이제 깊은 신경망도 손실 함수를 이용하면 학습이 가능합니다. 앞서 손실 함수가 낮으면 성능이 좋은 모델이라고 언급했지만 여기에는 보완할 부분이 있습니다. 학습하는 데이터가 실제 세계의 모든 데이터와 동일한 분포를 가지고 있다면 손실 함수가 낮은 모델이 당연히 좋은 성능의 모델입니다. 하지만 구축한 학습 데이터는 한계가 있기 때문에 완벽하게 모든 데이터와 같은 분포를 가지고 있다고 할 수는 없습니다. 다음과 같은 학습용 데이터를 이용하여 완벽하게 샘플을 분류하는 모델을 학습하였다면 이제는 실제 데이터에서도 제대로 동작하는지 살펴보겠습니다.

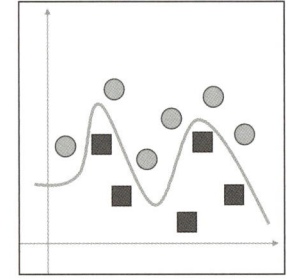

[결정 경계 1]

실제 데이터 분포에서 곡선 모델은 직선 모델보다 많은 문제가 발생하여 좋지 않은 모델이 되었습니다. 이와 같이 학습용 데이터를 완벽하게 분류한다고 하더라도 실제 데이터와는 다른 결과를 도출할 수 있습니다. 학습용 데이터는 제대로 분류했으나 실제 데이터에서는 분류가 제대로 되지 않는 결과가 나왔을 때 오버피팅(Overfitting) 되었다고 합니다. 반대로 학습용 데이터도 제대로 분류하지 못하는 경우 즉, 학습이 되지 않은 경우를 언더피팅(underfitting) 되었다고 합니다.

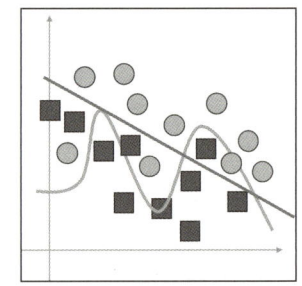

[결정 경계 2]

학습할 때 손실 함수를 최소화하는 방향으로 학습할 수는 없습니다. 어떻게 하면 오버피팅을 방지할 수 있을까요? 궁극적인 방법은 많은 데이터를 학습 데이터셋이 실제 데이터와 같은 분포를 이루도록 하는 방법입니다. 하지만 데이터 양이 매우 많아야 하고, 이에 따라 학습 시간도 오래 걸리기 때문에 사용하기 어렵습니다. 그러므로 학습할 때 보지 못한 데이터를 제대로 구분할 수 있도록 오버피팅을 예측하고 방지해야 합니다. 이렇게 하기 위해서는 가지고 있는 데이터셋을 두 개로 나누어 하나는 학습용 데이터셋으로, 다른 하나는 테스트용 데이터셋으로 사용합니다. 학습용 데이터셋으로 모델을 학습하고, 학습이 완료된 후 모델 성능을 평가할 때는 테스트용 데이터셋을 사용함으로써 모델이 학습용 데이터셋에 오버피팅되었는지 확인할 수 있습니다.

 모델 학습

> 모델 학습을 Train이라고 하기도 하고, Fit이라고 하기도 합니다. Fit을 쓰는 이유는 모델을 데이터 분포에 '맞춘다'라고 했기 때문입니다. 여기에서 파생된 단어로 앞서 살펴본 오버피팅(Overfitting)과 언더피팅(Underfitting)이 있습니다.

Part 2

딥러닝 몸풀기

이제 본격적인 딥러닝 과제를 실습하기에 앞서 간단한 예시 문제를 풀어보면서 데이터 준비, 전처리 학습, 시각화 등 다양한 문제 해결 방법에 대해 배워보도록 하겠습니다.

Chapter 01
사인 함수 예측하기

이번 챕터에서는 간단한 3차 방정식 모델을 이용하여 삼각 함수인 사인 함수를 예측해 보고, 다양한 실습을 통해 딥러닝 모델은 어떻게 정의되고 학습하는지 알아보겠습니다. 또한, 4개의 가중치 사용에 대한 실습 과정을 이해하면 수천억 개의 가중치 모델로 확장하는 작업은 어렵지 않습니다.

1.1 딥러닝 모델의 가중치

딥러닝 모델은 단순하게 보면 가중치가 매우 많은 다항식으로 볼 수 있습니다. 그럼 딥러닝은 몇 차 방정식일까요? 1, 2차 다항식은 가중치가 각각 1개, 2개이지만 딥러닝 모델은 최소 수백만 개에서 수천억 개의 가중치를 가지고 있습니다. 간단한 이미지 인식을 위한 모델은 천만 개가 넘고, 자연스러운 대화가 가능한 GPT-4의 경우는 1조 개가 넘는 가중치를 사용합니다.

문제	사인 함수를 3차 다항식을 이용해 예측
모델	3차 다항식
데이터셋	코사인 함수에서 샘플링한 1,000개의 데이터
문제 유형	회귀
평가 지표	합 제곱 오차(SSE)

어떤 문제를 해결하는데 가장 중요한 두 가지 요소는 데이터와 모델입니다. 데이터가 해당 문제를 풀기에 적합한지, 데이터 양은 충분한지를 먼저 분석을 통해 알아야 합니다. 다음으로는 데이터를 표현하기에 적합한 모델을 사용하는지, 학습 과정은 적합한지에 대해 프로젝트를 진행하면서 계속 질문해야 합니다. 파이토치로 모델을 학습하는 과정은 다음과 같습니다.

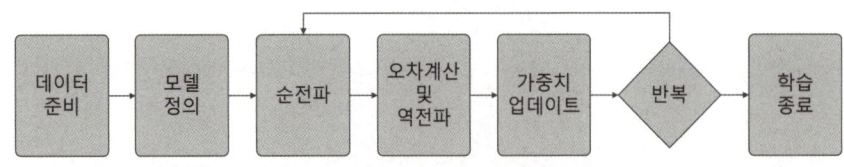

[딥러닝 학습 과정]

① 먼저 학습에 사용할 데이터를 준비합니다.
② 문제를 풀기 위한 모델을 정의합니다.
③ 순전파 과정을 통해 모델의 예측값을 확인합니다.
④ 예측값과 실제 레이블 간의 오차를 계산하고, 역전파 과정을 통해 각 가중치의 기울기 값을 계산합니다.
⑤ 최적화 함수는 기울기 값을 이용하여 가중치를 업데이트 합니다.
⑥ 해당 과정을 충분히 반복하여 모델의 정확도를 최대화한 후 학습을 마무리합니다.

1.2 3차 다항식 모델 정의하기

다항식 모델을 정의하기 위해 사용할 데이터를 생성해 보겠습니다.

```
1 import math
2 import torch
3
4 x = torch.linspace(-math.pi, math.pi, 1000)
5 y = torch.sin(x)
```

코드 설명

- 1~2행 : 데이터 생성을 위해 math, torch 패키지를 사용합니다.
- 4행 : torch.linespace 함수를 사용하여 -math.pi부터 math.pi 범위 사이에서 1000개의 데이터를 추출합니다.
- 5행 : 추출한 각 데이터의 sin 값을 레이블로 저장합니다.

신규 함수

함수 원형	설명
math.pi	원주율 pi 값을 반환
torch.linspace (start, end, steps)	시작점 start부터 끝점 end 사이에서 데이터 stetp 만큼을 반환

3차 다항식 모델은 다음과 같이 표현합니다.

$$ax^3 + bx^2 + cx + d = 0, a \neq 0$$

이를 식으로 표현해 보겠습니다.

```
1 # 초기화
2 a = torch.randn(( ))
3 b = torch.randn(( ))
4 c = torch.randn(( ))
5 d = torch.randn(( ))
6
7 # 모델
8 y_random = (a * x**3) + (b * x**2) + (c * x) + d
```

코드 설명

- 2~5행 : 다항식 모델에 사용할 가중치 a, b, c, d를 초기화합니다. 초기화 시 랜덤 함수를 이용합니다.
- 8행 : 초기화한 가중치를 이용하여 수식을 모델링합니다.

신규 함수

함수 원형	설명
torch.randn(*size)	정규분포를 따르는 size 크기만큼의 랜덤 값을 반환

랜덤으로 초기화한 모델이 어떤 형태인지 시각화를 해보겠습니다.

```
1 import matplotlib.pyplot as plt
2
3 plt.subplot(2,1,1)
4 plt.subplots_adjust(hspace=0.3)
5 plt.title("cos ground truth")
6 plt.plot(x,y)
7
8 plt.subplot(2,1,2)
9 plt.title("cos random")
10 plt.plot(x, y_random)
11
12 plt.show( )
```

코드 설명

- 1행 : 시각화 패키지인 matplotlib.pyplot을 import합니다.
- 3행 : subplot을 지정합니다. 2행 1열의 subplot 중 첫 번째 subplot을 지정합니다.
- 4행 : subplot의 상하 간격을 지정합니다.

- 5행 : subplot의 제목을 지정합니다.
- 6행 : subplot에 정답 sin 그래프를 그립니다.
- 8행 : 2행 1열의 subplot 중 두 번째 subplot을 지정합니다.
- 9행 : subplot의 제목을 지정합니다.
- 10행 : subplot에 랜덤으로 초기화된 모델의 예측값 그래프를 그립니다.
- 12행 : 그래프를 표시합니다.

왼쪽의 그래프가 실제 코사인 그래프이고, 오른쪽의 그래프가 랜덤으로 초기화된 3차 다항식 모델이 예측한 그래프입니다. 현재는 랜덤으로 초기화하여 값이 다른 것을 볼 수 있는데 다음의 과정에서 해당 값이 어떻게 바뀌는지 확인해 보겠습니다.

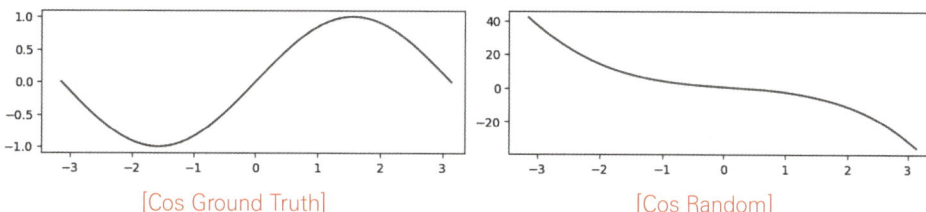

[Cos Ground Truth]　　　　　　　　　[Cos Random]

신규 함수

함수 원형	설명
matplotlib.pyplot.subplot(*pos)	그리드의 지정된 위치에 그래프를 할당하며, 위치 pos는 행수, 열 수, 인덱스로 지정
matplotlib.pyplot.title(str)	그래프의 제목을 설정
matplotlib.pyplot.plot(x, y)	꺾은선 그래프를 그림(x, y는 x좌표, y좌표 값을 나타냄)
matplotlib.pyplot.show( )	그림을 출력

1.3 3차 다항식 모델 학습하기

이제 딥러닝의 진수를 알아볼 단계입니다. 3차 다항식 모델을 학습하여 코사인 그래프를 신경망으로 근사해 보겠습니다.

```
1 # 하이퍼파라미터
2 learning_rate = 1e-6
3
4 # 데이터셋
5 x = torch.linspace(-math.pi, math.pi, 1000)
6 y = torch.sin(x)
```

```
7
8  # 모델 가중치 초기화
9  a = torch.randn(( ))
10 b = torch.randn(( ))
11 c = torch.randn(( ))
12 d = torch.randn(( ))
13
14 for epoch in range(2000):
15     # 순전파
16     y_pred = (a * x**3) + (b * x**2) + (c * x) + d
17
18     # 오차 계산 (MSE)
19     loss = (y_pred - y).pow(2).sum( ).item( )
20
21     # 백워드, 미분값(gradient) 계산
22     grad_y_pred = 2.0 * (y_pred - y)
23     grad_a = (grad_y_pred * x ** 3).sum( )
24     grad_b = (grad_y_pred * x ** 2).sum( )
25     grad_c = (grad_y_pred * x).sum( )
26     grad_d = grad_y_pred.sum( )
27
28     # 가중치 업데이트
29     a -= learning_rate * grad_a
30     b -= learning_rate * grad_b
31     c -= learning_rate * grad_c
32     d -= learning_rate * grad_d
33
34 # 출력
35 if epoch % 100 == 0:
36     print("epoch: ", epoch, "loss: ", loss)
```

[실행 결과]

epoch: 0 loss: 109841.453125
epoch: 100 loss: 254.76046752929688
epoch: 200 loss: 197.83352661132812
epoch: 300 loss: 162.23675537109375
epoch: 400 loss: 133.2078857421875
epoch: 500 loss: 109.5306625366211

```
epoch: 600 loss: 90.21669006347656
epoch: 700 loss: 74.4599838256836
epoch: 800 loss: 61.604339599609375
epoch: 900 loss: 51.114261627197266
epoch: 1000 loss: 42.553619384765625
epoch: 1100 loss: 35.56686782836914
epoch: 1200 loss: 29.863901138305664
epoch: 1300 loss: 25.208126068115234
epoch: 1400 loss: 21.406932830810547
epoch: 1500 loss: 18.303091049194336
epoch: 1600 loss: 15.768291473388672
epoch: 1700 loss: 13.697931289672852
epoch: 1800 loss: 12.006739616394043
epoch: 1900 loss: 10.625003814697266
```

 코드 설명

- 2행 : 하이퍼파라미터인 learning_rate를 설정합니다.
- 5~6행 : 학습에 사용할 데이터를 준비합니다.
- 9~12행 : 모델에 사용할 가중치를 초기화합니다.
- 14행 : 에포크를 반복하면서 학습을 진행합니다.
- 16행 : 순전파 과정을 통해 현재 가중치로 모델의 예측값을 출력합니다.
- 19행 : 예측값과 정답값을 사용하여 손실 함수를 계산합니다. 손실 함수로 평균 제곱 오차(MSE)를 사용합니다.
- 22~26행 : 각 가중치의 기울기 값을 계산합니다. 기울기는 손실 함수에 대한 편미분 값으로 연쇄 법칙(Chain Rule)을 사용하여 계산합니다.
- 29~32행 : 기울기 값을 이용하여 각 가중치를 업데이트합니다.
- 35~36행 : 학습 진행도를 출력합니다. 100의 포크마다 손실값을 출력합니다.

 에포크와 평균 제곱 오차

- 에포크(Epoch) : 반복 학습하는 횟수로 1 에포크 동안 모델은 데이터셋 전체를 보고 학습합니다. 일반적으로 여러 에포크를 반복하면서 학습을 진행합니다.
- 평균 제곱 오차(MSE) : 실제값과 예측값의 차이 제곱에서 평균을 나타냅니다. 수식은 다음과 같이 표현됩니다.

$$\frac{1}{N}\sum_{N}^{i}(\hat{y}_i - y_i)^2$$

이제 학습된 가중치를 확인해 보겠습니다.

```
1 print(a, b, c, d)
```
tensor(-0.0976) tensor(0.0062) tensor(0.8870) tensor(-0.0358)

이번에는 예측값을 그래프로 표현해 실제 sin 그래프와 비교해 보겠습니다. 앞에서 사용한 코드와 동일합니다.

```
1 plt.subplot(2,1,1)
2 plt.subplots_adjust(hspace=0.3)
3 plt.title("sin ground truth")
4 plt.plot(x,y)
5
6 plt.subplot(2,1,2)
7 plt.title("sin pred")
8 plt.plot(x, y_pred)
```

[실행 결과]

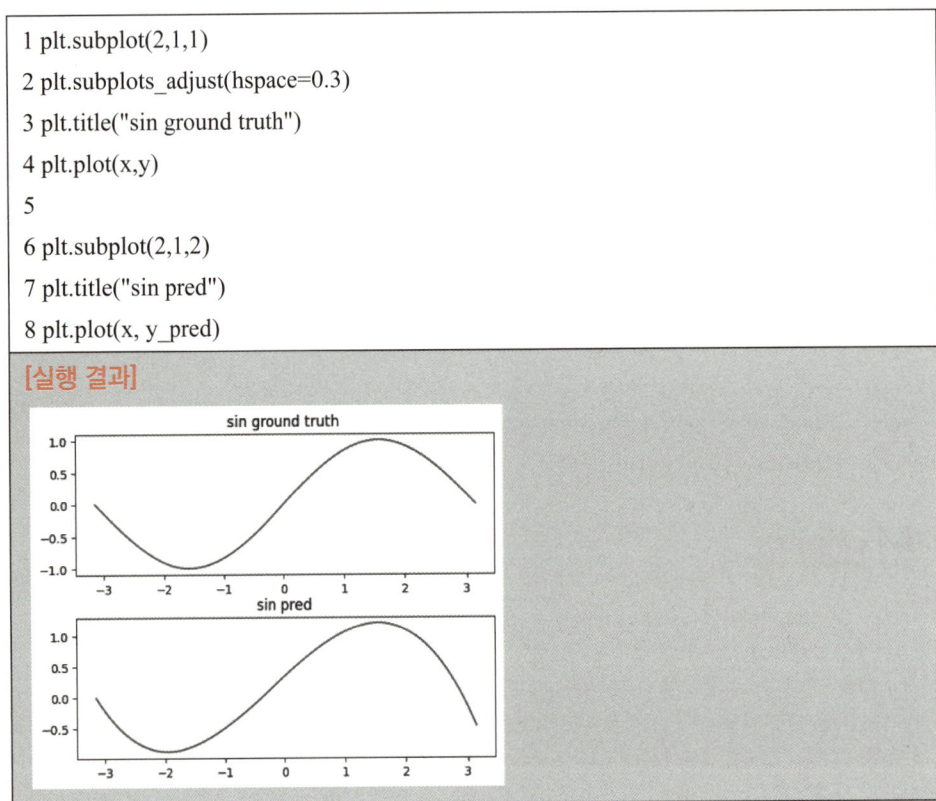

랜덤으로 초기화를 했을 때 보다 비슷하게 예측하고 있는 것을 확인할 수 있습니다. 이렇게 1조개의 가중치를 하나하나 작업한다면 1조 개의 코드 줄이 발생합니다. 하지만 파이토치에서는 자동 미분과 최적화를 통해 기울기를 구하는 과정과 가중치를 업데이트하는 과정을 쉽고 편리하게 할 수 있습니다.

1.4 자동 미분(Auto-grad)

앞선 예제에서는 가중치를 업데이트 할 때 미분값을 직접 계산해서 업데이트를 했습니다. 모델의 가중치가 4개 밖에 안되기 때문에 직접 계산이 가능했지만 수천 개의 가중치 미분값을 수동으로 계산하여 모델을 업데이트 하는 것은 상당히 어려운 일입니다. 하지만 파이토치에서는 해당 과정을 자동으로 해주는 기능이 있는데 바로 자동 미분(Auto-grad)입니다.

```python
1  # 하이퍼파라미터
2  learning_rate = 1e-6
3
4  # 데이터셋
5  x = torch.linspace(-math.pi, math.pi, 1000)
6  y = torch.sin(x)
7
8  # 모델 가중치 초기화
9  a = torch.tensor(torch.randn(( )), requires_grad=True)
10 b = torch.tensor(torch.randn(( )), requires_grad=True)
11 c = torch.tensor(torch.randn(( )), requires_grad=True)
12 d = torch.tensor(torch.randn(( )), requires_grad=True)
13
14 for epoch in range(2000):
15     # 순전파
16     y_pred = (a * x**3) + (b * x**2) + (c * x) + d
17
18     # 오차 계산(MSE)
19     loss = (y_pred - y).pow(2).sum( )
20
21     # 백워드
22     loss.backward( )
23
24     # 가중치 업데이트
25     with torch.no_grad( ):
26         a -= learning_rate * a.grad
27         b -= learning_rate * b.grad
28         c -= learning_rate * c.grad
29         d -= learning_rate * d.grad
30
31         a.grad = None
32         b.grad = None
33         c.grad = None
34         d.grad = None
35
36     # 출력
37     if epoch % 100 == 0:
38         print("epoch: ", epoch, "loss: ", loss.item( ))
```

[실행 결과]
epoch: 0 loss: 40281.7890625
epoch: 100 loss: 165.57725524902344
epoch: 200 loss: 134.7985076904297
epoch: 300 loss: 110.83822631835938
epoch: 400 loss: 91.2920913696289
epoch: 500 loss: 75.34483337402344
epoch: 600 loss: 62.33234405517578
epoch: 700 loss: 51.71354293823242
epoch: 800 loss: 43.04704666137695
epoch: 900 loss: 35.973121643066406
epoch: 1000 loss: 30.19847869873047
epoch: 1100 loss: 25.483928680419922
epoch: 1200 loss: 21.634300231933594
epoch: 1300 loss: 18.49054527282715
epoch: 1400 loss: 15.922866821289062
epoch: 1500 loss: 13.825470924377441
epoch: 1600 loss: 12.111997604370117
epoch: 1700 loss: 10.711883544921875
epoch: 1800 loss: 9.56772232055664
epoch: 1900 loss: 8.632574081420898

 코드 설명

- 9~12행 : 가중치를 초기화할 때 requires_grad 인자를 True로 지정합니다. 이렇게 하면 손실값을 역전파 할 때 파이토치가 자동으로 해당 가중치의 미분값을 계산합니다.
- 22행 : 계산된 손실값에 역전파를 수행하되 손실값을 기준으로 자동 미분값이 계산됩니다. 계산된 미분값 은 해당 가중치 텐서의 grad 변수에 저장됩니다.
- 25행 : 계산된 가중치 업데이트를 수행합니다. 파이토치는 자동 미분할 때 해당 변수가 사용된 모든 순전파 연산을 기억하면서 계산합니다. 가중치를 업데이트 하는 연산은 순전파를 위한 연산이 아니므로 no_grad( )를 사용하여 업데이트 연산이 무시되도록 합니다.
- 26~29행 : 가중치를 업데이트 합니다. 자동 미분으로 계산된 기울기 값을 가중치 텐서의 grad 변수에서 가져와 활용합니다.
- 31~34행 : 가중치 기울기 값을 초기화합니다. 초기화 하지 않으면 역전파할 때마다 누적됩니다.

 신규 함수

함수 원형	설명
torch.no_grad( )	with절과 함께 사용하며 자동 미분 시 with절 안의 연산은 무시
torch.Tensor.backward( )	역전파를 수행하되 해당 텐서 결과에 영향을 미친 requries_grad=True는 모든 가중치 텐서에 미분값을 계산하고 grad 변수에 저장

지금까지 자동 미분 기능을 이용하여 학습을 진행해 보았습니다. 이제는 복잡한 미분 계산을 파이토치가 알아서 작업하고, 학습 결과를 그래프로 출력해 보겠습니다. 여기에서 1행은 마지막으로 계산된 모델의 예측값을 numpy 형태로 변경합니다.

```
 1 y_pred = y_pred.clone( ).detach( ).numpy( )
 2
 3 plt.subplot(2,1,1)
 4 plt.subplots_adjust(hspace=0.3)
 5 plt.title("sin ground truth")
 6 plt.plot(x,y)
 7
 8 plt.subplot(2,1,2)
 9 plt.title("sin pred")
10 plt.plot(x, y_pred)
```

[실행 결과]

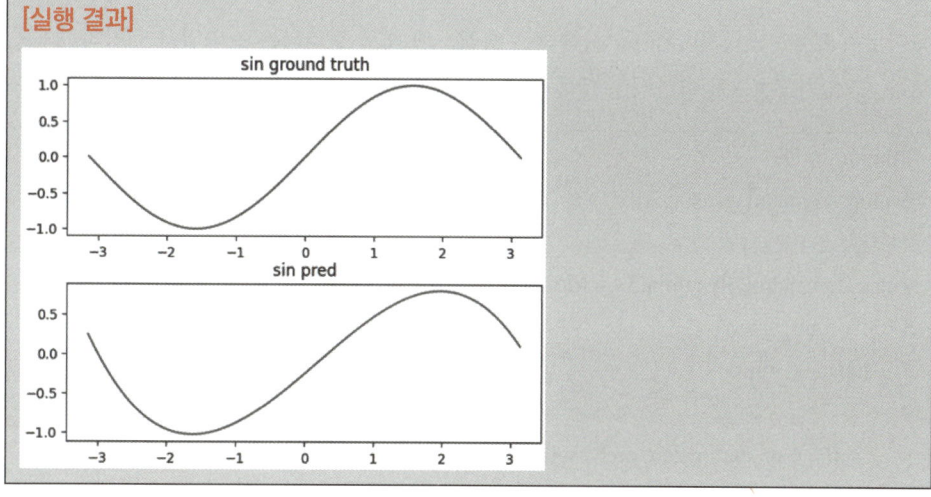

신규 함수

함수 원형	설명
torch.Tensor.clone( )	해당 텐서값을 새로운 메모리 영역에 복사
torch.Tensor.detach( )	해당 텐서값을 그래프에서 분리(detach)함 (분리한 텐서는 그래프의 미분 계산에 영향을 주지 않음)
torch.Tensor numpy( )	텐서 데이터를 넘파이의 ndarray로 변환

 **Clone과 Detach**

파이썬은 기본적으로 얕은 복사(Shallow Copy)를 하는데 이는 실제 값을 새로운 메모리 영역에 복사하는 것이 아니라 참조만 합니다. clone( )로 텐서값을 복사해 별도 저장하여 그래프 값을 변경하지 않도록 합니다. 파이토치는 자동 미분을 위해 내부적으로 각 가중치가 사용되는 모든 텐서와 연산을 추적하여 그래프 형태로 저장합니다. 해당 그래프에 있는 값을 임의로 사용하거나 변경할 경우 전체 미분 계산값이 바뀔 수 있습니다. 그러므로 detach( ) 함수를 이용하여 텐서값을 그래프에서 분리해 그래프의 미분 계산에 영향이 없도록 합니다.

구분	메모리	계산 그래프
Tensor.clone( )	새롭게 할당 복사	계산 그래프에서 유지
Tensor.detach( )	기존 메모리 공유	계산 그래프에서 제거
Tensor.clone( ).detach( )	새롭게 할당 복사	계산 그래프에서 제거

1.5 파이토치 모듈 사용하기

파이토치 모델은 nn.Module을 상속받는 클래스 형태로 정의하는 스타일을 권장하고 있습니다. 앞서 사용한 3차 다항식 모델에서 nn.Module을 이용한 모델로 만들어 보겠습니다.

```
1  import torch
2  import torch.nn as nn
3
4  class LegendrePolynomial3(nn.Module):
5    def __init__(self):
6      super( ).__init__( )
7
8      self.a = nn.Parameter(torch.randn(( )))
9      self.b = nn.Parameter(torch.randn(( )))
10     self.c = nn.Parameter(torch.randn(( )))
11     self.d = nn.Parameter(torch.randn(( )))
12
13   def forward(self, x):
14     return (self.a * x ** 3) + (self.b * x ** 2) + (self.c * x) + self.d
```

모델은 크게 두 파트로 구분되어 있습니다. 첫 번째는 모델의 생성자 부분으로 모델에서 사용되는 가중치를 초기화 합니다. 두 번째는 forward 함수로 순전파를 구현합니다. 가중치 초기화 부분에서 nn.Paramter 클래스를 사용하여 가중치를 초기화 하였습니다. 파이토치에서는 모델에서 학습 가능한 가중치 값을 별도로 생성하는 nn.Parameter 클래스를 제공합니다. 해당 클래스를 사용하여 초기값을 주면 자동으로 requires_grad가 True로 지정됩니다. 또한, nn.Moduel에서 가중치를 가져올 때 사용되는 parameters( ) 함수를 호출할 때도 자동으로 불러오게 됩니다.

```python
1  # 하이퍼파라미터
2  learning_rate = 1e-6
3
4  # 데이터셋
5  x = torch.linspace(-math.pi, math.pi, 1000)
6  y = torch.sin(x)
7
8  # 모델 초기화
9  model = LegendrePolynomial3( )
10
11 for epoch in range(2000):
12     # 순전파
13     y_pred = model(x)
14
15     # 오차 계산 (MSE)
16     loss = nn.MSELoss(reduction='sum')(y_pred, y) # SSE, Sum Square Error
17
18     # 백워드
19     loss.backward( )
20
21     # 가중치 업데이트
22     with torch.no_grad( ):
23         model.a -= learning_rate * model.a.grad
24         model.b -= learning_rate * model.b.grad
25         model.c -= learning_rate * model.c.grad
26         model.d -= learning_rate * model.d.grad
27
28         model.a.grad = None
29         model.b.grad = None
30         model.c.grad = None
31         model.d.grad = None
32
33     # 출력
34     if epoch % 100 == 0:
35         print("epoch: ", epoch, "loss: ", loss.item( ))
```

[실행 결과]

epoch: 0 loss: 542580.625
epoch: 100 loss: 1408.501708984375
epoch: 200 loss: 1176.951171875
epoch: 300 loss: 990.4146118164062
epoch: 400 loss: 833.5675048828125
epoch: 500 loss: 701.680419921875
epoch: 600 loss: 590.7799682617188
epoch: 700 loss: 497.52545166015625
epoch: 800 loss: 419.1073303222656
epoch: 900 loss: 353.1641845703125
epoch: 1000 loss: 297.7110900878906
epoch: 1100 loss: 251.07827758789062
epoch: 1200 loss: 211.86265563964844
epoch: 1300 loss: 178.8837432861328
epoch: 1400 loss: 151.14955139160156
epoch: 1500 loss: 127.82554626464844
epoch: 1600 loss: 108.21025848388672
epoch: 1700 loss: 91.71379089355469
epoch: 1800 loss: 77.84017944335938
epoch: 1900 loss: 66.17215728759766

nn.Module은 손실 함수에도 사용되는데 파이토치는 다양한 손실 함수를 제공하고 있습니다. 이번 예제에서 사용하는 손실 함수는 합 제곱 오차(SSE, Sum Square Error)로 평균 오차 제곱(MSE, Mean Squared Error) 손실 함수에서 reduction 인자를 sum으로 주면 됩니다.

```
1 x = x.squeeze( )
2 y_pred = model(x).clone( ).detach( ).squeeze( ).numpy( )
3 y = y.squeeze( )
4
5 plt.subplot(2,1,1)
6 plt.subplots_adjust(hspace=0.3)
7 plt.title("sin ground truth")
8 plt.plot(x,y)
9
10 plt.subplot(2,1,2)
11 plt.title("sin pred")
12 plt.plot(x, y_pred)
```

[실행 결과]

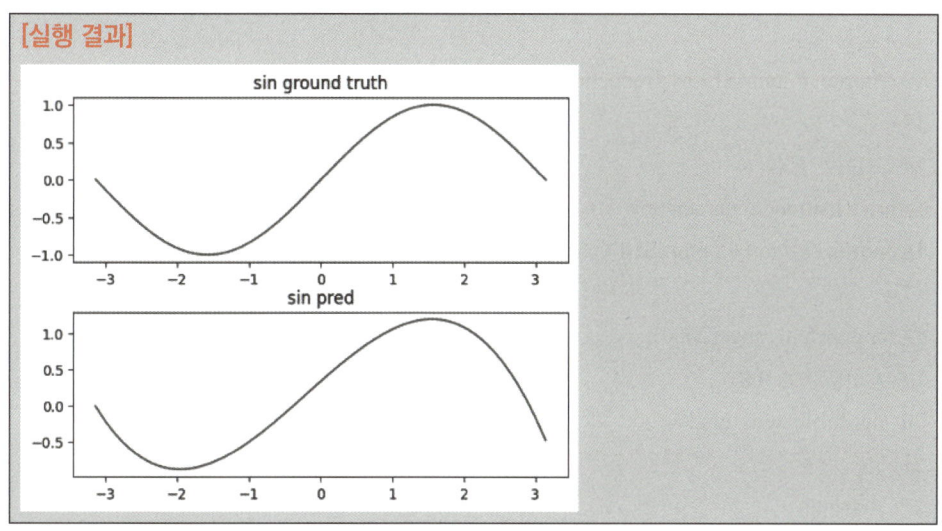

신규 함수

함수 원형	설명
torch.Tesneor.squeeze( )	크기가 1인 차원을 제거함 즉, (1, 3, 1, 5) 크기의 4차원 텐서가 있을 때 squeeze 함수를 통과하면 (3, 5) 크기를 갖는 2차원 텐서를 반환

1.6 최적화 함수

계산된 미분값을 업데이트 할 때 가중치에서 직접 했는데 파이토치에는 가중치 업데이트를 도와주는 최적화 함수가 있습니다. 최적화 함수는 계산된 미분값을 업데이트 하는 경우 다양한 방식에 따라 변경됩니다. 이번 예제에서는 가장 기본적인 최적화 함수로 SGD를 사용하겠습니다. SGD는 앞의 업데이트 방식과 마찬가지로 학습률에 미분값을 곱하여 업데이트 합니다.

```
1 # 하이퍼파라미터
2 learning_rate = 1e-6
3
4 # 데이터셋
5 x = torch.linspace(-math.pi, math.pi, 1000)
6 y = torch.sin(x)
7
8 # 모델 초기화
9 model = LegendrePolynomial3( )
10
```

```
11  # 손실 함수
12  criterion = nn.MSELoss(reduction='sum')
13
14  # 최적화 함수
15  print(list(model.parameters( )))
16  optimizer = torch.optim.SGD(params=model.parameters( ), lr=learning_rate)
17
18  for epoch in range(2000):
19      # 미분값 초기화
20      optimizer.zero_grad( )
21
22      # 순전파
23      y_pred = model(x)
24
25      # 오차 계산
26      loss = criterion(y_pred, y)
27
28      # 백워드
29      loss.backward( )
30
31      # 가중치 업데이트
32      optimizer.step( )
33
34      # 출력
35      if epoch % 100 == 0:
36          print("epoch: ", epoch, "loss: ", loss.item( ))
```

[실행 결과]

[Parameter containing:
tensor(0.5612, requires_grad=True), Parameter containing:
tensor(0.1537, requires_grad=True), Parameter containing:
tensor(-1.2039, requires_grad=True), Parameter containing:
tensor(0.2163, requires_grad=True)]

epoch: 0 loss: 21157.27734375
epoch: 100 loss: 1928.2391357421875
epoch: 200 loss: 1568.8544921875

```
epoch: 300 loss: 1276.7425537109375
epoch: 400 loss: 1039.182861328125
epoch: 500 loss: 845.986083984375
epoch: 600 loss: 688.86669921875
epoch: 700 loss: 561.0865478515625
epoch: 800 loss: 457.166259765625
epoch: 900 loss: 372.64990234375
epoch: 1000 loss: 303.91387939453125
epoch: 1100 loss: 248.01132202148438
epoch: 1200 loss: 202.54568481445312
epoch: 1300 loss: 165.56805419921875
epoch: 1400 loss: 135.4936065673828
epoch: 1500 loss: 111.03335571289062
epoch: 1600 loss: 91.13896179199219
epoch: 1700 loss: 74.95816040039062
epoch: 1800 loss: 61.79743194580078
epoch: 1900 loss: 51.0931282043457
```

코드 설명

- 16행 : 최적화 함수를 사용하기 위해 SGD optimizer를 선언합니다. optimizer는 기본적으로 최적화할 가중치, 초기 학습률을 입력값으로 받습니다.
- 20행 : 에포크 시작 시 가중치의 미분값을 초기화합니다. 최적화 함수를 사용하면 여러 개의 가중치를 간단히 초기화할 수 있습니다.
- 32행 : step 함수를 실행하여 가중치 업데이트를 수행합니다.

신규 함수

함수 원형	설명
torch.optim.SGD(params, lr)	전달될 가중치와 학습률을 이용해 SGD 방식으로 가중치를 업데이트함
torch.nn.Module.parameters( )	모델의 학습 가능한 모든 파라미터를 반환
optimizer.zero_grad( )	최적화 함수에 등록된 가중치의 미분값을 초기화
optimizer.step( )	최적화 함수에 등록된 가중치를 업데이트함

```
1 x = x.squeeze( )
2 y_pred = model(x).clone( ).detach( ).squeeze( ).numpy( )
3 y = y.squeeze( )
4
5 plt.subplot(2,1,1)
6 plt.subplots_adjust(hspace=0.3)
7 plt.title("sin ground truth")
8 plt.plot(x,y)
9
10 plt.subplot(2,1,2)
11 plt.title("sin pred")
12 plt.plot(x, y_pred)
```

[실행 결과]

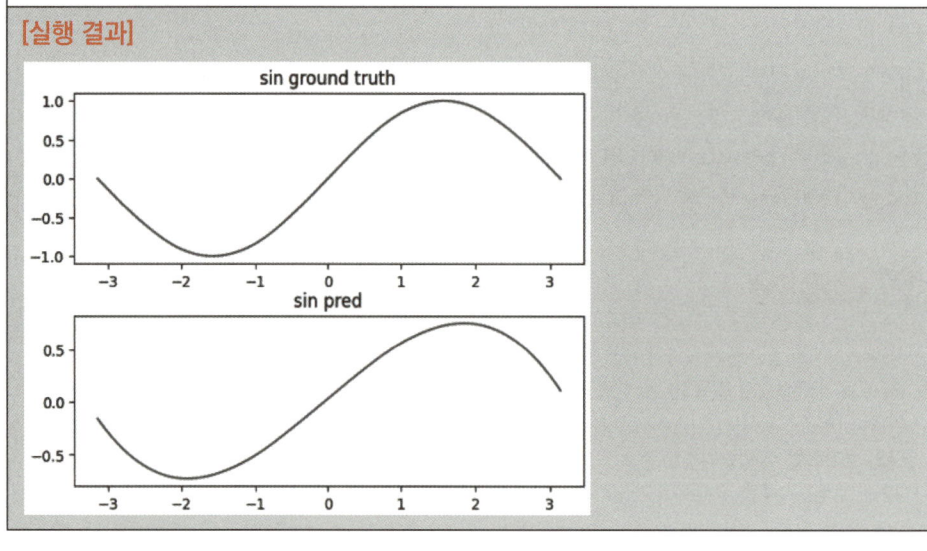

Chapter 02
당뇨병 진행도 예측하기

머신러닝에서 풀고자 하는 문제는 크게 두 가지 타입으로 구분할 수 있습니다. 하나는 실수값을 예측하는 회귀 문제이고, 다른 하나는 해당된 범주를 예측하는 분류 문제입니다. 이전 챕터에서 해결한 사인 함수 예측 문제와 이번 챕터에서 해결할 당뇨병 진행도 예측 문제는 회귀 문제이고, 다음 챕터에서 해결할 붓꽃 종 분류는 분류 문제입니다. 당뇨병 진행도 예측 문제는 10개의 특징(Feature)를 제공하고 있으며, 각 특징의 자세한 구성은 다음의 데이터에서 살펴보겠습니다.

2.1 데이터 살펴보기

데이터에서의 특징은 특정 샘플을 구분하는데 사용되는 요소로 결과를 예측할 때 필요합니다. 특징은 데이터에 따라 다양하게 구성할 수 있는데 무조건 많다고 좋은 것은 아닙니다. 예측하려는 값과 전혀 상관이 없거나 모든 샘플이 같은 값을 갖는 특징의 경우 예측에 도움이 되지는 않습니다. 예를 들어 어느 초등학교 남학생들의 키를 예측하는 문제가 있을 경우 여기에서 특징은 몸무게, 성별, 학년 등이 있습니다. 일반적으로 몸무게가 많이 나갈수록, 나이가 많을수록 키가 크다고 예측할 수 있습니다. 그러나 모든 데이터 샘플이 남성이기 때문에 성별이라는 특징은 키를 예측하는데 전혀 도움이 되지 않습니다. 이렇게 여러가지 특징을 찾아내고 정제하는 과정을 특징 엔지니어링(Feature Engineering)이라고 합니다. 딥러닝의 강력한 특징 중 하나는 고도의 특징 엔지니어링을 거치지 않고 스스로 특징을 만들고 학습에 사용한다는 것입니다. 그럼 본격적으로 당뇨병 진행도 예측을 해보겠습니다. 먼저 데이터부터 살펴봅니다.

문제	당뇨병 진행도 예측
모델	다층 퍼셉트론(MLP)
데이터셋	Scikit-learn 당뇨병 데이터셋
문제 유형	회귀
평가 지표	평균 절대 오차(MAE), 평균 제곱근 오치(RMSE)

당뇨병 진행도 데이터셋은 머신러닝 라이브러리 중 하나인 scikit-learn에서 제공하고 있습

니다. 다음과 같이 불러와서 사용할 수 있습니다.

```
1 from sklearn.datasets import load_diabetes
2
3 dataset = load_diabetes( )
4 print(dataset.keys( ))
```

[실행 결과]
dict_keys(['data', 'target', 'frame', 'DESCR', 'feature_names', 'data_filename', 'target_filename', 'data_module'])

① 코드 설명

- 1행 : scikit-learn의 dataset 모듈에서 당뇨병 데이터셋을 불러오는 load_diabetes 함수를 import합니다.
- 3행 : 데이터셋을 불러옵니다.
- 4행 : 데이터셋 딕셔너리의 정보를 살펴봅니다.

데이터를 불러오면 여러 개의 속성을 확인할 수 있는데 주요 속성은 다음과 같습니다.

- data : 학습할 특징 데이터
- target : 예측할 1년 후의 당뇨병 진행도
- feature_names : 특징 이름
- DESCR : 데이터셋 설명

데이터셋 설명을 살펴보면 데이터셋에 포함된 샘플 수와 각 피쳐, 타겟에 대한 간략한 설명이 적혀 있습니다.

```
1 print(dataset.DESCR)
```

.. _diabetes_dataset:

Diabetes dataset

Ten baseline variables, age, sex, body mass index, average blood
pressure, and six blood serum measurements were obtained for each of n =
442 diabetes patients, as well as the response of interest, a
quantitative measure of disease progression one year after baseline.

Data Set Characteristics:

:Number of Instances: 442

:Number of Attributes: First 10 columns are numeric predictive values

:Target: Column 11 is a quantitative measure of disease progression one year after baseline

:Attribute Information:
  - age   age in years
  - sex
  - bmi   body mass index
  - bp   average blood pressure
  - s1   tc, total serum cholesterol
  - s2   ldl, low-density lipoproteins
  - s3   hdl, high-density lipoproteins
  - s4   tch, total cholesterol / HDL
  - s5   ltg, possibly log of serum triglycerides level
  - s6   glu, blood sugar level

Note: Each of these 10 feature variables have been mean centered and scaled by the standard deviation times the square root of `n_samples` (i.e. the sum of squares of each column totals 1).

Source URL:
https://www4.stat.ncsu.edu/~boos/var.select/diabetes.html

For more information see:
Bradley Efron, Trevor Hastie, Iain Johnstone and Robert Tibshirani (2004) "Least Angle Regression," Annals of Statistics (with discussion), 407-499.
(https://web.stanford.edu/~hastie/Papers/LARS/LeastAngle_2002.pdf)

실제 데이터를 살펴보겠습니다. 표로 표현이 가능한 데이터를 표 형식 데이터(Tabuler Data)라고 합니다. 이런 데이터를 읽어올 때는 다양한 방식이 있는데 가장 보편적으로 사용하는 방식은 pandas 라이브러리의 DataFrame을 사용하는 방법입니다.

```
1 import pandas as pd
2
3 df = pd.DataFrame(dataset.data, columns=dataset.feature_names)
4 df['target'] = dataset.target
5
6 print(df.head( ))
```

[실행 결과]

```
        age       sex       bmi        bp        s1        s2        s3  \
0  0.038076  0.050680  0.061696  0.021872 -0.044223 -0.034821 -0.043401
1 -0.001882 -0.044642 -0.051474 -0.026328 -0.008449 -0.019163  0.074412
2  0.085299  0.050680  0.044451 -0.005670 -0.045599 -0.034194 -0.032356
3 -0.089063 -0.044642 -0.011595 -0.036656  0.012191  0.024991 -0.036038
4  0.005383 -0.044642 -0.036385  0.021872  0.003935  0.015596  0.008142

         s4        s5        s6  target
0 -0.002592  0.019907 -0.017646   151.0
1 -0.039493 -0.068332 -0.092204    75.0
2 -0.002592  0.002861 -0.025930   141.0
3  0.034309  0.022688 -0.009362   206.0
4 -0.002592 -0.031988 -0.046641   135.0
```

데이터 프레임에 dataset.data를 넣어주고, 각 열의 이름으로 dataset.feature_names를 지정합니다. 그리고 dataset.target을 target 열에 추가합니다. df.head( )를 사용하면 데이터 프레임 맨 위의 데이터 샘플을 볼 수 있습니다. head에 추가 인자로 숫자를 넘기면 해당 숫자만큼 샘플을 가져오는데 기본값은 5입니다. BMI나 Sex, Age 값이 우리가 알고 있는 범위 값과 다른 것을 볼 수 있는데 이는 데이터 DESC의 Note에 적혀 있듯이 표준화를 적용한 값이기 때문입니다.

신규 함수

함수 원형	설명
pandas.DataFrame(data, columns)	주어진 데이터와 컬럼을 이용하여 판다스 데이터 프레임을 생성
pandas.DataFrame.head(n)	데이터 프레임의 맨 위에서부터 데이터 샘플을 출력 (인자로 주어진 n개 만큼 출력하되 n의 기본값은 5)

 **정규화와 표준화**

정규화와 표준화는 특징 스케일링(Feature Scaling) 방법으로 특징의 범위나 크기를 통일시킵니다. 정규화(Normalization)는 숫자 값의 범위 차이를 왜곡하지 않고 공통된 범위로 변경하는 방법입니다. 일반적으로 최대-최소 스케일링을 사용하며, 0~1 사이의 범위가 재조정됩니다. 표준화(Standardization)는 데이터를 표준 정규 분포의 속성을 갖도록 특징을 재조정하는 방법입니다. 정규화와 달리 특징의 최대-최소 범위를 지정하지 않기 때문에 이상치를 파악하기에 적합합니다.

각 피쳐값과 타겟값의 상관성을 보기 위해 분산형 차트로 데이터셋을 표현해 보겠습니다.

```python
1 import matplotlib.pyplot as plt
2
3 plt.figure(figsize=(20,10))
4 for i in range(10):
5   plt.subplot(3, 4, i+1)
6   plt.scatter(df.iloc[:, i], df['target'])
7   plt.title(df.columns[i])
8 plt.show( )
```

[실행 결과]

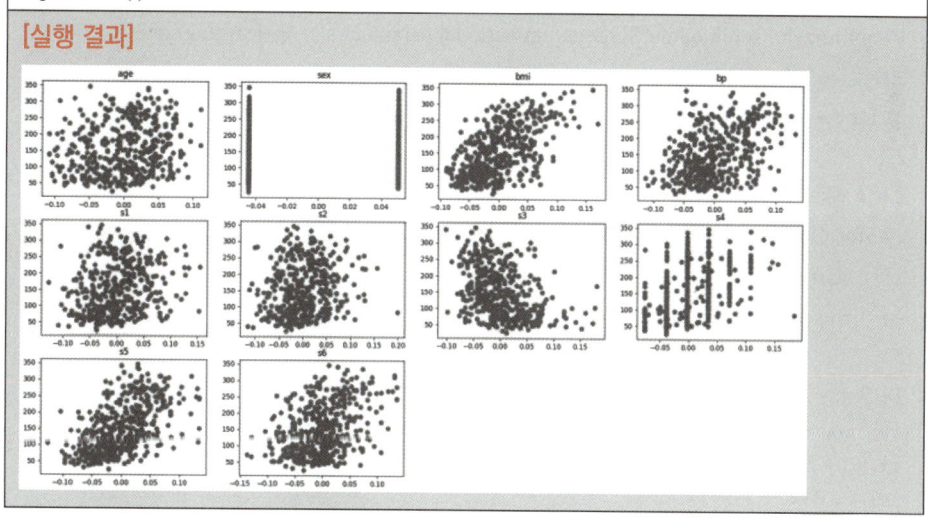

2.2 모델 구현 및 학습

다양한 회귀 모델 중 다층 퍼셉트론(MLP, Multi Layer Perceptron) 모델을 이용해 보겠습니다. 학습에 사용되는 손실 함수는 평균 제곱 오차(MSE, Mean Square Error)를 사용합니다. 평균 제곱 오차는 합 제곱 오차(SSE, Sum Square Error)보다 큰 오차가 손실에 더 많은 영향을 줍니다. 앞에서는 파라미터를 직접 지정하는 모델을 만들었는데 이번에는 파이토치에서 제공하는 torch.nn.Sequential 모듈과 nn.Linear 모듈을 사용하여 모델을 구성해 보겠습니다.

```
1  import torch
2  import torch.nn as nn
3
4  model = nn.Sequential(
5      nn.Linear(10, 64),
6      nn.ReLU( ),
7      nn.Linear(64, 16),
8      nn.ReLU( ),
9      nn.Linear(16, 1)
10     )
11
12 X = torch.FloatTensor(df.iloc[:, :10].values)
13 Y = torch.FloatTensor(df['target'].values).reshape(-1, 1)
14
15 batch_size = 64
16 learning_rate = 1e-4
17 epochs = 30000
18
19 optimizer = torch.optim.SGD(params=model.parameters( ), lr=learning_rate)
20
21 for epoch in range(epochs):
22
23     # 배치 설명
24     for i in range(len(X) // batch_size):
25         start = i*batch_size
26         end = start + batch_size
27
28         x = X[start:end]
29         y = Y[start:end]
30
31         optimizer.zero_grad( )
32
33         pred_y = model(x)
34
35         loss = nn.MSELoss( )(pred_y, y)
36         loss.backward( )
37         optimizer.step( )
38
39     if epoch % 2000 == 0:
40         print("epoch:", epoch, "loss:", loss.item( ))
```

[실행 결과]

epoch: 0 loss: 33388.3515625

epoch: 2000 loss: 3154.69482421875

epoch: 4000 loss: 2902.9462890625

epoch: 6000 loss: 2361.34912109375

epoch: 8000 loss: 2040.36279296875

epoch: 10000 loss: 1582.6866455078125

epoch: 12000 loss: 1157.1697998046875

epoch: 14000 loss: 832.01123046875

epoch: 16000 loss: 527.9893798828125

epoch: 18000 loss: 390.7624206542969

epoch: 20000 loss: 921.7583618164062

epoch: 22000 loss: 338.1174011230469

epoch: 24000 loss: 343.9840393066406

epoch: 26000 loss: 135.7993621826172

epoch: 28000 loss: 393.8125915527344

코드 설명

- 1~2행 : 사용할 파이토치를 import합니다.
- 4~10행 : MLP 모델을 생성합니다. nn.Sequential은 전달된 파이토치 모듈을 순차적으로 연결하고, nn.Linear는 입출력 크기를 입력 받아 단층 퍼셉트론을 구성합니다.
- 12행 : 특징을 입력으로 지정합니다. Datafame의 10번째 열까지 입력 특징으로 사용합니다.
- 13행 : Dataframe에서 target 열의 값을 정답 값으로 지정합니다.
- 15~17행 : 하이퍼파라미터인 배치 사이즈, 학습율, 애포크를 지정합니다.
- 19행 : SGD 최적화 함수를 생성합니다.
- 21행 : 애포크 반복을 시작합니다.
- 24행 : 배치 반복을 시작하되 배치는 총 입력 데이터 길이를 배치 크기로 나눈 만큼 반복합니다.
- 25~26행 : 각 배치에 사용할 데이터의 시작과 끝 범위를 구합니다.
- 28~29행 : 위에서 구한 범위로 입력과 타겟 데이터를 가져옵니다.
- 31행 : 가중치의 미분값을 초기화합니다.
- 33행 : 순전파를 수행하여 모델의 예측값을 가져옵니다.
- 35~36행 : MSELoss로 손실값을 구하고, 역전파로 각 가중치의 미분값을 계산합니다.
- 37행 : 미분값을 이용하여 최적화 함수의 가중치를 업데이트 합니다.
- 39~40행 : 2000 에포크마다 loss 값을 출력하여 진행도를 확인합니다.

2.3 모델 성능 평가

다음은 가로축이 실제값, 세로축이 예측값으로 어느 정도 예측이 잘 이루어지고 있습니다. 모든 예측에 대해 그래프를 그려서 확인할 수는 없으므로 평가 지표를 구해 비교해 보겠습니다.

```
1 import matplotlib.pyplot as plt
2
3 pred = model(torch.FloatTensor(X))
4 plt.scatter(Y.numpy( ), pred.reshape(1, -1).clone( ).detach( ).numpy( ))
```

[실행 결과]

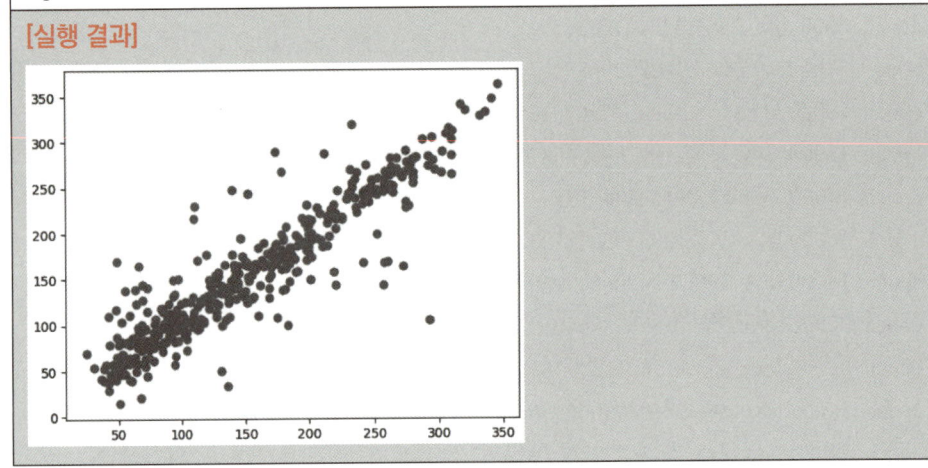

회귀 모델의 성능 평가 지표로 MAE, MSE, RMSE, R squared 등 다양한 지표가 사용될 수 있습니다. 여기에서는 MAE, RMSE 값을 측정해 보겠습니다. MAE(Mean Absolute Error)는 평균 절대 오차로 실제값과 예측값 차이의 절대값 평균입니다. 실제값과 예측값 차이인 오차(Error)가 그대로 결과에 반영되고, 작을수록 정확합니다. 10 차이가 5 차이보다 2배 정도 좋은 않은 도메인에서 사용하는데 특히 비정상(Abnormal) 데이터가 많은 경우 잘 동작합니다. 수식으로 표현하면 다음과 같습니다.

$$\frac{1}{N}\sum_{N}^{i}|\hat{y}_i - y_i|$$

[MAE 수식]

MSE(Mean Square Error)는 평균 제곱 오차로 실제값과 예측값 차이를 제곱한 평균입니다. 제곱을 하기 때문에 실제값과 오차의 차이가 많은 샘플이 결과에 더 많이 반영되고, 작을수록 정확한 것으로 봅니다. 수식으로 표현하면 다음과 같습니다.

$$\frac{1}{N}\sum_{N}^{i}(\hat{y}_i - y_i)^2$$

[MSE 수식]

RMSE(Root Mean Square Error)는 평균 제곱근 오차로 수식으로 표현하면 다음과 같습니다.

$$\sqrt{\frac{1}{N}\sum_{N}^{i}(\hat{y}_i - y_i)^2}$$

[RMSE 수식]

이번 프로젝트에서는 MAE와 RMSE로 성능을 평가하겠습니다.

```
1 pred = model(torch.FloatTensor(X))
2
3 mae = (pred - Y).abs( ).mean( )
4 rmse = ((pred - Y) ** 2).mean( ).sqrt( )
5
6 print("MAE:", mae.item( ), "RMSE:", rmse.item( ))
```

[실행 결과]
MAE: 19.330955505371094 RMSE: 30.371278762817383

 신규 함수

함수 원형	설명
torch.Tensor.item( )	텐서에 저장된 데이터가 단일 값일 경우 해당 값을 반환

성능 평가에서 MAE는 19.33이, RMSE는 30.37이 나왔습니다. 나아진 정도를 확인하기 위해 학습시키지 않은 모델의 예측값으로 평가 지표를 구해보겠습니다.

```
1 untrained_model = nn.Sequential(
2     nn.Linear(10, 64),
3     nn.ReLU( ),
4     nn.Linear(64, 16),
5     nn.ReLU( ),
6     nn.Linear(16, 1)
7 )
8
9 pred = untrained_model(torch.FloatTensor(X))
10 plt.scatter(Y.numpy( ), pred.reshape(1, -1).clone( ).detach( ).numpy( ))
11
12 pred = untrained_model(torch.FloatTensor(X))
13
14 mae = (pred - Y).abs( ).mean( )
15 rmse = ((pred - Y) ** 2).mean( ).sqrt( )
16
17 print("MAE:", mae.item( ), "RMSE:", rmse.item( ))
```

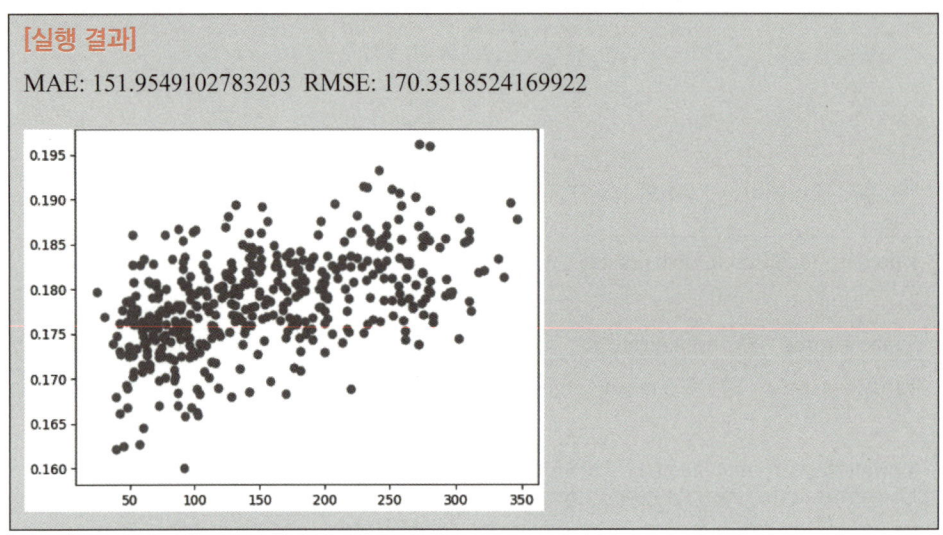

학습하지 않은 모델의 경우 MAE는 151.95, RMSE는 170.35로 학습한 모델보다 매우 큰 것을 알 수 있습니다. 이는 산점도를 그려보았을 때도 한눈에 예측값과 실제값이 크게 차이나는 것을 볼 수 있습니다. 이렇게 당뇨병 진행도 예측 프로젝트를 통해 회귀 문제를 풀어보는 방법에 대해 알아보았습니다.

Chapter 03
붓꽃 종 예측하기

이번 챕터에서는 붓꽃(Iris) 종을 예측하는 분류 문제에 대해 살펴보겠습니다. 회귀 문제는 모델의 출력 값을 그대로 사용하는 것과 달리 분류 문제는 일반적으로 출력값을 확률 분포로 변환하여 사용합니다. 확률 분포로 변환하는 이유는 출력값의 범위를 0과 1사이로 변환해야 해석이 가능하고 사용하기에 편리하기 때문입니다.

3.1 데이터 살펴보기

분류 문제는 범주 수에 따라서 이진 분류(Binary Classification) 또는 다중 클래스 분류 (Multi-Class Classification)로 구분할 수 있습니다. 이진 분류의 예로는 개, 고양이 분류 문제가 있을 수 있고, 다중 클래스 분류의 경우는 강아지 종 분류가 있습니다. 이진 분류 문제의 경우 sigmoid 함수를 사용하여 확률 분포로 변환하고, 다중 클래스 분류 문제의 경우 softmax를 사용하여 확률 분포로 나타냅니다. 일반적으로 샘플은 하나의 클래스에 속하여 하나의 레이블만 갖게 되는데 이런 경우를 단일 레이블 분류(Single Label Classification) 라고 합니다. 만약 샘플이 여러 클래스에 속할 수 있다면 다중 레이블 분류(Multi-Label Classification) 문제로 볼 수 있습니다. 다중 레이블 분류의 예시로는 의류 성별 분류가 있습니다. 남성 의류, 여성 의류, 남여 모두가 입을 수 있는 유니섹스 의류로 구분할 수 있습니다. 유니섹스 의류는 남성, 여성 모두 레이블을 갖는 것으로 변환하여 생각할 수 있습니다. 붓꽃 데이터도 scikit-learn에서 제공하는 함수로 간단하게 불러올 수 있습니다.

```
1 from sklearn.datasets import load_iris
2
3 dataset = load_iris( )
4 dataset.keys( )
```

[실행 결과]
dict_keys(['data', 'target', 'frame', 'target_names', 'DESCR', 'feature_names', 'filename', 'data_module'])

붓꽃 종 예측 데이터도 당뇨병 진행도 예측 문제와 비슷한 속성을 가지고 있습니다.
- data : 학습할 특징 데이터
- target : 예측할 붓꽃 종
- feature_names : 특징 이름
- DESCR : 데이터셋 설명

```
1 print(dataset.DESCR)
```

.. _iris_dataset:

Iris plants dataset

Data Set Characteristics:

　　:Number of Instances: 150 (50 in each of three classes)
　　:Number of Attributes: 4 numeric, predictive attributes and the class
　　:Attribute Information:
　　　- sepal length in cm
　　　- sepal width in cm
　　　- petal length in cm
　　　- petal width in cm
　　　- class:
　　　　　　- Iris-Setosa
　　　　　　- Iris-Versicolour
　　　　　　- Iris-Virginica

　　:Summary Statistics:

　　============== ==== ==== ======= ===== ====================
　　　　　　　　　　　Min Max Mean   SD   Class Correlation
　　============== ==== ==== ======= ===== ====================
　　sepal length: 4.3 7.9 5.84   0.83   0.7826
　　sepal width: 2.0 4.4 3.05   0.43 -0.4194
　　petal length: 1.0 6.9 3.76   1.76   0.9490 (high!)
　　petal width: 0.1 2.5 1.20   0.76   0.9565 (high!)
　　============== ==== ==== ======= ===== ====================

```
:Missing Attribute Values: None
:Class Distribution: 33.3% for each of 3 classes.
:Creator: R.A. Fisher
:Donor: Michael Marshall (MARSHALL%PLU@io.arc.nasa.gov)
:Date: July, 1988

(생략)
```

붓꽃 데이터셋은 총 150개의 샘플을 갖고 있으며 꽃받침 길이, 너비, 꽃잎 길이, 너비의 4개 특징을 제공합니다. 이러한 특징(4개)을 이용해서 3개의 클래스로 구분하는 모델을 학습해 보겠습니다.

```
1 import pandas as pd
2
3 data = pd.DataFrame(dataset.data, columns=dataset.feature_names)
4 data['target'] = dataset.target
5
6 print(data.head( ))
```

[실행 결과]

	sepal length (cm)	sepal width (cm)	petal length (cm)	petal width (cm)	\
0	5.1	3.5	1.4	0.2	
1	4.9	3.0	1.4	0.2	
2	4.7	3.2	1.3	0.2	
3	4.6	3.1	1.5	0.2	
4	5.0	3.6	1.4	0.2	

	target
0	0
1	0
2	0
3	0
4	0

클래스는 Iris-Setosa, Iris-Versicolour, Iris-Virginica 세 개가 있고 각각 0, 1, 2로 매핑되어 레이블을 제공하고 있습니다.

3.2 파이토치 데이터 유틸 사용하기

당뇨병 진행도 예측 문제에서는 데이터를 파이썬의 슬라이싱 연산으로 가져왔습니다. 원본 데이터를 그대로 사용하는 경우는 상관없지만 데이터를 학습에 사용하기 전 특별한 전처리를 한다거나 여러 파일의 데이터를 가져와야 할 수도 있습니다. 이를 하나의 클래스로 묶어서 편리하게 사용하기 위해 파이토치의 데이터 유틸에서는 Dataset과 Dataloader 클래스를 제공하고 있습니다.

 랜덤 셔플

일반적으로 학습 시 데이터 순서를 랜덤하게 섞어주는 작업을 하는데 이를 랜덤 셔플이라고 합니다. 랜덤 셔플은 모델이 데이터 순서를 학습하는 편향을 막기 위해 사용합니다.

이번에는 파이토치에서 제공하는 Dataset과 Dataloader를 이용해 학습 코드를 만들어 보겠습니다.

```
1  import torch
2  from torch.utils.data import Dataset
3  from sklearn.model_selection import train_test_split
4
5  class IrisDataset(Dataset):
6    def __init__(self, train=True):
7      dataset = load_iris()
8      X_train, X_test, y_train, y_test = train_test_split(
9        dataset.data, dataset.target, test_size=0.3, random_state=827
10     )
11     if train:
12       self.data = torch.FloatTensor(X_train)
13       self.target = torch.LongTensor(y_train)
14     else:
15       self.data = torch.FloatTensor(X_test)
16       self.target = torch.LongTensor(y_test)
17
18   def __getitem__(self, i):
19     return self.data[i], self.target[i]
20
21   def __len__(self):
22     return len(self.data)
```

코드 설명

- 5행 : torch.utils.data.Dataset 클래스를 상속받아 Iris 데이터셋 클래스를 생성합니다. 데이터셋 클래스에서 기본으로 작성해야 할 함수는 3가지입니다.
- 6행 : 생성자인 init 함수는 데이터셋을 불러오고 초기화 합니다. 여기에서는 추가로 학습 데이터와 테스트 데이터셋을 나누기 위해 train 인자를 추가합니다.
- 7행 : IrisDataset에서는 load_iris 함수를 통해 데이터를 불러옵니다.
- 8~10행 : 데이터와 타겟을 각각 텐서 형태로 변환하여 변수로 저장합니다.
- 11~16행 : 앞서 지정한 train 인자가 True이면 학습용으로 100개의 데이터를 사용하고, False이면 테스트용으로 100개 이후의 데이터를 사용합니다.
- 18~19행 : getitem 함수는 인덱스를 입력으로 받아 해당 인덱스의 데이터와 타겟을 반환합니다. IrisDataset은 데이터가 Tensor 형태로 되어 있어 바로 인덱싱하여 반환합니다. 사진, 영상, 오디오 등의 경우 init에서는 파일 경로만 초기화하고, getitem에서 해당 파일을 로드하여 반환합니다.
- 21~22행 : len 함수는 데이터셋의 길이를 반환합니다. 여기에서는 초기화한 데이터 길이를 반환합니다.

신규 함수

함수 원형	설명
torch.utils.data.Dataset( )	데이터셋을 만들기 위해 부모 클래스로 사용되는 데이터셋 클래스
sklearn.model_selection.train_test_split (*arrays, test_size, random_state)	arrays로 넘어온 데이터를 test_size에 맞게 train, test 셋으로 분리(test_size는 0~1 사이의 실수이고, random_state를 seed로 사용)

3.3 모델 구현 및 학습

모델 구현에 따른 학습 코드를 살펴보겠습니다.

```
1 import torch
2 import torch.nn as nn
3 from torch.utils.data import DataLoader
4
5 # 하이퍼파라미터
6 batch_size = 64
7 learning_rate = 1e-3
8 epochs = 2000
9
10 # 모델
11 model = nn.Sequential(
12     nn.Linear(4, 128),
```

```
13    nn.ReLU( ),
14    nn.Linear(128, 64),
15    nn.ReLU( ),
16    nn.Linear(64, 3)
17 )
18
19 # 데이터셋, 데이터 로더
20 train_dataset = IrisDataset(train=True)
21 train_dataloader = DataLoader(train_dataset, batch_size=batch_size, shuffle=True)
22
23 # optimizer
24 optimizer = torch.optim.Adam(params=model.parameters( ), lr=learning_rate)
25
26 # loss
27 criterion = nn.CrossEntropyLoss( )
28
29 for epoch in range(epochs):
30
31    # 배치
32    for data, target in train_dataloader:
33      optimizer.zero_grad( )
34
35      pred = model(data)
36
37      loss = criterion(pred, target)
38      loss.backward( )
39      optimizer.step( )
40
41    # 학습 기록
42    if epoch % 100 == 99:
43      print("epoch:", epoch+1, "loss:", loss.item( ))
```

[실행 결과]

epoch: 100 loss: 0.13463759422302246
epoch: 200 loss: 0.04868422448635101
epoch: 300 loss: 0.02199891395866871
epoch: 400 loss: 0.10153710842132568
epoch: 500 loss: 0.0987519845366478
epoch: 600 loss: 0.04758216813206673

```
epoch: 700 loss: 0.06713774055242538
epoch: 800 loss: 0.07913029193878174
epoch: 900 loss: 0.04296455904841423
epoch: 1000 loss: 0.058155328035354614
epoch: 1100 loss: 0.004758833907544613
epoch: 1200 loss: 0.07126417011022568
epoch: 1300 loss: 0.06988915801048279
epoch: 1400 loss: 0.06195620074868202
epoch: 1500 loss: 0.08777931332588196
epoch: 1600 loss: 0.08102832734584808
epoch: 1700 loss: 0.06688696146011353
epoch: 1800 loss: 0.009939680807292461
epoch: 1900 loss: 0.07948020845651627
epoch: 2000 loss: 0.044859010726213455
```

코드 설명

- 1~3행 : 사용할 모듈을 임포트합니다.
- 5~8행 : 하이퍼파라미터를 지정합니다.
- 10~17행 : 다층 퍼셉트론 모델을 생성합니다. 4개의 특징을 입력으로 받고, 3개의 클래스를 출력으로 내보내는 3층 퍼셉트론 모델입니다.
- 19~21행 : 위에서 정의한 IrisDataset으로 학습 데이터셋을 생성한 후 데이터 로더에 학습 데이터셋, 배치 사이즈, 셔플 여부를 지정합니다.
- 23~24행 : 최적화 함수를 생성합니다. 여기에서는 가장 널리 사용되는 Adam 최적화기를 사용합니다.
- 26~27행 : 다중 클래스 분류에 사용되는 크로스엔트로피 로스를 생성합니다.
- 29행 : 에포크 반복을 시작합니다.
- 31~32행 : 배치 반복을 시작하되 배치 반복문에는 데이터 로더를 사용합니다. 데이터 로더를 for문에 사용하면 각 배치에 사용될 입력 데이터와 타겟값을 인자로 받아 사용할 수 있습니다.
- 33, 35행 : 가중치 미분값을 초기화하고, 순전파로 예측값을 저장합니다.
- 37~39행 : 오차 계산, 역전파, 가중치 업데이트를 수행합니다.
- 41~43행 : 100의 폭마다 손실을 출력합니다.

신규 함수

함수 원형	설명
torch.utils.data.DataLoader(dataset, batch_size, shuffle)	데이터셋을 쉽게 로드하기 위한 데이터 로더 클래스로 데이터셋, 배치 크기를 주요 인자로 받음(학습 시 데이터 셔플이 필요하면 Shuffle 인자를 True로 지정하고, 데이터 순서를 셔플하여 전달)
torch.optim.Adam(params, lr)	많이 사용되는 최적화 함수로 가중치의 이동 방향(Momentum)과 이동 거리(Step)를 조절하여 최적화하고, 짧은 시간에 최적점으로 도달할 수 있도록 함
torch.nn.CrossEntropyLoss( )	LogSoftmax와 NLLLoss의 조합으로 다중 모델 분류 문제에서 사용하는 손실 함수

3.4 모델 성능 평가

분류 문제는 예측값이 타겟값과 일치하는 정확도를 성능 평가 지표로 사용합니다.

```
1 test_dataset = IrisDataset(train=False)
2 test_dataloader = DataLoader(test_dataset, batch_size=batch_size, shuffle=False)
3
4 num_correct = 0
5
6 with torch.no_grad( ):
7   for data, target in test_dataloader:
8     output = model(data)
9     pred = torch.max(output, 1)[1]
10
11    corr = pred.eq(target).sum( ).item( )
12    num_correct += corr
13
14 print("Accuracy:", (num_correct/len(test_dataset.data))*100, "%")
```

[실행 결과]
Accuracy: 97.77777777777777 %

 코드 설명

- 1~2행 : 테스트 데이터셋을 생성하고, 학습 코드와 동일하게 데이터 로더를 생성합니다. 테스트시에는 셔플할 필요가 없으므로 셔플은 생략합니다.
- 4행 : 정답을 맞춘 개수에 대해 저장할 변수를 초기화합니다.
- 6행 : 정확도를 구하는 과정에서 발생하는 연산은 학습과 관련이 없기 때문에 이를 계산하지 않으려면 with torch.no_grad( ) 구문을 사용합니다.
- 7~8행 : 테스트 데이터셋을 반복하고, 순전파로 모델의 출력값을 구합니다.
- 9행 : 출력값에서 최대값을 갖는 위치의 인덱스를 예측값으로 저장합니다.
- 11~12행 : 예측값과 정답이 일치하는 샘플의 개수를 저장합니다.
- 14행 : 맞춘 샘플 수를 전체 데이터 수로 나누고, 100을 곱해 정확도를 구하여 출력합니다.

신규 함수

함수 원형	설명
torch.Tensor.max( )	텐서의 모든 값 중 최대값과 최대값이 위치한 인덱스를 반환
torch.Tensor.eq(other)	입력 텐서와 other 텐서의 같은 위치에 해당하는 요소별 (Element-Size) 값이 같은 경우 1 아닌 0을 반환
torch.Tensor.sum( )	입력 텐서에서 모든 값의 합을 반환

결과적으로 97%의 정확도를 갖는 모델을 학습하였는데 이는 대부분의 입력값을 올바르게 분류할 수 있는 수치입니다. 분류 정확도가 95% 이상인 경우 학습이 매우 잘 되었다고 평가할 수 있습니다.

Part 3

딥러닝의 기본 이미지 분류하기

이제 본격적인 딥러닝 과제를 시작해 보겠습니다. 가장 먼저 해결할 영역은 이미지 분류로 이는 컴퓨터 비전 초기부터 활발히 연구되어 온 분야이면서 그만큼 해당 영역에서 가장 널리 사용되는 방법입니다. 특히, 이미지 처리에서는 기존의 DNN과 다른 이미지 처리에 특화된 합성곱 레이어를 활용한 CNN 모델을 사용하고 있습니다. 이번 전체 과제에서는 CNN 모델에 대해 알아보고, 프로젝트를 통해 이미지 분류 문제를 정복해 보겠습니다.

Chapter 01

손 글씨 숫자 분류와 CNN

이번 이미지 분류 챕터에서는 이미지 처리에 특화된 합성곱(Convolution)을 활용한 합성곱 신경망(Convolutional Neural Network)을 주로 사용합니다. 이에 필터링 기법을 인공신경망에 적용하는 CNN에 대해 알아본 후 CNN을 이용하여 손 글씨 숫자를 분류하는 프로젝트에 대해 학습해 보겠습니다.

1.1 합성곱 신경망(CNN)

합성곱 신경망은 합성곱 연산을 사용한 모델로 영상 처리에 탁월한 성능을 나타내는 신경망입니다. 딥러닝에서 가장 기본적이고 중요한 모델 중 하나로 간단하지만 강력한 성능을 발휘하여 현재까지도 널리 사용되고 있습니다.

문제	0~9 손 글씨 숫자 분류
모델	LeNet, 합성곱 신경망(CNN)
데이터셋	MNIST(흑백 손 글씨 숫자 데이터)
문제 유형	분류
평가 지표	Cross Entropy, 정확도

영상 처리에 사용되는 CNN은 3차원 텐서를 입력으로 받아 3차원 텐서로 출력을 내보내는 신경망입니다. 대표적으로 입력되는 3차원 텐서는 이미지로 각 차원은 채널, 높이, 너비를 나타냅니다.

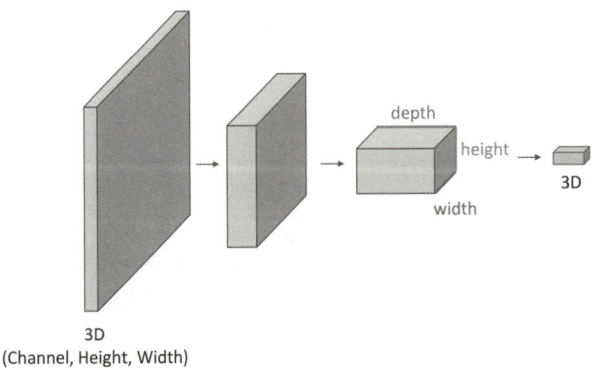

[합성곱 신경망의 개요]

합성곱 신경망은 Convolution과 Pooling이라는 2가지 레이어를 조합해서 사용합니다. Convolution 레이어는 입력의 특징(Feature)을 찾아내는 역할을 하고, Pooling 레이어는 입력의 공간(Spatial) 크기를 줄여주는 역할을 합니다.

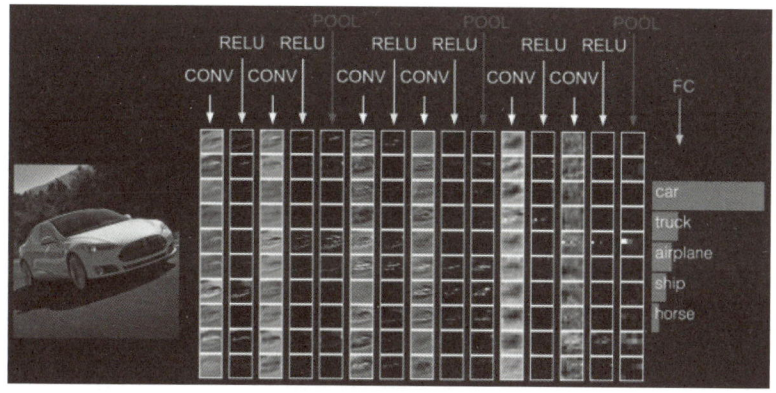

[합성곱 신경망의 구성] – 그림 출처: https://cs231n.github.io/convolutional-networks/

그림과 같이 Convolution 레이어와 Pooling 레이어를 번갈아 사용하며, Convolution 연산 뒤에는 활성화 함수인 ReLU를 사용합니다. 마지막 레이어는 완전 연결 레이어(Fully Connected Layer, FC)를 사용하여 최종 예측값을 출력합니다. 완전 연결 레이어는 다층 퍼셉트론(MLP)와 동일한 레이어입니다. 일반적으로 Convolution과 Pooling 레이어를 조합한 앞부분을 특징 추출기(Feature Extractor)라고 하는데 여기에서 추출된 특징을 이용해 최종 출력을 결정하는 완전 연결 레이어 부분을 분류기(Classifier)로 구분합니다. 이렇게 합성곱 신경망이 다층 퍼셉트론보다 영상 처리를 잘하는 이유는 합성곱 신경망을 구성하는 Convolution 레이어와 Pooling 레이어 때문입니다.

1.2 합성곱(Convolution)

합성곱 연산은 영상 처리에 주로 사용되는데 데이터를 1차원이 아닌 2차원, 3차원으로 처리하고 특징을 추출합니다. 다층 퍼셉트론과 비교를 통해 어떤 차이가 있는지 살펴보겠습니다. 우리는 정자로 쓴 숫자 1과 기울어진 숫자 1이 같은 숫자 1을 나타내는 것을 알 수 있지만 컴퓨터는 각 위치의 픽셀 값이 대부분 다르기 때문에 두 개의 이미지가 같은 의미라는 것을 알지는 못합니다.

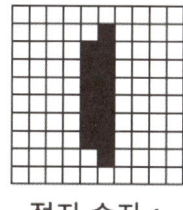 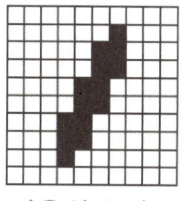

정자 숫자 1   기울인 숫자 1

[숫자 이미지]

특히, 이미지의 경우는 옆으로 기울이는 것뿐만 아니라 회전시키거나 좌우로 늘이고 줄이고, 위아래로 움직이는 등 다양한 변형이 가능합니다. 다층 퍼셉트론의 경우 각 픽셀에 하나하나 대응하는 가중치를 학습하기 때문에 이러한 변형에 매우 민감하게 반응합니다. 예시를 자세히 살펴보면 숫자 1의 입력 이미지는 2D 텐서지만 다층 퍼셉트론에 입력으로 들어갈 때는 1차원으로 변환됩니다. 이렇게 변환된 값이 1이라는 것을 유추할 수 있는 사람은 거의 없습니다. 데이터는 동일한데 정확히 어떤 차이 때문에 인지하기가 어려워지는 것일까요? 이런 변환을 통해서 공간적인 구조 정보(Spatial Information)를 잃게 됩니다. 공간 구조 정보는 한 픽셀과 그 주변 픽셀이 어떤 것인지, 어떤 연관이 있는지의 정보를 나타냅니다.

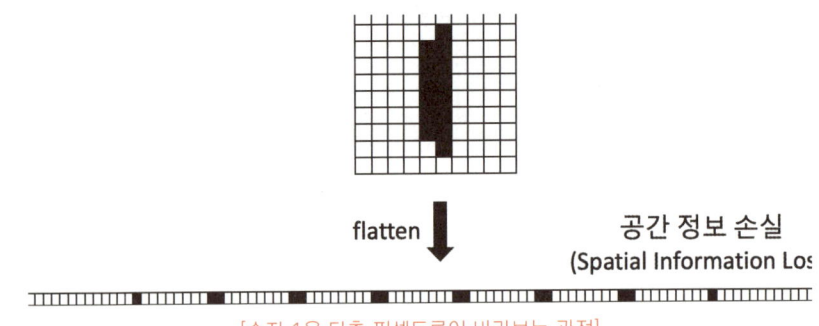

[숫자 1을 다층 퍼셉트론이 바라보는 관점]

바로 이런 공간적인 구조 정보를 유지하고 최대한 활용할 수 있게 하기 위한 새로운 레이어가 필요한데 이것을 위해 고안된 레이어가 바로 합성곱 레이어(Convolutional Layer)입니다. 합성곱 레이어는 구조적인 정보 데이터를 유지하면서 이미지의 특징을 추출합니다. 여기에서는 합성곱(Convolution, Conv) 연산을 사용하는데 해당 연산은 커널 또는 필터라고 불리는 N x M 크기의 메트릭스를 이용해서 이미지의 왼쪽 상단부터 오른쪽 하단까지 훑으면서 특징을 추출합니다. 그림은 5x5 입력(inputs)에 3x3 커널(진한 부분)을 이용해 합성곱 연산을 적용하여 출력(outputs)을 만드는 과정입니다.

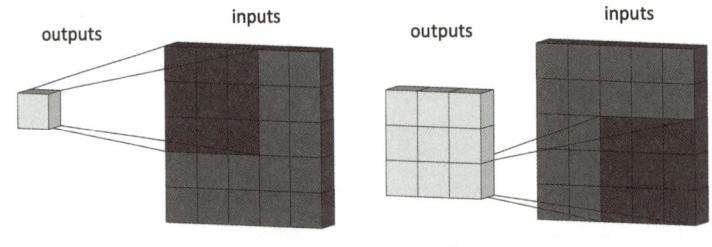

[합성곱 레이어의 동작]

이번 예시의 입력은 3x3 행렬, 컨볼루션 커널은 2x2 행렬입니다. 먼저 커널은 왼쪽부터 연산을 시작합니다. 커널의 각 위치값에서 대응하는 입력값과 곱 연산을 하고, 모든 결과를 더하여 출력을 계산합니다. 계산식을 살펴보면 입력(0,0) 위치와 커널(0,0) 위치값인 1과 1을 곱한 결과에서 각각 (0,1), (1,0), (1,1) 위치의 대응되는 결과를 곱한 후 모든 값의 합을 (0,0) 출력의 결과로 내보냅니다.

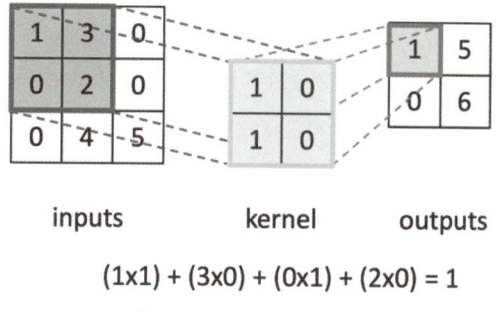

[2x2 커널의 합성곱 연산]

스트라이드(Stride)

스트라이드(보폭)는 합성곱 연산 시 커널을 얼만큼의 간격으로 이동시킬지를 지정하는 요소입니다. 앞서 살펴보았던 예제들과 마찬가지로 스트라이드가 1인 연산은 그림과 같이 커널을 한 픽셀씩 옮기면서 합성곱 연산을 진행합니다.

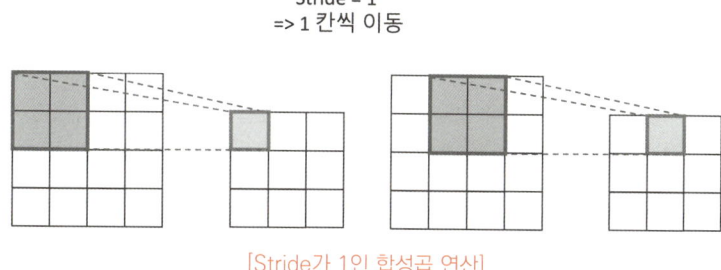

[Stride가 1인 합성곱 연산]

다음이 그림은 스트라이드가 2인 합성곱 연산을 나타낸 것으로 두 픽셀씩 커널이 이동하면서 합성곱 연산을 수행합니다.

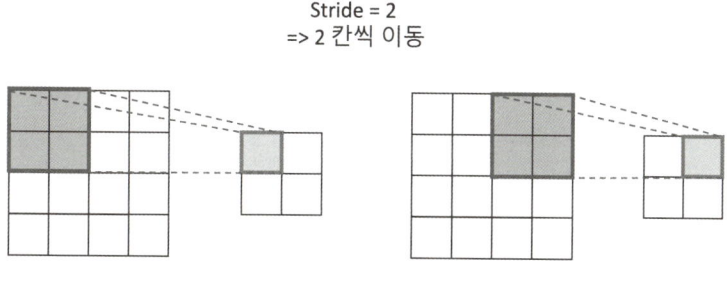

[Stride가 2인 합성곱 연산]

두 그림을 비교해 보면 입력값의 크기와 커널의 크기가 같아도 스트라이드에 따라 출력값의 크기가 달라질 수 있는 것을 볼 수 있습니다. 이는 연산량이 줄어드는 것을 의미합니다. 입력 4x4, 커널 2x2인 출력은 한 픽셀마다 8FLOPs를 사용하는데 스트라이드 1을 사용하면 9번 연산하기 때문에 총 72FLOPs(9 x 8FLOPs)가 되고, 스트라이드 2를 사용하면 4번 연산하기 때문에 총 32FLOPs(4 x 8FLOPs)가 됩니다. 이동하는 픽셀이 하나 바뀌었을 뿐인데 연산량은 2배 넘게 차이가 납니다. 일반적으로 스트라이드는 1을 사용하나 입력의 크기가 커서 조금 덜 세밀하게 특징을 추출할 때는 스트라이드를 늘려서 사용합니다. 이런 이유로 입력을 바로 받는 CNN의 초기 1~2 레이어에서 사용됩니다.

딥러닝의 연산량

딥러닝에서 연산량은 FLOPs(FLoating point OPerations) 혹은 MAC(Multiply-ACcumulate)로 나타냅니다. 대부분의 하드웨어는 텐서를 다루는 연산을 할 때 FMA라는 명령어 셋을 사용합니다. FMA는 (A x X + B)를 하나의 연산(Operation)으로 처리하고, 해당 연산이 몇 번 실행되었는지를 세는 데 이것이 MAC입니다. FLOPs는 덧셈, 곱셈을 각각 하나의 연산으로 보기 때문에 MACs : FLOPs = 1 : 2(덧셈 1회, 곱셈 1회)가 됩니다.

패딩(Padding)

합성곱 연산은 입력값에 비해 출력의 크기가 줄어듭니다. 또한 가장자리에 있는 값들은 그렇지 않은 위치의 값들보다 출력값을 계산하는데 적게 활용되는 단점이 있습니다. 앞서 살펴본 4x4 입력, 2x2 커널, 스트라이드 1인 합성곱 연산을 수행하면 3x3 출력 결과가 나옵니다. 이때, 입력의 각 픽셀이 최종 출력을 계산하는데 얼마나 사용되는지 횟수를 살펴보면 다음과 같습니다. 중앙 영역에 비해 가장자리 부분의 픽셀이 상대적으로 적게 사용되는 것을 볼 수 있는데 이는 가장자리에 있는 물체의 특징을 추출하지 못하는 문제를 발생시킬 수 있습니다. 이미지 분류나 인식을 수행할 때 가장자리에 있는 물체를 인식하지 못하게 될 수도 있습니다.

1	2	2	1
2	4	4	2
2	4	4	2
1	2	2	1

[입력 4x4, 커널 2x2일 때 입력 픽셀이 계산에 사용된 횟수]

출력의 크기가 줄어드는 것도 깊은 합성곱 신경망에서는 단점이 되기도 합니다. 합성곱 레이어를 여러 층 쌓아 올려 특성을 추출하는 합성곱 신경망에서 출력의 크기가 줄어든다면 최대로 쌓을 수 있는 층에 제약이 생길 수밖에 없습니다. 이는 깊은 신경망(딥러닝)을 만드는데 치명적입니다. 이러한 문제를 해결하기 위해 패딩을 사용합니다. 패딩은 입력의 상하좌우에 특정한 값을 채워 넣는 방식으로 입력의 크기를 늘려줍니다. 그림에서는 4x4 입력에 3x3 커널을 사용해서 합성곱 연산을 수행하고, 패딩이 0인 경우 출력의 크기가 줄어듭니다. 반면, 패딩이 1인 경우 입력의 가장자리에 0으로 숫자를 채워 입력 크기가 6x6으로 늘어나서 동일한 합성곱 연산을 수행해도 출력 크기가 4x4로 입력 크기와 동일하게 유지되는 것을 볼 수 있습니다.

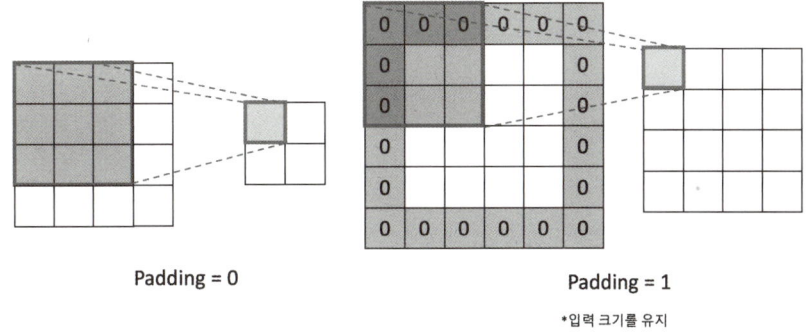

[패딩 적용 전과 적용 후의 합성곱 결과]

그림에서는 패딩 값을 0으로 채우는 제로 패딩(Zero Padding)을 사용하였습니다. 해당 값을 채우는 방식에 따라서 다양한 모드가 표현됩니다. 일정한 값으로 모든 패딩을 채우는 상수(Const) 모드, 가장자리를 경계로 거울에 비춘 값을 채우는 반영(reflection) 모드, 가장 가까운 값을 복제해서 채우는 복제(Replication) 모드, 입력값을 순환해서 사용하는 순환(Circular) 모드가 있습니다. 앞서 살펴봤던 제로 패딩은 상수 모드에서 채울 값으로 0을 주는 특수한 경우로 볼 수 있습니다.

출력 크기 계산하기

합성곱 신경망은 입력값과 스트라이드 패딩에 따라 출력값의 높이와 폭 크기가 달라집니다. 보통 입력 크기와 같은 출력 크기를 사용하기 때문에 많이 사용되는 조합이 있지만 그렇지 않은 경우에서는 출력 크기를 계산하는 방법을 알아두면 유용합니다. 합성곱 신경망에 입력으로 들어오는 값은 일반적으로 전처리를 통해 정사각형으로 전달됩니다. 따라서 이번 계산 예제에서는 가로값만을 기준으로 출력 크기를 계산하는 식에 대해 알아보겠습니다.

$$O = \frac{I - K + 2P}{S} + 1$$

[식 1]

앞의 식에서 O는 출력의 가로 크기, I는 입력의 가로 크기, K는 커널의 가로 크기, P는 가로 패딩, S는 가로 스트라이드를 나타냅니다. 다음의 패딩 예시를 이용해 출력의 크기를 계산해 보겠습니다. 예시에서 입력의 가로는 4, 커널은 3, 패딩은 1, 스트라이드는 1입니다. 이를 식으로 나타내면 다음과 같습니다.

$$4 = \frac{4 - 3 + (2 * 1)}{1} + 1$$

[식 2]

일반적으로 많이 사용되는 커널과 스트라이드, 패딩 조합을 알아보겠습니다. 여기에서는 2x2 크기가 가장 작다고 생각할 수 있지만 4개의 픽셀로는 조합이 너무 적기 때문에 잘 사용하지 않습니다. 또한, 홀수 크기의 커널을 주로 사용하는데 이는 중앙 픽셀의 위치가 명확하기 때문입니다. 커널 크기가 짝수인 경우 중앙 픽셀 위치가 왼쪽인지 오른쪽인지 모호한데 이런 결과가 계속 쌓일 경우 특징 맵에 왜곡이 일어나서 제대로된 특징을 추출하지 못하는 문제가 발생합니다.

- (K: 3, S: 1, P: 1) : 가장 대중적으로 사용되는 커널 사이즈는 3x3 커널로 영상의 특징을 추출하는데 가장 작은 크기의 커널입니다. 세부적인 특징을 추출하기 위해 스트라이드는 1을 사용하고, 입출력 크기를 동일하게 하기 위해 패딩을 1로 줍니다.
- (K: 7, S: 2, P: 0) : 좀더 큰 크기의 커널을 사용하는 것으로 큰 크기의 커널을 사용하는 경우 입력 레이어에 가깝게 사용합니다. 이는 초반에 입력 크기를 줄여 연산량과 효율성을 증가시키는데 이와 같은 목적을 위해 스트라이드도 2를 사용합니다. 입력 크기가 큰 경우 가장자리 픽셀이 덜 중요하여 크기를 줄여야 하기 때문에 패딩은 사용하지 않습니다.
- (K: 1, S: 1, P: 0) : 커널 크기가 1인 특수한 경우로 Pointwaise 합성곱 연산에서 주로 사용합니다. 합성곱 연산은 이미지의 공간 정보(Spatial)을 추출하는데 사용되지만 해당 연산은 이미지의 공간 정보는 그대로 두고 채널 정보를 압축하여 사용합니다. 연산량을 매우 줄여주는 방식으로 가중치가 작고 연산량을 적게 해 속도가 빠른 모델을 개발할 때 유용합니다.

합성곱 레이어의 특징

합성곱 레이어에서 가장 중요한 부분은 가중치 공유입니다. 커널은 합성곱 연산에서 사용하는 가중치의 특별한 형태로 모든 입력에 대해 공유합니다. 다층 퍼셉트론과 합성곱 레이어의 비교를 통해 어떻게 공유되어 사용되는지 알아보겠습니다. 그림은 다층 퍼셉트론과 합성곱 신경망을 이용해 3x3 입력으로 2x2 출력을 내보내는 경우로 가운데 부분이 딥러닝에서 학습되는 가중치 부분입니다.

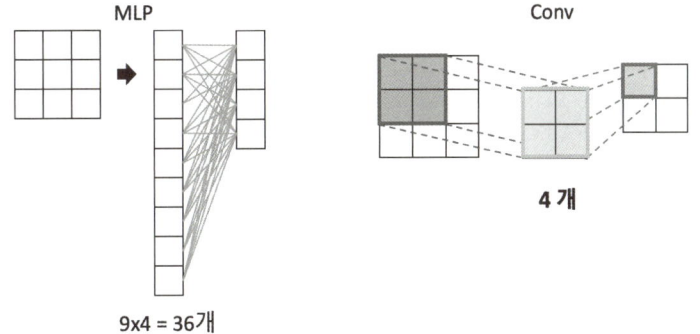

[다층 퍼셉트론과 합성곱 신경망의 가중치 수 비교]

다층 퍼셉트론은 2d 입력을 바로 처리할 수 없어 1차원으로 만드는 작업을 첫 번째로 수행합니다. 이후 사용되는 가중치 개수를 보면 (입력 9) x (출력 4)의 36개 가중치를 사용합니다. 이어서 합성곱을 살펴보면 2x2 커널과 스트라이드 1을 사용하면 2x2 출력을 얻을 수 있습니다. 합성곱 연산에서는 단순히 커널 크기인 4개가 가중치입니다. 비교해 보면 9배 더 작은 가중치를 사용해 같은 크기의 결과를 얻을 수 있습니다. 물론 사용하는 연산이 다르기 때문에 동일한 결과값을 얻을 수는 없지만 효율적인 계산은 할 수 있습니다.

이번에는 연산량을 비교해 보겠습니다. 다층 퍼셉트론에서 1개 출력을 계산하는데 9개 입력에 대한 곱셈과 8번의 합 연산이 필요합니다. 이를 4번 수행하기 때문에 연산량은 (9 + 8) x 4의 68FLOPs가 됩니다. 합성곱 연산은 한 개 출력을 계산하는데 4번의 곱셈과 3번의 덧셈이 필요합니다. 마찬가지로 4번 반복하면 (4 + 3) x 4의 28FLOPs 연산량이 필요합니다. 다층 퍼셉트론이 합성곱보다 2.4배 더 많은 연산량이 필요합니다. 이처럼 합성곱 레이어는 커널이 공유되어 다층 퍼셉트론보다 훨씬 적은 가중치와 연산량을 사용하면서 좋은 특징 맵을 찾아내는 효율적인 레이어입니다.

다중 채널(Multi-Channel)

앞에서는 1채널 입력에 대해서 살펴보았습니다. 그렇다면 여러 개의 채널이 들어오면 어떻게 연산이 되는 것일까요? 예시를 통해 알아보겠습니다. 입력으로 RGB 3개 채널의 컬러 영상이 들어왔다면 각 입력 채널별로 커널이 1개씩 있고, 합성곱 연산을 각각 한 뒤 결과값을 모두 합쳐 1개의 출력값을 만들어냅니다. 다층 퍼셉트론과 같이 다중 채널로 출력값을 만들 수 있습니다.

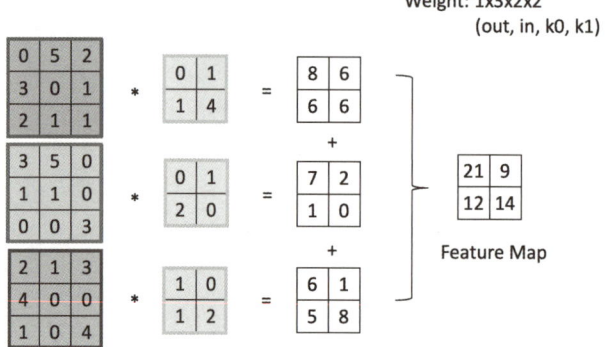

[다중 입력 채널 합성곱 레이어 연산]

다음의 그림은 3개 채널 입력과 4개 채널 출력에서 합성곱 레이어의 연산 과정을 보여줍니다. 입력 크기는 3 x 3 x 3인데 앞에서부터 채널, 높이, 폭 순입니다. 다음으로 출력은 4 x 2 x 2 크기입니다. (출력 x 입력) 채널별 커널이 각각 생기고, 각 출력 채널별로 합성곱 연산이 이루어진 뒤 결과값을 쌓아서 출력으로 내보냅니다. 파이토치에서 합성곱 레이어에 사용되는 가중치 크기는 '출력 채널 x 입력 채널 x 커널 가로 크기 x 커널 세로 크기'로 표시합니다. 따라서 그림에 있는 합성곱 레이어의 가중치는 4 x 3 x 2 x 2 크기를 갖는다고 볼 수 있습니다.

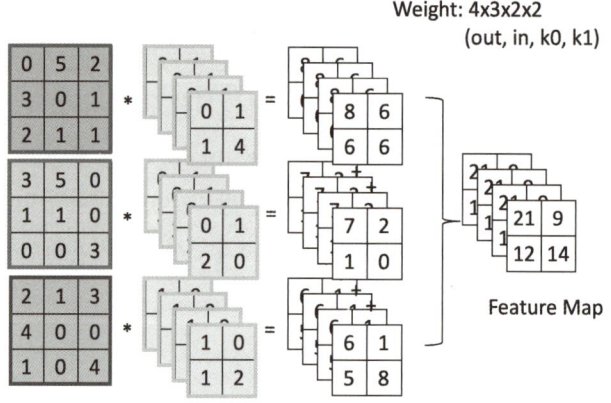

[다중 채널 입출력 합성곱 레이어]

1.3 풀링(Pooling)

풀링은 입력의 크기를 줄일 때 주로 사용되는 레이어로 합성곱과 비슷한 커널 사이즈, 스트라이드, 패딩 등의 옵션값을 이용합니다. 여기에 왼쪽 상단부터 오른쪽 하단으로 훑으면서 연산을 수행하는 것도 합성곱과 동일합니다. 또한, 커널 크기에 들어있는 입력값을 집합(Aggregate) 연산을 사용하여 하나의 값으로 표현합니다. 많이 사용되는 집합 연산은 최대값을 사용하는 Max 연산과 평균값을 사용하는 Average 연산이 있습니다.

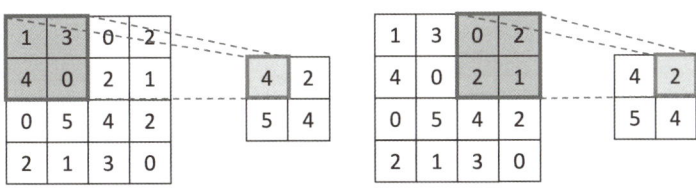

[최대 풀링(Maxpooling)]

예시를 통해 동작 방식을 알아보겠습니다. 그림은 4x4 입력, 2x2 커널, 스트라이드 2인 최대 풀링 과정을 표현하고 있습니다. 왼쪽 상단부터 2x2 커널 크기의 입력값 패치를 읽어옵니다. 패치 중 가장 큰 값인 4를 선택하고, 이를 출력값으로 내보냅니다. 스트라이드가 2이기 때문에 2픽셀 이동하여 동일한 작업을 수행하면서 해당 과정을 입력값의 끝까지 진행합니다.

1.4 이미지 분류(Image Classification)

이미지 분류란 기계 학습과 컴퓨터 비전 기술을 사용하여 이미지가 어떤 범주(카테고리) 혹은 클래스에 속하는지를 구분하는 작업을 의미합니다. 컴퓨터 비전은 이미지나 비디오에서 정보를 추출하여 해석하는 기술로 딥러닝 발전 이전부터 널리 사용되었습니다. 이미지 분류는 컴퓨터 비전에서 가장 기초적이고, 주요한 응용 분야 중 하나입니다. 이미지 분류 작업에서는 컴퓨터 시스템이 주어진 이미지를 자동으로 분석하고, 이미지에 대한 특징이나 패턴을 인식하여 해당 이미지를 사전에 정의된 범주 중 하나로 할당합니다. 예를 들어 고양이와 개 이미지가 포함된 데이터셋이 있을 때 이미지 분류 모델은 고양이 이미지를 '고양이' 클래스로, 개 이미지를 '개' 클래스로 정확하게 분류하여야 합니다.

이미지 분류는 다양한 영역에서 응용되고 있습니다. 예를 들어, 의료 분야에서는 X-ray 이미지를 분류하여 질병이나 이상을 탐지하면서 의료 영상 분석에 도움을 주고 있습니다. 또한 얼굴 인식, 트래킹, 자율주행 등 다양한 분야에서 이미지 분류 기술을 사용하고 있습니다. 앞으로 3개의 실습 과정에서 이미지 분류 프로젝트를 진행하면서 자세히 알아보도록 하겠습니다.

1.5 학습 준비

이번 실습에서는 합성곱 신경망을 이용하여 손 글씨 숫자(MNIST) 분류 문제를 풀어보겠습니다. 데이터셋은 MNIST 손 글씨 데이터셋을 이용합니다. 0~9까지 숫자를 분류하는 문제는 Multi-Class 분류에 주로 사용되는 CrossEntropy Loss를 사용합니다. 주요 메트릭으로 예측값 중 정답이 얼마나 되는지를 나타내는 정확도(Accuracy)를 사용하겠습니다. 먼저 학습에 필요한 기본 코드를 불러오겠습니다.

```
1  import random
2
3  import torch
4  import torch.nn as nn
5  import torch.nn.functional as F
6  from torch import optim
7  from torch.utils.data import DataLoader
8  from torchvision import datasets, transforms
9  import numpy as np
10
11 import matplotlib.pyplot as plt
```

 코드 설명

- 1행 : 랜덤 시드 조절을 위해 사용합니다.
- 2~8행 : torch의 네트워크 정의 및 데이터 관련 모듈을 사용합니다.
- 9행 : numpy ndarray 모듈을 사용합니다.
- 11행 : 데이터 시각화를 위해 사용합니다.

```
1  is_cuda = torch.cuda.is_available( )
2  device = torch.device("cuda" if is_cuda else "cpu")
3  print(is_cuda, device)
```

 코드 설명

- 1행 : 파이토치에서 GPU가 사용 가능한 상태인지 체크합니다.
- 2행 : GPU가 사용 가능한 상태라면 torch에서 사용할 장치를 GPU(cuda) 또는 CPU로 지정합니다.

```
1  seed = 1010
2  random.seed(seed)              # python seed
3  np.random.seed(seed)           # numpy seed
4  torch.manual_seed(seed)        # torch seed
5  If device == 'cuda':
6     torch.cuda.manual_seed_all(seed)  # gpu seed
```

 코드 설명

- 1행 : 고정시킬 랜덤 시드를 지정합니다.
- 2~4행 : 파이썬의 기본 랜덤 모듈, numpy, torch의 랜덤 시드를 지정합니다.
- 6행 : GPU를 사용하는 경우 GPU 관련 모듈의 시드를 추가로 지정합니다.

1.6 MNIST 데이터셋

손 글씨 숫자 분류기와 신경망 작업에서 다룬 동일한 데이터셋을 사용합니다. 28 x 28 x 1 크기의 흑백 이미지 데이터셋으로 0~9까지의 숫자 이미지를 포함하고 있습니다. 데이터셋과 데이터 로더는 다층 퍼셉트론에서 사용한 코드와 유사합니다. 한 가지 차이점은 다층 퍼셉트론은 입력이 1D 텐서이기 때문에 3D 입력인 MNIST를 1D로 바꾸는 flatten 작업이 필요합니다. 하지만 합성곱 신경망은 입력이 3D 텐서이기 때문에 이런 작업이 더 이상 필요하지는 않습니다.

```
1  from torch.utils.data import random_split
2
3
4  def get_mnist_dataloaders(batch_size, val=0.2, num_workers=0):
5      transform = transforms.Compose([
6          transforms.ToTensor( ),
7      ])
8
9      # split
10     mnist_train_origin = datasets.MNIST(
11         root='MNIST/',
12         train=True,
13         download=True,
14         transform=transform,
15     )
16     val_samples = int(len(mnist_train_origin) * val)
17     train_samples = len(mnist_train_origin) - val_samples
18
19     # dataset
20     mnist_train, mnist_val = random_split(
21         mnist_train_origin,
22         (train_samples, val_samples),
23     )
24     mnist_test = datasets.MNIST(
25         root='MNIST/',
26         train=False,
27         download=True,
28         transform=transform,
29     )
30
31     # dataloader
```

```
32    train_loader = DataLoader(
33        dataset=mnist_train,
34        batch_size=batch_size,
35        drop_last=True,
36        shuffle=True,
37        num_workers=num_workers,
38    )
39    val_loader = DataLoader(
40        dataset=mnist_val,
41        batch_size=batch_size,
42        num_workers=num_workers,
43    )
44    test_loader = DataLoader(
45        dataset=mnist_test,
46        batch_size=batch_size,
47        num_workers=num_workers,
48    )
49
50    return train_loader, val_loader, test_loader
```

코드 설명

- 1행 : 파이토치의 랜덤 분리(Random Split) 함수를 임포트합니다.
- 4행 : MNIST dataloader를 반환하는 함수를 정의합니다. 함수 인자로 batch size와 학습 검증 데이터셋의 split 비율, 데이터 로더에서 사용하는 worker 개수를 받습니다.
- 5~7행 : 입력을 변환(Transform)하는 객체를 생성합니다. Torchvision의 Transform 모듈을 사용하여 다층 퍼셉트론에서 필요했던 1D로 펼치는 부분은 더 이상 필요가 없어 제거합니다.
- 9행 : 학습에 사용할 학습 데이터셋, 검증 데이터셋, 테스트 데이터셋 3가지를 생성합니다. 검증 데이터셋은 random split 함수를 사용하여 학습 데이터셋의 일부를 검증 데이터셋으로 만듭니다.
- 10~15행 : Pytorch Dataset을 생성합니다. Pytorch 기본 모듈에서 제공하는 MNIST 데이터셋 객체를 활용합니다. 이미지와 레이블이 저장될 최상위 디렉토리(root directory)는 'MNIST/'로 지정합니다. 학습 데이터셋을 불러(train=True)오되 해당 위치에 데이터가 없다면 다운로드 받습니다(download=True). 마지막으로 입력 이미지를 읽어올 때 위에서 정의한 변환을 수행하도록 Transform 객체를 넘겨줍니다.
- 16~17행 : 함수 입력으로 받은 검증 데이터셋 비율대로 위에서 정의한 데이터셋을 분리하기 위해 데이터셋의 샘플 크기를 구합니다.
- 20~23행 : 구한 샘플 크기와 pytorch random_spilit 함수를 이용해 학습 데이터셋과 검증 데이터셋을 생성합니다.
- 24~29행 : 학습 데이터셋을 생성한 것과 마찬가지로 Test 데이터셋을 생성하고, 생성한 데이터셋을 이용해 데이터 로더를 생성합니다.
- 32~38행 : 학습 데이터 로더를 생성합니다. 함수 입력으로 받은 배치 사이즈를 사용하되 마지막 배치의 경우 크기가 배치 사이즈보다 작다면 사용하지 않는 Drop last 기능을 사용합니다. 셔플 기능을 통해 매 에폭마다 배치의 출력 순서가 바뀝니다.
- 39~48행 : 학습 데이터 로더와 동일하게 검증, 테스트 데이터 로더를 생성합니다. 셔플과 Drop last 기능은 사용하지 않습니다.

1.7 LeNet 모델

LeNet은 최초의 CNN 모델로 딥러닝의 대가 중 한명인 Yann Lecun 연구팀에서 개발한 모델입니다. 2개의 합성곱, 서브 샘플링 레이어(풀링 레이어), 3개의 완전 연결 레이어를 사용합니다. 원래 활성화 함수는 Tanh를 사용했지만 이번에는 ReLU를 사용하겠습니다. 먼저, 합성곱 신경망 모델을 정의합니다. 3개의 CONV-BN-ReLU 레이어와 그 사이에 MaxPool을 사용한 레이어를 모델 앞에 구성합니다 이렇게 CONV와 MaxPool을 이용하여 구성한 부분을 특징 추출 부분(Feature Extractor)이라고 합니다. 해당 부분의 역할은 입력이 무엇인지 분류하기 전에 입력으로부터 다양한 특징을 추출하는 역할을 합니다.

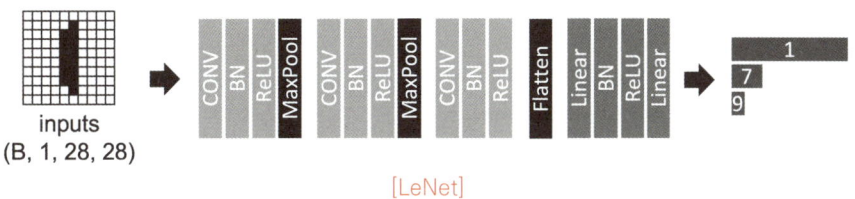

[LeNet]

합성곱 레이어를 구성하는 방법은 여러 가지이지만 보통 합성곱 레이어는 입력과 출력의 공간 크기(Spatial Size)를 동일하게 사용합니다. 따라서 합성곱 신경망에서 공간 크기가 줄어드는 부분을 Pooling하는 부분만 있게 됩니다. 이렇게 공간 크기가 같은 부분을 묶어서 스테이지(Stage)라고 합니다.

다음은 FC 레이어 두 개를 쌓아서 만든 분류기(Classifier) 부분으로 특징 추출 부분에서 얻어진 특징들을 조합하여 최종적으로 결과를 예측합니다. 모델을 구성하기에 앞서 이번 예제에서 사용할 합성곱 레이어와 풀링 레이어를 소개합니다. 먼저 합성곱 레이어는 3x3 커널, Stride는 1, Padding도 1을 사용합니다. 이렇게 하여 입력과 출력이 같은 크기가 되도록 합니다.

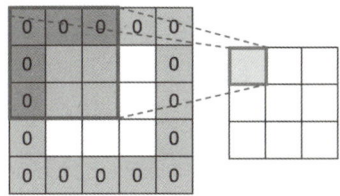

[LeNet에서 사용하는 합성곱 레이어]

다음은 풀링 레이어로 Max Pooling 연산을 사용하였습니다. Kernel = 2, Stride = 2를 사용해서 Pooling을 통과하면 입력의 공간(Spatial) 크기가 절반이 됩니다.

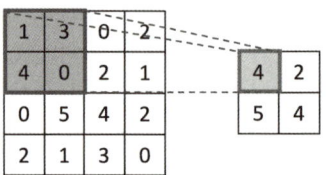

[LeNet에서 사용하는 풀링 레이어]

이제 LeNet을 Pytorch 모델로 작성해 보겠습니다.

```
1  class LeNet(nn.Module):
2    def __init__(self):
3      super(LeNet, self).__init__()
4      self.conv1 = nn.Conv2d(1, 6, kernel_size=5)
5      self.conv2 = nn.Conv2d(6, 16, kernel_size=5)
6      self.pool = nn.MaxPool2d(2, 2)
7      self.fc1 = nn.Linear(16 * 4 * 4, 120)
8      self.fc2 = nn.Linear(120, 84)
9      self.fc3 = nn.Linear(84, 10)
10     self.relu = nn.ReLU( )
11
12   def forward(self, x):
13     x = self.relu(self.conv1(x))
14     x = self.pool(x)
15     x = self.relu(self.conv2(x))
16     x = self.pool(x)
17     x = x.view(x.size(0), -1)
18     x = self.relu(self.fc1(x))
19     x = self.relu(self.fc2(x))
20     x = self.fc3(x)
21     return x
```

코드 설명

- 1행 : LeNet 모델 클래스를 선언합니다. Pytorch의 torch.nn.Module 클래스를 상속받습니다.
- 2~10행 : 생성자 모델에서 사용하는 레이어를 만들어 줍니다. 합성곱 레이어 2개와 완전 연결 레이어 3개를 생성합니다.
- 12행 : forward 메서드 내부에서 모델의 순방향 연산을 구현합니다.
- 13~14행 : 먼저 합성곱 레이어를 통과하고, 활성화 함수인 ReLU와 풀링 레이어인 MaxPool을 순차적으로 통과합니다. 해당 과정을 통해 1 x 28 x 28인 입력이 6 x 24 x 24을 지나 6 x 12 x 12로 변경됩니다.
- 15~16행 : 동일하게 합성곱, ReLU, MaxPool을 통과합니다.
- 17행 : 완전 연결 레이어를 통과하기 위해 16 x 4 x 4 Shape의 3차원을 1차원으로 변경합니다.
- 18~21행 : 완전 연결 레이어 3개를 통과하고, 마지막 출력을 반환합니다.

1.8 학습, 검증, 테스트

지금까지 생성한 데이터셋을 이용해 학습, 검증, 테스트하는 코드를 살펴보겠습니다. 학습 함수는 학습할 모델, 데이터 로더, 손실 함수, 옵티마이져, 에폭을 입력으로 받은 후 에폭 학습을 진행하는 함수입니다. 학습을 진행한 후 Loss와 정확도를 출력하고, Loss 값을 반환합니다.

```
1  def train(model, dataloader, criterion, optimizer, epoch):
2    # train mode
3    model.train( )
4
5    # 학습 통계
6    running_loss = 0
7    correct = 0
8
9    for i, (data, targets) in enumerate(dataloader):
10     data.to(device), targets.to(device)   # data device로 이동
11
12     optimizer.zero_grad( )              # gradient 초기화
13     outputs = model(data)               # forward
14     loss = criterion(outputs, targets)  # loss 계산
15     loss.backward( )                    # gradient 계산
16     optimizer.step( )                   # weight update
17
18     running_loss += loss.item( )
19
20     # Accuracy 계산
21     _, predicted = torch.max(outputs, 1)
22     correct += predicted.eq(targets.view_as(predicted)).sum( )
23
24   # Accuracy 출력
25   data_num = len(dataloader.dataset)
26   acc = 100. * correct / data_num
27   print(
28     f"[{epoch}/{EPOCH}]",
29     f"train loss: {running_loss/len(dataloader):.4f}",
30     f"train acc: {correct}/{data_num} ({acc:.2f}%)"
31   )
32
33   return running_loss/len(dataloader)
```

코드 설명

- 1행 : 학습 함수를 정의합니다.
- 3행 : 모델을 학습 모드로 변경합니다. 학습 모드에서는 모델에 있는 학습 가능한 가중치들의 그래디언트 계산이 활성화됩니다.
- 6~7행 : 학습 통계를 저장하기 위한 변수를 설정합니다. 기본적인 Loss와 예측이 맞은 개수를 저장합니다.
- 9행 : 데이터 로더에서 데이터를 한 배치씩 읽어오면서 학습을 진행합니다.
- 10행 : 데이터를 디바이스로 이동시킵니다.
- 12행 : 옵티마이저의 그래디언트를 초기화 시킵니다.
- 13행 : 모델에 데이터를 넣어 결과값을 얻습니다(Forward Pass).
- 14행 : 결과값과 타겟값을 비교하여 손실 함수를 계산합니다.
- 15행 : 손실 함수 결과를 이용해 그래디언트를 계산합니다.
- 16행 : 그래디언트를 각 가중치에 업데이트 합니다.
- 18행 : 손실 함수의 추이를 저장합니다.
- 20행 : 정확도를 계산합니다.
- 21행 : 모델 출력에서 최대값을 갖는 인덱스를 추출합니다.
- 22행 : 타겟과 예측값이 같은 경우를 합쳐 맞춘 갯수를 구합니다.
- 24행 : 에폭 학습이 종료되면 학습 메트릭을 출력한 뒤 종료합니다.
- 25행 : 데이터 수를 구합니다.
- 26행 : 맞춘 수과 데이터 수를 이용하여 정확도를 계산합니다.
- 27~31행 : 현재 에폭, 학습 로스, 정확도를 출력합니다.
- 33행 : 학습 로스를 반환합니다.

검증 함수는 학습 함수와 비슷합니다. 다만, 모델을 검증 모드로 변경하고, 그레디언트의 업데이트 부분을 제외합니다.

```
1  def validation(model, dataloader, criterion, epoch):
2    # eval 모드
3    model.eval( )
4
5    # 검증 통계
6    correct = 0
7    running_loss = 0.
8
9    with torch.no_grad( ):     # gradient 계산 안 하기
10     for i, (data, targets) in enumerate(dataloader):
11       data.to(device), targets.to(device)    # data device로 이동
12
13       outputs = model(data)               # forward
14       loss = criterion(outputs, targets)  # loss 계산
15
```

```
16      running_loss += loss.item( )
17
18      # Accuracy 계산
19      _, predicted = torch.max(outputs, 1)
20      correct += predicted.eq(targets.view_as(predicted)).sum( )
21
22    # Accuracy 계산
23    data_num = len(dataloader.dataset)
24    acc = 100. * correct / data_num
25    print(f'[{epoch}/{EPOCH}] valid loss: {running_loss/len(dataloader):.4f} valid acc:
      {correct}/{data_num} ({acc:.2f}%)\n')
26
27    return running_loss/len(dataloader)
```

> **코드 설명**

- 3행 : 모델을 검증 모드로 변환합니다.
- 9행 : 그레디언트를 계산하지 않기 위해 torch.no_grad( )를 사용합니다.
- 10~20행 : 데이터 로더에서 데이터를 가져와 로스와 정확도를 계산합니다.
- 22~27행 : 학습 함수와 마찬가지로 로스와 정확도를 출력하고 로스를 반환합니다.

테스트 함수는 검증 함수와 유사하지만 로스를 계산하지 않습니다.

```
1  def test(model, dataloader):
2    # eval 모드
3    model.eval( )
4
5    # 테스트 통계
6    correct = 0
7
8    with torch.no_grad( ):
9      for data, targets in dataloader:
10        data.to(device), targets.to(device)
11
12        outputs = model(data)    # forward
13
14        # Accuracy 계산
15        _, predicted = torch.max(outputs, 1)
```

```
16    correct += predicted.eq(targets.view_as(predicted)).sum( )
17
18  # Accuracy 계산
19  data_num = len(dataloader.dataset)
20  print(f'Test Accuracy: {correct}/{data_num} ({100. * correct / data_num:.2f}%)')
```

이제 LeNet을 구현한 MNIST 데이터셋과 데이터 로더를 이용하여 전체 학습 코드를 작성해 보겠습니다.

```
1  # Hyperparameters
2  # Training
3  EPOCH = 5
4  BATCH_SIZE = 32
5  NUM_WORKERS = 1
6  LR = 0.001
7
8  # Model
9  model = LeNet( )
10 print(model)
11
12 # MNIST dataloader
13 train_loader, val_loader, test_loader = \
14 get_mnist_dataloaders(BATCH_SIZE, val=0.2, num_workers=NUM_WORKERS)
15
16 # Loss, Optimizer 정의
17 criterion = nn.CrossEntropyLoss( )
18 optimizer = optim.Adam(model.parameters( ), lr=LR)
19
20 train_losses = [ ]
21 val_losses = [ ]
22
23 for epoch in range(EPOCH):
24     tloss = train(model, train_loader, criterion, optimizer, epoch)
25     vloss = validation(model, val_loader, criterion, epoch)
26
27     train_losses.append(tloss)
28     val_losses.append(vloss)
29
30 test(model, test_loader)
```

 코드 설명

- 1~6행 : 학습을 위한 하이퍼파라미터를 지정하고, 총 5에폭을 학습합니다. 배치 크기는 32, 데이터 로더에서 사용할 워커 수는 1개, 마지막으로 러닝 레이트는 0.001을 사용합니다.
- 9행 : LeNet 모델 클래스를 이용해 모델을 생성합니다.
- 10행 : 생성한 모델을 출력해 구조를 살펴봅니다.
- 13~14행 : 앞에서 정의한 데이터 로더를 불러옵니다. 학습 데이터 중 20%를 검증 데이터셋으로 사용합니다.
- 17행 : 손실 함수를 생성합니다. 다중 클래스 분류 문제에서 주로 사용되는 CrossEntropy 손실 함수를 사용합니다.
- 18행 : 옵티마이저를 생성합니다. Adam 옵티마이저에 앞서 정의한 러닝 레이트를 전달합니다.
- 20~21행 : 학습, 검증 과정의 로스를 기록하기 위해 2개의 리스트 변수를 선언합니다.
- 23~28행 : 다섯 에폭을 돌면서 학습을 진행합니다.
- 24~25행 : 학습, 검증 과정을 진행하고, 로스를 반환 받습니다.
- 27~28행 : 각 로스를 저장합니다.
- 30행 : 테스트를 진행합니다.

 하이퍼파라미터(Hyper-parameter) = 초매개변수

딥러닝에서 파라미터는 모델에서 학습되는 가중치를 의미하는데, 이를 제외한 모델 학습에 영향을 주면서 학습되지는 않고 사람이 직접 지정해야 하는 변수를 하이퍼파라미터라고 합니다. 에폭, 배치 사이즈, 인풋 사이즈, 러닝 레이트 등이 하이퍼파라미터입니다.

해당 셀을 실행시켜서 학습을 진행합니다. 학습 과정에서 출력된 결과를 살펴보겠습니다.

```
1 LeNet(
2   (conv1): Conv2d(1, 6, kernel_size=(5, 5), stride=(1, 1))
3   (conv2): Conv2d(6, 16, kernel_size=(5, 5), stride=(1, 1))
4   (fc1): Linear(in_features=256, out_features=120, bias=True)
5   (fc2): Linear(in_features=120, out_features=84, bias=True)
6   (fc3): Linear(in_features=84, out_features=10, bias=True)
7 )
8 Downloading http://yann.lecun.com/exdb/mnist/train-images-idx3-ubyte.gz
9 Downloading http://yann.lecun.com/exdb/mnist/train-images-idx3-ubyte.gz to MNIST/
   MNIST/raw/train-images-idx3-ubyte.gz
10 100%|████████████| 9912422/9912422 [00:00<00:00, 212895437.20it/s]Extracting
   MNIST/MNIST/raw/train-images-idx3-ubyte.gz to MNIST/MNIST/raw
11
12
13 Downloading http://yann.lecun.com/exdb/mnist/train-labels-idx1-ubyte.gz
14 Downloading http://yann.lecun.com/exdb/mnist/train-labels-idx1-ubyte.gz to MNIST/
   MNIST/raw/train-labels-idx1-ubyte.gz
```

15 100%|█████████████| 28881/28881 [00:00<00:00, 31619862.65it/s]
16 Extracting MNIST/MNIST/raw/train-labels-idx1-ubyte.gz to MNIST/MNIST/raw
17
18 Downloading http://yann.lecun.com/exdb/mnist/t10k-images-idx3-ubyte.gz
19 Downloading http://yann.lecun.com/exdb/mnist/t10k-images-idx3-ubyte.gz to MNIST/MNIST/raw/t10k-images-idx3-ubyte.gz
20 100%|█████████████| 1648877/1648877 [00:00<00:00, 70627254.59it/s]
21 Extracting MNIST/MNIST/raw/t10k-images-idx3-ubyte.gz to MNIST/MNIST/raw
22
23 Downloading http://yann.lecun.com/exdb/mnist/t10k-labels-idx1-ubyte.gz
24 Downloading http://yann.lecun.com/exdb/mnist/t10k-labels-idx1-ubyte.gz to MNIST/MNIST/raw/t10k-labels-idx1-ubyte.gz
25 100%|█████████████| 4542/4542 [00:00<00:00, 13284887.56it/s]
26 Extracting MNIST/MNIST/raw/t10k-labels-idx1-ubyte.gz to MNIST/MNIST/raw
27
28 [0/5] train loss: 0.2642 train acc: 43966/48000 (91.60%)
29 [0/5] valid loss: 0.1144 valid acc: 11579/12000 (96.49%)
30
31 [1/5] train loss: 0.0869 train acc: 46687/48000 (97.26%)
32 [1/5] valid loss: 0.0767 valid acc: 11693/12000 (97.44%)
33
34 [2/5] train loss: 0.0600 train acc: 47094/48000 (98.11%)
35 [2/5] valid loss: 0.0606 valid acc: 11788/12000 (98.23%)
36
37 [3/5] train loss: 0.0481 train acc: 47283/48000 (98.51%)
38 [3/5] valid loss: 0.0491 valid acc: 11819/12000 (98.49%)
39
40 [4/5] train loss: 0.0387 train acc: 47419/48000 (98.79%)
41 [4/5] valid loss: 0.0410 valid acc: 11855/12000 (98.79%)
42
43 Test Accuracy: 9865/10000 (98.65%)
44

 코드 설명

- 1~7행 : 생성한 LeNet의 모델 구조가 출력됩니다. 2개의 합성곱 레이어와 3개의 완전 연결 레이어로 구성되어 있는 것을 확인할 수 있습니다.
- 8-39행 : MNIST 데이터셋을 다운로드하는 과정입니다. 최초 1회만 진행되며, 이후 같은 셀을 실행하면 다시 다운로드하지 않고 저장된 데이터를 바로 사용합니다.
- 41~56행 : 학습이 진행됩니다. 5에폭이 진행되고 매 에폭이 진행됨에 따라 정확도가 상승하는 것을 볼 수 있습니다. 마지막 테스트 정확도는 98.65%입니다.

학습 과정 중에 발생하는 손실을 따로 기록해 두었습니다. 이를 간단하게 시각화해 보겠습니다.

```
1 import matplotlib.pyplot as plt
2
3 plt.plot(train_losses)
4 plt.plot(val_losses)
```

[실행 결과]

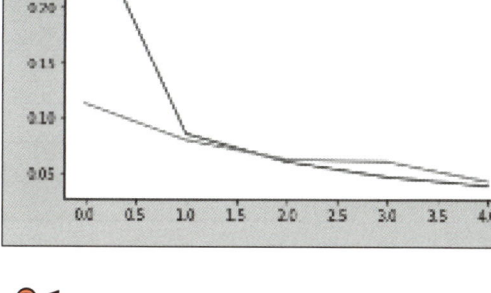

 코드 설명

- 1행 : 시각화 모듈인 matplotlib.pyplot을 불러옵니다.
- 3~4행 : 기록한 loss를 꺾은선 그래프로 출력합니다(학습 loss와 검증 loss를 확인).

OCR(Optical character recognition)

이번에 학습한 모델의 경우 한 글자의 숫자만 인식할 수 있는 단점이 있습니다. 실제 생활에서는 여러 줄, 여러 개의 단어가 있는 페이지 전체나 일부를 사진으로 찍어 인식하는데 이런 경우는 해당 모델을 사용할 수 없습니다. 사진에 있는 글자 인식을 위한 태스크가 바로 광학 문자 인식(OCR) 태스크로 예전부터 많은 연구가 진행되고 있습니다.

Chapter 02

CIFAR10 이미지 분류와 VGG, ResNet

이번 챕터에서는 딥러닝이 대중화될 수 있었던 사전 학습에 대해 알아보겠습니다. 딥러닝의 비전 모델 중 가장 널리 사용되는 VGG와 ResNet을 이용해 10가지의 사물을 분류하는 문제에 대해 학습해 보겠습니다.

2.1 CIFAR10 데이터셋

이번에 사용할 데이터셋은 CIFAR10이라는 것으로 10개의 클래스 이미지가 60,000장으로 구성된 데이터셋입니다. 60,000장의 이미지 중 50,000장은 학습셋으로, 10,000장은 테스트셋으로 구성되어 있습니다.

문제	10개의 이미지 분류
모델	VGG, ResNet
데이터셋	CIFAR10, 10개의 클래스 이미지 데이터
문제 유형	분류
평가 지표	Cross Entropy, 정확도

CIFAR10은 널리 사용되는 벤치마크 데이터셋으로 MNIST와 같이 torchvision의 dataset 패키지에서 손쉽게 불러올 수 있습니다.

```
1 from torchvision import datasets
2
3 trainset = datasets.CIFAR10('CIFAR', train=True, download=True)
4 testset = datasets.CIFAR10('CIFAR', train=False, download=True)
```

코드 설명

- 1행 : 데이터셋을 불러오기 위해 torchvision.datasets 패키지를 임포트합니다.
- 3~4행 : 학습셋과 테스트셋을 각각 불러옵니다.

먼저 레이블에 따른 데이터 분포를 확인하고, 이어서 샘플 이미지를 살펴보도록 하겠습니다.

```
1 import pandas as pd
2 df = pd.DataFrame(trainset.targets)
3 df_count = df.groupby(0)[0].count( )
4 print(df_count)
5
6 df = pd.DataFrame(testset.targets)
7 df_count = df.groupby(0)[0].count( )
8 print(df_count)
```

[실행 결과]
```
0
0    5000
1    5000
2    5000
3    5000
4    5000
5    5000
6    5000
7    5000
8    5000
9    5000
Name: 0, dtype: int64
0
0    1000
1    1000
2    1000
3    1000
4    1000
5    1000
6    1000
7    1000
8    1000
9    1000
Name: 0, dtype: int64
```

 **코드 설명**

- 1행 : 레이블 분포를 분석하기 위해 임포트합니다.
- 2행 : 학습 데이터셋의 targets 속성에서 모든 레이블 값을 가져올 수 있습니다. 이를 이용해 데이터 프레임을 생성합니다.
- 3행 : 생성한 데이터 프레임의 0번 열이 레이블 값입니다. 이를 기준으로 그루핑하여 각 레이블에 몇 개의 데이터가 있는지 살펴봅니다.
- 4행 : 모든 레이블에 5,000개씩 데이터가 있습니다.
- 6~8행 : 테스트셋의 분포를 확인합니다. 테스트셋도 각 레이블당 1,000개씩 고르게 분포해 있습니다.

입력에 해당하는 이미지가 어떻게 생겼는지 시각화해 보겠습니다. 이전 시각화할 때 사용했던 코드를 비슷하게 사용합니다.

```
1  classes = ('plane', 'car', 'bird', 'cat',
2             'deer', 'dog', 'frog', 'horse', 'ship', 'truck')
3
4  for i in range(24):
5      plt.subplot(3,8,i+1)
6      img, label = trainset[i]
7
8      plt.gca( ).set_title(classes[label])
9      plt.imshow(img)
10     plt.axis('off')
11 plt.show( )
```

[실행 결과]

 **코드 설명**

- 1~2행 : CIFAR10 데이터셋은 레이블이 숫자로 나타납니다. 시각화에서는 보기 편하게 숫자 레이블을 영문 레이블로 바꾸어 줍니다.
- 4행 : 샘플로 24개 이미지를 표시합니다.
- 5행 : 24개 이미지를 3행 8열로 표시하기 위해 subplot을 생성합니다.
- 6행 : 학습셋에서 i번째 샘플 이미지와 레이블을 가져옵니다.
- 8~10행 : subplot에 제목을 레이블로 지정하고, 이미지를 표시한 후 축을 제거합니다.

2.2 VGG, ResNet 모델

합성곱 신경망에서 가장 널리 사용되는 VGG와 ResNet의 기초 모델에 대해 알아보겠습니다.

VGG 모델

VGG는 2014 The ImageNet Large Scale Visual Recognition Challenge(ILSVRC, ImageNet)에서 1등인 GoogLeNet과 근소한 차이로 2등을 차지한 모델입니다. 영국 옥스포드대학교에서 개발했는데 GoogLeNet보다 단순한 구조이지만 강력한 성능을 발휘하고, 특히 신경망의 깊이가 정확도에 영향을 줍니다. 주요 특징은 컨볼루션 레이어의 경우 최대 3x3 크기의 필터만 사용한다는 점입니다. 이는 3x3 컨볼루션을 2개층, 3개층으로 깊게 쌓는데 기존의 5x5, 7x7 등이 3x3보다 큰 필터의 역할을 대체하면서 파라미터 수 및 연산량을 적게 사용합니다. 7x7 필터와 3층짜리 3x3 필터를 비교했을 때 파라미터 수를 81% 정도 줄일 수 있습니다.

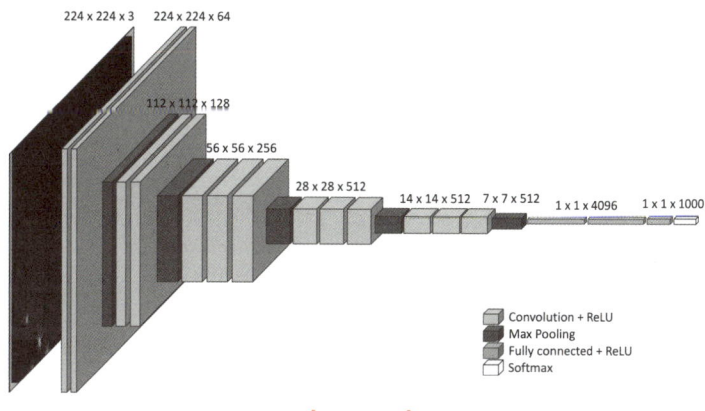

[VGG 모델]

VGG는 레이어 수에 따라 VGG11, VGG13, VGG16, VGG19로 세부 모델이 나뉩니다. 일반적으로 많이 사용되는 모델은 VGG16, 19로 성능이 매우 좋습니다. VGG에는 드롭아웃

(Dropout)이라는 규제화(Regularization)를 추가합니다. Dropout은 랜덤한 가중치를 0으로 만들어 제거하는데 오버피팅을 방지하기 위한 방법으로 사용됩니다.

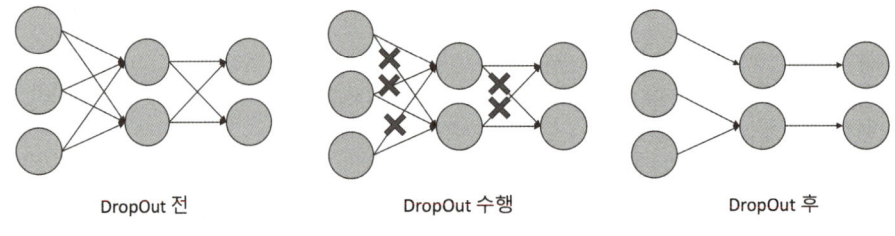

[Dropout 전과 후]

ResNet 모델

ResNet은 2015년 ImageNet 챌린지에서 1등을 한 모델입니다. 가장 큰 특징은 매우 깊은 신경망으로 기존 VGG19와 비교할 수 없을 정도로 깊은 152레이어로 구성된 모델이라는 점입니다. VGG가 이전보다 깊은 신경망으로 좋은 성능을 발휘하였으나 그보다 더 깊게 쌓는 경우는 오히려 성능이 떨어지는 단점이 있었습니다. ReLU를 통해 어느 정도 해소가 되었던 기울기 소실 문제가 완전히 해결된 것은 아니었습니다. 그렇다면 ResNet은 기울기 소실 문제를 어떻게 해결하였을까요? 그것은 바로 잔차 학습 때문입니다. 잔차 학습(Residual Learning)은 차이만을 학습하는 방법으로 기존 학습법보다 적은 양을 학습할 수 있기 때문에 학습이 쉬운 장점이 있습니다. 왼쪽 그림은 기존 학습 방법이고, 오른쪽 그림은 잔차 학습 방법입니다. 왼쪽의 F(x)는 x + 1이라는 식을 스스로 찾아야 합니다. 즉, 입력값에 따라 출력값이 계속 바뀝니다. 잔차 학습을 적용한 오른쪽은 x값과 상관없이 F'(x)는 1만 내보내면 됩니다. 이처럼 잔차만 학습하면 되기 때문에 문제가 쉬워집니다. 여기에서 입력값을 그대로 넘겨서 더해주는 부분을 스킵 커넥션(Skip Connection) 혹은 지름길이라는 뜻의 숏컷(Shortcut)이라고 합니다.

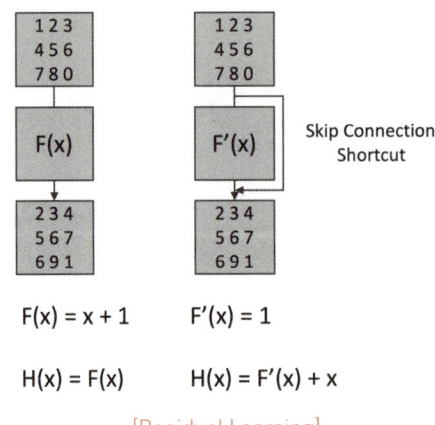

[Residual Learning]

스킵 커넥션의 또 다른 효과는 바로 기울기 소실 문제를 대부분 완화한다는 점입니다. 별도의 활성화 함수 혹은 가중합 연산을 거치지 않기 때문에 스킵 커넥션을 통해 이전 레이어의 기울기가 동일하게 전달되면서 기울기 소실 현상이 없어집니다. 이러한 특성으로 인해 ResNet은 152개 레이어라는 깊은 신경망을 구성할 수 있었습니다. 효과적으로 학습된 ResNet은 성능도 매우 좋았는데, 당시 이미지넷을 판별하였을 때 5%의 오차율을 처음으로 뛰어넘는 3.57%의 오차율을 달성하였습니다.

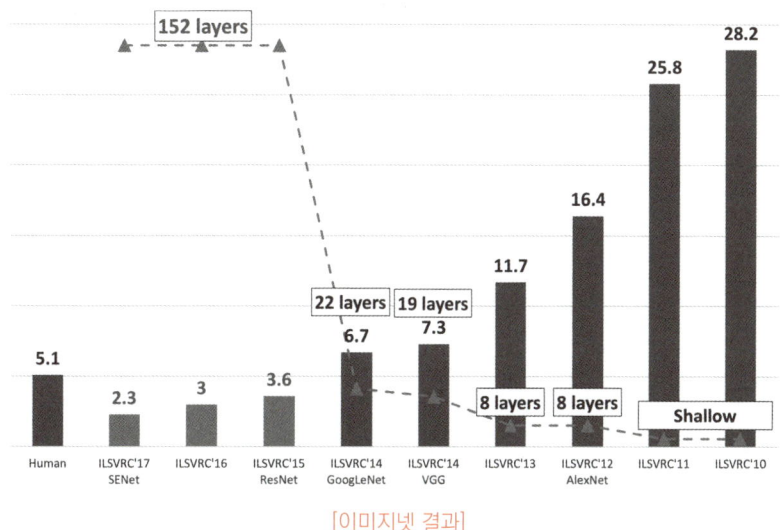

[이미지넷 결과]

ResNet은 기본적으로 VGG와 동일하게 합성곱 레이어의 묶음인 블록을 계속 쌓아 모델을 구성하였습니다. 그 중에서도 잔차 학습을 위한 블록인 Residual Block을 사용하였습니다. 추가로 레이어가 50보다 많은 Bottleneck Block을 적용하였습니다. Bottleneck Block은 채널을 줄여 합성곱 연산을 수행하고, 다시 늘려주는 방식입니다. 이를 통해 모델의 계산량을 낮추고, 1개 더 많은 레이어와 ReLU를 사용해 많은 비선형성을 모델이 표현할 수 있게 되있습니다.

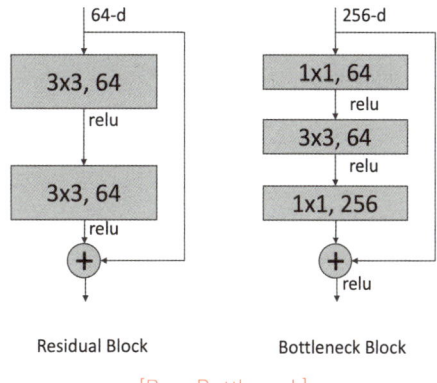

[Res, Bottleneck]

2.3 모델 학습

이제 VGG와 ResNet 모델을 직접 만들고, CIFAR10 데이터셋을 구분해 보겠습니다. 이전과 동일하게 사용할 장치를 찾고, 랜덤 시드를 고정합니다. 이번 프로젝트부터는 이전 프로젝트와 동일한 부분은 생략하고 설명합니다. 전체 코드는 실습 파일(Github)을 참조해 주세요. 먼저 데이터를 불러오도록 하겠습니다.

```
1  from torch.utils.data import random_split
2
3
4  def get_cifar_datasets(val=0.2, root_dir='CIFAR/'):
5      # transform
6      transform = transforms.Compose([
7          transforms.RandomHorizontalFlip( ),
8          transforms.ToTensor( ),
9      ])
10
11     # split
12     train_origin = datasets.CIFAR10(
13         root=root_dir,
14         train=True,
15         download=True,
16         transform=transform,
17     )
18     val_samples = int(len(train_origin) * val)
19     train_samples = len(train_origin) - val_samples
20
21     # dataset
22     trainset, valset = random_split(
23         train_origin,
24         (train_samples, val_samples),
25     )
26     testset = datasets.CIFAR10(
27         root=root_dir,
28         train=False,
29         download=True,
30         transform=transform,
31     )
32     return trainset, valset, testset
33
34 dataset_list = get_cifar_datasets( )
```

 **코드 설명**

- 4행 : CIFAR10 데이터셋을 불러오기 위해 get_cifar_datasets 함수를 생성합니다. 인자로 validation split 비율, 데이터셋을 저장할 rood_dir을 지정합니다.
- 6~9행 : 이미지 데이터를 변형하기 위한 transform을 구성합니다. 오버피팅을 방지하기 위해 데이터 증강 방법인 RandomHorizontalFlip 함수를 추가합니다. 해당 함수는 특정 확률로 이미지를 좌우 반전시킵니다. 확률은 기본이 0.5(50%)이고, 함수 인자로 확률을 전달할 수 있습니다.
- 12~17행 : 검증셋을 만들기 위해 학습 데이터셋을 불러옵니다. 위에서 지정한 root 경로와 transform을 넘겨줍니다.
- 18~19행 : 검증셋의 갯수와 학습셋의 갯수를 구합니다.
- 22~25행 : random_split 함수를 사용하여 오리지널 학습 데이터셋을 실제 학습 데이터셋과 검증 데이터셋으로 분리합니다.
- 26~31행 : train을 False로 지정하여 테스트용 데이터셋을 불러옵니다.
- 32행 : 학습, 검증, 테스트 데이터셋을 반환합니다.

학습, 검증, 테스트에 사용하는 코드는 이전과 같습니다. 바로 모델 구현 부분으로 넘어가 보겠습니다. 먼저 VGG입니다.

```
1  import math
2  from collections import OrderedDict
3  from torchsummary import summary
4
5
6  class VGG(nn.Module):
7    def __init__(self, model, num_classes):
8      super(VGG, self).__init__()
9      VGG_types = {
10        'VGG16' : [64, 64, 'M', 128, 128, 'M', 256, 256, 256, 'M',
11                   512, 512, 512, 'M', 512, 512, 512, 'M'],
12      }
13
14      self.model = model
15      self.feature_extractor = self.create_feature_extractor(VGG_types[model])
16
17      self.fc = nn.Sequential(OrderedDict([
18           ('dropout1', nn.Dropout( )),
19           ('fc1', nn.Linear(512, 512)),
20           ('relu1', nn.ReLU(True)),
21           ('dropout1', nn.Dropout( )),
22           ('fc2', nn.Linear(512, 512)),
23           ('relu2', nn.ReLU(True)),
24           ('fc2', nn.Linear(512, num_classes)),
25      ]))
```

 **코드 설명**

- 7행 : 생성자에서 VGG의 세부 모델 이름과 클래스 갯수를 받아 모델을 구성합니다.
- 9~12행 : 각 세부 모델의 특징 추출기 구조를 채널 숫자와 Maxpool의 약자인 'M'을 이용하여 미리 정의합니다.
- 15행 : 특징 추출기를 생성하는 create_feature_extractor 함수를 호출합니다.
- 17~25행 : 분류기인 완전 연결층을 구성하고, 드롭아웃을 사용하여 오버피팅을 방지합니다.

다음으로 create_feature_extractor 함수와 forward 함수를 살펴보겠습니다. VGG는 Conv-BN-ReLU를 하나의 세트로 사용하는 블록에서 여러 층 쌓은 형태로 구성됩니다. create_feature_extractor 함수는 넘겨받은 레이어 구성에 따라 Conv-BN-ReLU 블록과 Maxpool을 쌓는 함수입니다. 여기에서 BN은 배치 정규화인 Batch Normalization의 약자로 각 층의 활성화 값 분포를 일정하게 유지시켜 기울기 소실을 방지합니다.

```
1  def create_feature_extractor(self, layers, in_channels=3):
2      feature_extractor = [ ]
3
4      for layer in layers:
5          if type(layer) == int:
6              out_channels = layer
7
8              feature_extractor += [
9                  nn.Conv2d(in_channels, out_channels, kernel_size=3, padding=1),
10                 nn.BatchNorm2d(layer),
11                 nn.ReLU( )
12             ]
13             in_channels = layer
14         elif layer == 'M':
15             feature_extractor += [nn.MaxPool2d(kernel_size=(2,2), stride=(2,2))]
16
17     return nn.Sequential(*feature_extractor)
18
19 def forward(self, x):
20     x = self.feature_extractor(x)
21     x = torch.flatten(x, start_dim=1)
22     x = self.fc(x)
23     return x
```

 **코드 설명**

- 1행 : create_feature_extractor 함수는 레이어와 입력 채널 수를 인자로 받습니다.
- 2행 : 각 레이어를 저장할 리스트를 선언합니다.
- 4행 : 입력받은 layers를 하나씩 실행하고, 두 번째 줄에서 선언한 리스트에 추가합니다.
- 5행 : layer가 정수이면 Conv-BN-ReLU 블록을 추가합니다.
- 6행 : layer로 전달된 정수는 생성할 블록의 출력 채널을 의미합니다.
- 8~12행 : feature_extractor 리스트에 Conv, BN, ReLU를 차례로 추가합니다.
- 13행 : 다음 레이어의 입력 채널을 현재 레이어의 출력 채널 수와 같도록 지정합니다.
- 14~15행 : layer가 'M'이면 Maxpool을 추가합니다.
- 17행 : nn.Sequential을 사용하여 feature_extractor에 있는 레이어를 순차적으로 통과하는 모듈을 생성하고 반환합니다.
- 19~23행 : forward 함수를 간단하게 구성합니다. feature_extractor를 통과하고 값을 1D로 평탄화(flatten) 시켜줍니다. 마지막으로 FC를 거쳐 예측값을 반환합니다.

VGG 모델을 생성하였습니다. 생성된 모델을 print를 사용하여 출력하면 알아보기 쉽지만 모델 각 층의 출력 모양, 파라미터 수 등 자세한 정보를 알기는 부족합니다. torchsummary를 사용해 이를 조금 더 세부적으로 출력해 보겠습니다. 먼저 다음의 명령어를 통해 torchsummary를 설치합니다.

```
!pip install -q torchsummary
```

이어서 torchsummary로 모델의 세부 정보를 출력해 보겠습니다.

```
1 from torchsummary import summary
2 summary(VGG('VGG16', 10).to(device), (3, 32, 32))
```

Layer (type)	Output Shape	Param #
Conv2d-1	[-1, 64, 32, 32]	1,792
BatchNorm2d-2	[-1, 64, 32, 32]	128
ReLU-3	[-1, 64, 32, 32]	0
Conv2d-4	[-1, 64, 32, 32]	36,928
BatchNorm2d-5	[-1, 64, 32, 32]	128
ReLU-6	[-1, 64, 32, 32]	0
MaxPool2d-7	[-1, 64, 16, 16]	0
Conv2d-8	[-1, 128, 16, 16]	73,856
BatchNorm2d-9	[-1, 128, 16, 16]	256
ReLU-10	[-1, 128, 16, 16]	0
Conv2d-11	[-1, 128, 16, 16]	147,584

BatchNorm2d-12	[-1, 128, 16, 16]	256
ReLU-13	[-1, 128, 16, 16]	0
MaxPool2d-14	[-1, 128, 8, 8]	0
Conv2d-15	[-1, 256, 8, 8]	295,168
BatchNorm2d-16	[-1, 256, 8, 8]	512
ReLU-17	[-1, 256, 8, 8]	0
Conv2d-18	[-1, 256, 8, 8]	590,080
BatchNorm2d-19	[-1, 256, 8, 8]	512
ReLU-20	[-1, 256, 8, 8]	0
Conv2d-21	[-1, 256, 8, 8]	590,080
BatchNorm2d-22	[-1, 256, 8, 8]	512
ReLU-23	[-1, 256, 8, 8]	0
MaxPool2d-24	[-1, 256, 4, 4]	0
Conv2d-25	[-1, 512, 4, 4]	1,180,160
BatchNorm2d-26	[-1, 512, 4, 4]	1,024
ReLU-27	[-1, 512, 4, 4]	0
Conv2d-28	[-1, 512, 4, 4]	2,359,808
BatchNorm2d-29	[-1, 512, 4, 4]	1,024
ReLU-30	[-1, 512, 4, 4]	0
Conv2d-31	[-1, 512, 4, 4]	2,359,808
BatchNorm2d-32	[-1, 512, 4, 4]	1,024
ReLU-33	[-1, 512, 4, 4]	0
MaxPool2d-34	[-1, 512, 2, 2]	0
Conv2d-35	[-1, 512, 2, 2]	2,359,808
BatchNorm2d-36	[-1, 512, 2, 2]	1,024
ReLU-37	[-1, 512, 2, 2]	0
Conv2d-38	[-1, 512, 2, 2]	2,359,808
BatchNorm2d-39	[-1, 512, 2, 2]	1,024
ReLU-40	[-1, 512, 2, 2]	0
Conv2d-41	[-1, 512, 2, 2]	2,359,808
BatchNorm2d-42	[-1, 512, 2, 2]	1,024
ReLU-43	[-1, 512, 2, 2]	0
MaxPool2d-44	[-1, 512, 1, 1]	0
Dropout-45	[-1, 512]	0
Linear-46	[-1, 512]	262,656
ReLU-47	[-1, 512]	0
Linear-48	[-1, 10]	5,130

```
            ReLU-49                    [-1, 10]                0
================================================================
Total params: 14,990,922
Trainable params: 14,990,922
Non-trainable params: 0
----------------------------------------------------------------
Input size (MB): 0.01
Forward/backward pass size (MB): 6.58
Params size (MB): 57.19
Estimated Total Size (MB): 63.78
----------------------------------------------------------------
```

코드 설명

- 1행 : torchsummary 패키지의 summary 함수를 임포트합니다.
- 2행 : summary 함수로 VGG 모델을 출력합니다. 첫 번째 인자로 모델, 두 번째 인자로 모델의 샘플 입력 모양을 전달합니다.
- 출력값 : 모델의 각 레이어별로 출력 모양, 파라미터 수를 알 수 있고 전체 모델의 파라미터 수, 순/역전파 시 사용되는 메모리 크기, 파라미터와 저장된 모델 크기를 확인할 수 있습니다.

이번 예제에서 사용할 VGG16은 약 1천5백만 개의 파라미터로 구성되어 있습니다. 학습 코드를 살펴보겠습니다.

```
1  # Hyperparameters
2  # Training
3  EPOCH = 50
4  BATCH_SIZE = 32
5  NUM_WORKERS = 1
6  LR = 0.0001 # 1e-4
7
8  # Model
9  model = VGG('VGG16', num_classes=10).to(device)
10
11 # CIFAR dataloader
12 trainset, valset, testset = get_cifar_datasets(val=0.2)
13
14 # dataloader
15 train_loader = DataLoader(
16     dataset=trainset,
```

```python
17     batch_size=BATCH_SIZE,
18     shuffle=True,
19     num_workers=NUM_WORKERS,
20 )
21 val_loader = DataLoader(
22     dataset=valset,
23     batch_size=BATCH_SIZE,
24     num_workers=NUM_WORKERS,
25 )
26 test_loader = DataLoader(
27     dataset=testset,
28     batch_size=BATCH_SIZE,
29     num_workers=NUM_WORKERS,
30 )
31
32 # Loss, Optimizer 정의
33 criterion = nn.CrossEntropyLoss( )
34 optimizer = optim.Adam(model.parameters( ), lr=LR)
35
36 train_losses = [ ]
37 val_losses = [ ]
38
39 for epoch in range(1, EPOCH+1):
40     tloss = train(model, train_loader, criterion, optimizer, epoch, device)
41     vloss = validation(model, val_loader, criterion, epoch, device)
42
43     train_losses.append(tloss)
44     val_losses.append(vloss)
45
46 test(model, test_loader, device)
```

[실행 결과]

[1/50] train loss: 1.5485 train acc: 18296/40000 (45.74%)
[1/50] valid loss: 1.3104 valid acc: 5396/10000 (53.96%)
...
[49/50] train loss: 0.2682 train acc: 35574/40000 (88.93%)
[49/50] valid loss: 0.7970 valid acc: 7776/10000 (77.76%)

[50/50] train loss: 0.2650 train acc: 35595/40000 (88.99%)
[50/50] valid loss: 0.7848 valid acc: 7851/10000 (78.51%)

Test Accuracy: 7848/10000 (78.48%)

 **코드 설명**

- 3, 6행 : EPOCH를 50으로, LR을 0.0001로 조정합니다.
- 9행 : 이번에 생성한 VGG 모델을 불러옵니다.
- 12행 : CIFAR10 데이터셋을 불러오도록 함수를 변경합니다.
- 출력값 : 학습 데이터셋 정확도는 88.99%, 검증 데이터셋 정확도는 78.51%를 기록하였습니다. 학습 데이터셋의 결과가 검증 데이터셋의 결과보다 10% 정도 큰 차이를 보이는 것은 오버피팅 때문입니다. 최종적으로 테스트셋의 정확도는 78.48%로 검증 데이터와 비슷합니다.

이번에는 ResNet으로 모델을 변경하여 학습해 보겠습니다. ResNet의 기본 블럭 두 종류인 BasicBlock과 BottleneckBlock을 살펴보겠습니다.

```python
class BasicBlock(nn.Module):
    expansion = 1

    def __init__(self, in_planes, planes, stride=1):
        super(BasicBlock, self).__init__()
        self.conv1 = nn.Conv2d(
            in_planes, planes, kernel_size=3, stride=stride, padding=1, bias=False)
        self.bn1 = nn.BatchNorm2d(planes)
        self.conv2 = nn.Conv2d(planes, planes, kernel_size=3,
                               stride=1, padding=1, bias=False)
        self.bn2 = nn.BatchNorm2d(planes)

        self.shortcut = nn.Sequential( )
        if stride != 1 or in_planes != self.expansion*planes:
            self.shortcut = nn.Sequential(
                nn.Conv2d(in_planes, self.expansion*planes,
                          kernel_size=1, stride=stride, bias=False),
                nn.BatchNorm2d(self.expansion*planes)
            )

    def forward(self, x):
        out = F.relu(self.bn1(self.conv1(x)))
        out = self.bn2(self.conv2(out))
        out += self.shortcut(x)
        out = F.relu(out)
        return out
```

 **코드 설명**

- 1행 : BasicBlock을 정의하고, 파이토치의 nn.Module을 상속합니다.
- 2행 : expansion 값을 1로 정의하되 해당 값은 BottleneckBlock과 비슷하게 구현하기 위한 값으로 Shortcut 분기문에 사용되며, BasicBlock에서는 1로 의미가 없습니다.
- 4행 : 생성자를 정의합니다. In_planes는 입력 채널 갯수, planes는 출력 채널 갯수, stride는 해당 블록에서 사용할 합성곱의 보폭을 지정합니다.
- 6~7행 : BasicBlock은 Conv-BN-ReLU를 2층으로 쌓은 후 shortcut을 결과에 더해줍니다. 여기에서 사용할 첫 번째 합성곱 레이어를 정의합니다. in_planes를 입력 채널로, planes를 출력 채널로 하여 3x3 합성곱 레이어로 생성합니다(stride도 사용).
- 9행 : 두 번째 합성곱 레이어는 입출력 채널을 planes로 지정하고, stride와 padding이 모두 1인 기본 3x3 합성곱 레이어를 생성합니다.
- 13행 : shortcut을 생성합니다. shortcut은 입력을 그대로 합성곱 출력에 더해줍니다.
- 14~19행 : stride가 1이 아니거나 in_planes와 planes가 다르면 결과값이 입력값과 크기가 다르기 때문에 더할 수 없습니다. 이 경우 입력값을 출력값 크기와 맞추기 위해 Conv-BN 레이어를 통과시킵니다.
- 21행 : forward 함수를 생성합니다.
- 22~26행 : 두 개의 Conv-BN-ReLU를 통과시키고, shortcut 값을 더한 후 마지막으로 ReLU를 통과시킨 값을 반환합니다.

다음은 BottleneckBlock을 살펴보겠습니다.

```
1  class Bottleneck(nn.Module):
2      expansion = 4
3  
4      def __init__(self, in_planes, planes, stride=1):
5          super(Bottleneck, self).__init__()
6          self.conv1 = nn.Conv2d(in_planes, planes, kernel_size=1, bias=False)
7          self.bn1 = nn.BatchNorm2d(planes)
8          self.conv2 = nn.Conv2d(planes, planes, kernel_size=3,
9                                 stride=stride, padding=1, bias=False)
10         self.bn2 = nn.BatchNorm2d(planes)
11         self.conv3 = nn.Conv2d(planes, self.expansion *
12                                planes, kernel_size=1, bias=False)
13         self.bn3 = nn.BatchNorm2d(self.expansion*planes)
14  
15         self.shortcut = nn.Sequential( )
16         if stride != 1 or in_planes != self.expansion*planes:
17             self.shortcut = nn.Sequential(
18                 nn.Conv2d(in_planes, self.expansion*planes,
19                           kernel_size=1, stride=stride, bias=False),
```

```
20          nn.BatchNorm2d(self.expansion*planes)
21      )
22
23   def forward(self, x):
24      out = F.relu(self.bn1(self.conv1(x)))
25      out = F.relu(self.bn2(self.conv2(out)))
26      out = self.bn3(self.conv3(out))
27      out += self.shortcut(x)
28      out = F.relu(out)
29      return out
```

> **코드 설명**

- 2행 : expension을 4로 지정합니다. 해당 값은 블럭의 최종 출력 채널을 계산하는데 사용됩니다.
- 4행 : BottleneckBlock은 3개의 합성곱 레이어를 사용합니다. 첫 번째 레이어는 1x1 커널을 사용하여 planes 크기로 채널을 줄입니다.
- 8행 : 두 번째 레이어는 BasicBlock의 두 번째 레이어와 같이 3x3 커널을 사용하여 특성을 추출합니다.
- 11행 : 마지막 레이어는 앞에서 줄인 채널을 다시 늘려줍니다. 늘려줄 때는 위에서 지정한 expension과 planes를 곱한 값으로 최종 출력 채널을 지정합니다.
- 15~21행 : BasicBlock과 마찬가지로 shotcut을 지정합니다.
- 23~29행 : forward도 비슷합니다. Conv-BN-ReLU를 순차로 두 번 통과시키고, 마지막은 Conv-BN만 통과한 값과 shortcut을 더합니다. 출력값을 내보내기 전에 ReLU를 통과하고 값을 반환합니다.

다음은 앞서 정의한 블럭들을 사용하여 ResNet 모델을 정의합니다.

```
1  class ResNet(nn.Module):
2    def __init__(self, block, num_blocks, num_classes=10):
3       super(ResNet, self).__init__()
4       self.in_planes = 64
5
6       self.conv1 = nn.Conv2d(3, 64, kernel_size=3,
7                              stride=1, padding=1, bias=False)
8       self.bn1 = nn.BatchNorm2d(64)
9       self.layer1 = self._make_layer(block, 64, num_blocks[0], stride=1)
10      self.layer2 = self._make_layer(block, 128, num_blocks[1], stride=2)
11      self.layer3 = self._make_layer(block, 256, num_blocks[2], stride=2)
12      self.layer4 = self._make_layer(block, 512, num_blocks[3], stride=2)
13      self.linear = nn.Linear(512*block.expansion, num_classes)
14
```

```
15    def _make_layer(self, block, planes, num_blocks, stride):
16        strides = [stride] + [1]*(num_blocks-1)
17        layers = [ ]
18        for stride in strides:
19            layers.append(block(self.in_planes, planes, stride))
20            self.in_planes = planes * block.expansion
21        return nn.Sequential(*layers)
22
23    def forward(self, x):
24        out = F.relu(self.bn1(self.conv1(x)))
25        out = self.layer1(out)
26        out = self.layer2(out)
27        out = self.layer3(out)
28        out = self.layer4(out)
29        out = F.avg_pool2d(out, 4)
30        out = out.view(out.size(0), -1)
31        out = self.linear(out)
32        return out
```

코드 설명

- **2행** : 생성자에서는 ResNet에서 사용할 블록과 각 블록을 몇 번 반복할지 적은 리스트, 최종 분류기의 출력 클래스 수를 받습니다.
- **4행** : 첫 번째 블록에 들어갈 in_planes를 지정합니다.
- **6~8행** : 첫 번째 Conv-BN-ReLU를 정의합니다. 블록을 반복하기 전 가장 먼저 이미지 입력을 받아 처리하는 합성곱 레이어를 줄기(Stem) 레이어라고 합니다. ResNet에서는 여기에서 정의한 레이어가 줄기 레이어입니다.
- **9~12행** : _make_layer 함수를 이용하여 각 블록을 반복합니다. 각 레이어는 같은 공간(Spatial) 크기를 갖습니다. 3차원 이미지 텐서는 채널, 가로, 세로 모양으로 구성되어 있습니다. 이때, 공간(Spatial) 크기는 가로, 세로 크기를 의미하고 채널(Channel) 크기는 채널, 가로, 세로 중 채널 부분의 크기를 의미합니다.
- **13행** : Linear를 이용하여 FC 레이어를 구성합니다.
- **15행** : ResNet의 주요 모듈을 구성할 _make_layer 함수를 정의합니다. 사용할 블록, 출력 채널인 planes, 블록을 반복할 횟수인 num_blocks, 보폭을 인수로 받습니다.
- **16행** : 각 블록의 stride를 저장하는 strides 리스트를 생성합니다. 입력받은 stride는 반복 블록들 중 가장 앞 블록에서만 사용합니다. 그러므로 앞부분에 입력받은 stride를 지정하고, 나머지는 1로 설정합니다.
- **18행** : strides를 num_blocks만큼 만들었기 때문에 strides를 돌면서 블록을 생성합니다.
- **19행** : in_planes, planes, stride로 블록을 생성하고, layers에 추가합니다.
- **20행** : 다음 블록의 입력 채널을 현재 블록의 출력 크기인 plane * expension으로 지정합니다.
- **21행** : layers를 순차적으로 통과하도록 nn.Sequential에 넣고 반환합니다.
- **23~28행** : 줄기 레이어에서 layers1~4까지 순차적으로 통과합니다.

- 29행 : FC에 넣기 위해 1D로 만들기 전 각 공간 크기를 기준으로 평균 풀링을 진행합니다. 4x4 커널을 사용합니다.
- 30~32행 : view를 통해 batch_size는 유지하고 1D로 펼쳐줍니다. FC를 통과해 출력을 반환합니다.

이제 블럭의 반복 횟수에 따라 모델의 세부 버전을 반환하는 함수들을 선언합니다. ResNet18, 34는 BasicBlock을 사용하고 50, 101, 152는 BottleneckBlock을 사용합니다.

```
1  def ResNet18( ):
2      return ResNet(BasicBlock, [2, 2, 2, 2])
3
4
5  def ResNet34( ):
6      return ResNet(BasicBlock, [3, 4, 6, 3])
7
8
9  def ResNet50( ):
10     return ResNet(Bottleneck, [3, 4, 6, 3])
11
12
13 def ResNet101( ):
14     return ResNet(Bottleneck, [3, 4, 23, 3])
15
16
17 def ResNet152( ):
18     return ResNet(Bottleneck, [3, 8, 36, 3])
```

VGG와 동일하게 torchsummary를 통해 ResNet18의 모델 구조를 살펴보겠습니다.

```
1 summary(ResNet18( ).to(device), (3, 32, 32))
----------------------------------------------------------------
        Layer (type)         Output Shape          Param #
================================================================
            Conv2d-1       [-1, 64, 32, 32]           1,728
       BatchNorm2d-2       [-1, 64, 32, 32]             128
            Conv2d-3       [-1, 64, 32, 32]          36,864
       BatchNorm2d-4       [-1, 64, 32, 32]             128
            Conv2d-5       [-1, 64, 32, 32]          36,864
```

BatchNorm2d-6	[-1, 64, 32, 32]	128
BasicBlock-7	[-1, 64, 32, 32]	0
Conv2d-8	[-1, 64, 32, 32]	36,864
BatchNorm2d-9	[-1, 64, 32, 32]	128
Conv2d-10	[-1, 64, 32, 32]	36,864
BatchNorm2d-11	[-1, 64, 32, 32]	128
BasicBlock-12	[-1, 64, 32, 32]	0
Conv2d-13	[-1, 128, 16, 16]	73,728
BatchNorm2d-14	[-1, 128, 16, 16]	256
Conv2d-15	[-1, 128, 16, 16]	147,456
BatchNorm2d-16	[-1, 128, 16, 16]	256
Conv2d-17	[-1, 128, 16, 16]	8,192
BatchNorm2d-18	[-1, 128, 16, 16]	256
BasicBlock-19	[-1, 128, 16, 16]	0
Conv2d-20	[-1, 128, 16, 16]	147,456
BatchNorm2d-21	[-1, 128, 16, 16]	256
Conv2d-22	[-1, 128, 16, 16]	147,456
BatchNorm2d-23	[-1, 128, 16, 16]	256
BasicBlock-24	[-1, 128, 16, 16]	0
Conv2d-25	[-1, 256, 8, 8]	294,912
BatchNorm2d-26	[-1, 256, 8, 8]	512
Conv2d-27	[-1, 256, 8, 8]	589,824
BatchNorm2d-28	[-1, 256, 8, 8]	512
Conv2d-29	[-1, 256, 8, 8]	32,768
BatchNorm2d-30	[-1, 256, 8, 8]	512
BasicBlock-31	[-1, 256, 8, 8]	0
Conv2d-32	[-1, 256, 8, 8]	589,824
BatchNorm2d-33	[-1, 256, 8, 8]	512
Conv2d-34	[-1, 256, 8, 8]	589,824
BatchNorm2d-35	[-1, 256, 8, 8]	512
BasicBlock-36	[-1, 256, 8, 8]	0
Conv2d-37	[-1, 512, 4, 4]	1,179,648
BatchNorm2d-38	[-1, 512, 4, 4]	1,024
Conv2d-39	[-1, 512, 4, 4]	2,359,296
BatchNorm2d-40	[-1, 512, 4, 4]	1,024
Conv2d-41	[-1, 512, 4, 4]	131,072
BatchNorm2d-42	[-1, 512, 4, 4]	1,024

```
       BasicBlock-43           [-1, 512, 4, 4]              0
         Conv2d-44             [-1, 512, 4, 4]          2,359,296
      BatchNorm2d-45           [-1, 512, 4, 4]            1,024
         Conv2d-46             [-1, 512, 4, 4]          2,359,296
      BatchNorm2d-47           [-1, 512, 4, 4]            1,024
       BasicBlock-48           [-1, 512, 4, 4]              0
         Linear-49                 [-1, 10]              5,130
================================================================
Total params: 11,173,962
Trainable params: 11,173,962
Non-trainable params: 0
----------------------------------------------------------------
Input size (MB): 0.01
Forward/backward pass size (MB): 11.25
Params size (MB): 42.63
Estimated Total Size (MB): 53.89
----------------------------------------------------------------
```

모델의 파라미터 수는 약 1천1백만 개로 VGG16보다 4만 개 정도 작습니다. Forward/backward pass size는 6MB 정도인 VGG보다 커진 것을 알 수 있는데 ResNet의 경우 Shortcut을 사용하기 때문입니다. VGG는 순차적으로 입력을 받기 때문에 역전파를 위해서 이전 레이어의 입력값만 알고 있으면 됩니다. 하지만 ResNet은 Shortcut을 사용하기 때문에 Shortcut과 합쳐지는 부분은 이전 레이어의 입력값뿐만 아니라 Shortcut으로 들어오는 입력값도 가지고 있어야 합니다. 그러므로 VGG보다 더 많은 메모리를 학습에 사용합니다.

다음이 학습은 VGG를 학습할 때 사용했던 코드와 모두 동일하고, 모델 부분만 ResNet18로 변경하였습니다.

```
...
8 # Model
9 model = ResNet18( ).to(device)
...
```

```
[1/50] train loss: 1.2866 train acc: 21314/40000 (53.28%)
[1/50] valid loss: 0.9465 valid acc: 6567/10000 (65.67%)
……

[49/50] train loss: 0.0220 train acc: 39701/40000 (99.25%)
[49/50] valid loss: 0.7622 valid acc: 8556/10000 (85.56%)

[50/50] train loss: 0.0216 train acc: 39705/40000 (99.26%)
[50/50] valid loss: 0.7561 valid acc: 8523/10000 (85.23%)

Test Accuracy: 8553/10000 (85.53%)
```

학습셋은 99.26%로 거의 대부분 정답으로 예측하고 있습니다. 검증 데이터셋은 85.23%로 78.51%인 VGG보다 약 7% 정도 좋습니다. 다만, 학습셋과 검증셋의 차이가 15% 이상 벌어졌는데 이는 VGG 때보다 커진 수치 때문에 오버피팅이 일어나고 있음을 알 수 있습니다. 최종 테스트 결과도 검증셋과 비슷한 85.53%로 VGG보다 좋은 결과를 보여줍니다. 테스트 데이터셋의 정확도를 90% 이상으로 만드는 것을 목표로 다양한 하이퍼파라미터와 모델 구조를 자유롭게 변형해 보세요.

Chapter 03

개의 품종 분류와 사전 학습하기

여러분들은 얼마나 많은 개의 품종을 알고 계신가요? 분류에 따라서 수십, 수백 품종으로 개를 분류할 수 있다고 합니다. 이번 챕터에서는 이러한 주제를 바탕으로 다양한 개의 이미지를 활용하여 품종을 분류하는 학습 모델을 만들어 보겠습니다.

3.1 사전 훈련과 전이 학습

딥러닝이 대중화되는데 있어서 가장 큰 영향을 미친 사전 학습(Pretraine)과 파이토치에서 이를 손쉽게 활용할 수 있는 다양한 모델에 대해서 알아보고, 이를 실습에 적용해 보겠습니다.

문제	120종의 개 품종 이미지 분류
모델	ResNet50 (사전 학습)
데이터셋	Dog Breed Identification (Kaggle)
문제 유형	분류
평가 지표	Cross Entropy, 정확도

사전 훈련(Pretrined)

사전 훈련은 사용하고자 하는 모델의 가중치를 다른 태스크에 학습시킨 후 가중치로 초기화하여 사용하는 방법입니다. 사전 훈련 방법이 없을 때는 무작위나 특정 초기화 방식으로 가중치를 사용합니다. 하지만 사전 훈련이 뛰어난 성능을 얻게 되고, 사전 훈련된 가중치가 이전 태스크 정보를 갖게 되면 태스크를 확장하는데 용이하게 작용합니다. 또한, 배경 지식을 알고 있어 학습이 빠르게 수행될 수 있고, 특정 태스크를 학습시킨 모델에서 발생하는 과적합(Over-fitting) 문제를 방지합니다.

이번 프로젝트에서는 1,000가지 물체를 구분하는 태스크를 학습시킨 모델에서 가중치를 150가지의 개 품종을 분류하는 문제에 사용합니다. 이렇게 사전 학습된 가중치(Pretrained Weight)는 1,000가지 물체를 구분할 수 있는 배경 지식이 있기 때문에 무작위로 초기화된 가중치보다 더 좋은 효과를 낼 수 있습니다. 사전 훈련을 위한 태스크를 사전 훈련 문제

(Pretrain Task), 업스트림 태스크(Up-Stream Task) 또는 상위 문제라고 하고, 이를 이용하여 학습하는 태스크를 다운스트림 태스크(Down-Stream) 또는 하위 문제라고 합니다. 즉, 1,000가지 물체를 구분하는 문제가 업스트림 태스크이고, 150개 품종을 분류하는 문제가 다운스트림 태스크입니다.

전이 학습(Transfer Learning)

전이 학습은 사전 훈련된 가중치를 사용하여 다운스트림 태스크를 학습하는 과정을 의미합니다. 즉, 새로운 태스크를 학습할 때 사전 학습된 가중치를 사용한다면 이는 전이 학습에 해당한다고 볼 수 있습니다. 전이 학습은 모델의 어떤 레이어를 학습시키거나 학습시키지 않을지를 지정하여 학습을 진행합니다. 일반적으로 모든 레이어를 학습시키는 방식과 레이어의 일부만 학습시키는 방식으로 나뉩니다.

그림은 대표적인 세 가지의 미세 조정 방식을 보여줍니다. 왼쪽은 분류기만 재학습하는 방식으로 미세 조정 영역이 가장 작아 빠르게 학습할 수 있지만 특징 분류기를 학습하지 않기 때문에 성능이 좋지 못할 가능성이 있습니다. 오른쪽은 전체 네트워크를 재학습하는 방식으로 학습 시간은 오래 걸리지만 분류기만 학습하는 방식보다 좋은 성능을 기대할 수 있습니다. 가운데는 이런 두 가지를 합친 방식으로 얼마나 학습할지 비율을 조절하여 성능과 학습 속도를 구분합니다.

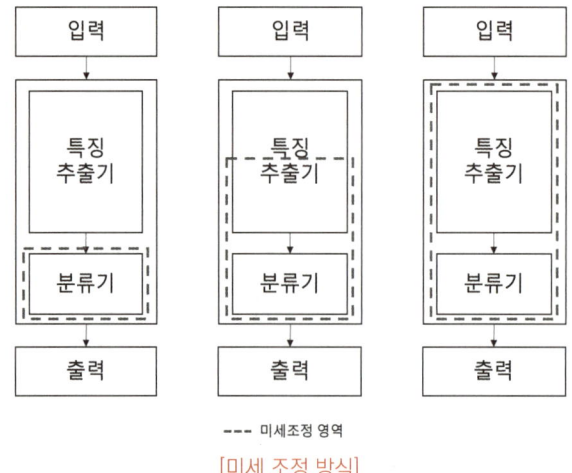

[미세 조정 방식]

토치 허브(Torch Hub)

파이토치는 사전 학습된 다양한 모델을 바로 다운로드하여 사용할 수 있는 유용한 torch.hub라는 모듈을 내장하고 있습니다. 토치 허브에는 컴퓨터 비전, 자연어 처리, 오디오, 생성

등 다양한 분야의 기본 모델에 대한 가중치를 지원하고 있습니다. 이를 이용하면 작은 리소스로 새로운 태스크를 위한 모델을 빠르게 학습할 수 있습니다. 그림은 토치 허브의 홈 페이지로 다양한 분야의 사전 학습 모델을 찾아 태스크에 활용할 수 있습니다.

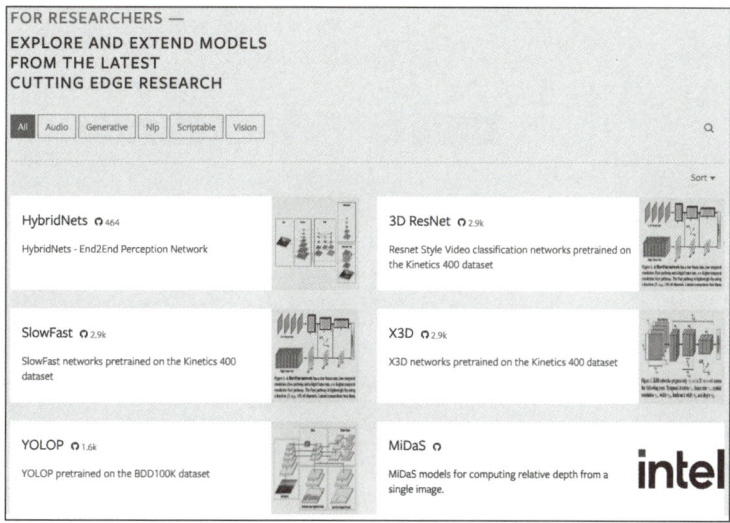

[토치 허브 페이지(https://pytorch.org/hub/research-models)]

토치 허브 홈 페이지에서 사용하고자 하는 모델을 검색합니다. 예시에서는 이미지 분류 태스크에서 많이 사용되는 ResNet 모델을 불러오겠습니다. 컴퓨터 비전 태스크이기 때문에 비전을 선택하고, 깃허브 스타가 높은 순으로 필터를 지정하면 다양한 모델이 검색되는데 여기에서 찾는 모델은 9번째에 위치해 있습니다.

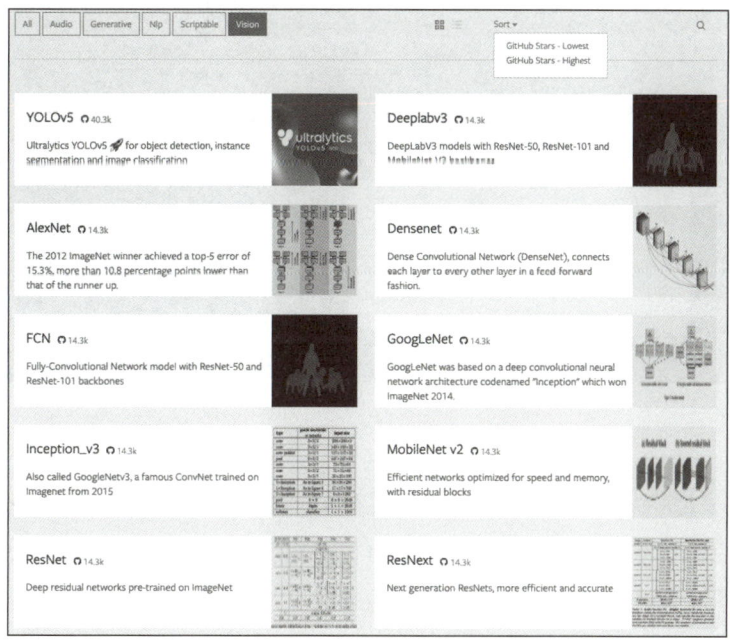

[토치 허브 페이지에서 모델 찾기]

ResNet 모델을 클릭하여 해당 페이지로 이동합니다. 여기에서는 모델의 간단한 설명과 함께 torch.hub 모듈을 이용해 모델을 불러오는 방법과 예제 코드를 제공하고 있습니다.

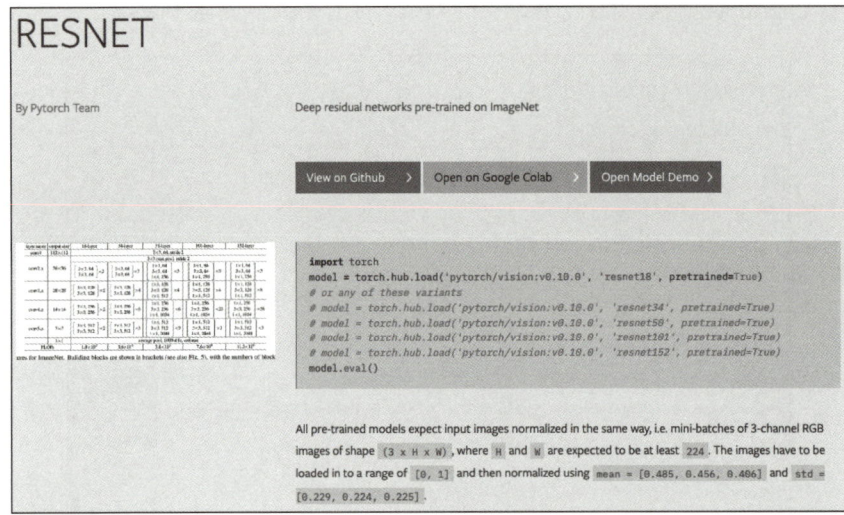

[토치 허브에서 찾은 ResNet 모델]

또한, 구글 코랩에서는 해당 예제 코드를 바로 실행할 수 있고, 모델을 활용한 간단한 데모도 확인할 수 있습니다.

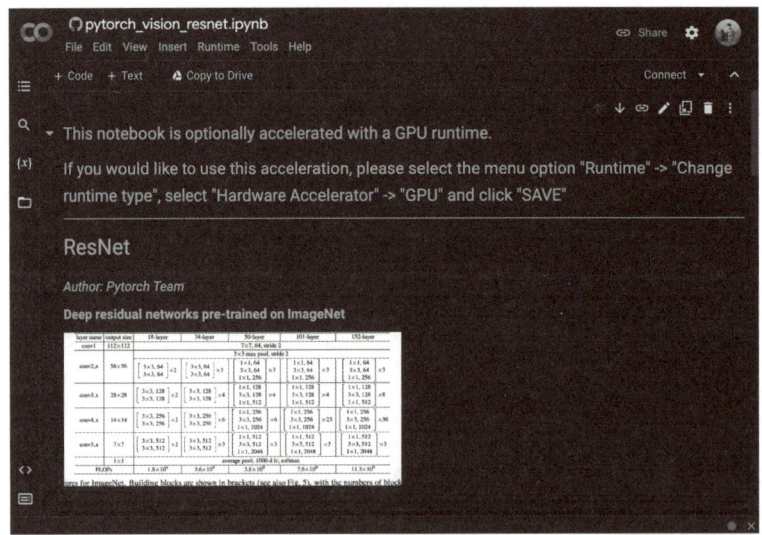

[구글 코랩에서 실행 가능한 ResNet 예제]

새로운 태스크를 수행할 경우 토치 허브 페이지에서 해당 태스크의 사용 모델을 찾고 예제 코드와 데모를 먼저 시도해 보는 것을 추천합니다. 이렇게 하면 문제에 접근하기도 쉽고, 빠르고 정확하게 주어진 문제를 해결할 수 있습니다.

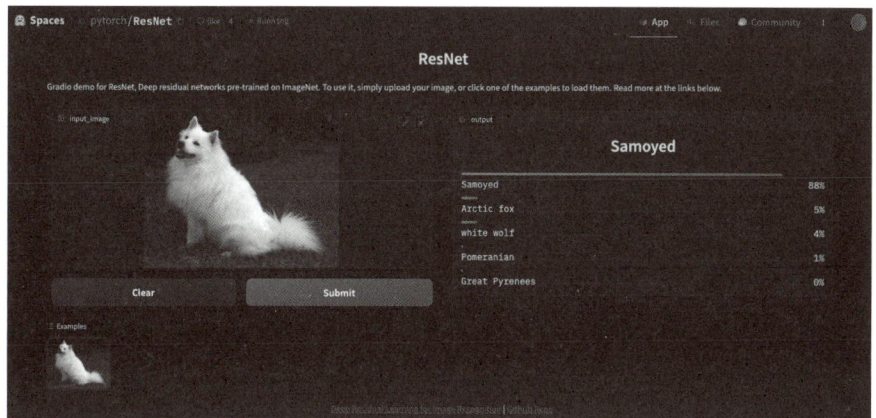

[ResNet을 활용한 모델 데모 페이지]

3.2 데이터셋(개의 품종 분류)

본격적으로 torch.hub를 이용하여 개의 품종을 분류하는 모델을 만들어 보겠습니다. 가장 중요한 데이터셋을 살펴보면 사용할 개의 품종 분류 데이터셋은 120 품종의 개 이미지와 레이블 데이터로 이루어져 있습니다. 학습 데이터셋은 10,222개, 테스트셋은 10,357개로 이루어져 있습니다.

Kaggle에서 데이터셋 다운로드

데이터셋은 Kaggle이라고하는 딥러닝 대회 및 데이터셋 공유 사이트에서 찾을 수 있습니다. 먼저 데이터셋을 다운로드 받고 데이터셋 정보를 확인하기 위하여 Kaggle 사이트(https://www.kaggle.com)에 접속한 후 [Register] 버튼을 클릭하여 회원가입을 합니다(구글 아이디로도 회원가입 가능).

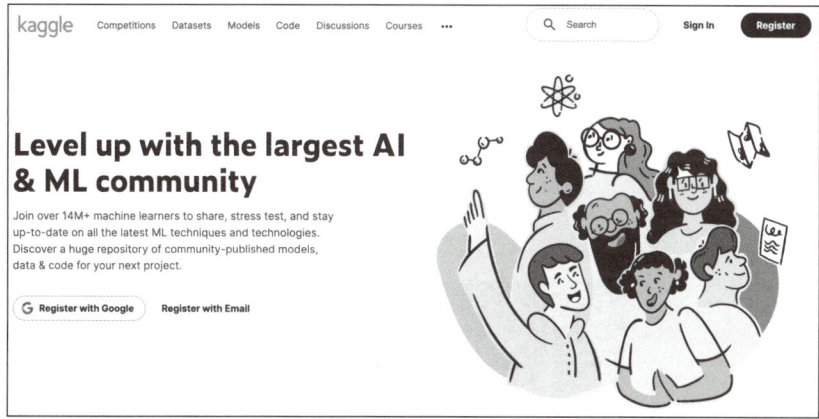

[Kaggle 홈 페이지]

Kaggle 검색란에서 "Dog Breed Identification"을 검색하고, 가장 위에 있는 'Competition'을 클릭한 다음 해당 링크(https://www.kaggle.com/c/dog-breed-identification)로 접속합니다.

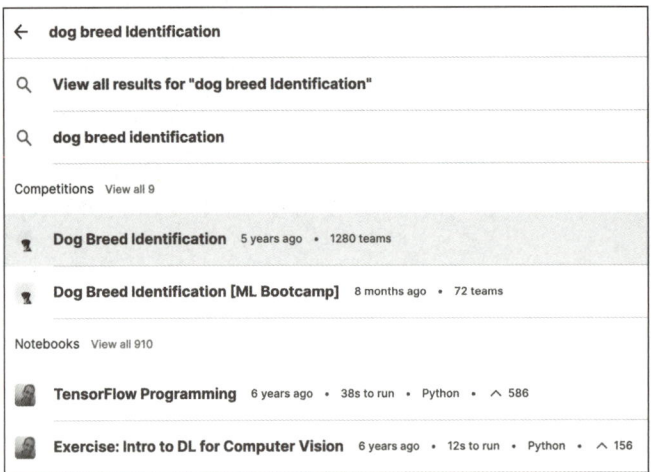

[Kaggle 검색란에서의 검색 결과]

이번에 사용할 데이터셋과 이를 위해 열렸던 대회 페이지를 확인할 수 있습니다. [Overview] 탭은 대회의 전체적인 개요를 보여주는 페이지로 대회 설명, 평가 메트릭, 남은 기간, 참여한 팀 수 등을 볼 수 있습니다. [Data] 탭은 대회에서 사용한 데이터셋의 설명과 요약을 확인할 수 있습니다. [Code] 탭과 [Discussion] 탭은 참가자들이 자유롭게 공유한 코드와 논의를 모아둔 곳으로 입상한 참가자들의 코드와 설명을 확인할 수 있습니다. 또한, 데이터셋에 대해 실험적 데이터 분석(Experimental Data Analysis, EDA)의 게시물도 찾아볼 수 있습니다. [Leaderboard] 탭은 제출한 사람들의 순위를 확인할 수 있습니다. 마지막으로 [Rules] 탭은 대회의 규칙을 확인할 수 있습니다.

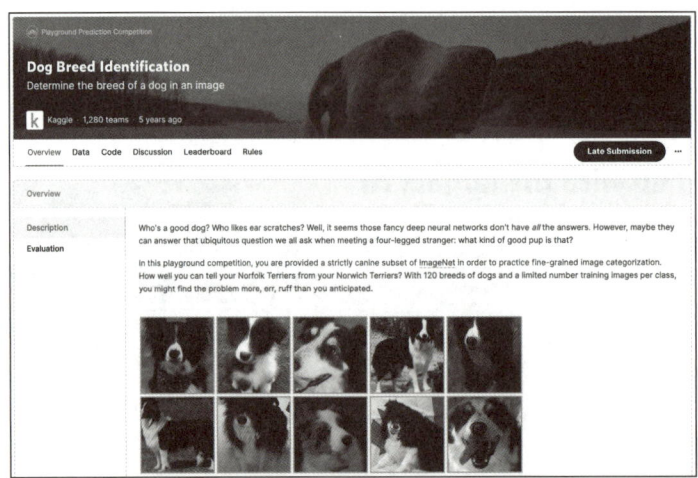

[Kaggle에서의 개 품종 분류 대회]

데이터셋을 다운로드하기 위해 [Data] 탭에서 오른쪽 하단의 [Download All] 버튼을 클릭하면 전체 데이터가 다운로드 됩니다. 데이터를 다운로드 받아 코랩에 업로드 합니다. 코랩 화면의 왼쪽 메뉴에서 [Files]-[Upload to Session Storage]를 선택하고, 다운로드 받은 'dog-breed-identificaion.zip' 파일을 업로드합니다. 이어서 데이터셋 폴더를 새롭게 생성한 후 해당 위치에 데이터셋의 압축을 해제합니다.

```
1 !ls "drive/MyDrive/Colab Notebooks/프로젝트로 시작하는 Pytorch/5.3"
2 !unzip "drive/MyDrive/Colab Notebooks/프로젝트로 시작하는 Pytorch/5.3/dog-breed-
   identification.zip" -d dataset
3 !ls dataset
labels.csv  sample_submission.csv  test  train
```

학습, 테스트 데이터 이미지는 train, test 폴더에 각각 저장되어 있고, 학습에 사용할 레이블은 labels.csv에 저장되어 있습니다. 테스트셋은 정답이 주어지지 않는데 학습셋(학습 데이터셋)으로 학습을 끝낸 후 테스트셋(테스트 데이터셋)을 추론하여 sample_submission.csv를 만들고, 이를 캐글에 업로드하면 리더보드에 테스트셋의 점수가 표시됩니다.

> **CSV와 TSV**
>
> CSV는 쉼표로 구분된 표 형태의 데이터를 저장하는 규격으로 엑셀의 시트 하나를 .csv로 저장할 수 있습니다. 비슷한 규격으로 쉼표 대신 탭으로 데이터를 구분하는 TSV 형태도 있습니다.

학습, 테스트 디렉토리에 몇 개의 이미지가 있는지를 살펴보면 10,222개의 학습 데이터셋과 10,357개의 테스트 데이터셋을 확인할 수 있습니다.

```
1 !ls dataset/train | wc -l
2 !ls dataset/test | wc -l
10222
10357
```

탐색적 데이터 분석

탐색적 데이터 분석(Explorational Data Analysis, EDA)은 학습을 진행하기 전에 학습할 데이터가 어떤 구조로 되어있는지, 데이터의 통계치는 어떠한지, 어떤 특성을 학습할 때 사용할 수 있는지 등을 분석하는 작업입니다. 이번 학습에 사용할 데이터셋을 분석해 보겠습니다.

```
1 import pandas as pd
2 from IPython.display import display
3
4 df = pd.read_csv("dataset/labels.csv")
5 display(df.head( ))
```

[실행 결과]

	id	breed
0	000bec180eb18c7604dcecc8fe0dba07	boston_bull
1	001513dfcb2ffafc82cccf4d8bbaba97	dingo
2	001cdf01b096e06d78e9e5112d419397	pekinese
3	00214f311d5d2247d5dfe4fe24b2303d	bluetick
4	0021f9ceb3235effd7fcde7f7538ed62	golden_retriever

코드 설명

- 1행 : labels.csv 파일을 분석하기 위해 판다스 라이브러리를 임포트 합니다.
- 4행 : read_csv 함수를 이용해 labels.csv 파일을 열어 데이터 프레임을 생성합니다.

데이터 프레임을 보면 id와 breed 열이 있는 것을 볼 수 있습니다. id는 파일 이름이고, train 폴더 아래 'id.jpg' 파일 이름으로 이미지가 저장되어 있습니다. breed는 해당 이미지의 개종 이름입니다. 몇 개의 종이 있고, 종별로 샘플은 몇 개씩 있는지 살펴보겠습니다.

```
1 df_count = df.groupby(["breed"])["breed"].count( )
2 df_count = df_count.reset_index(name='count')
3 df_count = df_count.sort_values(['count'], ascending=False)
4 display(df_count.head( ))
5
6 print("max:", df_count['count'].max( ))
7 print("min:", df_count['count'].min( ))
8 print("mean:", df_count['count'].mean( ))
9 print("median:", df_count['count'].median( ))
10
11 df_count.plot(kind='bar', x='breed', y='count', figsize=(20,3))
```

[실행 결과]

	breed	count
97	scottish_deerhound	126
73	maltese_dog	117
1	afghan_hound	116
42	entlebucher	115
11	bernese_mountain_dog	114

max : 126

min : 66

mean : 85.18333333333334

median : 82.0

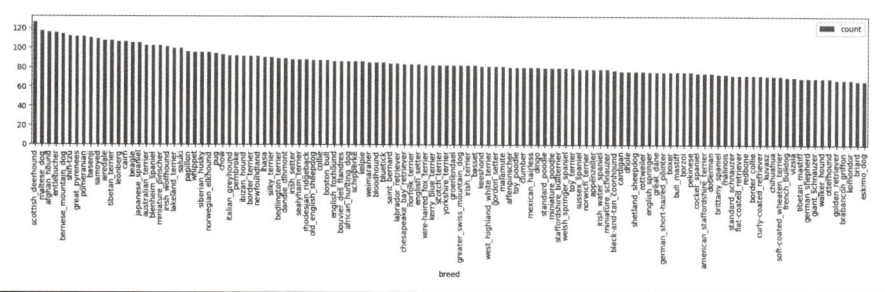

코드 설명

- 1행 : breed 열을 기준으로 groupby 함수를 실행합니다. groupby 함수는 지정한 열을 기준으로 같은 값을 가진 행을 묶고, 집계 함수를 사용합니다. 이어서 breed 열을 기준으로 count 집계 함수를 이용하여 같은 breed 값별로 개수를 셉니다. 결과값은 breed를 인덱스로 하고, 개수를 값으로 하는 판다스 시리즈가 반환됩니다.
- 2행 : 반환된 시리즈를 다시 데이터 프레임으로 바꾸기 위해 인덱스를 초기화하여 현재 인덱스인 breed를 열로 변환합니다. 동시에 name='count'를 지정하여 개수 값을 count라는 이름의 열로 전환합니다.
- 3행 : 샘플이 많은 순서대로 정렬하기 위해 sort_values 함수를 사용합니다. 기준 열로 count를 지정하고 내림차순으로 정렬합니다.
- 4행 : 데이터 프레임 위에 5개의 열을 표시합니다.
- 6~9행 : count의 최대, 최소, 평균, 중앙값을 출력합니다.
- 11행 : 차트를 생성합니다. 형태는 막대 차트로 x축은 breed, y축은 count입니다. x가 많기 때문에 보기 쉽도록 figsize를 지정하여 가로로 긴 차트를 생성합니다.

이제 어떤 이미지들로 구성되어 있는지 살펴보겠습니다.

```
1 # Sample image
2 import matplotlib.pyplot as plt
3 from PIL import Image
4
5 for i in range(9):
6     plt.subplot(3,3,i+1)
7     img = Image.open(f"dataset/train/{df.iloc[i].id}.jpg")
8
9     plt.gca( ).set_title(df.iloc[i].breed)
10    plt.imshow(img)
11    plt.axis('off')
```

[실행 결과]

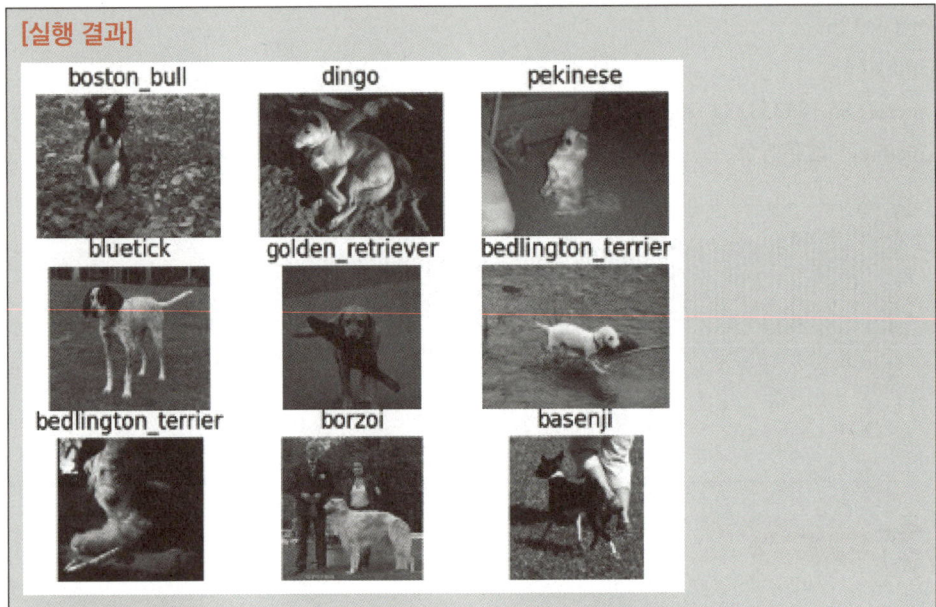

 코드 설명

- 1~3행 : 이미지 시각화를 위한 패키지를 불러옵니다. PIL은 파이썬에서 이미지를 처리하기 위해 사용되는 패키지입니다.
- 5행 : 9개의 샘플 이미지를 subplot으로 그리기 위해 루프를 생성합니다.
- 6행 : 3x3 크기의 서브 플롯을 생성하고, 각 반복별 subplot을 지정합니다.
- 7행 : PIL의 Image를 이용하여 이미지를 불러옵니다. 이미지는 dataset/train 내의 학습 이미지 중 labels.csv에 있는 9개의 이미지를 가져옵니다. 이를 위해 데이터 프레임에서 앞 9개의 id를 순차적으로 가져옵니다.
- 9행 : gca(get current axis) 함수를 이용하여 서브 플롯을 가져오고, 제목 레이블을 지정합니다.
- 10행 : imshow로 이미지를 그립니다.
- 11행 : 보기 좋게 하기 위해 그래프 축을 제거합니다.

데이터셋

이제 파이토치 코드를 작성하기 위하여 개의 데이터를 불러올 커스텀 데이터셋 클래스를 생성합니다. 전체 클래스가 너무 길어서 각 함수별로 살펴보겠습니다.

```
1 from os.path import join
2
3 from PIL import Image
4 from torch.utils.data import random_split, dataset
5
6 class Dogs(dataset.Dataset):
```

```python
7   def __init__(self, root, train=True, transforms=None):
8
9       self.train = train
10      self.transforms = transforms
11
12      # load image path and labels
13      df = pd.read_csv(join(root, 'labels.csv'))
14      self.class_names = df['breed'].unique().tolist()
15
16      if train:
17          dir = 'train'
18          self.labels = df['breed'].tolist()
19      else:
20          dir = 'test'
21          df = pd.read_csv(join(root, 'sample_submission.csv'))
22
23      self.images = [join(root, dir, f"{id}.jpg") for id in df['id']]
24
25  def __len__(self):
26      return len(self.images)
27
28  def __getitem__(self, i):
29      image = Image.open(self.images[i])
30
31      if self.transforms is not None:
32          image = self.transforms(image)
33
34      if self.train:
35          label = self.class_names.index(self.labels[i])
36      else:
37          label = -1
38
39      return image, label
```

 **코드 설명**

- 1행 : 이미지 위치를 연결하기 위해 os.path.join 함수를 임포트 합니다. 두 문자열 사이에 슬래시(/) 유무를 자동으로 체크하고, 올바른 경로를 생성합니다.
- 6행 : 파이토치 데이터셋 클래스를 상속하여 Dogs 데이터셋을 선언합니다.
- 7행 : 생성자는 6개의 인자를 받습니다.
  - root : 이미지를 가져올 최상위 디렉토리를 지정합니다.
  - train : True이면 학습용 데이터셋을 생성하고, False이면 검증용 데이터셋을 생성합니다.
  - transforms : __getitem__에서 이미지를 변환할 때 사용하는 함수들을 전달합니다.
- 13~14행 : labels.csv 파일에서 breed 열의 유일한 값들을 찾아 클래스 이름으로 저장합니다.
- 16행 : train = True인 경우 학습 데이터셋을 불러옵니다.
- 17행 : train 디렉토리에서 이미지를 불러오기 위해 지정합니다.
- 18행 : breed 열을 리스트로 만들어 self.labels로 저장합니다.
- 19~21행 : 디렉토리에서 이미지를 불러오기 위해 dir을 test로 지정하고, sample_submission.csv 파일에서 테스트 샘플의 아이디를 준비합니다.
- 23행 : self.images에 이미지 경로를 저장합니다.
- 29행 : 파이썬의 이미지 라이브러리인 PIL을 사용하여 이미지를 불러옵니다.
- 31~32행 : self.transforms가 None이 아닌 경우 해당 함수를 사용하여 이미지를 변환합니다.
- 35행 : self.labels의 인덱스에 해당하는 레이블을 가져옵니다. 레이블을 정수로 반환해야 하므로 미리 저장한 self.class_names 중 해당 클래스의 인덱스 값을 반환합니다.
- 37행 : test인 경우 label 값이 없음으로 -1을 반환합니다.

이번에는 학습, 검증, 테스트 데이터셋을 생성하는 함수를 만들어 보겠습니다.

```
1 def get_dogs_datasets(
2     val=0.2, root='dataset',
3     train_transforms=None, test_transforms=None):
4   # split
5   origin = Dogs(
6       root=root,
7       train=True,
8       transforms=train_transforms
9   )
10  val_samples = int(len(origin) * val)
11  train_samples = len(origin) - val_samples
12
13  # dataset
14  trainset, valset = random_split(
15      origin,
16      (train_samples, val_samples),
```

```
17  )
18  valset.transforms = test_transforms
19  testset = Dogs(
20      root=root,
21      train=False,
22      transforms=test_transforms
23  )
24
25  return trainset, valset, testset
26
27 dataset_list = get_dogs_datasets(root='dataset')
```

> **코드 설명**

- 1~3행 : get_dogs_datasets 함수는 학습, 검증, 테스트 데이터셋을 반환합니다. val 인자를 이용해 학습 데이터셋 중 일부를 검증셋으로 분할합니다. 학습 시 사용할 전처리와 테스트 시 사용할 전처리를 구분해서 인자로 넣어줍니다.
- 5~9행 : 위에서 정의한 Dogs 데이터셋을 이용해 학습 데이터셋을 불러옵니다.
- 10~11행 : val 인자를 이용해 학습 데이터셋의 샘플 수와 검증 데이터셋의 샘플 수를 계산합니다.
- 14~17행 : random_split 함수를 이용해 origin 데이터셋을 분할합니다.
- 18행 : 검증셋은 테스트 전처리를 사용해야 하므로 변경해 줍니다.
- 19~23행 : 테스트셋을 Dogs 데이터셋 클래스를 사용하여 불러옵니다.

3.3 사전 학습된 ResNet50 모델

개의 품종 분류를 위해 사용할 모델을 정의하겠습니다. 이번에 사용될 모델은 ResNet50으로 ImageNet에서 사전 학습된 모델을 불러와 FC만 학습하는 방식으로 진행하겠습니다.

```
1 from torchsummary import summary
2
3 model = torch.hub.load('pytorch/vision:v0.10.0', 'resnet50', pretrained=True)
4 print(model)
```
```
ResNet(
  (conv1): Conv2d(3, 64, kernel_size=(7, 7), stride=(2, 2), padding=(3, 3), bias=False)
  (bn1): BatchNorm2d(64, eps=1e-05, momentum=0.1, affine=True, track_running_stats=True)
  (relu): ReLU(inplace=True)
  (maxpool): MaxPool2d(kernel_size=3, stride=2, padding=1, dilation=1, ceil_mode=False)
```

```
  (layer1): Sequential(
  …
  (avgpool): AdaptiveAvgPool2d(output_size=(1, 1))
  (fc): Linear(in_features=2048, out_features=1000, bias=True)
)
```

코드 설명

- 3행 : torch.hub.load를 통해 앞에서 사전 학습된 가중치가 있는 모델을 불러올 수 있습니다.
- 4행 : 해당 모델을 바로 사용할 수 없는데 이는 마지막 FC 레이어의 출력이 데이터셋의 120 클래스가 아닌 사전 학습된 이미지넷의 1000 클래스로 되어 있기 때문입니다.

```
1 model.fc = nn.Sequential(
2     nn.Linear(2048, 512),
3     nn.ReLU( ),
4     nn.Linear(512, 120)
5 )
6
7 print(model)
```

```
…
  (avgpool): AdaptiveAvgPool2d(output_size=(1, 1))
  (fc): Sequential(
    (0): Linear(in_features=2048, out_features=512, bias=True)
    (1): ReLU( )
    (2): Linear(in_features=512, out_features=120, bias=True)
  )
)
```

코드 설명

- 1~5행 : 마지막 fc 레이어에 Linear 2개층을 추가합니다. 2048에서 바로 120으로 갈 수도 있지만 갑자기 채널이 줄어들면 정보 손실이 많기 때문에 중간에 한 개 층을 두었습니다.

이제 1 summary를 통해 바꾼 모델의 정보를 살펴보겠습니다.

```
1 summary(model.to('cuda'), (3, 224, 224))
```

```
----------------------------------------------------------------
        Layer (type)         Output Shape         Param #
================================================================
            Conv2d-1      [-1, 64, 112, 112]        9,408
       BatchNorm2d-2      [-1, 64, 112, 112]          128
              ReLU-3      [-1, 64, 112, 112]            0
...
AdaptiveAvgPool2d-173        [-1, 2048, 1, 1]            0
           Linear-174              [-1, 512]    1,049,088
             ReLU-175              [-1, 512]            0
           Linear-176              [-1, 120]       61,560
================================================================
Total params: 24,618,680
Trainable params: 24,618,680
Non-trainable params: 0
----------------------------------------------------------------
Input size (MB): 0.57
Forward/backward pass size (MB): 286.56
Params size (MB): 93.91
Estimated Total Size (MB): 381.05
----------------------------------------------------------------
```

앞의 과정을 통해 모델을 만들어 내는 함수를 생성하겠습니다. 이는 새로운 학습을 시작할 때 모델을 새롭게 불러오기 위해 사용합니다.

```
1  def load_resnet( ):
2      model = torch.hub.load('pytorch/vision:v0.10.0', 'resnet50', pretrained=True)
3
4      for param in model.parameters( ):
5          param.requires_grad = False
6
7      model.fc = nn.Sequential(
8          nn.Linear(2048, 512),
9          nn.ReLU( ),
10         nn.Linear(512, 120)
11     )
12
13     return model
```

> • 4~5행 : 사전 학습된 가중치는 학습하지 않고(Freeze 시키고), FC 레이어만 학습하는 방식입니다. 파라미터의 requires_grad를 False로 지정하면 기울기 값을 계산하지 않습니다. 즉, 학습하지 않는 것과 같습니다.

summary를 살펴보면 Trainable params 수가 줄어들고, Non-trainable params가 생긴 것을 볼 수 있습니다. 앞서 load_resnet( ) 함수에서 사전 학습된 레이어를 Freeze 시킨 것이 표시됩니다.

```
1 model = load_resnet( )
2 summary(model.to('cuda'), (3, 224, 224))
…
================================================================
Total params: 24,618,680
Trainable params: 1,110,648
Non-trainable params: 23,508,032
----------------------------------------------------------------
Input size (MB): 0.57
Forward/backward pass size (MB): 286.56
Params size (MB): 93.91
Estimated Total Size (MB): 381.05
----------------------------------------------------------------
```

3.4 학습, 검증, 테스트

학습과 검증을 위한 train, val 함수는 이전과 거의 동일한 함수를 사용합니다. 기존 함수는 학습과 검증 과정에서 단순히 loss만 반환하고 있습니다. 이번에는 학습, 검증 함수의 마지막에서 loss와 accuracy를 같이 반환하도록 함수를 변경하고, 학습 코드에서는 하이퍼파라미터의 설정과 데이터셋 부분을 살펴보겠습니다.

```
1 # Hyperparameters
2 # Training
3 EPOCH = 30
4 BATCH_SIZE = 64
5 NUM_WORKERS = 1
6 LR = 1e-4
7 MODEL_ROOT = 'checkpoint'
8 os.makedirs(MODEL_ROOT, exist_ok=True)
```

```
9
10 # transform
11 train_transform = transforms.Compose([
12    transforms.RandomResizedCrop((256, 256)),
13    transforms.RandomHorizontalFlip( ),
14    transforms.ColorJitter(brightness=0.4,
15                           contrast=0.4,
16                           saturation=0.4),
17    transforms.CenterCrop((224, 224)),
18    transforms.ToTensor( ),
19    transforms.Normalize(mean=[0.485, 0.456, 0.406],
20               std=[0.229, 0.224, 0.225])
21 ])
22 test_transform = transforms.Compose([
23    transforms.Resize((256, 256)),
24    transforms.CenterCrop((224, 224)),
25    transforms.ToTensor( ),
26    transforms.Normalize(mean=[0.485, 0.456, 0.406],
27               std=[0.229, 0.224, 0.225])
28 ])
29
30 # dataset
31 trainset, valset, testset = get_dogs_datasets(
32    val=0.1,
33    train_transforms=train_transform,
34    test_transforms=test_transform,
35 )
```

코드 설명

- 7~8행 : 학습 코드에서는 학습 중 모델을 저장하고, 이를 위해 모델을 저장할 디렉토리를 생성합니다.
- 11행 : 학습 이미지를 변환하는 함수를 생성합니다. 변환은 학습 이미지를 학습하기 좋게 변환하는 것뿐만 아니라 데이터 증강 기법을 사용할 수 있습니다. 데이터 증강은 크기 변환, 반전, 잘라내기, 색 변환 등을 통해 여러 모습의 이미지를 만들어 학습 데이터셋을 다양하게 만드는 방법입니다. 해당 방법을 사용하면 부족한 데이터 수를 늘릴 수 있기 때문에 오버피팅을 방지할 수 있습니다.
- 12~21행 : 랜덤으로 크기를 조절한 뒤 지정한 사이즈로 잘라내는 RandomResizedCrop, 일정 확률로 좌우를 반전하는 RandomHorizontalFlip, 이미지의 색, 채도, 명도 등을 변환하는 ColorJitter를 사용합니다.

데이터 로더는 이전과 동일한 코드를 사용합니다. 다음으로 모델, 손실 함수, 최적화 함수, 학습률 스케줄러 설정 부분과 학습 진행 부분을 살펴보겠습니다.

```
55  # Model
56  model = load_resnet( )
57  model = model.to(device)
58
59  # Loss, Optimizer, Scheduler 정의
60  criterion = nn.CrossEntropyLoss( )
61  optimizer = optim.RMSprop(model.parameters( ), lr=LR)
62  scheduler = optim.lr_scheduler.StepLR(optimizer, step_size=10, gamma=0.1)
63
64  train_losses = [ ]
65  val_losses = [ ]
66  max_acc = 0
67  last_checkpoint = None
68
69  for epoch in range(1, EPOCH+1):
70      tloss, tacc = train(model, train_loader, criterion, optimizer, epoch, device)
71      vloss, vacc = validation(model, val_loader, criterion, epoch, device)
72
73      train_losses.append(tloss)
74      val_losses.append(vloss)
75
76      scheduler.step( )
77
78      if vacc >= max_acc:
79          max_acc = vacc
80          last_checkpoint = f"{MODEL_ROOT}/resnet50-ep{epoch}-{vacc:.2f}.pt"
81          torch.save(model.state_dict( ), last_checkpoint)
82
```

[실행 결과]

[1/50] train loss: 4.6461 train acc: 488/8178 (5.97%)
[1/50] valid loss: 4.3736 valid acc: 338/2044 (16.54%)

[2/50] train loss: 4.1397 train acc: 2007/8178 (24.54%)
[2/50] valid loss: 3.8063 valid acc: 667/2044 (32.63%)

[3/50] train loss: 3.6270 train acc: 2997/8178 (36.65%)
[3/50] valid loss: 3.3264 valid acc: 846/2044 (41.39%)

 코드 설명

- 56행 : ResNet50 사전 학습 모델을 데이터셋에 맞게 변환하고 불러옵니다(이후 학습 과정은 동일).
- 78~81행 : 학습 중에 모델을 저장합니다. 모든 에포크에 모델을 저장할 수도 있으나 비효율성을 감안하여 검증 데이터셋 정확도가 기존 정확도보다 큰 경우에만 데이터를 저장합니다. torch.save 함수를 사용하면 간단하게 모델을 저장할 수 있습니다. 모델을 저장할 때 model.state_dict( )를 사용하는데 이는 모델 자체를 저장하는 것이 아니라 모델에 있는 가중치 값만 사전 형태로 변환하여 저장합니다.

학습된 모델을 이용해 강아지 이미지를 불러온 후 종의 추론 방법을 살펴보겠습니다.

```
1 def inference(model, image, device, root='dataset'):
2   df = pd.read_csv(join(root, 'labels.csv'))
3   class_names = df['breed'].unique( ).tolist( )
4
5   transform = transforms.Compose([
6     transforms.Resize((256, 256)),
7     transforms.CenterCrop((224, 224)),
8     transforms.ToTensor( ),
9     transforms.Normalize(mean=[0.485, 0.456, 0.406],
10                         std=[0.229, 0.224, 0.225])
11   ])
12
13   image = transform(image)
14   image = image.unsqueeze(0).to(device)
15
16   model.eval( )
17   model = model.to(device)
18
19   outputs = model(image)
20   _, predicted = torch.max(outputs, 1)
21   print(predicted)
22   print(class_names[predicted.item( )])
```

 코드 설명

- 1행 : 추론 함수를 정의하되 함수는 다음과 같은 인자를 받습니다.
  - model : 학습된 모델을 넘겨줍니다.
  - image : 추론할 이미지를 전달합니다.
  - device : 모델을 추론할 때 사용할 장치를 지정합니다.
  - root : 데이터셋의 최상위 디렉터리를 지정합니다. Labels.csv 파일을 읽고, class_names를 불러오기 위함입니다.

- 2~3행 : labels.csv 파일을 읽고, class_names를 불러옵니다.
- 5~11행 : test transform을 그대로 사용합니다.
- 13~14행 : 이미지를 불러와서 변환합니다. 변환된 이미지는 (3, 224, 224) 모양인데 추론할 때는 배치 차원을 가장 앞에 추가합니다. 따라서 unsqueeze 함수를 이용해 (1, 3, 224, 224) 형태로 배치 차원을 추가합니다.
- 19~22행 : 모델에 이미지를 전달하고, 예측값을 받습니다. 이어서 가장 높은 확률인 클래스를 선택하고, 해당 클래스 이름을 출력합니다.

inference 함수에 전달한 인자를 지정합니다.

```
1 is_cuda = torch.cuda.is_available( )
2 device = torch.device("cuda" if is_cuda else "cpu")
3
4 last_checkpoint = "checkpoint/resnet50-ep30-68.35.pt"
5 model = load_resnet( )
6 model.load_state_dict(torch.load(last_checkpoint))
```

코드 설명

- 1~2행 : 디바이스를 지정합니다.
- 4행 : 마지막 체크 포인트의 저장 위치를 지정합니다.
- 5행 : 모델을 동일하게 불러옵니다.
- 6행 : 저장한 가중치를 불러오고, 모델에 가중치를 로드합니다.

샘플 이미지 중 첫 번째 mong.jpg 파일을 불러옵니다. 추론 결과 말티즈가 출력됩니다.

```
1 img = Image.open("mong.jpg")
2 img
```

[실행 결과]

1 inference(model, img, device)
tensor([11], device='cuda:0')
maltese_dog

coco.jpg 파일을 불러온 후 이미지를 예측하면 푸들이 출력됩니다.

1 img = Image.open("coco.jpg")
2 img

[실행 결과]

1 inference(model, img, device)
tensor([104], device='cuda:0')
miniature_poodle

Chapter 04

흉부 엑스레이 분석과
데이터 증강하기

이번 챕터에서는 흉부 엑스레이 이미지를 분석하여 폐렴 여부를 구분하는 프로젝트를 진행하겠습니다. 실습 과정을 진행하면서 실험을 기록해야 하는 이유와 wandb를 통해 실험의 기록 방법을 알아봅니다. 마지막으로 효율적인 학습을 위해 데이터 변환과 증강을 도와주는 Albumentation의 사용 방법에 대해서도 알아봅니다.

4.1 데이터셋

먼저 프로젝트에서 사용할 데이터셋을 준비합니다. Kaggle에서 "Chest X-Ray Images (Pneumonia)"를 검색한 후 첫 번째 데이터셋을 다운로드 받습니다. 구글 드라이브에서 "Colab Notebooks/프로젝트로 시작하는 Pytorch/5.4" 위치에 해당 데이터셋을 업로드합니다.

문제	흉부 엑스레이 데이터를 이용한 폐렴 분류
모델	ResNet18
데이터셋	Chest X-Ray Images (Kaggle)
문제 유형	분류
평가 지표	BCE, 정확도

다음의 명령을 순차적으로 실행한 후 데이터셋의 압축을 풀고 디렉토리 구조를 확인합니다.

```
1 !unzip -qq "/content/drive/MyDrive/Colab Notebooks/프로젝트로 시작하는 Pytorch/
   dataset/Chest X-Ray Pneumonia.zip" -d dataset
2 %ls dataset/chest_xray
```

```
chest_xray/test/train/val/
```

```
%ls dataset/chest_xray/train
```

```
NORMAL/PNEUMONIA/
```

압축을 풀면 네 개의 디렉토리가 나타나는데 chest_xray에는 test, train, val의 디렉토리가 있습니다. 각 test, train, val 디렉토리에는 동일하게 NORMAL 디렉토리와 PNEUMONIA 디렉토리가 있고, 안에는 이미지가 있습니다. 그럼 각 데이터셋 분할별로 몇 개의 데이터가 있는지 살펴보겠습니다.

```
1  import os
2
3  print("Train")
4  print("NORMAL:", len(os.listdir("dataset/chest_xray/train/NORMAL")), end=', ')
5  print("PNEUMONIA:", len(os.listdir("dataset/chest_xray/train/PNEUMONIA")))
6  print( )
7  print("Validation")
8  print("NORMAL:", len(os.listdir("dataset/chest_xray/val/NORMAL")), end=', ')
9  print("PNEUMONIA:", len(os.listdir("dataset/chest_xray/val/PNEUMONIA")))
10 print( )
11 print("Test")
12 print("NORMAL:", len(os.listdir("dataset/chest_xray/test/NORMAL")), end=', ')
13 print("PNEUMONIA:", len(os.listdir("dataset/chest_xray/test/PNEUMONIA")))
```

[실행 결과]
Train
NORMAL: 1341, PNEUMONIA: 3875

Validation
NORMAL: 8, PNEUMONIA: 8

Test
NORMAL: 234, PNEUMONIA: 390

학습 데이터에는 약 5,000장 정도 있고, 정상과 폐렴은 1:3 비율로 구성되어 있습니다. 검증 데이터는 각각 8개로 적게 구성되어 있습니다. 반면, 테스트 데이터셋은 정상과 폐렴이 각각 234개, 390개 정도로 각 클래스의 학습 데이터에서 1/5, 1/10 수준으로 구성되어 있습니다. 검증 데이터가 적기 때문에 이번 학습에서는 학습 데이터 일부를 검증 데이터로 분할하여 사용합니다. 그럼 데이터 이미지가 어떻게 생겼는지 확인해 보겠습니다.

```python
1  from PIL import Image
2  import matplotlib.pyplot as plt
3
4  root = "dataset/chest_xray/test/"
5  normal_dir = root + 'NORMAL/'
6  pneumonia_dir = root + 'PNEUMONIA/'
7
8  normal = list(map(lambda x: normal_dir+x, os.listdir(normal_dir)[:5]))
9  pneumonia = list(map(lambda x: pneumonia_dir+x, os.listdir(pneumonia_dir)[:5]))
10
11 samples = pneumonia + normal
12
13 # show samples
14 plt.figure(figsize=(30,10))
15 for i in range(10):
16     plt.subplot(2, 5, i+1)
17     img = Image.open(samples[i])
18
19     ax = plt.gca()
20     ax.set_title("Pneumonia" if i < 5 else "Normal")
21     ax.imshow(img, cmap='gray')
22     ax.axis('off')
23     ax.set_aspect('auto')
24 plt.show()
```

[실행 결과]

 **코드 설명**

- 4~6행 : 데이터셋의 최상위 디렉토리를 root로 지정하고, 각 클래스별 디렉토리를 저장합니다.
- 8~9행 : 정상 이미지와 폐렴 이미지의 경로를 저장합니다. os.listdir( )을 통해 각 디렉토리에 있는 파일 이름을 조회하여 앞에서 5개를 저장합니다. 이후 map 함수를 통해 파일 이름과 디렉토리 이름을 합쳐 전체 경로를 만들어 줍니다. map 함수만 사용하면 파이썬의 generatior가 반환되기 때문에 list 형태로 변환합니다.
- 14~24행 : PIL Image와 pyplot을 이용하여 이미지를 표시합니다. ax.set_aspect를 auto로 지정하면 자동으로 이미지 비율을 보기 좋게 조절합니다. 23행에 따라 그래프를 비교합니다. 윗줄이 폐렴 이미지이고, 아랫줄이 정상 이미지입니다.

이미지 폴더(ImageFolder)

이미지 폴더는 파이토치의 torchvision.datasets 패키지에 있는 유틸리티 클래스입니다. 기본적으로 다음과 같은 구조를 가진 디렉토리에서 이미지를 로드합니다. 'dog'와 'cat'은 클래스 레이블을 나타내며, 각각의 디렉토리 안에 해당 클래스의 이미지들이 있습니다. 이번에 사용할 흉부 엑스레이 데이터셋은 앞에서와 같은 구조로 데이터가 들어 있습니다. 따라서 간편하게 이미지 폴더에서 데이터를 불러올 수 있습니다.

```
root/dog/xxx.png
root/dog/xxy.png
root/dog/xxz.png

root/cat/123.png
root/cat/nsdf3.png
root/cat/asd932_.png
```

ImageFoler를 사용하여 학습, 검증, 테스트 데이터셋을 분할하고, 불러오는 함수를 구현해 보겠습니다.

```
1 def get_dataset(
2     root="dataset/chest_xray", val=0.1,
3     train_transforms=None, test_transforms=None
4 ):
5   origin = datasets.ImageFolder(
6       os.path.join(root, 'train'),
7       transform=train_transforms
8   )
9
10  val_samples = int(len(origin) * val)
11  train_samples = len(origin) - val_samples
12
```

```
13  trainset, valset = torch.utils.data.random_split(
14      origin,
15      (train_samples, val_samples),
16  )
17  valset.transforms = test_transforms
18
19  testset = datasets.ImageFolder(
20      os.path.join(root, 'test'),
21      transform=test_transforms
22  )
23  return trainset, valset, testset
24
25 trainset, valset, testset = get_dataset(train_transforms=transforms.ToTensor( ))
26 print(len(trainset), len(valset), len(testset))
```

[실행 결과]
4695 521 624

 코드 설명

- 5~8행 : 이미지 폴더를 사용하여 train 디렉토리의 이미지들을 불러옵니다.
- 10~17행 : random_split을 사용하여 불러온 이미지 데이터셋을 학습셋과 검증셋으로 분리합니다.
- 19~23행 : 테스트셋도 동일하게 불러온 후 각 데이터셋을 반환합니다.
- 25~26행 : get_dataset 함수로 데이터셋을 불러오고, 각 데이터셋의 길이를 출력합니다.

```
1 class_names = trainset.dataset.classes
2 print(class_names)
3 print(trainset.dataset.class_to_idx)
```

[실행 결과]
['NORMAL', 'PNEUMONIA']
{'NORMAL': 0, 'PNEUMONIA': 1}

 코드 설명

- 1행 : 데이터셋의 클래스 이름을 불러옵니다. Dataset을 상속한 커스텀 클래스나 ImageFolder라면 .classes로 클래스 이름을 불러올 수 있지만 trainset은 기존 origin ImageFoler를 random_sample로 분할한 subset 클래스의 인스턴스이기 때문에 .dataset.classes로 클래스를 확인할 수 있습니다.
- 2행 : 두 개의 클래스 이름을 확인할 수 있습니다.
- 3행 : ImageFolder의 추가 속성으로 class_to_idx라는 변수가 있습니다. 클래스 이름을 출력 인덱스로 변환하는 딕셔너리 매핑을 제공하여 유용하게 사용할 수 있습니다.

데이터 셋에서 샘플 하나를 선택하여 살펴보겠습니다.

```
1 image, label = trainset[0]
2
3 print(image.shape)
4 print(label)
```

[실행 결과]
torch.Size([3, 928, 1310])
1

코드 설명

- 1행 : 이미지와 레이블 두 개가 반환됩니다.
- 3행 : 이미지는 현재 변환을 적용하지 않아서 원본 크기가 반환됩니다.
- 4행 : 레이블은 0 또는 1이 반환됩니다(이번 이미지는 폐렴 이미지).

4.2 데이터 증강과 Albumentations

딥러닝에서 학습 속도는 매우 중요합니다. 학습 속도가 빠를수록 보다 많은 실험을 할 수 있고, 최적값을 찾는데 도움이 됩니다. 부족한 데이터셋을 보강하고, 모델의 일반화 성능을 높이기 위해 데이터 증강을 필수적으로 사용하고 있습니다. 기존에는 파이토치에 구현된 Transform.xxx 형태의 변환을 사용했는데 Albumentations는 이러한 변환을 좀더 빠르게 하여 학습 시간을 줄이고, 다양한 변환을 제공합니다.

Albumentations는 'Fast and Flexible Image Augmentations'라는 이름으로 2020년 Information 저널에 출판되었으며, 지금도 새로운 기능이 추가되고 있는 오픈 소스 변환 모듈입니다. 가장 큰 장점은 빠른 속도인데 다음의 표를 살펴보면 각 행은 변환이고, 각 열은 변환 라이브러리입니다. 표의 값은 단일 코어에서 초당 처리되는 이미지 수이고, ImageNet의 검증셋 2,000장에 대해 Intel Xeon Platinum 8168 CPU로 테스트한 결과입니다. 대부분의 변환에서 많게는 2배 이상 빠른 처리 속도를 보여주고 있습니다.

	albumentations 1.1.0	imgaug 0.4.0	torchvision (Pillow-SIMD backend) 0.10.1	keras 2.6.0	augmentor 0.2.8
HorizontalFlip	10220	2702	2517	876	2528
VerticalFlip	4438	2141	2151	4381	2155
Rotate	389	283	165	28	60
ShiftScaleRotate	669	425	146	29	-
Brightness	2765	1124	411	229	408
Contrast	2767	1137	349	-	346
BrightnessContrast	2746	629	190	-	189
ShiftRGB	2758	1093	-	360	-
ShiftHSV	598	259	59	-	-
Gamma	2849	-	388	-	-
Grayscale	5219	393	723	-	1082
RandomCrop64	163550	2562	50159	-	42842
PadToSize512	3609	-	602	-	-
Resize512	1049	611	1066	-	1041
RandomSizedCrop_64_512	3224	858	1660	-	1598
Posterize	2789	-	-	-	-
Solarize	2761	-	-	-	-
Equalize	647	385	-	-	765
Multiply	2659	1129	-	-	-
MultiplyElementwise	111	200	-	-	-
ColorJitter	351	78	57	-	-

[albumentation의 속도]

기존의 변환에서 어느 정도 속도가 나오는지 살펴보겠습니다.

```
1  train_transform = transforms.Compose([
2      transforms.Resize((256, 256)),
3      transforms.RandomRotation(degrees=(-20,+20)),
4      transforms.RandomCrop((224, 224)),
5      transforms.ToTensor( ),
6      transforms.Normalize([0.485, 0.456, 0.406],[0.229, 0.224, 0.225])
7  ])
8
9  trainset, _, _ = get_dataset(
10     train_transforms=train_transform,
11 )
12
13 train_loader = DataLoader(
14     dataset=trainset,
15     shuffle=True,
16     batch_size=64,
17     num_workers=0,
18 )
19
20 for i in tqdm(train_loader):
21     pass
```

[실행 결과]

100%|██| 74/74 [05:41<00:00, 4.61s/it]

 코드 설명

- 1~7행 : 학습에 사용할 변환을 토치 비전의 Transforms으로 구현합니다.
- 9~11행 : 이전에 작성한 get_dataset에 위에서 작성한 변환을 넘겨 학습 데이터셋을 가져옵니다.
- 13~18행 : 데이터 로더를 정의합니다.
- 20~21행 : 학습 로더를 실행하면서 데이터를 가져옵니다(여기에서 변환이 수행됨).
- 토치 비전의 Transforms을 사용하면 학습 데이터셋을 모두 변환해서 가져오는데 5분 41초의 시간이 걸렸습니다.

다음으로 Albumentations가 얼마나 빠른지 살펴보겠습니다. Albumentations는 입력 이미지 포맷이 넘파이 배열입니다. 토치 비전은 PIL의 Image.open( )을 이용해 이미지를 읽고, opencv의 imread( )를 이용해 이미지를 불러옵니다. 그럼 데이터셋 클래스를 다시 만들어 보겠습니다.

```
1 class AlbumentationsDataset(ImageFolder):
2
3   def __getitem__(self, index: int):
4     path, target = self.samples[index]
5     # Read image
6     image = cv2.imread(path)
7     image = cv2.cvtColor(image, cv2.COLOR_BGR2RGB)
8
9     # Transform
10    if self.transform is not None:
11      augmented = self.transform(image=image)
12      image = augmented['image']
13
14    return image, target
```

코드 설명

- **1행** : 파이토치의 ImageFolder 클래스를 상속받아 AlbumenrationDataset 클래스를 정의합니다.
- **3행** : ImageFolder 내부에서 디렉토리를 읽어 초기화하는 과정은 동일하게 사용하고, 데이터셋에서 이미지를 가져올 때 사용하는 __getitem__( ) 함수만 오버라이딩(재작성)합니다.
- **4행** : ImageFolder에는 self.samples 변수의 이미지 위치와 타겟 레이블을 저장합니다. 여기에서 반환할 데이터를 가져옵니다.
- **6~7행** : opencv의 imread( ) 함수를 이용해 이미지를 불러온 후 이미지를 RGB 형태로 바꿔줍니다. opencv.imread( )는 기본적으로 색상 채널을 BGR 순서로 읽어옵니다. Albumentations는 RGB 순서의 데이터를 처리하기 때문에 변환해야 합니다.
- **10~12행** : self.transform이 있다면 변환을 수행합니다. 이미지 변환 결과는 사전 형태로 ["image"]에 저장됩니다.

이어서 get_dataset 함수를 수정해서 get_dataset_v2를 정의합니다. 즉, 2행과 13행에서 ImageFoler 대신 AlbumentationsDataset을 사용하도록 변경합니다.

```
1 def get_dataset_v2(root="dataset/chest_xray", val=0.1, train_transforms=None, test_transforms=None):
2   origin = AlbumentationsDataset(os.path.join(root, 'train'), transform=train_transforms)
3
4   val_samples = int(len(origin) * val)
5   train_samples = len(origin) - val_samples
6
```

```
 7   trainset, valset = torch.utils.data.random_split(
 8       origin,
 9       (train_samples, val_samples),
10   )
11   valset.transforms = test_transforms
12
13   testset = AlbumentationsDataset(os.path.join(root, 'test'), transform=test_transforms)
14   return trainset, valset, testset
15
16 trainset, valset, testset = get_dataset_v2(train_transforms=None)
17 print(len(trainset), len(valset), len(testset))
```

[실행 결과]
4695 521 624

이제 이미지를 변환하고 불러오는데 걸리는 시간을 측정해 보겠습니다. 토치 비전의 Transforms 부분을 Albumentation으로 변경합니다.

```
 1 import albumentations as A
 2 from albumentations.pytorch import ToTensorV2
 3
 4 train_transform = A.Compose([
 5     A.Resize(256, 256),
 6     A.Rotate(limit=(-20, +20)),
 7     A.RandomCrop(224, 224),
 8     A.Normalize([0.485, 0.456, 0.406],[0.229, 0.224, 0.225]),
 9     ToTensorV2( ),
10 ])
11
12 trainset, _, _ = get_dataset_v2(
13   train_transforms=train_transform,
14 )
15
16 train_loader = DataLoader(
17   dataset=trainset,
18   shuffle=True,
19   batch_size=64,
20   num_workers=0,
21 )
22
```

```
23  for i in tqdm(train_loader):
24      pass
```

[실행 결과]

100%|███████████████████████████████████| 74/74 [01:59<00:00, 1.61s/it]

코드 설명

- 1~2행 : 변환을 위해 사용할 albumentations 라이브러리를 불러옵니다.
- 4~10행 : 토치 비전과 동일한 결과가 나오도록 구성합니다. 대부분 같은 이름을 사용하기 때문에 변환은 간단합니다. 그림을 참고하여 토치 비전의 변환을 albumentations의 변환으로 변경합니다. 주의할 점은 기존에 Normalize는 ToTensor 뒤에 지정하였으나 albumentations는 Normalize를 지정한 뒤 ToTensor를 설정합니다.
- 걸린 시간을 보면 1분 59초(약 2분)로 기존 5분 41초보다 2배 이상 빨라진 것을 볼 수 있습니다. 이번 실험은 단일 worker로 진행하였으므로 다중 worker, CPU, 메모리에 따라 결과는 달라질 수 있습니다.

torchvision transform	Albumentations transform	Albumentations example
Compose	Compose	A.Compose([A.Resize(256, 256), A.RandomCrop(224, 224)])
CenterCrop	CenterCrop	A.CenterCrop(256, 256)
ColorJitter	HueSaturationValue	A.HueSaturationValue(hue_shift_limit=20, sat_shift_limit=30, val_shift_limit=20, p=0.5)
Pad	PadIfNeeded	A.PadIfNeeded(min_height=512, min_width=512)
RandomAffine	Affine	A.Affine(scale=(0.9, 1.1), translate_percent=(0.0, 0.2), rotate=(-45, 45), shear=(-15, 15), mode=cv2.BORDER_REFLECT_101, p=0.5)
RandomCrop	RandomCrop	A.RandomCrop(256, 256)
RandomGrayscale	ToGray	A.ToGray(p=0.5)
RandomHorizontalFlip	HorizontalFlip	A.HorizontalFlip(p=0.5)
RandomPerspective	Perspective	A.Perspective(scale=(0.2, 0.4), fit_output=True, p=0.5)
RandomRotation	Rotate	A.Rotate(limit=45, p=0.5)
RandomVerticalFlip	VerticalFlip	A.VerticalFlip(p=0.5)
Resize	Resize	A.Resize(256, 256)
GaussianBlur	GaussianBlur	A.GaussianBlur(blur_limit=(3, 7), p=0.5)
RandomInvert	InvertImg	A.InvertImg(p=0.5)
RandomPosterize	Posterize	A.Posterize(num_bits=4, p=0.5)
RandomSolarize	Solarize	A.Solarize(threshold=127, p=0.5)
RandomAdjustSharpness	Sharpen	A.Sharpen(alpha=(0.2, 0.5), lightness=(0.5, 1.0), p=0.5)
RandomAutocontrast	RandomBrightnessContrast	A.RandomBrightnessContrast(brightness_limit=0, contrast_limit=0.2, p=0.5)
RandomEqualize	Equalize	A.Equalize(p=0.5)
RandomErasing	CoarseDropout	A.CoarseDropout(min_height=8, max_height=32, min_width=8, max_width=32, p=0.5)
Normalize	Normalize	A.Normalize(mean=[0.485, 0.456, 0.406], std=[0.229, 0.224, 0.225])

[albumentations 변환]

다음은 Albumentations에만 있는 특별한 기능을 알아보겠습니다. OneOf라는 함수는 변환을 담은 리스트를 입력으로 받습니다. 그리고 이미지를 불러올 때 리스트 중 하나를 선택하여 수행합니다. 추가 인자로 OneOf 중 수행 여부를 결정할 확률로 p인자를 받습니다. p인자는 albumentations의 모든 변환 함수에 있습니다.

```
1  test_transform = A.Compose([
2      A.Resize(256,256),
3      A.OneOf([
4          A.HorizontalFlip(p=1),
5          A.RandomRotate90(p=1),
6          A.VerticalFlip(p=1)
7      ], p=1),
8      A.CenterCrop(224, 224),
9      A.OneOf([
10         A.MotionBlur(p=0.3),
11         A.OpticalDistortion(p=0.4),
12         A.GaussNoise(p=0.5)
13     ], p=0.5),
14     ToTensorV2( ),
15 ])
```

코드 설명

- 3~7행 : 세 개의 변환 중 하나를 선택해서 수행합니다. p=1로 지정되어 있기 때문에 반드시 셋 중 하나를 선택합니다. 또한 셋의 변환도 모두 p=1이기 때문에 선택되면 무조건 수행됩니다.
- 9~13행 : OneOf의 p=0.5로 50% 확률로 세 가지 변환 중 하나를 선택합니다. OneOf는 내부의 모든 변환 확률을 종합하여 어떤 변환이 수행될지 계산합니다. 먼저 MotionBlur가 선택될 확률은 (0.3 / (0.3+0.4+0.5))인 25%입니다. 즉, (특정 변환에 지정된 확률) / (모든 변환 확률의 합)으로 최종 선택 확률이 구해집니다.

다음은 해당 변환이 실제로 수행되면 어떤 결과들이 나오는지 살펴보겠습니다.

```
1  data_dir = Path("dataset/chest_xray/")
2  testset = AlbumentationsDataset(data_dir / 'test', transform=test_transform)
3
4  num_samples = 5
5  fig, ax = plt.subplots(1, num_samples, figsize=(25, 5))
6  for i in range(num_samples):
7      ax[i].imshow(transforms.ToPILImage( )(testset[0][0]))
8      ax[i].axis('off')
```

[실행 결과]

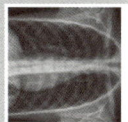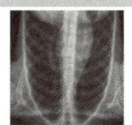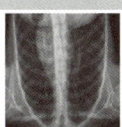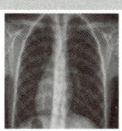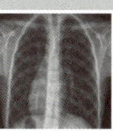

코드 설명

- 1~2행 : 테스트 디렉토리를 데이터셋으로 생성합니다.
- 4~5행 : 5개 이미지를 샘플링하여 시각화를 위해 5개의 서브 플롯을 생성합니다.
- 7행 : 각 축(ax)에 imshow 함수를 이용하여 이미지를 보여줍니다. testset의 첫 번째 샘플은 testset[0]으로 여기에서 변환이 수행됩니다. __getitem__에서는 이미지와 레이블을 전달하기 때문에 testset[0][0]으로 선택합니다. pyplot에는 PIL 이미지만 표시할 수 있으므로 ToPILImage( ) 함수를 이용해 PIL 이미지로 변환합니다.
- 8행 : 이미지를 표시하기 때문에 축을 제거하여 보기 좋게 합니다.
- 같은 이미지를 5번 추출하는데 모양이 조금씩 다릅니다. 회전이나 반전 그리고 블러도 확률적으로 적용된 것을 볼 수 있습니다.

4.3 학습 모델(ResNet18)

이진 분류 문제는 이전에 풀었던 160개의 종 분류 문제보다 비교적 쉬운 태스크입니다. 따라서 ResNet50보다 작은 ResNet18 모델로 전이 학습을 해도 좋은 결과가 나올 수 있습니다. 이번에는 전이 학습 중에서 전체 모델을 학습시키는 완전 미세 조정 방식으로 학습을 진행하겠습니다. 사전 학습된 모델을 불러오는 방법은 torch.hub도 있지만 토치 비전의 models를 사용하는 방법도 있습니다. 토치 비전은 모델별로 여러 개의 사전 학습된 가중치를 제공하기 때문에 모델과 가중치를 따로 조합해서 사용할 수 있습니다.

```
1 import torchvision.models as models
2 from torchvision.models.resnet import ResNet18_Weights
3
4 model = models.resnet18(weights=ResNet18_Weights.IMAGENET1K_V1)
5 print(model)
```

[실행 결과]
```
ResNet(
  (conv1): Conv2d(3, 64, kernel_size=(7, 7), stride=(2, 2), padding=(3, 3), bias=False)
  (bn1): BatchNorm2d(64, eps=1e-05, momentum=0.1, affine=True, track_running_
        stats=True)
  (relu): ReLU(inplace=True)
  (maxpool): MaxPool2d(kernel_size=3, stride=2, padding=1, dilation=1, ceil_mode=False)
  (layer1): Sequential(
    (0): BasicBlock(
```

```
...
(avgpool): AdaptiveAvgPool2d(output_size=(1, 1))
  (fc): Linear(in_features=512, out_features=1000, bias=True)
)
```

- 1~4행 : torchvision.models는 컴퓨터 비전 분야에서 널리 사용되는 모델을 불러올 수 있습니다. 모델에 따라 여러 버전의 사전 학습된 가중치를 제공하는데 해당 모델을 생성할 때 weights 인자에 넣어주면 지정된 가중치를 불러옵니다.
- 5행 : 이미지넷을 학습한 사전 학습 모델이기 때문에 마지막 FC 레이어의 출력이 1,000개임을 볼 수 있습니다.

load_resnet 함수를 통해 모델을 불러올 수 있는데 이진 분류도 다중 클래스 분류와 동일하게 모델을 구성할 수 있습니다.

```
1 def load_resnet( ):
2     model = models.resnet18(weights=ResNet18_Weights.IMAGENET1K_V1)
3     model.fc = nn.Linear(in_features=512, out_features=2, bias=True)
4
5     return model
```

- 1행 : 이미지넷으로 사전 학습된 가중치를 불러와 모델을 초기화합니다.
- 2행 : 마지막 FC 레이어에서 2개의 출력을 낼 수 있도록 조절합니다.

4.4 학습 및 기록(Wandb)

딥러닝 모델을 학습하는 과정에서 추적과 기록은 매우 중요합니다. 한번에 학습이 완료되어 좋은 모델을 만들 수 있다면 좋겠지만 실상은 그렇지 않습니다. 문제를 풀기 위해 하이퍼파라미터, 모델, 손실 함수, 학습 방법 등을 다양하게 변화시키면서 수십 수백 번의 학습을 반복해야 좋은 모델이 나오기 때문입니다. 이렇게 다양한 학습을 진행할 때 어떤 학습 설정에서 좋은 결과가 나오는지 알아야 하는데 기록을 하지 않으면 잊어버리게 됩니다. 딥러닝은 학습 시 몇 시간 혹은 며칠씩 걸리는 모델도 있기 때문에 설정을 잊어버린다면 많은 시간을 낭비하게 됩니다. 이에 실험을 기록해야 하는 이유를 간단하게 정리해 보았습니다.

- 진단 : 모델이 제대로 학습되고 있는지, 과적합(Overfitting)이나 과소적합(Underfitting) 문제가 발생하고 있는지를 확인할 수 있습니다.
- 모델 비교 : 다양한 하이퍼파라미터 설정, 아키텍처, 데이터 전처리 방법 등을 시도해 보면 어떤 접근법이 가장 효과적인지 이전의 실험 결과와 비교할 수 있습니다.
- 복구와 재현성 : 프로세스가 중간에 중단된 경우 마지막으로 저장된 체크 포인트에서 다시 시작할 수 있습니다. 나중에 같은 실험을 재현하거나 결과를 검증하기 위해서도 기록은 필요합니다.
- 최적화 : 학습률(Learning Rate), 배치 크기(Batch Size), 에폭(Epoch) 수 등의 하이퍼파라미터를 조정함으로써 성능 개선에 도움이 됩니다.

 실험 기록 툴(Tool)

딥러닝이 발전하면서 실험 관리에 대한 중요성이 크게 대두되었고, 현재는 다양한 실험 기록 툴이 출시되어 있습니다. 대표적으로 텐서보드, 넵튠, Wandb, MLFlow, Kubeflow 등이 있습니다.

Weights & Biases

딥러닝 모델을 학습하는 것은 마치 대항해를 하는 것과 비슷합니다. 망망대해에서는 어디로 가야 할지, 어떤 방향이 올바른지 알 수가 없습니다. 이럴 때 필요한 것이 나침반과 해도인데 이런 역할을 하는 도구가 Wandb 툴입니다. 학습 과정에서 생성되는 다양한 메트릭(예 : 손실 값, 정확도 등)을 실시간으로 시각화하고 로깅함으로써 올바른 방향으로 가고 있는지를 확인할 수 있습니다. 또한, Wandb를 사용하면 각 실험 결과를 기록하여 나중에 참조할 수 있고 코드, 하이퍼파라미터 설정, 모델 구조 등 실험의 모든 요소들을 자동으로 로깅합니다. Wandb는 클라우드 기반 서비스로 사용하기 전에 회원가입을 해야 합니다. 일부 고급 기능은 유료 버전을 사용해야 하지만 기본적인 실험 기록은 무료 버전으로 충분히 사용할 수 있습니다.

이제 Wandb를 이용해 모델을 학습하기 위해 wandb 패키지를 설치합니다.

```
1 !pip install -q wandb
```

이어서 wandb 웹 대시보드에 로깅이 될 수 있도록 로그인을 합니다. 세 번째 출력 줄에서 wandb를 사용하기 위한 API key를 입력해야 하는데 https://wandb.ai/authorize로 접속하여 로그인한 뒤 화면에 보이는 API key를 복사하여 출력 화면에 붙여넣기 합니다. 로그인이 완료되면 마지막 줄이 출력됩니다.

```
1 !wandb login
```
wandb: Logging into wandb.ai. (Learn how to deploy a W&B server locally: https://wandb.me/wandb-server)
wandb: You can find your API key in your browser here: https://wandb.ai/authorize
wandb: Paste an API key from your profile and hit enter, or press ctrl+c to quit:
wandb: Appending key for api.wandb.ai to your netrc file: /root/.netrc

이번 예제는 0 또는 1을 예측하는 이진 분류 문제이기 때문에 이전에 작성했던 다중 클래스 분류 문제의 학습 코드를 조금 변경하도록 하겠습니다. 먼저 train( ) 함수부터 살펴보겠습니다.

```
1  def train(model, dataloader, criterion, optimizer, epoch, device):
2    # train mode
3    model.train( )
4
5    # 학습 통계
6    running_loss = 0
7    correct = 0
8
9    with tqdm(dataloader) as pbar:
10     for i, (data, targets) in enumerate(pbar):
11       data, targets = data.to(device), targets.to(device)
12
13       optimizer.zero_grad( )
14       outputs = model(data)
15       loss = criterion(outputs, targets.unsqueeze(1).float( )) #### Change
16       loss.backward( )
17       optimizer.step( )
18
19       running_loss += loss.item( )
20       pbar.set_postfix(loss=loss.item( ))
21
22       # Accuracy 계산
23       with torch.no_grad( ):
24         predicted = torch.sigmoid(outputs).round( ) #### Change
25         correct += predicted.eq(targets.view_as(predicted)).sum( )
26
27    # Accuracy 출력
28    data_num = len(dataloader.dataset)
```

```
29    acc = 100. * correct / data_num
30    print(
31        f"[{epoch}/{EPOCH}]",
32        f"train loss: {running_loss/len(dataloader):.4f}",
33        f"train acc: {correct}/{data_num} ({acc:.2f}%)"
34    )
35
36    return running_loss/len(dataloader), acc
```

> **코드 설명**
>
> - 15행 : 이진 분류의 손실 함수는 BCE(Binary Cross Entropy)를 많이 사용합니다. 이번 예제에서는 BCE 손실 함수에 시그모이드를 적용한 BCEWithLogitLoss 손실 함수를 사용합니다. 현재 타겟 레이블 모양은 torch.Size([256])인데 사용할 손실 함수는 [256,1] 모양을 타겟 레이블로 받습니다. 여기에 1번째 차원을 추가하기 위해 unsqueeze(1)을 실행합니다. 또한, 예측값과 타겟 레이블 값을 실수형로 받기 때문에 float( )도 실행합니다.
> - 24행 : 예측값을 구하는 부분은 출력값에 시그모이드 함수를 적용해 0~1 사이로 만들고, 0.5 이상이면 1로, 미만이면 0으로 만들기 위해 round( ) 함수를 추가로 적용합니다.

validation과 test 함수 역시 손실 함수의 계산과 정확도 계산을 위해 예측값 부분의 코드를 변경합니다. wandb 로깅을 적용한 학습 코드를 살펴보겠습니다.

```
1  import wandb
2
3  wandb.init(project="Pneumonia", save_code=True)
4
5  EPOCH = 10
6  BATCH_SIZE = 256
7  NUM_WORKERS = 0
8  LR = 0.001
9
10 wandb.config = {
11     "learning_rate": LR,
12     "epochs": EPOCH,
13     "batch_size": BATCH_SIZE,
14     "num_workers": NUM_WORKERS
15 }
16
17 train_transform = A.Compose([
18     A.Resize(256, 256),
```

```
19      A.Rotate(limit=(-20, +20)),
20      A.RandomCrop(224, 224),
21      A.Normalize([0.485, 0.456, 0.406],[0.229, 0.224, 0.225]),
22      ToTensorV2( ),
23 ])
24 test_transform = A.Compose([
25      A.Resize(256, 256),
26      A.CenterCrop(224, 224),
27      A.Normalize([0.485, 0.456, 0.406],[0.229, 0.224, 0.225]),
28      ToTensorV2( ),
29 ])
30
31 trainset, valset, testset = get_dataset_v2(
32   train_transforms=train_transform,
33   test_transforms=test_transform
34 )
35
36 # dataloader
37 train_loader = DataLoader(
38   dataset=trainset,
39   shuffle=True,
40   batch_size=BATCH_SIZE,
41   num_workers=NUM_WORKERS,
42 )
43 val_loader = DataLoader(
44   dataset=valset,
45   batch_size=BATCH_SIZE,
46   num_workers=NUM_WORKERS,
47 )
48 test_loader = DataLoader(
49   dataset=testset,
50   batch_size=BATCH_SIZE,
51   num_workers=NUM_WORKERS,
52 )
53
54 # Model
55 model = load_resnet( )
```

```python
56
57 # Optimizer, Loss, Scheduler
58 optimizer = optim.Adam(model.parameters( ), lr=LR)
59
60 criterion = nn.BCEWithLogitsLoss( )
61 scheduler = optim.lr_scheduler.StepLR(optimizer, step_size=3, gamma=0.5)
62
63 model = model.to(device)
64 criterion = criterion.to(device)
65
66 max_acc = 0
67 # Start Training
68 for epoch in range(EPOCH):
69     print("LR:", scheduler.get_last_lr( ))
70
71     tloss, tacc = train(model, train_loader, criterion, optimizer, epoch, device)
72     vloss, vacc = validation(model, val_loader, criterion, epoch, device)
73
74     wandb.log({
75         "lr": scheduler.get_last_lr( )[0],
76         "train_loss": tloss,
77         "train_accuracy": tacc,
78         "val_loss": vloss,
79         "val_acc": vacc
80     })
81     scheduler.step( )
82
83     if vacc > max_acc:
84         torch.save(model.state_dict( ), "best.pth")
85
86 # load best model
87 model.load_state_dict(torch.load("best.pth"))
88 artifact = wandb.Artifact('best', type='checkpoint')
89 artifact.add_file('best.pth')
90 wandb.log_artifact(artifact)
91
92 # Test
```

```
 93 tacc, y_true, y_preds = test(model, test_loader, device)
 94 class_names = testset.classes
 95 wandb.log({
 96     "test_accuracy": tacc,
 97     "conf_mat": wandb.plot.confusion_matrix(probs=None,
 98            y_true=y_true.tolist( ),
 99            preds=torch.sigmoid(y_preds).squeeze( ).round( ).int( ).tolist( ),
100            class_names=class_names)})
101 wandb.finish( )
```

[실행 결과]

wandb: Currently logged in as: kairos03. Use `wandb login --relogin` to force relogin

Tracking run with wandb version 0.15.12

Run data is saved locally in /content/drive/MyDrive/Colab Notebooks/프로젝트로 시작하는 Pytorch/5.4/wandb/run-20231103_005743-nd3pdo3m

Syncing run leafy-fire-39 to Weights & Biases (docs)

View project at https://wandb.ai/kairos03/Pneumonia

View run at https://wandb.ai/kairos03/Pneumonia/runs/nd3pdo3m

LR: [0.001]

100%|████████████| 19/19 [02:01<00:00, 6.39s/it, loss=0.0877]

[0/10] train loss: 0.1671 train acc: 4386/4695 (93.42%)

100%|████████████| 3/3 [00:09<00:00, 3.26s/it, loss=0.659]

[0/10] valid loss: 0.4239 valid acc: 462/521 (88.68%)

...

LR: [0.000125]

100%|████████████| 19/19 [01:45<00:00, 5.57s/it, loss=0.00369]

[9/10] train loss: 0.0055 train acc: 4690/4695 (99.89%)

100%|████████████| 3/3 [00:08<00:00, 2.95s/it, loss=0.00718]

[9/10] valid loss: 0.0349 valid acc: 513/521 (98.46%)

Test Accuracy: 552/624 (88.46%)

Waiting for W&B process to finish... (success).

Run history:

lr
test_accuracy
train_accuracy
train_loss
val_acc
val_loss

```
Run summary:

lr              0.00013
test_accuracy   88.46154
train_accuracy  99.8935
train_loss      0.00548
val_acc         98.46449
val_loss        0.03488

View run leafy-fire-39 at: https://wandb.ai/kairos03/Pneumonia/runs/nd3pdo3m
Synced 5 W&B file(s), 1 media file(s), 2 artifact file(s) and 1 other file(s)
Find logs at: ./wandb/run-20231103_005743-nd3pdo3m/logs
```

 코드 설명

- 1~3행 : wandb에 로깅을 사용하기 위해 패키지를 불러오고 초기화합니다. 프로젝트 이름은 wandb에서 프로젝트로 생성될 이름입니다. 학습이 시작될 때마다 프로젝트 하위에 실험이 추가됩니다. save_code를 True로 지정할 경우 학습 코드 전체를 wandb에 기록합니다. 추후에 같은 실험을 할 때는 유용하지만 기록이 너무 많아지면 용량을 차지하는 단점이 있습니다.
- 5~8행 : 하이퍼파라미터를 설정합니다.
- 10~15행 : wandb에 앞서 지정한 하이퍼파라미터를 기록합니다(config로 기록할 수 있음).
- 17~29행 : albumentation을 사용하여 변환을 구성합니다.
- 31~52행 : 데이터셋과 데이터 로더를 불러옵니다.
- 54~64행 : 모델, 최적화 함수, 손실 함수, 스케줄러를 순차적으로 구성합니다. 스케줄러는 학습 중에 학습률을 조절하는 구성 요소로 이번 학습에서 추가되었습니다. 최적화 함수처럼 다양한 스케줄러가 있는데 여기에서는 StepLR 스케줄러를 사용합니다. StepLR은 지정된 스탭마다 gamma값을 기존 학습률에 곱하여 학습률을 조절합니다. 학습 후반으로 갈수록 학습률을 줄이는 것이 좋습니다.
- 68~69행 : 학습 루프를 시작하고, 에폭 시작 시 현재 학습률을 표시합니다. 스케줄러를 사용하고 있기 때문에 학습률이 줄어드는지 확인할 수 있습니다.
- 71~72행 : 학습, 검증 후 손실과 정확도를 반환 받습니다.
- 74~80행 : wandb.log 함수를 사용하여 wandb에 학습, 검증 손실, 정확도 그리고 현재 에포크의 학습률을 기록합니다.
- 81행 : 매 에포크가 끝나면 스케줄러를 한 스탭 진행하도록 step( ) 함수를 호출합니다.
- 86~90행 : 최고 성능의 모델을 저장합니다. 로컬에 저장할 뿐만 아니라 wandb의 Artifact로도 저장합니다. Artifact는 학습 중에 발생한 결과물로 모델 가중치뿐만 아니라 다양한 중간 데이터의 시각화 자료 등이 저장될 수 있습니다.
- 93행 : 테스트 함수를 통해 테스트의 정확도, 예측값을 반환 받습니다.
- 94~100행 : 테스트의 정확도를 기록합니다. wandb는 시각화를 위한 여러 함수를 제공하는데 여기에서는 혼합 행렬(Confusion Matrix)을 기록합니다. 혼합 행렬은 예측 레이블, 실제 레이블을 가로/세로 축으로 표현한 표 형태의 그림입니다. 이를 통해 얼마나 많은 정답을 맞추었는지 그리고 틀린 경우에는 어떤 레이블로 예측해서 틀렸는지 수치로 확인할 수 있습니다.
- 101행 : wandb.finish( ) 함수로 실험을 종료합니다.

실험 로그 마지막에는 wandb에 기록된 수치를 기반으로 RunHistory를 그래프로 출력합니다. 최종값을 기준으로 Run Summary를 출력하므로 간편하게 실험 결과를 볼 수 있습니다. 자세한 정보를 보기 위해 wandb 사이트에서 실험 결과를 확인해 보겠습니다. 실험 로그 마지막에 있는 'View run leafy-fire-39 at: https://wandb.ai/kairos03/Pneumonia/runs/nd3pdo3m'의 URL에 접속하면 기록된 실험 로그를 확인할 수 있으며, 상단의 박스 부분을 클릭하면 다른 프로젝트나 다른 런(Runs)을 탐색할 수 있습니다. 또한, 기본적인 차트 화면에서 실험 중 기록된 다양한 차트를 볼 수 있습니다. 이번 실험에서는 혼합 행렬을 추가했는데 해당 차트는 Custom Charts 항목에 있고, 하단의 Charts에서는 wandb.log로 기록한 수치 데이터의 꺾은선 그래프를 볼 수 있습니다. System에서는 실험 중에 수집된 CPU, Memory, GPU 등의 시스템 정보를 확인할 수 있습니다.

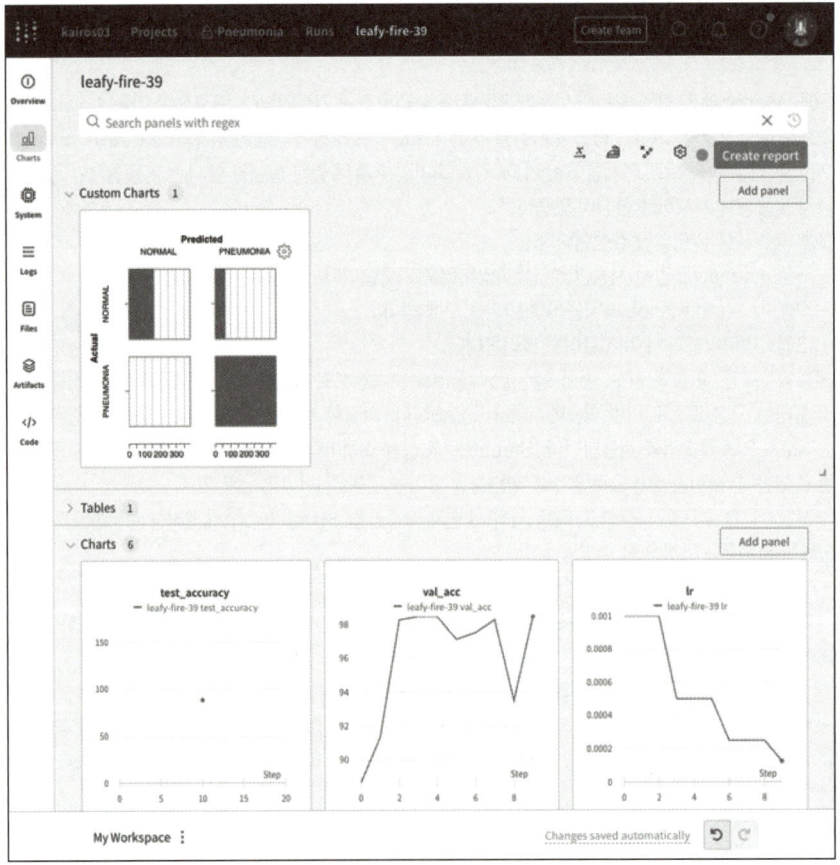

[wandb 결과 화면 1]

[Overview] 탭에서는 실험 정보, 시스템 정보, 현재 상태 등을 확인할 수 있고, 어떤 아티펙트가 저장되었는지 실험 설정은 어떠했는지 등의 정보를 파악할 수 있습니다. [Logs] 탭에서는 실험 중에 기록된 로그가 모두 저장된 것을 확인할 수 있습니다. [Files] 탭에서는 실험

을 재현하기 위해 필요한 데이터가 저장되는데 아티팩트, 실험 코드, 실험 설정, 출력, 실험 시 사용된 파이썬 패키지 정보 등이 있습니다. [Artifacts] 탭에서는 wandb.Artifact( )로 기록한 모델의 체크 포인트 등을 확인할 수 있습니다. [Code] 탭에서는 실험에서 사용한 모든 코드를 볼 수 있습니다. wandb.init( )에서 save_code=True로 지정했기 때문에 코드가 같이 저장됩니다.

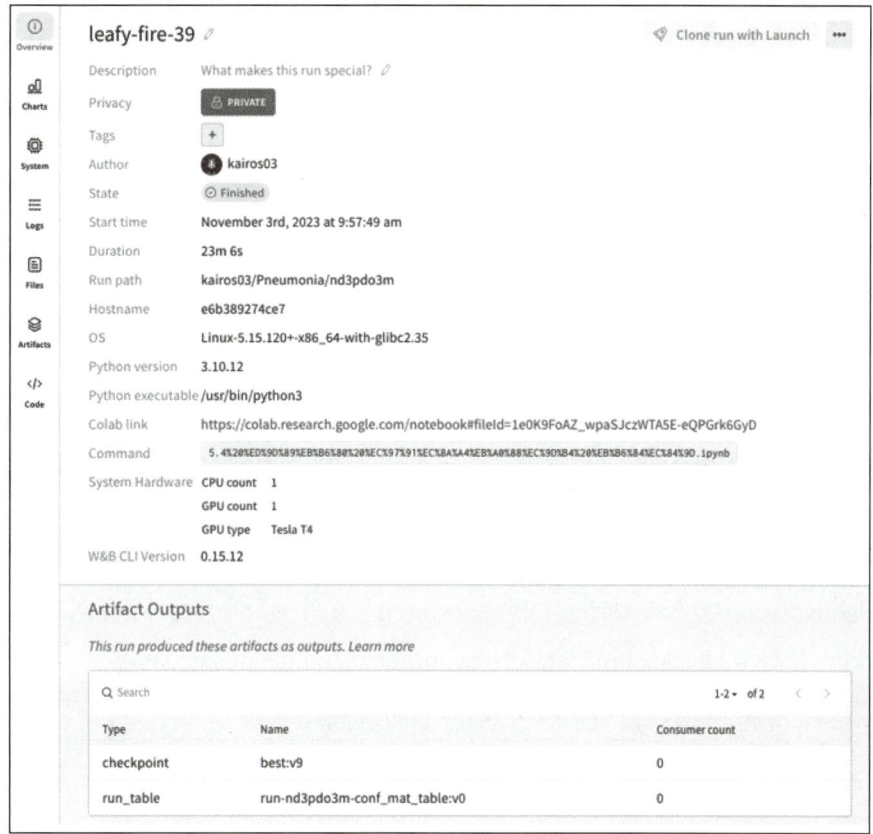

[wandb 결과 화면 2]

Chapter 05

자연 풍경 이미지 분류하기

자연 풍경 이미지 분류는 다중 레이블 이미지 분류 문제로 다중 클래스 분류에 해당합니다. 다중 레이블 분류 문제는 한번에 여러 개의 클래스를 동시에 가질 수 있는 문제입니다. 그럼 자연 풍경 이미지 분류 문제의 데이터 분석부터 살펴보도록 하겠습니다.

5.1 데이터 분석

다중 레이블 분류 문제는 예를 들어 어떤 옷에 대한 성별을 예측할 때 남성, 여성, 유니섹스 등으로 구분할 수 있습니다. 여기에서 유니섹스는 남성과 여성이 모두 입을 수 있는 경우로 남성, 여성 두 개의 레이블을 모두 갖게 됩니다. 본격적인 작업에 앞서 자연 풍경 데이터셋은 Kaggle에서 MIML이라는 데이터셋을 검색하면 찾을 수 있습니다. 구글 드라이브에서 'Colab Notebooks/프로젝트로 시작하는 Pytorch/5.5'의 위치에 데이터셋을 업로드합니다(https://www.kaggle.com/datasets/twopothead/miml-image-data).

문제	다중 클래스 자연 풍경 이미지 분류
모델	ResNet18
데이터셋	MIML (Kaggle)
문제 유형	분류
평가 지표	BCE, 정확도, 정밀도, 재현율, F1-Score

데이터 압축을 풀고, 디렉터리를 확인해 보겠습니다.

```
1 !unzip -qq MIML.zip -d dataset
2 ls dataset
'miml data.mat'  miml-image-data/  original/
```

```
1 ls dataset/miml-image-data
original/  original.rar  processed/  processed.rar
```

dataset/miml-image-data 하위에 사용할 데이터가 있습니다. 자연 풍경 데이터셋의 이미지는 original 하위에 0~2000.jpg로 저장되어 있고, 레이블은 'processed/miml data.mat'에서 확인할 수 있습니다. 그럼 레이블에 대해 대략적인 데이터 구성을 알아보겠습니다.

```
1  #base directory
2  base_dir = 'dataset/miml-image-data'
3  image_dir = os.path.join(base_dir, 'original')
4
5  mat_file_path = os.path.join(base_dir, 'processed/miml data.mat')
6  mat_file = sio.loadmat(mat_file_path)
7
8  #target labels
9  target_array = mat_file['targets'].T
10 target_list = [[j if j==1 else 0 for j in row] for row in target_array]
11
12 #class
13 class_names = [j[0][0] for j in mat_file['class_name']]
14
15 print("number of samples:", len(target_list))
16 print('target: ', target_list[425])
17 print('class: ', class_names)
```

[실행 결과]

number of samples: 2000
target: [0, 1, 1, 0, 0]
class: ['desert', 'mountains', 'sea', 'sunset', 'trees']

 코드 설명

- 2행 : 데이터셋의 베이스 디렉토리를 지정합니다.
- 3행 : 이미지 디렉토리를 베이스 디렉토리 하위에 'original'로 저장합니다.
- 5행 : 레이블이 저장된 mat 파일의 경로를 지정합니다.
- 6행 : scipy.io 모듈을 이용해 mat 파일을 읽어옵니다. mat 확장자는 매트랩 바이너리 파일의 확장자입니다.
- 9행 : 매트랩 파일에서 target 열을 불러옵니다.
- 10행 : target_list를 만들고, target_array의 각 행값이 1이면 1, 그렇지 않으면 0으로 변환합니다.
- 13행 : 클래스 이름을 저장합니다.
- 15~17행 : 데이터셋 샘플의 개수, 425번 레이블, 클래스 이름을 출력합니다.
- 데이터셋은 총 2,000개의 샘플로 이루어져 있습니다. 425번 레이블을 살펴보면 두 개의 위치에 1이 있는데 이를 통해 데이터셋은 다중 레이블 데이터셋이라는 것을 알 수 있습니다. 다음으로 각 위치에 해당하는 클래스는 총 5개로 사막, 산, 바다, 석양, 나무로 구성되어 있습니다.

다음으로 클래스의 분포를 알아보겠습니다.

```
1 num_classes = np.sum(target_list, axis=0)
2 plt.bar(class_names, num_classes)
3 print(num_classes)
```

[실행 결과]
[409 458 580 465 560]

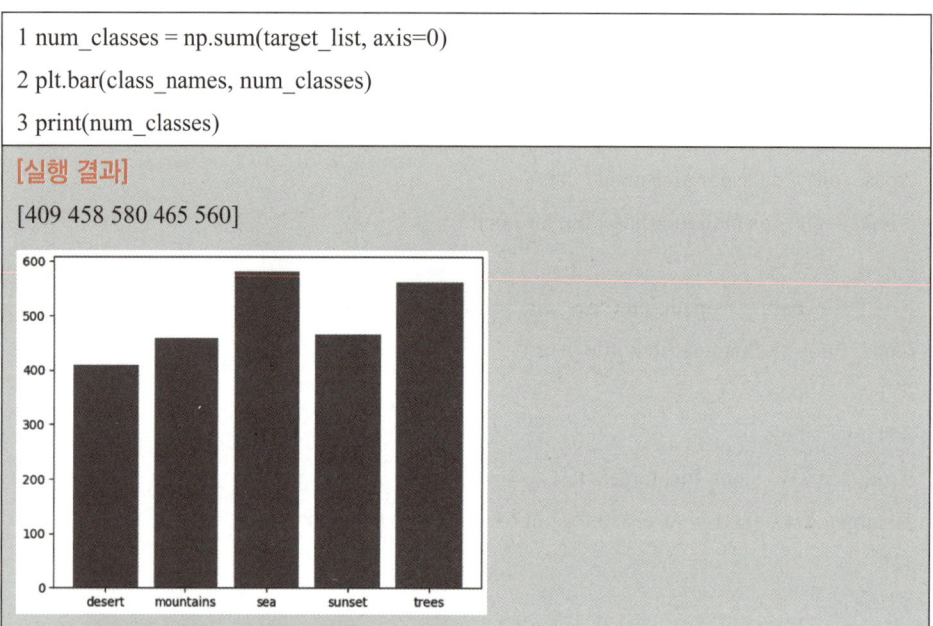

5개의 클래스 분포는 크게 차이가 나지는 않습니다. 580개로 바다 이미지가 가장 많고, 409개로 사막 이미지가 가장 적습니다. 각 레이블을 모두 더하면 2,000개보다 많은데 이는 다중 레이블 문제이기 때문입니다. 그렇다면 각 샘플들은 몇 개의 레이블을 가지고 있을까요? 1개의 레이블을 가지고 있는 샘플이 1,543개로 가장 많고, 2개의 레이블을 가지는 샘플은 442개가 있습니다. 13개로 매우 적지만 3개 레이블을 가지고 있는 샘플도 있습니다.

```
1 counts, num = np.unique(np.sum(target_list, axis=1), return_counts=True)
2 plt.bar(counts, num)
3 print(num)
```

[실행 결과]
[1543 442   15]

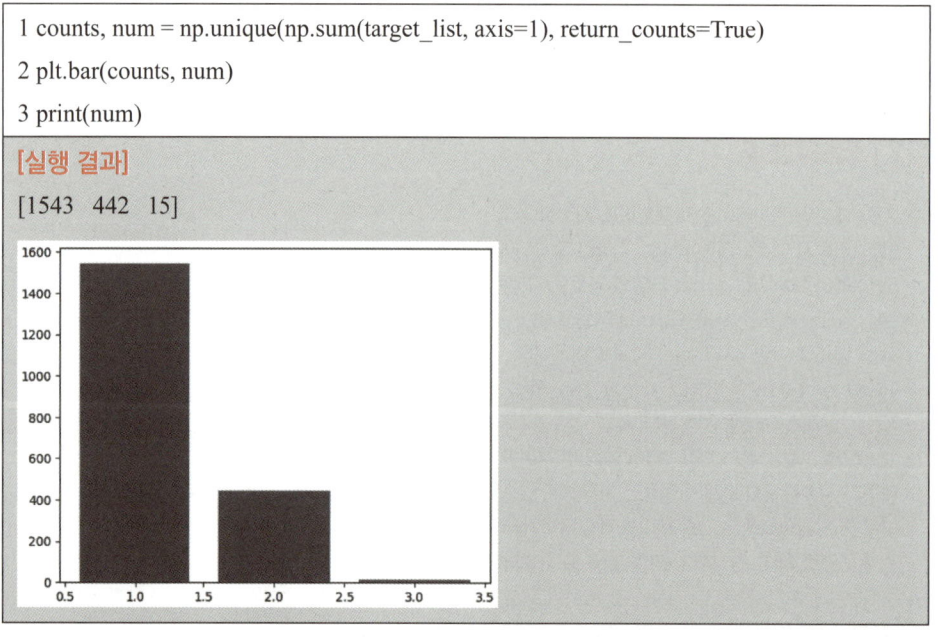

np.unique( ) 함수

np.unique는 주어진 리스트에서 유일한 값을 반환하는 함수로 인자를 return_counts=True로 지정하면 두 번째 반환값으로 유니크한 값의 갯수를 반환합니다.

평균적으로 샘플당 레이블의 갯수는 1.236개입니다.

```
1 avg_label_pre_image = np.sum(counts * num) / len(target_list)
2 avg_label_pre_image
```

[실행 결과]
1.236

5.2 데이터셋

파이토치의 커스텀 데이터셋을 만들어 보겠습니다. 이미지 폴더와 같은 구성이 아니기 때문에 Dataset 클래스를 상속받아 구현하겠습니다.

```
1  class SceneDataset(Dataset):
2    def __init__(self, root, transform=None):
3      self.root = root
4      self.transform = transform
5
6      mat_file_path = os.path.join(root, 'processed/miml data.mat')
7      mat_file = sio.loadmat(mat_file_path)
8      target_array = mat_file['targets'].T
9
10     self.targets = [[j if j==1 else 0 for j in row] for row in target_array]
11     self.images = [
12       os.path.join(root, f'original/{a+1}.jpg')
13       for a in range(len(self.targets))
14     ]
15
16     self.class_names = [j[0][0] for j in mat_file['class_name']]
17
18   def __getitem__(self, index):
19     path, target = self.images[index], self.targets[index]
20
21     image = cv2.imread(path)
```

```
22    image = cv2.cvtColor(image, cv2.COLOR_BGR2RGB)
23
24    if self.transform is not None:
25       augmented = self.transform(image=image)
26       image = augmented["image"]
27
28    return image, torch.tensor(target)
29
30  def __len__(self):
31    return len(self.targets)
32
33  def target2class(self, target):
34    return [self.class_names[i] for i, v in enumerate(target) if v == 1]
```

코드 설명

- 1행 : Dataset 클래스를 상속받아 SceneDataset 클래스를 만듭니다.
- 2행 : 생성자에서 데이터 루트와 변환을 인자로 받습니다.
- 3~16행 : 데이터를 불러온 대로 레이블과 이미지 경로 그리고 클래스 이름을 저장합니다.
- 18~19행 : 초기화한 images와 targets에서 해당 인덱스의 이미지와 레이블을 가져옵니다.
- 21~22행 : 변환 라이브러리로 Albumentations를 사용하기 위해 cv2로 이미지를 불러옵니다.
- 24~28행 : transform이 있다면 변환하고, 이를 반환합니다.
- 30~31행 : 데이터셋의 길이를 반환합니다.
- 33~34행 : target2class 함수는 0 또는 1로 구성된 길이 5 리스트를 입력받아 이에 해당하는 클래스 이름을 반환합니다.

```
1  def get_dataset(
2    root, train=0.8, val=0.1,
3    train_transforms=None, test_transforms=None,
4    random_seed=827
5  ):
6    origin = SceneDataset(
7      root,
8      transform=train_transforms
9    )
10
11   train_samples = int(len(origin) * train)
12   val_samples = int(len(origin) * val)
13   test_samples = len(origin) - train_samples - val_samples
```

```
14
15   torch.manual_seed(random_seed)
16   trainset, valset, testset = torch.utils.data.random_split(
17      origin,
18      (train_samples, val_samples, test_samples),
19   )
20   valset.transforms = test_transforms
21   testset.transforms = test_transforms
22
23   return trainset, valset, testset
24
25 trainset, valset, testset = get_dataset(base_dir)
26 print(len(trainset), len(valset), len(testset))
```

[실행 결과]
1600 200 200

 코드 설명

- 1~5행 : get_dataset( ) 함수를 생성합니다. 이번 자연 풍경 데이터셋은 따로 나누어진 테스트 셋이 없습니다. 따라서 전체 데이터셋을 학습셋, 검증셋, 테스트셋으로 나누고 이를 위해 train, val 인자를 받아 스플릿을 진행합니다.
- 6~9행 : 위에서 생성한 SceneDataset으로 전체 데이터셋을 구성합니다.
- 11~13행 : 각 스플릿별로 샘플 갯수를 계산합니다. 테스트셋은 학습셋, 검증셋을 제외한 나머지로 구성합니다.
- 15행 : 토치의 랜덤 시드를 지정하고, 스플릿을 위해 random_split( )을 진행합니다. 매번 학습 때마다 완전한 랜덤이 되면 정확한 비교가 어렵습니다. 따라서 랜덤 시드를 고정해 주면 매번 같은 샘플들로 랜덤 스플릿값을 고정할 수 있습니다.
- 16~19행 : random_split( )을 이용해 전체 데이터셋을 학습, 검증, 테스트셋으로 스플릿합니다.
- 20~21행 : 검증, 테스트셋의 변환을 test_transform으로 변경합니다.
- 25~26행 : get_dataset( ) 함수로 데이터를 불러오고 길이를 출력합니다.
- 학습, 검증, 테스트셋의 길이가 각각 1600, 200, 200개로 8:1:1 비율로 나뉜 것을 볼 수 있습니다.

다음으로 각 샘플과 레이블을 확인해 보겠습니다.

```
1 plt.figure(figsize=(16,6))
2 for i, data in enumerate(trainset):
3    image, label = data
4
5    plt.subplot(2,5,i+1)
6    plt.imshow(image)
7    plt.title(trainset.dataset.target2class(label))
```

```
 8    plt.axis('off')
 9
10   if i >= 9:
11       break
```

[실행 결과]

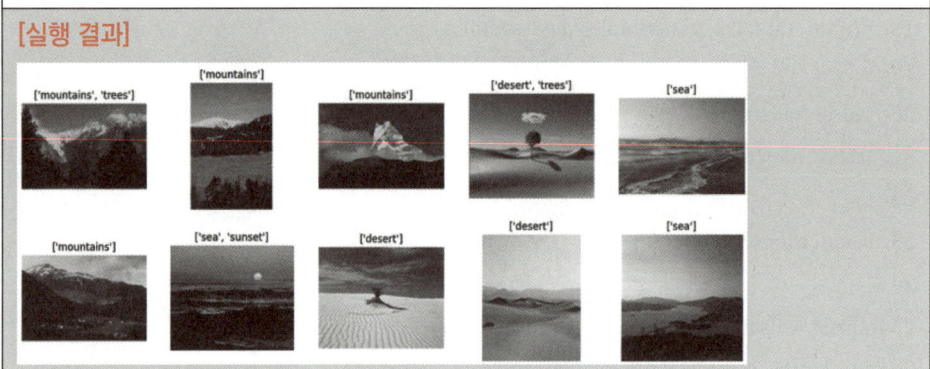

코드 설명

- 1행 : 그래프의 크기를 16,6으로 조정합니다.
- 2행 : 학습셋을 실행하면서 샘플을 추출하고, 데이터에서 이미지와 레이블을 분리합니다.
- 5행 : 2행 5열의 서브 플롯 중 i+1번째 서브 플롯을 지정합니다.
- 6행 : 이미지를 표시합니다.
- 7행 : 레이블을 제목으로 지정합니다. [0, 1]로 구성된 레이블을 클래스 이름이 포함된 값으로 변환하여 보기 좋게 합니다.
- 8행 : 축 값을 제거합니다.
- 10~11행 : i가 9보다 크면 10개의 이미지를 이미 표시한 것이므로 루프를 빠져나갑니다.
- 자연 풍경이 이미지로 포함되어 있고, 5개의 레이블 샘플을 모두 확인할 수 있습니다.

5.3 ResNet18 모델

해당 모델을 살펴보기 위하여 이전과 동일한 ResNet18 모델을 사용하겠습니다.

```
1 import torchvision.models as models
2 from torchvision.models.resnet import ResNet18_Weights
3
4 from torchinfo import summary
5
6
7 def load_resnet(classes):
8     model = models.resnet18(weights=ResNet18_Weights.IMAGENET1K_V1)
9     model.fc = nn.Linear(in_features=512, out_features=classes, bias=True)
```

```
10
11     return model
12
13 summary(load_resnet(5), (1,3, 224, 224))
```

[실행 결과]

```
==========================================================================
Layer (type:depth-idx)              Output Shape              Param #
==========================================================================
ResNet                              [1, 5]                    --
├─Conv2d: 1-1                       [1, 64, 112, 112]         9,408
├─BatchNorm2d: 1-2                  [1, 64, 112, 112]         128
├─ReLU: 1-3                         [1, 64, 112, 112]         --
├─MaxPool2d: 1-4                    [1, 64, 56, 56]           --
├─Sequential: 1-5                   [1, 64, 56, 56]           --
│    └─BasicBlock: 2-1              [1, 64, 56, 56]           --
│    │    └─Conv2d: 3-1             [1, 64, 56, 56]           36,864
│    │    └─BatchNorm2d: 3-2        [1, 64, 56, 56]           128
│    │    └─ReLU: 3-3               [1, 64, 56, 56]           --
│    │    └─Conv2d: 3-4             [1, 64, 56, 56]           36,864
│    │    └─BatchNorm2d: 3-5        [1, 64, 56, 56]           128
│    │    └─ReLU: 3-6               [1, 64, 56, 56]           --
...
│    └─BasicBlock: 2-8              [1, 512, 7, 7]            --
│    │    └─Conv2d: 3-46            [1, 512, 7, 7]            2,359,296
│    │    └─BatchNorm2d: 3-47       [1, 512, 7, 7]            1,024
│    │    └─ReLU: 3-48              [1, 512, 7, 7]            --
│    │    └─Conv2d: 3-49            [1, 512, 7, 7]            2,359,296
│    │    └─BatchNorm2d: 3-50       [1, 512, 7, 7]            1,024
│    │    └─ReLU: 3-51              [1, 512, 7, 7]            --
├─AdaptiveAvgPool2d: 1-9            [1, 512, 1, 1]            --
├─Linear: 1-10                      [1, 5]                    2,565
==========================================================================
Total params: 11,179,077
Trainable params: 11,179,077
Non-trainable params: 0
Total mult-adds (G): 1.81
==========================================================================
Input size (MB): 0.60
Forward/backward pass size (MB): 39.74
Params size (MB): 44.72
Estimated Total Size (MB): 85.06
==========================================================================
```

load_resnet( ) 함수를 변경하여 마지막 클래스 개수를 받을 수 있습니다. 자연 풍경 분류 문제는 5개의 클래스를 예측하기 때문에 load_resnet(5)를 통해 모델을 초기화할 수 있습니다. 코드에서는 torchinfo 패키지의 summary를 사용하여 모델 구조를 출력합니다. torchinfo는 Sequential, BasicBlock 등 커스텀 클래스 및 헬퍼 클래스 구조를 계층적으로 출력하여 전반적인 모델 구조를 파악하는데 좋습니다. 각 층의 입출력 크기와 파라미터 수도 계산합니다.

5.4 모델 학습

다중 레이블 문제는 이진 분류 문제와 같이 BinaryCrossEntropy 손실 함수를 사용하여 모델을 학습시킵니다. 이번 문제에서는 여러 개의 클래스가 있기 때문에 손실 계산 부분과 정확도 계산 부분이 약간 다릅니다. 변경된 부분의 코드를 확인해 보겠습니다.

```
1  def train(model, dataloader, criterion, optimizer, epoch, device):
...
14      outputs = model(data)
15      loss = criterion(outputs, targets.float( ))    #### Change
16      loss.backward( )
...
24      predicted = torch.sigmoid(outputs).round( )
25      correct += torch.all(torch.eq(predicted, targets), dim=-1).sum( )    #### Change
```

코드 설명

- 15행 : BCE를 사용하기 때문에 손실 함수 계산 시 타겟 텐서를 float으로 변경합니다. 이미 여러 클래스로 구분되어 있기 때문에 새로운 차원을 추가할 필요는 없습니다.
- 25행 : 정확도를 계산하되 다중 레이블 문제의 경우 해당 샘플에 지정된 모든 레이블을 맞춰야 정답으로 계산합니다. 따라서 torch.eq( ) 함수를 통해 타겟과 예측이 같다면 True를 반환합니다. 이어서 torch.all( ) 함수에 dim을 -1로 지정하여 마지막 차원의 모든 값이 True인 경우에만 True를 반환하도록 합니다. 이렇게 sum( )을 이용하면 레이블을 모두 맞춘 케이스만 카운트됩니다.
- validation( ), test( ) 함수의 손실 함수 계산, 정확도 계산 부분도 동일하게 수정하면 됩니다. 학습 코드도 이전과 동일하게 사용합니다.

5.5 정확도/정밀도/재현율/F1 스코어

분류 모델이 얼마나 제대로 학습되었는지 측정하는 성능 지표로 보통 정확도를 사용하였습니다. 하지만 정확도 외에 이를 보충하기 위해 같이 사용하는 정밀도(Precision), 재현율(Recall) 그리고 F1 스코어에 대해 하나씩 알아보겠습니다.

혼돈 행렬(Confusion Matrix)

혼돈 행렬은 실제 클래스와 모델이 예측한 클래스가 맞는지/아닌지를 이용하여 분류 모델을 분석하는 도구입니다. 앞의 예제에서처럼 이진 분류에서는 참/거짓으로 클래스를 구분하고, 다중 클래스 분류인 경우는 각 클래스별로 구분합니다.

		실제	
		True	False
예측	True	True Positive	False Positive
	False	False Negative	True Negative

[혼동 행렬]

실제와 예측값에 따라 다음과 같이 4가지로 구분합니다.
- True : 예측이 **정답**
- False : 예측이 **오답**
- Positive : 모델이 True로 **예측**
- Negative : 모델이 False로 **예측**

이를 조합한 각 단어들이 의미하는 것을 살펴보겠습니다.
- True Positive(TP) : 모델이 True로 **예측**한 값 중에서 예측이 **정답**인 경우
- False Positive(FP) : 모델이 True로 **예측**한 값 중에서 예측이 **오답**인 경우(1종 오류)
- False Negative(FN) : 모델이 False로 **예측**한 값 중에서 예측이 **오답**인 경우(2종 오류)
- True Negative(TN) : 모델이 False로 **예측**한 값 중에서 예측이 **정답**인 경우

임신 테스트기 결과를 예시로 볼 수 있습니다. 먼저 검사 결과가 정답인 경우를 살펴보겠습니다. 검사 결과가 임신인데 실제 임신한 경우는 TP입니다. 그리고 검사 결과가 임신이 아닌데 실제 임신이 아닌 경우는 TN입니다. 이제 검사 결과가 오답인 경우를 살펴보겠습니다. 검사 결과가 임신인데 실제 임신이 아닌 경우는 FP입니다. 그리고 검사 결과가 임신이 아닌데 실제 임신인 경우는 FN입니다. 이렇게 네 가지의 값을 이용해 모델 성능을 나타내는 다양한 지표를 구할 수 있습니다.

정확도(Accuracy)

정확도는 전체의 경우 중 모델이 정답을 맞춘 경우를 의미합니다. 다음과 같은 식으로 나타낼 수 있습니다.

$$accuracy = \frac{TP + TN}{TP + TN + FP + FN}$$

정확도는 모델이 맞춘 정답에만 관심이 있습니다. 즉, 모델이 틀린 경우는 신경 쓰지 않는데 이는 데이터셋이 불균형한 경우 성능 해석이 왜곡될 수 있습니다. 예를 들어 실제 데이터에는 True가 90개, False가 10개 있지만 예측을 모두 True로 하는 경우 정확도는 90%입니다. 이런 경우 모델이 무조건 True를 예측하고 있기 때문에 모델 성능이 좋다고 볼 수는 없습니다. 이와 같은 현상을 방지하기 위해 다음의 지표를 살펴봅니다.

		실제	
		True	False
예측	True	90	10
	False	0	0

[Accuracy 오류]

정밀도(Precision)

정밀도는 예측이 True일 때 실제 True일 확률입니다. 즉, 예측이 참인 경우 적중할 확률을 나타내며, 정밀도가 높으면 안정성이 우수하다고 볼 수 있습니다. 하지만 예측이 참인 경우에만 관심을 갖는 지표이기 때문에 거짓인 경우에는 해석할 수 없다는 단점이 있습니다. 수식으로 나타내면 다음과 같습니다.

$$Precision = \frac{TP}{TP + FP}$$

재현율(Recall)

재현율, 민감도 혹은 TPR(True Positive Rate)은 실제 참일 때 모델이 참이라고 예측할 확률을 의미합니다. 즉, 실제 참인 것 중에 얼마나 많은 것을 모델이 참으로 분류할 수 있는지를 나타냅니다. 수식은 다음과 같습니다.

$$Recall = \frac{TP}{TP + FP}$$

재현율과 정밀도는 서로 상충 관계에 있기 때문에 둘을 동시에 올리는 것은 쉽지 않습니다. 일반적으로 재현율이 올라가면 정밀도가 내려가고, 정밀도가 올라가면 재현율이 내려갑니다. 이진 분류의 경우 정밀도와 재현율은 문턱(Threshold)값을 이용하여 조절이 가능합니다. 문턱값은 참인 경우와 거짓인 경우를 판단하는 경계값으로 보통 0.5를 사용하지만 해당 값을 조절하면 모델 지표와 특성을 변화시킬 수 있습니다.

F1 스코어(F1-Score)

F1 스코어는 정밀도와 재현율의 조화 평균으로 상충 관계에 있는 이 둘을 동시에 반영하기 위한 지표입니다. 이는 F_β 스코어의 일반화된 값으로 β가 양수일 때 재현율, 음수일 때 정밀도에 가중치를 둡니다. 따라서 정밀도와 재현율에 동등한 비율을 두는 지표라고 볼 수 있습니다. 예측하는 태스크에 따라 다르지만 F1 스코어가 0.8 이상인 경우 신뢰할 수 있는 모델로 볼 수 있습니다. 수식은 다음과 같습니다.

$$F1\ Score = \frac{2PR}{P + R}$$

5.6 테스트

모델 지표를 좀더 다양하게 살펴보겠습니다. 각 클래스의 문턱값을 구한 후 혼돈 행렬과 F1 스코어 그리고 정확도를 계산해 wandb에 기록합니다. 문턱값을 구하고 해당 값을 넘으면 참, 넘지 못하면 거짓으로 판별합니다. 문턱값은 0.5를 많이 사용하지만 0.5가 항상 최선은 아닙니다. 최적의 문턱값을 구하는 방식이 있지만 일반적으로 많이 사용되는 F1 스코어를 최대로 만드는 문턱값을 찾아보겠습니다. 먼저 함수 두 개를 생성하되 첫 번째는 모델의 예측값과 실제값을 추출하는 함수입니다.

```
1 def get_probs_trues(dataset, model, device):
2   probs, trues = [ ], [ ]
3   for data, label in dataset:
4     logit= model(data.unsqueeze(0).to(device))
5     probs.append(torch.sigmoid(logit).detach( ).squeeze( ).cpu( ))
6     trues.append(label.detach( ).squeeze( ).cpu( ))
7   return torch.stack(probs), torch.stack(trues)
```

코드 설명

- 1행 : 함수를 선언하고 데이터셋, 모델, 디바이스를 입력으로 받습니다.
- 2행 : 각 모델의 예측 확률과 실제 레이블을 저장할 리스트를 생성합니다.
- 3행 : 데이터셋을 실행하면서 데이터와 레이블을 가져옵니다.
- 4행 : 모델에 데이터를 넣어 출력값을 생성합니다. 로짓(logit)은 가공되지 않은 모델의 출력값입니다.
- 5행 : 출력값에 시그모이드 함수를 적용하여 0~1 사이로 이동시킵니다. 기울기 계산을 하지 않기 때문에 그래프에서 떼어낸 후 차원 축소를 진행하고 텐서를 CPU로 옮겨 리스트에 저장합니다.
- 6행 : 레이블도 출력값과 같은 과정으로 리스트에 저장합니다.
- 7행 : 저장된 텐서 리스트를 stack( ) 함수를 사용하여 하나의 텐서로 합친 후 반환합니다.

다음은 모델의 출력 확률과 실제 레이블을 이용할 때 F1 스코어를 최대로 하여 문턱값을 찾는 함수입니다.

```
1  def get_best_thresholds(y_probs, y_trues):
2      threshold = np.arange(0.1, 0.9, 0.05)
3      best_threshold = np.zeros(y_probs.shape[1])
4      for i in range(y_probs.shape[1]):
5          f1 = [ ]
6          y_prob = np.array(y_probs[:,i])
7          for j in threshold:
8              y_pred = [1 if prob >= j else 0 for prob in y_prob]
9              f1.append(f1_score(y_trues[:,i], y_pred))
10         f1 = np.array(f1)
11         index = np.where(f1 == f1.max( ))
12         best_threshold[i] = threshold[index][0]
13     return best_threshold
```

코드 설명

- 1행 : 모델의 예측 확률, 실제 레이블을 받습니다.
- 2행 : 시도할 문턱값을 생성합니다. 0.1 ~ 0.9까지 0.05 간격의 리스트를 생성합니다.
- 3행 : 클래스 길이만큼 0으로 채워진 텐서로 최고 문턱값을 저장할 변수를 초기화합니다.
- 4행 : 클래스 길이만큼 반복합니다.
- 5행 : f1 스코어를 저장할 리스트를 초기화합니다.
- 6행 : 클래스에 해당하는 y_prob만 추출합니다.
- 7행 : 앞서 생성한 모든 문턱값에 대해 반복합니다.
- 8행 : 선택된 문턱값보다 큰 경우는 1, 작은 경우는 0으로 변환하여 확률값에서 예측값을 만듭니다.
- 9행 : 예측값과 실제 레이블을 비교하여 f1 스코어를 계산하고 저장합니다.
- 10~11행 : f1 값 중 최대값을 갖는 index를 반환합니다.
- 12행 : 최대값을 만들어낸 문턱값을 찾아 저장합니다.
- 13행 : 최고 문턱값 리스트를 반환합니다.

이제 두 함수를 이용해서 최적의 문턱값을 구해 보겠습니다.

```
1  y_probs, y_trues = get_probs_trues(valset, model, device)
2  class_names = testset.dataset.class_names
3
4  best_threshold = get_best_thresholds(y_probs, y_trues)
5
6  for i in range(5):
7      print(f"{class_names[i]}: {best_threshold[i]:.2f}")
```

```
8
9  wandb.log({
10    "best_threshold": wandb.Table(
11      columns=[str(class_names[i]) for i in range(5)],
12      data=best_threshold.reshape(1,-1)
13    )
14 })
```

[실행 결과]
desert: 0.50
mountains: 0.50
sea: 0.80
sunset: 0.20
trees: 0.50

코드 설명

- 1~2행 : 모델의 예측 확률, 실제 레이블을 추출하고, 클래스 이름을 따로 저장합니다.
- 4행 : 최고 문턱값을 구해 저장합니다.
- 6~7행 : 각 클래스에 따른 문턱값을 출력합니다.
- 9~14행 : 구한 문턱값을 wandb에 표로 기록합니다.
- 문턱값 기록 표는 wandb의 [Tables] 탭에서 확인할 수 있습니다.

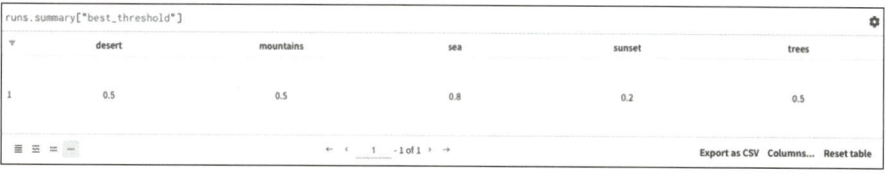

이어서 각 클래스별 혼돈 행렬을 구해 보겠습니다.

```
1 def get_pred(y_test, y_proba, threshold):
2   y_pred = np.array([[1 if y_proba[i, j] >= threshold[j] else 0
3               for j in range(y_test.shape[1])]
4               for i in range(y_test.shape[0])])
5   return y_pred
```

코드 설명

- 1행 : 예측 확률과 문턱값을 이용해 예측값을 구하는 함수를 생성합니다.
- 2~5행 : 모든 y_proba 값들에 대해 주어진 문턱값보다 크면 1, 작으면 0으로 변환하여 예측값을 구합니다.

```
1 y_pred = get_pred(y_true, y_probs, best_threshold)
2
3 f, axes = plt.subplots(2, 3, figsize=(10, 8))
4 axes = axes.ravel( )
5 for i in range(5):
6    disp = ConfusionMatrixDisplay(confusion_matrix(y_true[:, i],
7                                                   y_pred[:, i]),
8                  display_labels=["False", "True"])
9    disp.plot(ax=axes[i], values_format='.4g')
10   disp.ax_.set_title(class_names[i])
11   disp.im_.colorbar.remove( )
12 axes[5].axis("off")
13 plt.subplots_adjust(wspace=0.4, hspace=0.1)
```

[실행 결과]

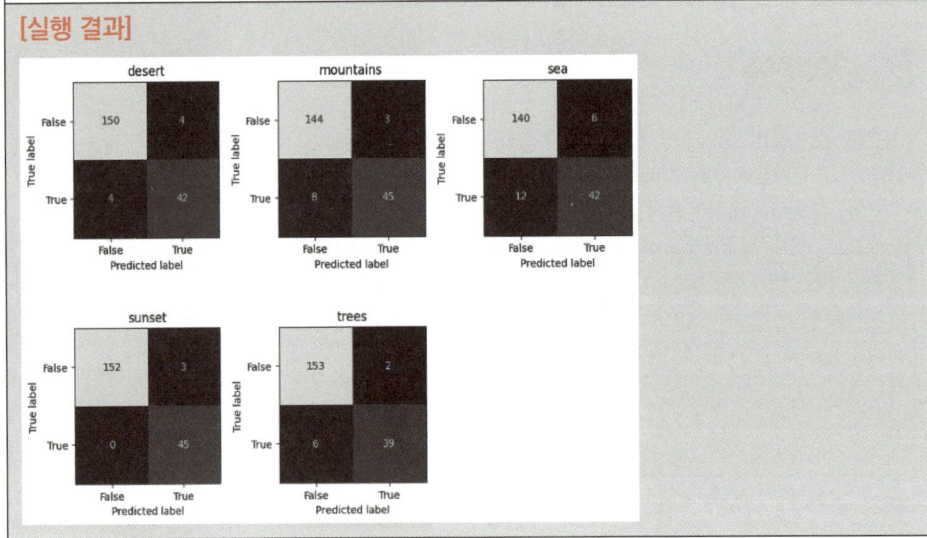

코드 설명

- 1~3행 : 예측값을 구한 후 2행 3열의 서브 플롯을 생성합니다.
- 4행 : [2,3] 모양의 axes를 순차적으로 사용하기 위해 [6] 모양으로 펼쳐줍니다.
- 5행 : 5개 클래스별로 그래프를 그립니다.
- 6~8행 : i번째 클래스의 혼돈 행렬을 confusion_matrix( ) 함수로 구하고, ConfusionMatrixDisplay( ) 함수를 통해 그림으로 변환합니다.
- 9행 : disp를 i번째 axes에 표시합니다.
- 10~11행 : axes의 제목을 클래스 이름으로 지정하고, 컬러바를 제거합니다.
- 12행 : 사용하지 않은 마지막 위치의 축을 제거하여 빈 곳으로 만듭니다.
- 13행 : 서브 플롯의 상하좌우 여백을 지정하여 보기 좋게 만듭니다.

다음으로 분류 리포트를 생성하여 wandb에 기록해 보겠습니다.

```
1 report = classification_report(y_pred, y_true,
2                         target_names=class_names,
3                         output_dict=True
4                         )
5 wandb.log({
6   "report": wandb.Table(
7     dataframe=pd.DataFrame(report).T.reset_index( ),
8     allow_mixed_types=True
9   )
10 })
```

코드 설명

- 1~4행 : classification_report 함수로 분류 리포트 결과를 생성합니다. 예측값과 실제값을 필수로 전달하고 target_names에 클래스 이름을 지정합니다. output_dict를 True로 지정하면 결과값을 사전 형태로 받을 수 있습니다.
- 5~10행 : wandb에 표 형태로 기록합니다. wandb.Tabel은 dataframe 인자에 Dataframe을 넘겨줄 수 있습니다. 전달받은 사전 형태의 결과를 데이터 프레임으로 생성합니다. Dataframe.T를 이용해 행과 열의 위치를 바꾸고, reset_index( ) 함수로 인덱스를 컬럼으로 이동합니다. wandb.Table은 한 가지 형태의 데이터 타입만 받을 수 있는데, 인덱스 컬럼이 문자열이기 때문에 여러 개의 타입이 공존해 있습니다. 이를 위해 allow_mixed_types=True로 지정하면 여러 타입을 받을 수 있습니다.
- wandb의 [Tables] 탭에서 기록된 classification report를 찾아볼 수 있습니다.

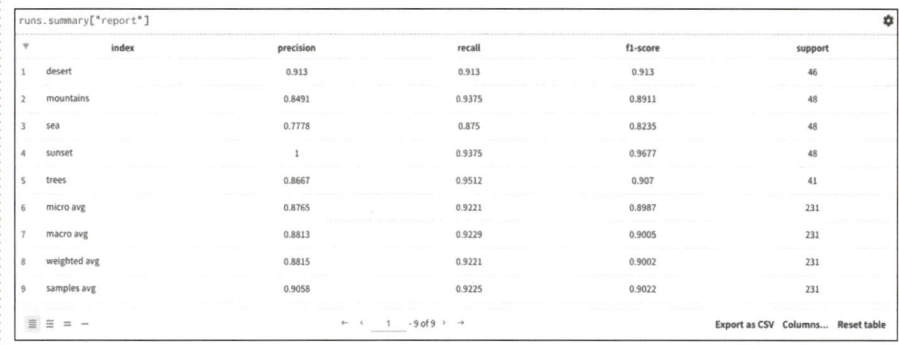

마지막으로 10개의 이미지 샘플을 추출하여 실제값과 예측값을 시각화해 보겠습니다.

```
1 testset.dataset.transform = None
2
3 plt.figure(figsize=(16,6))
4 for i, data in enumerate(testset):
5   image, label = data
6
7   truth = testset.dataset.target2class(label)
8   pred = testset.dataset.target2class(y_pred[i])
9
10  plt.subplot(2,5,i+1)
11  plt.imshow(image)
12  plt.title(f'Truth: {truth}\nPred: {pred}')
13  plt.axis('off')
14
15  if i >= 9:
16      break
17
18 wandb.log({"testset prediction samples": plt})
19 wandb.finish( )
```

[실행 결과]

 코드 설명

- 1행 : testset.dataset의 transform을 제거합니다. 이는 pyplot에서 PIL 이미지를 그대로 출력해 사용하기 위함입니다.
- 3행 : 그림 크기를 지정합니다.
- 4~5행 : 테스트셋을 실행하면서 이미지와 레이블을 가져옵니다.
- 7~8행 : 레이블과 예측값을 읽기 쉽도록 문자열로 변경합니다.
- 10~13행 : 그림과 레이블, 예측값을 서브 플롯에 표시합니다.
- 18~19행 : wandb에 그림을 기록하고, 실험 기록을 종료합니다.

Part 4

딥러닝의 이미지 데이터와 영상 처리

이번 장에서는 이미지 처리를 응용하는 방법에 대해 학습해 보겠습니다. 이미지 처리에는 기본적인 분류 문제 외에 객체 인식, 객체 분할, 노이즈 제거, 색상 입히기, 화질 개선 등 다양한 문제가 있습니다. 여기에서는 실무(실전)에서 많이 사용되는 대표적인 컴퓨터 비전 문제를 각 챕터별로 소개하고, 기본적인 이론을 설명합니다. 이후 해당 문제를 해결하는데 사용되는 모델을 살펴보고, 코딩으로 주어진 문제를 해결해 보겠습니다.

Chapter 01

객체 인식으로 마스크 인식하기

객체 인식(Object Detection)은 이미지 분류 문제와 더불어 가장 많은 곳에서 활용되는 컴퓨터 비전 문제입니다. 이는 이미지 분류의 심화된 문제로 대상이 어떤 물체인지와 해당 이미지가 어느 곳에 있는지 위치(장소)까지 예측하는 문제입니다.

1.1 객체 인식의 이해

앞서 설명한 대로 객체 인식은 물체가 무엇인지 구분하는 분류(Classification)와 이미지의 위치(장소)를 알아내는 위치 추정(Localization)이 합쳐진 문제입니다.

문제	마스크 객체 인식
모델	FasterRCNN
데이터셋	Face Mask Detection (Kaggle)
문제 유형	객체 인식
평가 지표	정확도, 정밀도, 재현율, F1-Score

다음의 그림을 통해 단일 이미지 분류와 위치 추정 그리고 객체 인식이 어떤 차이점이 있는지 알아보겠습니다.

이미지 분류

단일 클래스 분류 및 위치 추정

객체 인식

[객체 인식 비교]

먼저 이미지 분류는 이미지에 어떤 물체가 있는지 물체의 클래스만 예측하는 문제입니다. 다중 레이블 분류가 아닌 단일 레이블 분류라면 이미지에 여러 개의 객체가 있어도 가장 정확도가 높다고 판단되는 단일 객체에 대한 결과만 예측합니다. 단일 클래스 분류 및 위치 추정은 이미지의 어떤 위치에 해당 객체가 있는지 사각형의 좌표를 클래스와 동시에 예측합니다. 이때, 이미지를 포함하는 사각형을 박스 혹은 바운딩 박스(Bounding Box)라고 부릅니다. 객체 인식은 이미지에 존재하는 여러 개의 객체를 모두 분류함과 동시에 해당 객체의 위치까지 예측합니다. 이제 벤치마크 데이터셋과 성능 지표에 대해 알아보겠습니다.

PASCAL VOC(Pattern Analysis, Statical Modeling and Computational Learning Visual Object Classes Challenge) 대회는 2005년~2012년까지 8년간 개최되었으며, 20가지의 클래스 물체를 구분하는 대회입니다. 벤치마크로 2007년과 2012년의 데이터셋을 주로 사용합니다. VOC 2007은 이미지 9,963개, 객체 24,640개를 포함하고, VOC 2012는 이미지 11,530개, 객체 27,450개를 포함하고 있습니다. 바운딩 박스 위치 표시는 (x_min, y_min, x_max, y_max)를 이용하여 표시합니다. MS COCO는 2014년에 제안된 이미지 데이터셋으로 이미지넷의 단점인 큰 객체와 중앙에 밀집되어 있는 이미지당 객체 수가 적은 문제를 해결하였습니다. PASCAL VOC보다 4배 많은 총 80개의 클래스 이미지를 구분하는 문제이고, 30만 개의 이미지와 150만 개의 객체로 구성되어 있습니다. 바운딩 박스 위치 표시는 (x_min, y_min, witdh, height)를 이용합니다.

객체 인식은 이미지 분류와 마찬가지로 기초적인 컴퓨터 비전 문제입니다. 따라서 다양한 방식의 모델이 시도되었습니다. 이는 크게 2단계 모델과 1단계 모델로 구분할 수 있는데 2단계 모델은 물체의 위치를 탐지하는 첫 번째 스테이지와 탐지된 물체의 클래스를 예측하는 두 개의 연결된 스테이지로 구성되어 있습니다. 위치 추정에서는 어떤 물체가 있을 만한 박스를 예측합니다. 이전에는 선택적 탐색과 슬라이딩 윈도우 방식을 사용하였으나 딥러닝에서는 RPN(Region Proposal Network)을 주소로 사용합니다. 이후 예측된 박스 모양대로 이미지를 잘라내어 클래스 추정 네트워크에 넣어 최종 클래스를 추정합니다. 주요 모델은 객체 인식의 초창기를 이끌었던 RCNN 계열의 모델이 바로 2단계 모델입니다.

사람

자전거

0. 입력　　　　1. 위치 추정　　　　2. 클래스 추정

[2단계 모델]

1단계 모델은 2단계 모델의 느린 추론 속도를 개선하기 위한 것으로 두 개로 나누어진 스테이지를 동시에 진행하여 빠른 추론 속도를 제공합니다. 위치 추정 스테이지에서는 이미지 물체로 인지되는 영역 박스를 다양한 형태로 추출하고, 각 박스 내에 실제 물체가 있을 확률을 신뢰성 점수(Confidence Score)로 예측합니다. 클래스 추정 단계에서는 이미지를 작은 영역으로 나누고 작은 영역에 물체가 있으면 어떤 물체인지를 각 클래스별로 예측합니다. 그리고 두 추정 단계 결과를 합칩니다. 이때, 신뢰성이 낮은 박스는 제외합니다. 위치 추정에서 예측한 박스의 신뢰성 점수와 중앙 위치에 해당하는 클래스의 추정값을 곱해 해당 박스에 존재하는 물체 클래스의 최종 예측값을 구합니다. 이후 신뢰성이 높은 박스 중 겹치는 영역(IoU, Intersection over Union)이 많은 부분을 합치는 작업인 비-최대 억제(Non-Maximum Suppression) 단계를 수행합니다. 대표적인 1단계 모델로는 SSD와 YOLO 계열이 있고, 추가로 RetinaNet도 있습니다.

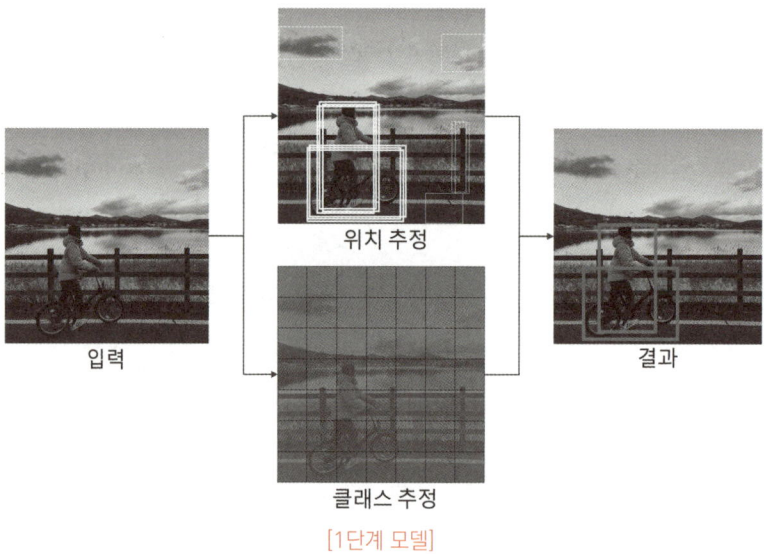

[1단계 모델]

1.2 데이터 분석

마스크 인식에 사용할 데이터셋은 캐글에서 'Face Mask Detection'을 검색하면 찾을 수 있습니다. 구글 드라이브에서 'Colab Notebooks/프로젝트로 시작하는 Pytorch/6.1'의 위치에 데이터셋을 업로드합니다(https://www.kaggle.com/datasets/andrewmvd/face-mask-detection). 데이터 압축을 풀고, 디렉토리를 확인해 보겠습니다.

```
1 !unzip -qq "Face Mask Detection.zip" -d dataset
2 ls dataset
```
annotations/ images/

annotations 하단에 레이블 정보가 저장된 xml 형식의 파일이 있고, images 하단에 png 형식의 이미지 파일이 저장되어 있습니다. 이미지 이름과 동일하고 확장자만 xml인 파일이 해당 이미지의 레이블입니다. 그럼 레이블이 어떤 형태로 되어 있는지 살펴보겠습니다.

```
1 cat dataset/annotations/makssskskss457.xml
```

```xml
<annotation>
    <folder>images</folder>
    <filename>makssskskss457.png</filename>
    <size>
        <width>400</width>
        <height>300</height>
        <depth>3</depth>
    </size>
    <segmented>0</segmented>
    <object>
        <name>with_mask</name>
        <pose>Unspecified</pose>
        <truncated>0</truncated>
        <occluded>0</occluded>
        <difficult>0</difficult>
        <bndbox>
            <xmin>270</xmin>
            <ymin>98</ymin>
            <xmax>313</xmax>
            <ymax>142</ymax>
        </bndbox>
    </object>
    <object>
        ...
</annotation>
```

이미지의 위치, 이름, 크기 정보가 저장되어 있고, 이후 object 이름으로 박스 좌표와 클래스가 저장된 레이블을 볼 수 있습니다. 좌표 정보는 VOC의 표기법을 따르고 있습니다. 레이블을 읽고 이미지에 박스를 그려서 데이터를 시각화해 보겠습니다. 먼저 레이블을 읽는 함수를 생성합니다.

```
1  def read_annot(file_name, xml_dir):
2    bbox = [ ]
3    labels = [ ]
4
5    annot_path = os.path.join(xml_dir, file_name[:-3]+'xml')
6    tree = ET.parse(annot_path)
7    root = tree.getroot( )
8
9    for boxes in root.iter('object'):
10     ymin = int(boxes.find("bndbox/ymin").text)-1
11     xmin = int(boxes.find("bndbox/xmin").text)-1
12     ymax = int(boxes.find("bndbox/ymax").text)-1
13     xmax = int(boxes.find("bndbox/xmax").text)-1
14     label = boxes.find('name').text
15
16     bbox.append([xmin,ymin,xmax,ymax])
17     if label == 'with_mask':
18       label_idx = 2
19     else:
20       label_idx = 1
21     labels.append(label_idx)
22
23   return bbox, labels
```

코드 설명

- 5행 : 레이블 파일의 위치를 지정합니다. 이미지와 이름은 같고, 확장자(xml)만 다릅니다.
- 6행 : 레이블 파일을 읽어옵니다. xml 패키지를 사용하여 XML 파일을 읽고 ET(ElementTree) 오브젝트를 만듭니다.
- 7행 : xml tree의 가장 상위 객체를 찾습니다. 여기에서는 annotation 태그가 가장 상위입니다.
- 9행 : annotation 태그 내의 모든 object를 찾아 루프를 실행합니다.
- 10~14행 : 해당 오브젝트의 바운딩 박스 좌표와 클래스 레이블을 찾아 저장합니다.
- 16행 : 박스 좌표를 bbox 리스트에 저장합니다.
- 17~21행 : with_mask 레이블은 2로, 이외의 레이블은 1로 지정하여 labels 리스트에 저장합니다.

이제 이미지와 박스, 레이블을 사용하여 이미지에 박스를 그리는 함수를 정의합니다.

```
1  def draw_boxes(img, boxes, labels, thickness=1):
2    img = cv2.cvtColor(img, cv2.COLOR_RGB2BGR)
3    for box, label in zip(boxes, labels):
4      box = [int(x) for x in box]
5      if label == 2:
6        color = (0,225,0)   # green
7      elif label == 1:
8        color = (0,0,225)   # red
9      cv2.rectangle(img, (box[0], box[1]), (box[2], box[3]), color, thickness)
10   return cv2.cvtColor(img, cv2.COLOR_BGR2RGB)
```

코드 설명

- 2행 : 이미지를 읽어 색을 변환합니다.
- 3행 : 루프에서 입력받은 박스 리스트와 레이블 리스트를 하나씩 사용합니다.
- 4행 : box 좌표를 int로 변환합니다.
- 5~8행 : 레이블이 2이면 초록색, 1이면 빨간색을 선택합니다.
- 9행 : 이미지에 박스 좌표와 색, 두께를 지정하여 사각형 바운딩 박스를 그립니다.
- 10행 : RGB로 색을 변환하고 반환합니다.

이어서 이미지, 레이블 디렉토리를 지정하고, 이미지 개수를 알아보겠습니다.

```
1  dir_path = 'dataset/images'
2  xml_path = 'dataset/annotations'
3
4  file_list = os.listdir(dir_path)
5
6  print('Total { } images.'.format(len(file_list)))
```

[실행 결과]
Total 853 images.

코드 설명

- 1~2행 : 이미지, 레이블 디렉토리를 저장합니다.
- 4행 : 이미지 디렉토리의 파일 리스트를 저장합니다.
- 6행 : 이미지 개수를 출력합니다.

앞에서 정의한 함수를 이용하여 이미지 위에 박스를 표시해 보겠습니다.

```
1 image_name = "maksssksksss457.png"
2 bbox, labels  = read_annot(image_name, xml_path)
3
4 img = draw_boxes(plt.imread(os.path.join(dir_path, image_name)), bbox, labels)
5 plt.imshow(img)
6 plt.axis('off')
```

[실행 결과]

코드 설명

- 1행 : 이미지 샘플의 이름을 지정합니다.
- 2행 : 이미지 이름과 레이블 위치를 이용해 레이블을 읽고, 박스와 레이블을 가져옵니다.
- 4행 : 이미지 위에 박스와 레이블을 그립니다.
- 5~6행 : 이미지를 그리고, 축을 제거합니다.
- 마스크를 쓴 경우는 초록색 박스로, 쓰지 않은 경우는 빨간색 박스로 그려지는 것을 볼 수 있습니다. 다른 샘플을 보려면 1행에서 이미지 샘플의 이름을 변경하면 됩니다.

1.3 데이터셋

데이터를 읽어 학습에 필요한 데이터를 반환하는 데이터셋을 만들어 보겠습니다.

```
1 class MaskDataset(Dataset):
2   def __init__(self, root_dir, transform=None):
3     self.root_dir = root_dir
4     self.transform=transform
5
6     self.image_dir = os.path.join(self.root_dir, "images")
7     self.xml_dir = os.path.join(self.root_dir, "annotations")
8     self.image_list = os.listdir(self.image_dir)
```

 **코드 설명**

- 1행 : 마스크 데이터셋 클래스를 생성합니다.
- 2행 : 데이터가 저장된 root_dir과 변환을 생성자의 인자로 받습니다.
- 6~7행 : 이미지 디렉토리와 레이블 디렉토리를 지정합니다.
- 8행 : 이미지 디렉토리를 읽고, 이미지 리스트를 저장합니다.

다음으로 __getitem__과 __len__을 살펴보겠습니다.

```
1   def __getitem__(self, idx):
2       image_name = self.image_list[idx]
3       image_path = os.path.join(self.image_dir, image_name)
4       image = cv2.imread(image_path)
5       image = cv2.cvtColor(image, cv2.COLOR_BGR2RGB)
6
7       bboxes, labels = read_annot(image_name, self.xml_dir)
8
9       if self.transform:
10          augs = self.transform(image=image, bboxes=bboxes, labels=labels)
11
12          image = augs['image']
13          bboxes = torch.tensor(augs['bboxes'])
14          labels = torch.tensor(augs['labels'])
15
16      target = { }
17      target['labels'] = labels
18      target['boxes'] = bboxes
19
20      return image, target
21
22  def __len__(self):
23      return len(self.image_list)
```

 **코드 설명**

- 2행 : 이미지 리스트에서 인덱스에 해당되는 이미지 파일 이름을 읽어옵니다.
- 3행 : 이미지 디렉토리와 이미지 이름을 합쳐 이미지 경로를 저장합니다.
- 4~5행 : 이미지를 읽고 RGB로 변환합니다.
- 7행 : 박스와 레이블을 읽어옵니다.
- 9행 : transform이 있는 경우 적용합니다.

- 10행 : Albumentation 변환을 적용하는 경우 이미지, 박스, 레이블을 지정하여 넣어줍니다.
- 12~14행 : 변환된 이미지, 박스, 레이블을 받아옵니다.
- 16~18행 : 타겟에 레이블과 박스를 저장합니다.
- 20행 : 이미지와 타겟을 반환합니다.
- 22~23행 : 이미지 리스트의 길이를 반환합니다.

Albumentation 변환을 만들고 데이터셋에서 읽어옵니다. 바운딩 박스에 적용되는 BboxParams를 생성합니다.

```
1 bbox_params = A.BboxParams(
2   format='pascal_voc',
3   min_area=5,
4   min_visibility=0.9,
5   check_each_transform =True,
6   label_fields=['labels']
7 )
```

 코드 설명

- 1행 : BboxParams를 생성합니다.
- 2행 : 마스크 데이터셋의 레이블이 VOC 포맷을 따르므로 포맷을 pascal_voc로 지정합니다.
- 3행 : 박스의 최소 크기를 5픽셀로 지정합니다. 박스 크기가 5픽셀보다 작은 경우 제거합니다.
- 4행 : min_visibility를 0.9로 지정합니다. 박스 크기 대비 변환 후 비율이 0.9 이하인 경우는 박스를 제거합니다.
- 5행 : check_each_transform에 True를 지정하면 여러 변환이 진행될 때 각 변환마다 조건을 체크하여 박스를 제거합니다. 그렇지 않은 경우 변환이 끝난 마지막 결과에만 조건을 체크합니다.
- 6행 : 박스의 레이블 필드를 지정합니다.

이어서 학습 변환을 살펴보겠습니다.

```
1 train_transform=A.Compose(
2   [
3     A.Resize(height=448, width=448),
4     A.HorizontalFlip(p=0.5),
5     A.VerticalFlip(p=0.1),
6     A.Normalize([0.485, 0.456, 0.406],[0.229, 0.224, 0.225]),
7     ToTensorV2( )
8   ],
9   bbox_params=bbox_params,
10  is_check_shapes=False
11 )
```

 **코드 설명**

- 3행 : 이미지 크기를 448, 448로 변환합니다.
- 4~5행 : 50% 확률로 이미지를 좌우 반전하고, 10% 확률로 이미지를 상하 반전합니다.
- 6~7행 : 이미지를 정규화하고, 파이토치 텐서로 바꿉니다.
- 9행 : 지정한 bbox_params를 넘겨줍니다. 이미지 변환이 있을 때마다 bbox도 이미지에 맞추어 변환됩니다.
- 10행 : is_check_shapes는 마스크 변환 시 사용합니다. bbox 변환을 사용하기 때문에 is_check_shape를 사용하지 않으므로 False를 지정합니다.

테스트 변환에서는 상하좌우 반전은 사용하지 않고, 크기 변환과 정규화만 진행합니다.

```
1 test_transform=A.Compose(
2   [
3     A.Resize(height=448, width=448),
4     A.Normalize([0.485, 0.456, 0.406],[0.229, 0.224, 0.225]),
5     ToTensorV2( ),
6   ],
7   bbox_params=bbox_params,
8   is_check_shapes=False
9 )
```

collate_fn은 데이터 로더에서 사용하는 함수입니다. 데이터 로더는 데이터셋의 __getitem__에서 받은 배치 크기 값을 텐서로 stack하여 반환합니다. 하지만 객체 인식에서 사용하는 데이터의 경우 이미지 한 장에 있는 bbox의 개수에 따라 타겟으로 반환되는 값의 크기가 서로 다르기 때문에 stack을 하면 크기 오류가 발생합니다. 따라서 하나의 텐서를 튜플 형태로 전달하기 위해 collate_fn 함수를 지정합니다.

```
1 def collate_fn(batch):
2   return tuple(zip(*batch))
```

마스크 데이터셋을 작성한 후 마스크 데이터셋을 불러올 데이터 로더를 생성합니다.

```
1 mask_dataset = MaskDataset("dataset", train_transform)
2
3 mask_loader = DataLoader(mask_dataset,
4                          batch_size=1,
5                          shuffle=True,
6                          num_workers=0,
7                          collate_fn=collate_fn)
```

```
1  for image, target in mask_loader:
2      img = np.transpose(image[0].numpy( ), (1, 2, 0))
3      new_img = draw_boxes(img, target[0]['boxes'], target[0]['labels'])
4
5      plt.imshow(new_img)
6      plt.axis('off')
7
8      break
```

[실행 결과]

코드 설명

- 1행 : 데이터 로더에서 이미지와 타겟을 불러옵니다.
- 2행 : 이미지를 numpy로 변환하고, 채널 축을 마지막으로 보냅니다.
- 3행 : 이미지에 박스를 그립니다.
- 5행 : 이미지를 표시합니다.

1.4 FasterRCNN 모델

이번에 사용할 모델은 대표적 2단계 모델인 FasterRCNN입니다. 이는 위치 추정을 위해 RPN을 사용합니다. 신경망을 통해 기존 선택적 탐색 방법보다 정확하면서 GPU를 사용하여 추론 속도도 향상시킬 수 있습니다.

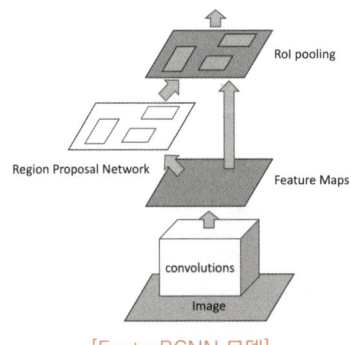

[FasterRCNN 모델]

RPN의 작동 원리

RPN은 바운딩 박스의 좌표와 해당 박스에 물체가 있을지 없을지를 예측하는 네트워크입니다. 추출된 특징 맵에서 3x3x256 합성곱 레이어를 거쳐 중간 결과를 만들어 냅니다. 이후 두 가지로 나뉘는데 먼저 박스에 물체가 있는지 없는지를 예측하는 분류 결과가 있습니다. 2x9 크기의 채널로 분류 결과를 예측하는데 9는 앵커 박스 개수이고, 2는 클래스 개수로 해당 앵커 박스에 물체가 있는지 없는지를 예측합니다. 브렌치는 바운딩 박스의 좌표를 결정하기 위한 것으로 각 앵커 박스의 회귀값을 예측합니다.

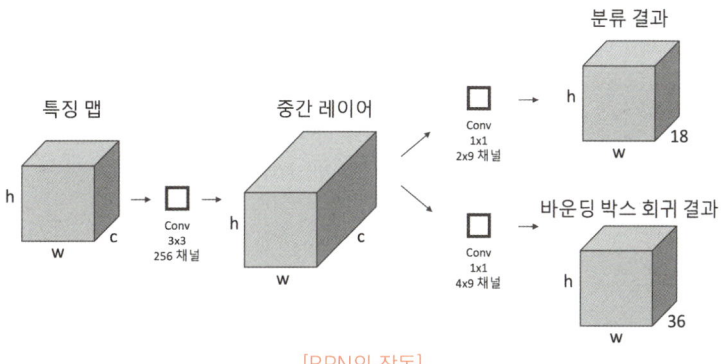

[RPN의 작동]

앵커 박스는 사전에 정의된 특정 크기와 비율의 박스를 의미합니다. 객체 인식에서 물체의 위치를 빠르게 추론하기 위해 여러 개의 앵커 박스를 이용하는데 이를 조정하는 방식으로 네트워크를 학습합니다.

[앵커 박스]

RPN의 입력으로 이미지의 h x w x c 크기인 특징 맵을 받습니다. 앵커 박스는 각 h x w마다 n개의 앵커 박스를 적용합니다. 다음의 그림을 보면 앵커 박스가 어떻게 전체 이미지에 적용되는지를 볼 수 있습니다. 여기에서는 h와 w는 4개, 앵커 박스는 1개를 사용하였습니다.

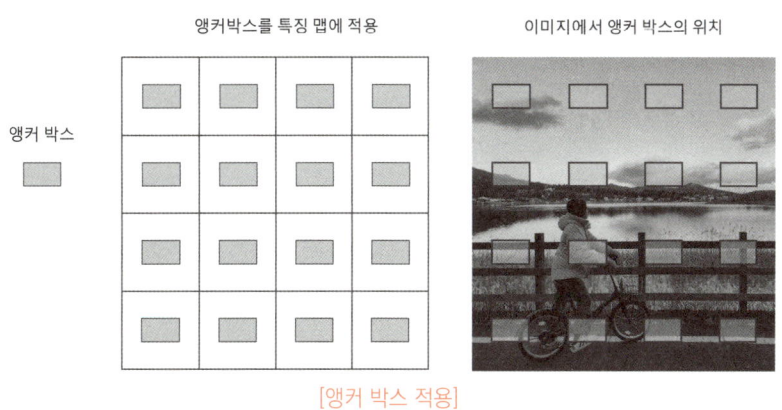

[앵커 박스 적용]

그림에서 신발의 위치를 인식한다고 생각해 봅시다. RPN의 바운딩 박스 회귀 예측값은 특정 앵커 박스를 타겟 바운딩 박스로 바꾸기 위해 x, y 중심 좌표 위치와 너비, 높이 비율을 예측합니다. 예를 들어 그림에 초록색 물체가 있고 이를 추론하기 위한 앵커 박스가 있을 때 바운딩 박스 회귀에서 예측하는 값은 (x^t, y^t, w^t, h^t)와 같이 구할 수 있습니다. Faster RCNN에서는 9개의 앵커 박스를 사용하기 때문에 RPN의 최종 결과로 9x4 크기의 바운딩 박스 회귀 결과와 9x2 크기의 물체 존재 분류 결과가 나오게 됩니다.

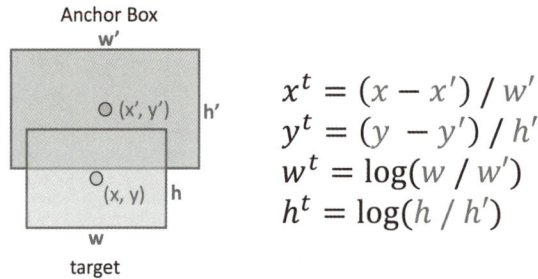

[Bounding Box Regression]

RoI Pooling

RoI Pooling은 예측된 박스 형태로 특징 맵을 잘라 고정 크기로 변경하는 과정입니다. 특징 맵과 바운딩 박스가 그림과 같이 있을 때 바운딩 박스에 들어간 각 특징 맵의 크기를 같게 만들기 위해 먼저 특징 맵을 분할하고 분할된 영역마다 Max Pooling을 적용하여 최종적으로 같은 크기가 되도록 만듭니다. 이후 FC 레이어로 최종 클래스 결과를 예측하게 됩니다.

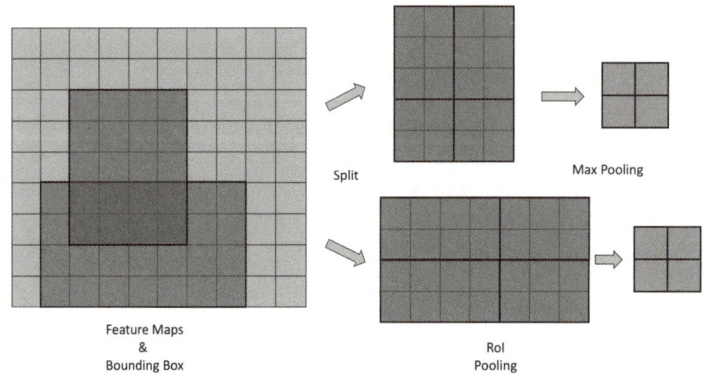

[RoI Pooling 과정]

이제 코드에서 Faster RCNN 모델을 불러오겠습니다. 토치 비전의 models에서 사전 학습된 모델과 가중치를 불러올 수 있습니다.

```
1 def load_model(num_classes=3):
2   model = torchvision.models.detection.fasterrcnn_resnet50_fpn(pretrained=True)
3   in_features = model.roi_heads.box_predictor.cls_score.in_features
4   model.roi_heads.box_predictor = FastRCNNPredictor(in_features, num_classes)
5   return model
```

코드 설명

- 1행 : 모델을 불러오기 위한 함수를 생성합니다. 인자로는 최종 클래스 개수를 지정합니다.
- 2행 : 토치 비전에서 사전 학습된 FasterRCNN 모델을 불러옵니다.
- 3행 : 모델의 클래스 개수를 지정하기 전에 cls_score 계산에 들어가는 채널 수를 저장합니다.
- 4행 : 계산한 채널 수와 사용하려는 클래스 수를 이용하여 RastRCNNPredictor를 업데이트 합니다.

1.5 모델 학습

이제 모델을 학습하는 코드를 살펴보겠습니다.

```
1  def train(model, dataloader, optimizer, epoch, device):
2    model.train( )
3
4    running_loss = 0
5
6    with tqdm(dataloader) as pbar:
7      for i, (data, target) in enumerate(pbar):
8        data = list(image.to(device) for image in data)
9        target = [{k: v.to(device) for k, v in t.items( )} for t in target]
10
11       loss_dict = model(data, target)
12       losses = sum(loss for loss in loss_dict.values( ))
13
14       optimizer.zero_grad( )
15       losses.backward( )
16       optimizer.step( )
17
18       running_loss += losses
19       pbar.set_postfix(loss=losses.item( ))
20
21     print(
```

```
22          f"[{epoch}/{EPOCH}]",
23          f"train loss: {running_loss/len(dataloader):.4f}"
24      )
25
26   return running_loss/len(dataloader)
```

코드 설명

- 1행 : 학습 함수를 생성합니다. Faster RCNN 모델은 내부에 손실 함수를 가지고 있으므로 별도 train 함수의 인자를 받을 필요가 없습니다.
- 6행 : tqdm 패키지를 사용하여 학습 진행률을 표시합니다.
- 8~9행 : 데이터를 학습에 사용하는 장치로 옮겨줍니다.
- 11~12행 : 모델에 입력과 타겟을 넣어주면 손실이 계산되어 반환됩니다. 해당 손실의 합을 계산하여 역전파 시킵니다.

이어서 검증 함수도 살펴보겠습니다.

```
1  def validation(model, dataloader, epoch, device,
2                 threshold_score=0.5, threshold_iou=0.5):
3      model.eval( )
4
5      tps = [ ]
6      fps = [ ]
7      fns = [ ]
8
9
10     with tqdm(dataloader) as pbar:
11       with torch.no_grad( ):
12         for i, (data, target) in enumerate(pbar):
13           data = list(image.to(device) for image in data)
14           target = [{k: v.to(device) for k, v in t.items( )} for t in target]
15
16           predictions = model(data)
17
18           for i in range(len(target)):
19             true_boxes = target[i]['boxes'].cpu( )
20             true_labels = target[i]['labels'].cpu( ).numpy( )
21             pred_boxes = predictions[i]['boxes'].cpu( )
22             pred_scores = predictions[i]['scores'].cpu( ).numpy( )
```

```
23
24      pred_boxes_thr = pred_boxes[pred_scores >= threshold_score]
25
26      iou_for_img = torchvision.ops.box_iou(pred_boxes_thr, true_boxes)
27
28      true_positives = (iou_for_img > threshold_iou).sum()
29      false_positives = len(pred_boxes) - true_positives
30      false_negatives = len(true_boxes) - true_positives
31
32      tps.append(true_positives)
33      fps.append(false_positives)
34      fns.append(false_negatives)
35
36  precision = sum(tps) / (sum(tps) + sum(fps))
37  recall = sum(tps) / (sum(tps) + sum(fns))
38  f1 = 2 * (precision * recall) / (precision + recall)
39
40  print(f'[{epoch}/{EPOCH}] precision: {precision:.2f} recall: {recall:.2f} f1: {f1:.2f}
    \n')
41
42  return precision, recall, f1
```

코드 설명

- **1~2행** : 검증 함수를 생성합니다. threshold_score, thresdhold_iou라는 특수한 인자를 받고 있습니다. threshold_score는 박스에 물체가 있을 확률이 threshold_score보다 작은 경우 박스를 사용하지 않습니다. threshold_iou는 앵커 박스 회귀를 통해 다양한 박스가 제안되는데 박스들과 타겟 박스들 사이의 IoU(Intersection of Union)값이 thresdhold_iou보다 높은 경우 동일한 물체로 보고 메트릭을 계산합니다.
- **10~16행** : 데이터 로더에서 데이터를 불러와 모델에 넣고 예측값을 구합니다.
- **18행** : 모든 타겟에 대해 메트릭을 계산하기 위해 루프를 실행합니다.
- **19~22행** : 타겟, 예측 스코어, 박스를 가져옵니다.
- **24행** : 예측 박스 중 threshold_score보다 작은 박스는 제거합니다.
- **26행** : 예측 박스와 실제 박스간의 IoU를 구합니다.
- **28행** : 계산된 IoU 중 threshold_iou보다 크면 정답을 맞춘 것으로 ture_positive에 저장합니다.
- **29행** : 예측된 박스 중 정답이 아닌 값은 false_positive에 저장합니다.
- **30행** : 실제 박스 중 정답이 아닌 값은 false_negative에 저장합니다.
- **36~38행** : precision, recall, f1 score를 계산합니다.

앞의 두 함수를 이용한 전체 학습 코드를 살펴보겠습니다. 먼저 하이퍼파라미터로 최적화 함수에 적용할 LR, MOMENTUM, WEIGHT_DECAY를 정해주고 StepLR 스케줄러에 적용할 LR_STEP, LR_GAMMA를 지정합니다.

```
1 EPOCH = 10
2 BATCH_SIZE = 16
3 NUM_WORKERS = 2
4 LR = 0.005
5 MOMENTUM = 0.9
6 WEIGHT_DECAY = 0.0005
7 LR_SETP = 6
8 LR_GAMMA = 0.7
```

앞서 정의한 get_dataset( ) 함수를 이용하여 데이터셋과 데이터 로더를 정의합니다.

```
1 trainset, valset, testset = get_dataset(
2   "dataset",
3   train_transforms=train_transform,
4   test_transforms=test_transform
5 )
6
7 # dataloader
8 train_loader = DataLoader(
9   dataset=trainset,
10   shuffle=True,
11   batch_size=BATCH_SIZE,
12   num_workers=NUM_WORKERS,
13   collate_fn=collate_fn
14 )
15 val_loader = DataLoader(
16   dataset=valset,
17   batch_size=BATCH_SIZE,
18   num_workers=NUM_WORKERS,
19   collate_fn=collate_fn
20 )
21 test_loader = DataLoader(
22   dataset=testset,
23   batch_size=BATCH_SIZE,
24   num_workers=NUM_WORKERS,
25   collate_fn=collate_fn
26 )
```

모델과 최적화 스케줄러를 정의합니다.

```
1 # Model
2 model = load_model( )
3
4 # Optimizer, Scheduler
5 optimizer = optim.SGD(model.parameters( ), lr=LR,
6             momentum=MOMENTUM, weight_decay=WEIGHT_DECAY)
7 scheduler = optim.lr_scheduler.StepLR(optimizer,
8               step_size=LR_SETP, gamma=LR_GAMMA)
9
10 model = model.to(device)
```

본 학습 코드를 정의합니다.

```
1 max_f1 = 0
2 for epoch in range(EPOCH):
3   print("LR:", scheduler.get_last_lr( ))
4
5   tloss = train(model, train_loader, optimizer, epoch, device)
6   p, r, f1 = validation(model, val_loader, epoch, device)
7
8   scheduler.step( )
9
10   if f1 > max_f1:
11     torch.save(model.state_dict( ), "best.pth")
12     max_f1 = f1
13
14 p, r, f1 = validation(model, test_loader, epoch, device)
```

코드 설명

- 1행 : 최대 f1 스코어를 저장할 변수를 정의합니다.
- 2~8행 : 각 에포크마다 데이터셋을 실행하면서 학습과 검증을 수행합니다.
- 10~12행 : 최대 f1을 갱신하면서 저장합니다.
- 14행 : 테스트셋의 메트릭을 계산합니다.

1.6 추론

학습 완료된 모델을 이용하여 이미지를 추론해 보겠습니다. 먼저 저장된 모델을 불러옵니다.

```
1 model = load_model( )
2
3 # load best model
4 model.load_state_dict(torch.load("best.pth"))
5 model = model.to(device)
```

다음으로 추론 함수를 생성하겠습니다.

```
1 eval_transform = A.Compose(
2    [
3        A.Normalize([0.485, 0.456, 0.406], [0.229, 0.224, 0.225]),
4        ToTensorV2( ),
5    ]
6 )
7
8 def inference(model, image, transform, threshold_score=0.5, threshold_nms=0.5):
9
10    t_image = transform(image=image)['image']
11    t_image = t_image.unsqueeze(0).to(device)
12
13    model.eval( )
14    with torch.no_grad( ):
15        pred = model(t_image)
16
17    keep_boxes = torchvision.ops.nms(
18        pred[0]['boxes'].cpu( ), pred[0]['scores'].cpu( ), threshold_nms)
19    score_filter = pred[0]['scores'].cpu( ).numpy( )[keep_boxes] > threshold_score
20
21    test_boxes = pred[0]['boxes'].cpu( ).numpy( )[keep_boxes][score_filter]
22    test_labels = pred[0]['labels'].cpu( ).numpy( )[keep_boxes][score_filter]
23
24    return test_boxes, test_labels
```

코드 설명

- 1~6행 : 추론에 사용될 변환을 생성합니다. 이미지 정규화와 텐서 변환만 사용합니다.
- 8행 : 추론 함수를 생성하되 threshold_score, threshold_nms라는 특수한 인자를 받습니다. threshold_score는 검증 함수와 마찬가지로 해당 스코어보다 낮은 박스를 제거하고, threshold_nms는 NMS(Non-Maximum Suppression)에서 사용됩니다.
- 10~11행 : 이미지를 변환하고, 배치 차원을 하나 추가합니다.
- 13~15행 : 모델을 검증 모드로 변환한 후 이미지를 넣어 예측값을 반환 받습니다.
- 17~18행 : NMS를 수행합니다. NMS는 여러 개 겹치는 Bounding box를 합치는 방법입니다. 먼저 예측된 박스 중 스코어가 가장 높은 박스를 빼냅니다. 해당 박스와 남은 다른 박스의 IoU를 계산해서 주어진 문턱값보다 높은 경우 박스를 제거합니다. 남은 박스가 없을 때까지 진행하여 특정 물체를 지정한 한 개의 박스만 남깁니다.
- 19행 : NMS는 모든 스코어를 계산하기 때문에 특정 스코어보다 낮은 박스는 후에 제거합니다.
- 21~24행 : 필터링한 결과로 최종 박스와 분류 결과를 구하고 반환합니다.

실제 이미지를 추론하고, 결과를 표시해 보겠습니다.

```
1 img_path = "dataset/images/maksssksksss457.png"
2 image = cv2.imread(img_path)
3 image = cv2.cvtColor(image, cv2.COLOR_BGR2RGB)
4
5 boxes, labels = inference(model, image, eval_transform)
6
7 new_img = draw_boxes(image, boxes, labels)
8 plt.imshow(new_img)
9 plt.axis('off')
```

[실행 결과]

코드 설명

- 1~3행 : 이미지를 읽어와서 RGB 컬러로 변환합니다.
- 5행 : 모델, 이미지, 변환을 넣어 추론을 수행합니다.
- 7~9행 : 이미지에 추론된 박스와 클래스를 그리고 화면에 표시합니다.
- 마스크를 쓴 사람과 아닌 사람을 구분합니다. 객체 인식은 마스크 인식뿐만 아니라 재활용품 분류, 물건 분류, 의류 분류 등 다양한 곳에서 사용될 수 있습니다.

Chapter 02

오토 인코더로
이미지 노이즈 제거하기

이미지 노이즈 제거(Denoising)는 이미지의 품질 향상에 중요한 작업 중 하나입니다. 아날로그 필름부터 광학 센서를 사용하는 카메라까지 모든 사진에는 자연적으로 노이즈가 생길 수밖에 없습니다. 이런 이유로 노이즈를 자연스럽게 제거하는 연구는 오래된 컴퓨터 비전 태스크 중 하나입니다. 이번 챕터에서는 MNIST 이미지에 노이즈를 추가한 데이터셋을 만들고, 오토 인코더를 이용해 원래의 이미지로 복원하는 과정을 진행해 보겠습니다.

2.1 데이터 분석

노이즈 제거 작업을 위한 데이터 분석에서 MNIST에 정규 분포 노이즈를 추가하고, 노이즈 데이터를 생성하겠습니다.

문제	이미지 노이즈 제거
모델	Auto Encoder
데이터셋	MNIST를 이용한 커스텀 노이즈 데이터셋
문제 유형	디노이징, 이미지 향상
평가 지표	MSE

먼저 이미지에 가우시안 노이즈를 추가하는 함수를 생성합니다.

```
1  def gaussian_noise(image, scale=0.8):
2      noised = image + np.random.normal(loc=0, scale=scale, size=image.shape)
3      noised = np.clip(noised, 0, 1)
4
5      noised = torch.tensor(noised).float()
6      return noised
```

 코드 설명

- 2행 : 원본 이미지에 numpy의 random.normal 함수를 이용하여 랜덤 정규 분포 값을 노이즈로 추가합니다.
- 3행 : 추가된 값 중 표현 범위인 0과 1 사이를 넘는 값을 최대 1, 최소 0으로 변환합니다.
- 5~6행 : 텐서로 변환하여 반환합니다.

노이즈를 추가할 MNIST 데이터셋을 불러옵니다.

```
1 base_dir = "dataset"
2 mnist = MNIST(base_dir, train=True, download=True)
```

gaussian_noise( ) 함수를 이용해 이미지에 노이즈를 추가하면 어떻게 되는지 시각화해 보겠습니다.

```
1 image = mnist.data[123]
2 plt.subplot(1, 2, 1)
3 plt.title("origin")
4 plt.imshow(image)
5 plt.subplot(1, 2, 2)
6 plt.title("noised")
7 plt.imshow(gaussian_noise(image))
```

[실행 결과]

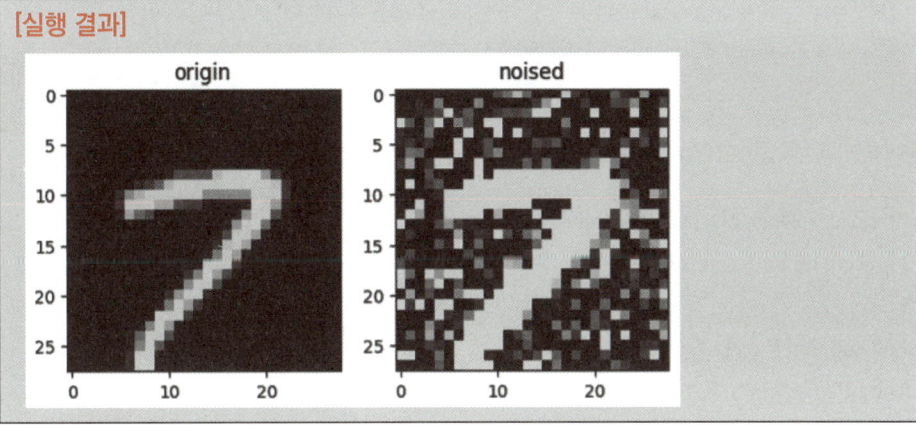

 코드 설명

- 1행 : 데이터셋에서 이미지를 한 장 추출합니다.
- 2~4행 : 원본 이미지를 표시합니다.
- 5~7행 : 노이즈 이미지를 표시합니다.

2.2 데이터셋

MNIST에서 노이즈를 추가한 데이터와 원본 데이터를 반환하는 커스텀 데이터셋을 만들어 보겠습니다.

```
1 class NoisedDataset(Dataset):
2   def __init__(self, root, train):
3     self.mnist = MNIST(root=root, train=train, download=True)
4
5   def __getitem__(self, i):
6     origin = self.mnist.data[i].unsqueeze(0)
7     noised = gaussian_noise(origin)
8     return noised/255., origin/255.
9
10  def __len__(self):
11    return len(self.mnist)
```

코드 설명

- 3행 : MNIST 데이터셋을 불러옵니다. root와 train은 생성자의 인자로 받습니다.
- 6행 : 원본 데이터를 불러옵니다. 원본은 흑백이기 때문에 채널 차원이 없습니다. 학습 시에는 채널 차원을 하나 추가합니다.
- 7행 : 정의한 gaussian_noise( ) 함수로 원본 이미지에 노이즈를 추가한 이미지를 얻습니다.
- 8행 : 255.0으로 나누어 0~1 사이로 정규화합니다.

데이터셋을 생성하고 원본과 노이즈 데이터가 제대로 출력되는지 확인해 보겠습니다.

```
1 trainset = NoisedDataset(base_dir, True)
2 noised, origin = trainset[123]
3
4 plt.subplot(1, 2, 1)
5 plt.title("origin")
6 plt.imshow(origin.squeeze( ))
7 plt.subplot(1, 2, 2)
8 plt.title("noised")
9 plt.imshow(noised.squeeze( ))
```

[실행 결과]

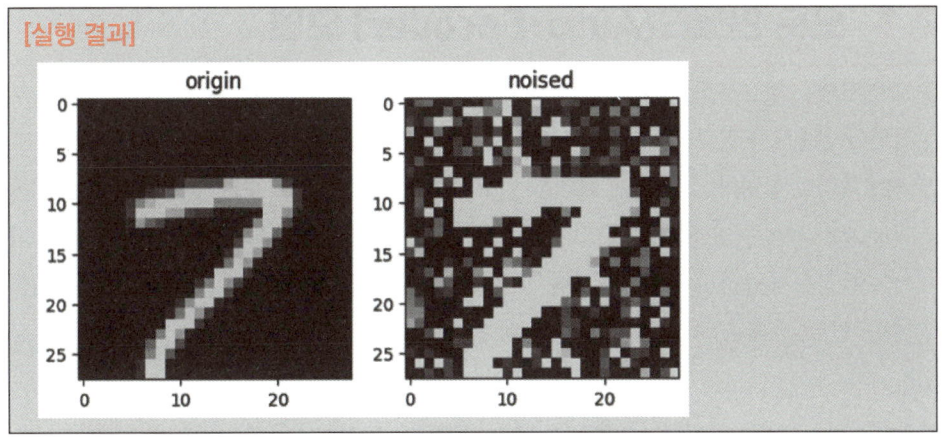

📩 코드 설명

- 1~2행 : 노이즈 데이터셋을 생성하고, 123번째 샘플 셋을 불러옵니다.
- 4~9행 : 왼쪽에는 원본 데이터를, 오른쪽에는 노이즈 데이터를 표시합니다.
- 랜덤 노이즈이기 때문에 시드를 고정하지 않으면 가져올 때마다 미묘하게 다른 노이즈 이미지가 생성됩니다.

마지막으로 노이즈 데이터셋을 가져오는 get_dataset( ) 함수를 생성합니다.

```
1 def get_dataset(root):
2    train = NoisedDataset(root, True)
3    val = NoisedDataset(root, False)
4
5    return train, val
6
7 trainset, valset = get_dataset(base_dir)
8 print(len(trainset), len(valset))
```

[실행 결과]
60000 10000

📩 코드 설명

- 2~3행 : 학습, 검증 데이터셋을 생성합니다.
- 7행 : get_dataset( )으로 데이터셋을 불러옵니다.
- 8행 : 각 데이터셋의 샘플 갯수를 출력합니다.

2.3 오토 인코더(Auto-Encoder) 모델

오토 인코더는 정보를 압축하는 인코더와 압축된 정보를 다시 원본으로 복원하는 디코더로 구성되어 있습니다(인코더/디코더 구조를 사용). 이렇게 입력을 그대로 출력하는 모델을 오토 인코더라고 합니다. 궁극적인 목적은 인코더를 통해 압축된 정보가 입력 원본을 복원하는데 충분한 정보를 표현하는 것입니다. 또한, 학습 중에 자연스럽게 잠재 백터가 입력 이미지의 특징을 추출하도록 학습합니다. 따라서 인코더만을 사용하여 이미지의 특징만 추출할 수도 있고, 반대로 디코더만을 사용하여 인코딩된 벡터로부터 이미지를 생성해 낼 수도 있습니다.

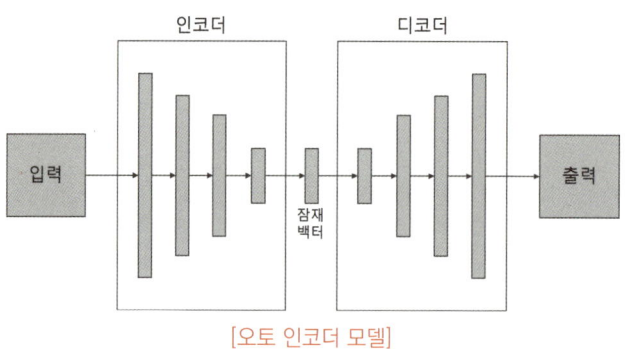

[오토 인코더 모델]

오토 인코더는 간단하지만 강력한 성능을 가진 모델로 주로 이미지 노이즈 제거, 가려지거나 지워진 부분을 채우는 인페인팅 등에 사용됩니다. 초기 이미지 생성 모델인 GAN에서도 사용합니다. 또한, 기계 번역에서도 특징을 추출하기 위해 인코더/디코더 구조를 사용합니다. 인코더 구조에서 기본 블럭은 3x3 합성곱과 ReLU를 두 번 반복하고, 인코더는 기본 블럭과 최대 풀링을 두 번 반복합니다.

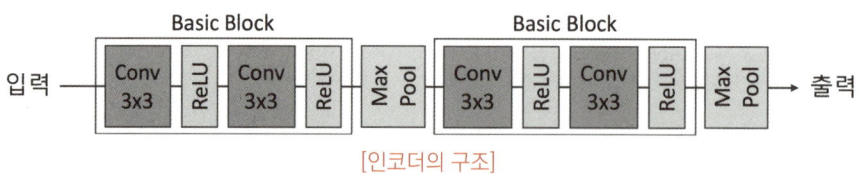

[인코더의 구조]

먼저 기본 블럭을 만들어 보겠습니다.

```
1 class BasicBlock(nn.Module):
2   def __init__(self, in_channels, out_channels, hidden_dims):
3     super(BasicBlock, self).__init__()
4
5     self.conv1 = nn.Conv2d(in_channels, hidden_dims, kernel_size=3, padding=1)
6     self.conv2 = nn.Conv2d(hidden_dims, out_channels, kernel_size=3, padding=1)
```

```
7   self.relu = nn.ReLU( )
8
9   self.block = nn.Sequential(
10      self.conv1,
11      self.relu,
12      self.conv2,
13      self.relu
14   )
15
16  def forward(self, x):
17      return self.block(x)
```

코드 설명

- 2행 : 기본 블럭은 입력 채널과 출력 채널의 중간 채널인 히든 디멘션을 받습니다.
- 5행 : 첫 번째 합성곱은 입력 채널과 중간 채널의 크기를 각각 입력, 출력 채널로 사용합니다.
- 6행 : 두 번째 합성곱은 입력, 출력 채널로 중간 채널과 출력 채널의 크기를 사용합니다.
- 9~14행 : 합성곱1, ReLU, 합성곱2, ReLU를 차례로 통과하도록 nn.Sequential( )을 사용하여 블럭을 만들어 줍니다.
- 16~17행 : forward( )에서는 블럭에 입력을 주고, 출력을 반환합니다.

이어서 인코더를 만들어 보겠습니다.

```
1 class Encoder(nn.Module):
2   def __init__(self):
3       super(Encoder, self).__init__( )
4
5       self.conv1 = BasicBlock(in_channels=1, out_channels=16, hidden_dims=16)
6       self.conv2 = BasicBlock(in_channels=16, out_channels=8, hidden_dims=8)
7       self.pool = nn.AvgPool2d(kernel_size=2, stride=2)
8       self.encoder = nn.Sequential(
9           self.conv1,
10          self.pool,
11          self.conv2,
12          self.pool
13      )
14
15  def forward(self, x):
16      return self.encoder(x)
```

베이직 블록과 유사한 구성으로 차이점은 합성곱 대신 기본 블록을, ReLU 대신 평균 풀링을 사용합니다. 커널 2 크기의 평균 풀링을 두 번 사용했기 때문에 입력 이미지는 인코더를 지나면 공간 크기가 4배 정도 줄어듭니다. 이렇게 공간 크기가 줄어드는 연산을 다운 샘플링(Down-Sampling)이라고 합니다. 채널은 흑백 1채널에서 8채널로 늘어납니다.

다음은 디코더를 생성합니다. 디코더는 인코더와 반대로 작은 크기의 이미지를 다시 늘려야 합니다. 다운 샘플링과 반대로 공간 크기가 늘어나는 연산을 업 샘플링(Up-Sampling)이라고 합니다. 디코더는 업 샘플링을 위해 특수한 형태의 전치 합성곱(Transposed Convolution)을 사용합니다.

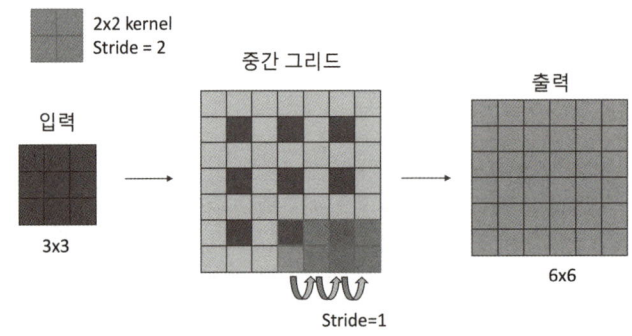

[Transposed Conv]

전치 합성곱은 커널 2, 보폭 2를 사용합니다. 이런 경우 입력 값 사이에 0을 추가하여 7x7 크기의 중간 그리드를 생성합니다. 이후 2x2 커널을 이용해 보폭을 1로 지정하고, 합성곱 연산을 수행하여 최종 6x6 크기의 출력 결과를 만듭니다. 원래 입력 크기에서 2배 크기의 출력을 만들어 내는 특징이 있습니다.

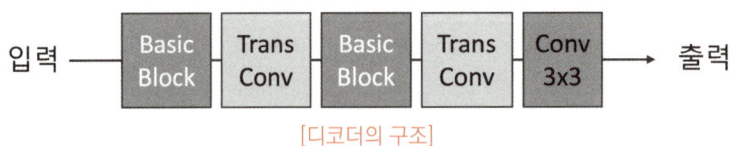

[디코더의 구조]

기본 블록과 전치 합성곱을 두 번 반복하고, 마지막 출력 채널을 맞추기 위해 합성곱 연산을 진행합니다.

```
1 class Decoder(nn.Module):
2   def __init__(self):
3     super(Decoder, self).__init__()
4
5     self.conv1 = BasicBlock(in_channels=8, out_channels=8, hidden_dims=8)
```

```
6    self.conv2 = BasicBlock(in_channels=8, out_channels=16, hidden_dims=16)
7    self.conv3 = nn.Conv2d(in_channels=16, out_channels=1,
8                           kernel_size=3, padding=1)
9
10   self.upsample1 = nn.ConvTranspose2d(in_channels=8, out_channels=8,
11                                        kernel_size=2, stride=2)
12   self.upsample2 = nn.ConvTranspose2d(in_channels=16, out_channels=16,
13                                        kernel_size=2, stride=2)
14   self.decoder = nn.Sequential(
15     self.conv1,
16     self.upsample1,
17     self.conv2,
18     self.upsample2,
19     self.conv3
20   )
21
22  def forward(self, x):
23    return self.decoder(x)
```

코드 설명

- 5~6행 : 기본 블럭을 생성합니다.
- 7행 : 마지막에 사용될 합성곱 레이어를 생성합니다.
- 10~13행 : 커널 사이즈 2, 보폭 2인 전치 합성곱 레이어를 생성합니다.
- 14~20행 : 각 레이어를 순차적으로 진행시키기 위해 nn.Sequential을 사용합니다.

이제 인코더와 디코더를 합친 오토 인코더 모델을 만들어 보겠습니다. 합성곱을 활용한 오토 인코더를 CAE(Convolutional Auto Encoder)라고 합니다.

```
1 class CAE(nn.Module):
2  def __init__(self):
3    super(CAE, self).__init__()
4
5    self.encoder = Encoder()
6    self.decoder = Decoder()
7
8  def forward(self, x):
9    x = self.encoder(x)
10   x = self.decoder(x)
11   return x.squeeze()
```

CAE의 입출력 동작을 확인해 보겠습니다. (1, 8, 8) 크기의 랜덤 텐서를 만들어 CAE의 입력으로 넣고, 출력 크기를 확인해 보니 (8, 8) 크기의 텐서가 나오는 것을 볼 수 있습니다.

```
1 cae = CAE( )
2 cae(torch.rand((1, 8, 8))).shape
```

[실행 결과]
torch.Size([8, 8])

2.4 모델 학습

이번에 사용할 손실 함수는 MSE입니다. 이는 예측 이미지의 각 픽셀이 타겟과 얼마나 비슷한지 비교할 때 적합한 함수입니다. 학습 코드를 살펴보면 기존 학습 코드와 비슷하고, 손실 함수 계산 부분만 조금 다릅니다. MSE의 입력으로 모델의 출력과 타겟을 squeeze( )하여 넣어줍니다.

```
 1 def train(model, dataloader, criterion, optimizer, epoch, device):
 2   model.train( )
 3
 4   running_loss = 0
 5
 6   with tqdm(dataloader) as pbar:
 7     for i, (images, targets) in enumerate(pbar):
 8       images, targets = images.to(device), targets.to(device)
 9
10       optimizer.zero_grad( )
11
12       outputs = model(images)
13       loss = criterion(outputs.squeeze( ), targets.squeeze( ))
14
15       loss.backward( )
16       optimizer.step( )
17
18       running_loss += loss.item( )
19       pbar.set_postfix(loss=loss.item( ))
20
21   return running_loss/len(dataloader)
```

검증 함수도 손실 함수 계산 부분만 다릅니다. 전체 학습 코드에서 하이퍼파라미터를 설정합니다.

```
1 EPOCH = 10
2 BATCH_SIZE = 32
3 NUM_WORKERS = 1
4 LR = 0.001
```

데이터셋과 데이터 로더를 불러옵니다.

```
1 trainset, valset = get_dataset(base_dir)
2
3 # dataloader
4 train_loader = DataLoader(
5   dataset=trainset,
6   shuffle=True,
7   batch_size=BATCH_SIZE,
8   num_workers=NUM_WORKERS,
9 )
10 val_loader = DataLoader(
11   dataset=valset,
12   batch_size=BATCH_SIZE,
13   num_workers=NUM_WORKERS,
14 )
```

모델과 학습을 위한 최적화 함수, 손실 함수, 스케줄러를 생성합니다.

```
1 # Model
2 model = CAE( )
3
4 # Optimizer, Loss, Scheduler
5 optimizer = optim.Adam(model.parameters( ), lr=LR)
6 criterion = nn.MSELoss( )
7 scheduler = optim.lr_scheduler.StepLR(optimizer, step_size=3, gamma=0.5)
8
9 model = model.to(device)
10 criterion = criterion.to(device)
```

실제 학습 코드도 이전과 동일하게 진행합니다. 정확도 등의 지표 없이 loss만 사용하기 때문에 loss가 가장 낮은 모델을 저장합니다.

```
1  # Start Training
2  min_loss = 999
3  for epoch in range(EPOCH):
4      print("LR:", scheduler.get_last_lr( ))
5  
6      tloss = train(model, train_loader, criterion, optimizer, epoch, device)
7      vloss = validation(model, val_loader, criterion, epoch, device)
8      scheduler.step( )
9  
10     if vloss < min_loss:
11         print(f"Update Best Model: {vloss}")
12         torch.save(model.state_dict( ), "best.pth")
13         min_loss = vloss
```

2.5 추론

학습된 모델을 이용해 노이즈 데이터가 깨끗한지를 확인해 보겠습니다.

```
1  model = CAE( )
2  # load best model
3  model.load_state_dict(torch.load("best.pth"))
4  model.eval( )
5  
6  with torch.no_grad( ):
7      image, target = valset[0]
8      print(image.shape, target.shape)
9      print(nn.MSELoss( )(image.squeeze( ), target.squeeze( )))
10 
11     output = model(image)
12 
13     plt.subplot(1, 3, 1)
14     plt.imshow(image.squeeze( ))
15     plt.subplot(1, 3, 2)
16     plt.imshow(target.squeeze( ))
17     plt.subplot(1, 3, 3)
18     plt.imshow(output.squeeze( ))
```

[실행 결과]

코드 설명

- 1~4행 : 모델을 생성하고, 학습시킨 가중치를 불러옵니다.
- 6~7행 : 검증셋의 첫 번째 이미지와 노이즈 데이터를 불러옵니다.
- 11행 : 모델의 출력을 가져옵니다.
- 13~18행 : 노이즈 이미지와 원본 모델을 통해 노이즈가 제거된 이미지를 순서대로 출력합니다.
- 모델을 통해 상당한 노이즈가 제거된 것을 확인할 수 있습니다. 이번 학습에서는 28 x 28 크기의 작은 이미지 데이터를 사용했지만 실제 사진 데이터를 활용한 데이터셋을 만들고, 모델 크기를 늘린다면 사진에서 노이즈를 제거하는 모델로 만들 수 있습니다.

Chapter 03

U-Net 객체 분할로 인물 사진 배경 흐리게 하기

객체 분할은 객체 인식과 비슷하게 이미지에 있는 여러 사물을 구분하는 문제로 객체의 경계를 정확하게 구분하여 픽셀 단위로 예측하는 조금 복잡한 개념입니다. 이번 챕터에서는 객체 분할을 이용해 사진에서 사람과 배경을 구분하고, 배경 이미지를 흐리게 만들어 보겠습니다.

3.1 데이터 분석(EG1800)

이번에 사용할 데이터셋은 EG1800으로 인물 사진으로 구성된 데이터셋입니다. Kaggle에서 EG1800을 검색하여 나오는 첫 번째 데이터셋을 다운로드 받습니다. 구글 드라이브에서 'Colab Notebooks/프로젝트로 시작하는 Pytorch/6.3'의 위치에 데이터셋을 업로드합니다.

문제	인물 사진 배경, 인물 분리
모델	U-Net
데이터셋	EG1800 (Kaggle)
문제 유형	객체 분할
평가 지표	MSE

다음의 명령을 순차적으로 실행하여 데이터셋의 압축을 풀고, 디렉토리 구조를 확인합니다. Images에는 인물 사진이, Labels에는 인물을 표시한 마스크가 저장되어 있습니다.

```
1 %cd /content/drive/MyDrive/Colab\ Notebooks/프로젝트로\ 시작하는\ Pytorch/6.3
2 !unzip -qq "EG1800 archive.zip" -d dataset
3 !ls dataset/EG1800
Images/  Labels/  README.md
```

이미지와 마스크 이름은 '00001.png' 형태로 저장되어 있는데 총 몇 개의 이미지가 있는지 확인해 보겠습니다.

```
1 base_path = 'dataset/EG1800/'
2 image_path = os.path.join(base_path, 'Images')
3 label_path = os.path.join(base_path, 'Labels')
4
5 file_list = os.listdir(image_path)
6
7 print('Total { } images.'.format(len(file_list)))
```

[실행 결과]
Total 1736 images.

그럼 샘플 이미지와 마스크를 하나씩 확인해 보겠습니다.

```
1 image_name = "00001.png"
2
3 plt.subplot(1, 2, 1)
4 plt.imshow(plt.imread(os.path.join(image_path, image_name)))
5 plt.axis("off")
6 plt.subplot(1, 2, 2)
7 plt.imshow(plt.imread(os.path.join(label_path, image_name)))
8 plt.axis("off")
```

[실행 결과]

3.2 데이터셋

__getitem__( ) 함수에서 내보내는 데이터와 타겟은 모두 이미지이고, 마스크 형태의 레이블을 사용하고 있습니다. 이런 형태의 경우 어떻게 Albumentation으로 데이터 증강을 하는지 먼저 __init__( )을 살펴보겠습니다.

```
1  class PortraitDataset(Dataset):
2    def __init__(self, root_dir, transform=None):
3      self.root_dir = root_dir
4      self.transform=transform
5
6      self.image_dir = os.path.join(self.root_dir, "Images")
7      self.label_dir = os.path.join(self.root_dir, "Labels")
8      self.file_list = os.listdir(self.image_dir)
```

코드 설명

- 2~4행 : 데이터 root_dir과 transform을 받아 저장합니다.
- 6~8행 : 이미지 디렉토리와 레이블 디렉토리를 설정하고, 이미지 디렉토리에서 이미지 파일 리스트를 불러옵니다.

이어서 __getitem__() 함수를 살펴보겠습니다.

```
10   def __getitem__(self, idx):
11     file_name = self.file_list[idx]
12     image_path = os.path.join(self.image_dir, file_name)
13     label_path = os.path.join(self.label_dir, file_name)
14
15     image = cv2.imread(image_path)
16     image = cv2.cvtColor(image, cv2.COLOR_BGR2RGB)
17     mask = cv2.imread(label_path, cv2.IMREAD_GRAYSCALE)
18
19     if self.transform:
20       augs = self.transform(image=image, mask=mask)
21
22       image = augs['image']
23       mask = augs['mask']
24
25     return image, mask.unsqueeze(0)
```

 **코드 설명**

- 11~13행 : 파일 리스트에서 해당 인덱스의 파일 이름을 체크하고, 각각 이미지 디렉토리와 레이블 디렉토리를 합쳐 파일 경로를 확인합니다.
- 15~16행 : 이미지를 읽어 RGB로 변환합니다.
- 17행 : 레이블 마스크는 Grayscale 즉, 흑백 이미지로 읽어 옵니다.
- 19~23행 : 이미지는 image에, 마스크는 mask에 넣어 변환을 수행하고, 각각 해당 이름의 반환값을 전달받습니다.
- 25행 : 마스크는 흑백 형태(1, 너비, 높이)로 반환되며, 첫 번째 채널 차원을 제거하고 반환합니다.

마지막으로 __len__( ) 함수를 살펴보면 file_list의 길이 값을 반환합니다.

```
1  def __len__(self):
2    return len(self.file_list)
```

이번에는 사용할 데이터 증강 방법을 정의해 보겠습니다.

```
1  train_transform=A.Compose(
2  [
3    A.Resize(height=224, width=224),
4    A.HorizontalFlip(p=0.5),
5    A.VerticalFlip(p=0.1),
6    A.Normalize([0.485, 0.456, 0.406],[0.229, 0.224, 0.225]),
7    ToTensorV2( )
8  ],
9  )
10
11 test_transform=A.Compose(
12 [
13   A.Resize(height=224, width=224),
14   A.Normalize([0.485, 0.456, 0.406],[0.229, 0.224, 0.225]),
15   ToTensorV2( ),
16 ],
17 )
```

코드 설명

- 1~9행 : 학습 변환은 리사이즈, 좌우 반전, 상하 반전, 정규화, 텐서 변환으로 구성합니다.
- 11~17행 : 테스트 변환은 리사이즈, 정규화, 텐서 변환으로 구성합니다.

데이터셋과 데이터 로더를 만들어서 변환이 제대로 적용되었는지 확인해 보겠습니다.

```
1  portrait_dataset = PortraitDataset(base_path, train_transform)
2
3  data_loader = DataLoader(portrait_dataset, batch_size=1,
4                           shuffle=True, num_workers=0)
```

해당 데이터를 불러와서 확인해 보겠습니다.

```
1  for image, target in data_loader:
2      img = np.transpose(image[0].numpy( ), (1, 2, 0))
3      target = target[0].squeeze( ).numpy( )
4
5      # display the image
6      plt.subplot(1,2,1)
7      plt.imshow(img)
8      plt.axis('off')
9      plt.title("image")
10     plt.subplot(1,2,2)
11     plt.imshow(target)
12     plt.axis('off')
13     plt.title("mask")
14
15     break
```

[실행 결과]

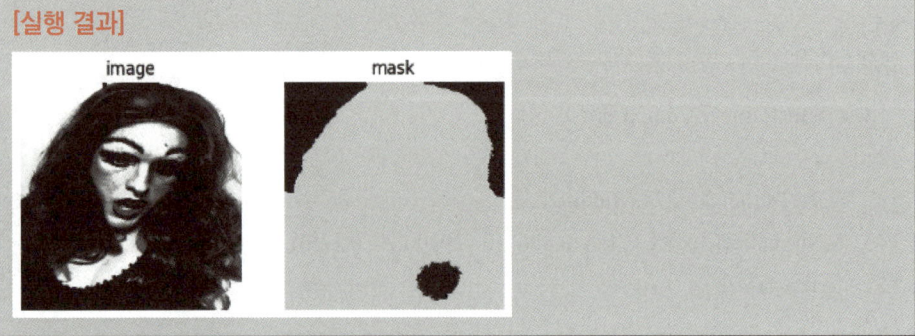

마지막으로 데이터셋을 분할하는 get_dataset( ) 함수를 만들어 보겠습니다. 학습셋, 검증셋, 테스트셋으로 분할한 각 데이터셋의 길이를 확인합니다.

```
1 def get_dataset(
2     root, train=0.8, val=0.1,
3     train_transforms=None, test_transforms=None,
4     random_seed=130
5 ):
6   origin = PortraitDataset(
7     root,
8     transform=train_transforms
9   )
10
11  train_samples = int(len(origin) * train)
12  val_samples = int(len(origin) * val)
13  test_samples = len(origin) - train_samples - val_samples
14
15  torch.manual_seed(random_seed)
16  trainset, valset, testset = torch.utils.data.random_split(
17    origin,
18    (train_samples, val_samples, test_samples),
19  )
20  valset.transforms = test_transforms
21  testset.transforms = test_transforms
22
23  return trainset, valset, testset
24
25 trainset, valset, testset = get_dataset(base_path,
26                                         train_transforms=train_transform,
27                                         test_transforms=test_transform)
28 print(len(trainset), len(valset), len(testset))
```

[실행 결과]
1388 173 175

3.3 U-Net 모델

객체 분할은 이미지 노이즈 제거에서 사용했던 오토 인코더와 같은 모델로 해결할 수 있습니다. 이번에는 오토 인코더를 좀더 발전시킨 U-Net 모델을 사용하여 이미지 분할 문제를 풀어보겠습니다.

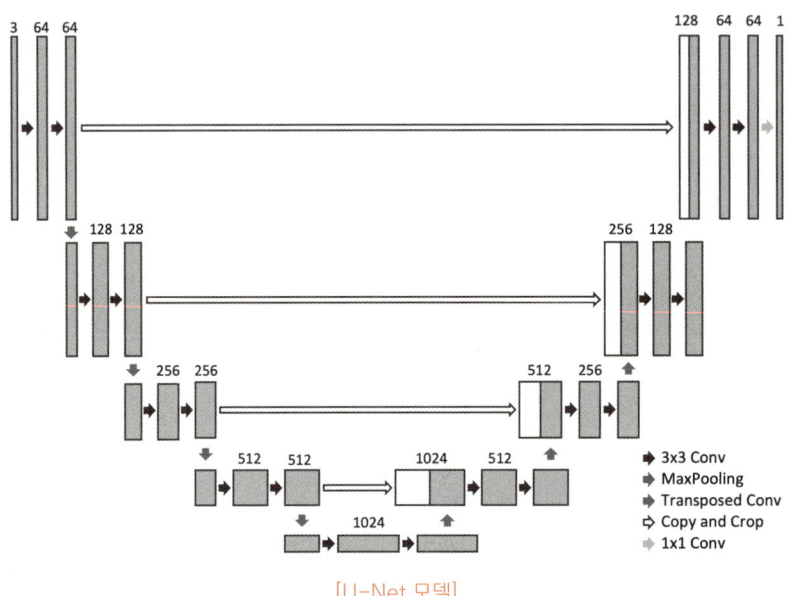

[U-Net 모델]

U-Net은 오토 인코더와 마찬가지로 인코더, 디코더 형태로 구성되어 있습니다. 인코더의 각 스테이지에서 나온 특징 맵을 같은 스테이지의 디코더 입력과 합쳐서 사용합니다. 각 스테이지에는 압축된 정보에서 복원한 정보뿐만 아니라 압축되기 전 정보를 동시에 활용하기 때문에 많은 정보를 활용하여 좋은 성능을 지원할 수 있습니다. 그리고 이미지 노이즈 제거, 객체 분할, 이미지 깊이 추정 등 이미지에서 이미지를 예측하는 문제에 사용될 수 있습니다. 단점으로는 각 단계별로 중간 결과를 저장해야 하므로 메모리를 많이 사용하게 됩니다.

해당 모델을 코드로 구현해 보겠습니다. 각 모델의 합성곱은 합성곱-BN-ReLU를 합쳐서 구성됩니다. 따라서 세 가지를 순차적으로 진행하는 함수를 만들어서 재사용하겠습니다.

```
1 def conv_bn_relu(in_channels, out_channels, kernel_size=3, stride=1, padding=1):
2     conv = nn.Conv2d(in_channels=in_channels, out_channels=out_channels,
3                     kernel_size=kernel_size, stride=stride, padding=padding)
4     bn = nn.BatchNorm2d(out_channels)
5     relu = nn.ReLU()
6     return nn.Sequential(conv, bn, relu)
```

다음으로 인코더 블럭을 생성합니다. 인코더 블럭은 생성한 conv_bn_relu() 함수를 두 번 반복합니다.

```
1 class EncBlock(nn.Module):
2   def __init__(self, in_channels, out_channels):
3     super(EncBlock, self).__init__()
4     self.conv1 = conv_bn_relu(in_channels, out_channels)
5     self.conv2 = conv_bn_relu(out_channels, out_channels)
6
7   def forward(self, x):
8     x = self.conv1(x)
9     x = self.conv2(x)
10    return x
```

디코더 블럭은 forward( )에서 두 개의 입력을 받습니다. 하나는 같은 스테이지의 인코더 출력, 다른 하나는 이전 디코더 블럭의 출력입니다. 두 입력을 합쳐서 합성곱 연산을 수행합니다.

```
1 class DecBlock(nn.Module):
2   def __init__(self, in_channels, out_channels, hidden_dims):
3     super(DecBlock, self).__init__()
4     self.conv1 = conv_bn_relu(in_channels, hidden_dims)
5     self.conv2 = conv_bn_relu(hidden_dims, out_channels)
6
7   def forward(self, x1, x2):
8     x = torch.cat((x1, x2), dim=1)
9     x = self.conv1(x)
10    x = self.conv2(x)
11    return x
```

인코더 블럭을 사용하여 인코더를 생성합니다. 인코더는 각 블럭의 출력을 저장, 반환하여 디코더에서 사용할 수 있도록 합니다.

```
1 class Encoder(nn.Module):
2   def __init__(self):
3     super(Encoder, self).__init__()
4     self.enc1 = EncBlock(3, 64)
5     self.enc2 = EncBlock(64, 128)
6     self.enc3 = EncBlock(128, 256)
7     self.enc4 = EncBlock(256, 512)
```

```
8    self.enc5 = conv_bn_relu(512, 1024)
9    self.pool = nn.MaxPool2d(kernel_size=2, stride=2)
10
11   def forward(self, x):
12     enc1 = self.enc1(x)
13     enc2 = self.enc2(self.pool(enc1))
14     enc3 = self.enc3(self.pool(enc2))
15     enc4 = self.enc4(self.pool(enc3))
16     enc5 = self.enc5(self.pool(enc4))
17     return [enc5, enc4, enc3, enc2, enc1]
```

이어서 디코더를 구현합니다. 이를 위해 __init__() 함수를 살펴보겠습니다.

```
1  class Decoder(nn.Module):
2    def __init__(self):
3      super(Decoder, self).__init__()
4      self.dec5 = conv_bn_relu(1024, 512)
5      self.dec4 = DecBlock(1024, 256, 512)
6      self.dec3 = DecBlock(512, 128, 256)
7      self.dec2 = DecBlock(256, 64, 128)
8      self.dec1 = DecBlock(128, 64, 64)
9
10     self.unpool4 = nn.ConvTranspose2d(512, 512, kernel_size=2, stride=2)
11     self.unpool3 = nn.ConvTranspose2d(256, 256, kernel_size=2, stride=2)
12     self.unpool2 = nn.ConvTranspose2d(128, 128, kernel_size=2, stride=2)
13     self.unpool1 = nn.ConvTranspose2d(64, 64, kernel_size=2, stride=2)
14
```

코드 설명

- 2~8행 : 각 스테이지에서 사용할 디코더 블럭을 생성합니다. 첫 번째 스테이지는 conv_bn_relu를 한 번만 사용하기 때문에 블럭을 지정하지 않습니다.
- 10~13행 : 각 스테이지에서 사용할 unpool 레이어를 생성합니다. unpool, upsample은 입력 이미지를 키우는 레이어입니다.

다음은 forward() 함수를 살펴보겠습니다.

```
15  def forward(self, x):
16      dec5 = self.dec5(x[0])
17
18      unpool4 = self.unpool4(dec5)
19      dec4 = self.dec4(x[1], unpool4)
20
21      unpool3 = self.unpool3(dec4)
22      dec3 = self.dec3(x[2], unpool3)
23
24      unpool2 = self.unpool2(dec3)
25      dec2 = self.dec2(x[3], unpool2)
26
27      unpool1 = self.unpool1(dec2)
28      dec1 = self.dec1(x[4], unpool1)
29      return dec1
```

코드 설명

- 15행 : 입력 x는 인코더에서 나온 출력을 그대로 받습니다. 즉, 5개의 스테이지 출력값을 리스트로 받습니다.
- 16행 : 마지막 스테이지는 입력값 하나만 받습니다.
- 18~19행 : 이후 스테이지에서는 직전 결과의 upsample된 값과 이전 스테이지의 값을 받습니다.

최종적으로 인코더와 디코더를 합쳐서 U-Net을 구성합니다. 디코더 이후 1x1 합성곱 레이어를 사용하여 원하는 채널 크기로 변환합니다. 여기에서는 사람을 구분하는 마스크를 생성하도록 1채널 출력을 내보냅니다.

```
1  class UNet(nn.Module):
2      def __init__(self):
3          super(UNet, self).__init__()
4          self.encoder = Encoder( )
5          self.decoder = Decoder( )
6          self.fc = nn.Conv2d(64, 1, kernel_size=1)
7
8      def forward(self, x):
9          x = self.encoder(x)
10         x = self.decoder(x)
11         x = self.fc(x)
12         return x
```

3.4 모델 학습

이번 학습에 사용될 손실 함수는 이진 분류에서 사용된 BCEWithLogitsLoss입니다. 이진 분류 마스크를 생성하기 때문에 0 또는 1의 출력을 내보냅니다. 학습 함수는 이전 챕터에서 사용한 코드와 유사합니다. 텐서 타입을 FloatTensor로 변환한 후 데이터 로더에서 이미지를 불러오기 때문에 int8 타입의 텐서를 가져옵니다.

```python
def train(model, dataloader, criterion, optimizer, epoch, device):
    model.train()

    running_loss = 0

    with tqdm(dataloader) as pbar:
        for i, (images, targets) in enumerate(pbar):
            images = images.to(device)
            targets = targets.type(torch.FloatTensor).to(device)

            optimizer.zero_grad()

            outputs = model(images)
            loss = criterion(outputs.squeeze(), targets.squeeze())

            loss.backward()
            optimizer.step()

            running_loss += loss.item()
            pbar.set_postfix(loss=loss.item())

    return running_loss/len(dataloader)
```

검증 함수는 학습 코드와 유사하므로 전체 학습 코드로 넘어가겠습니다. 먼저 하이퍼파라미터를 설정합니다.

```python
EPOCH = 10
BATCH_SIZE = 32
NUM_WORKERS = 2
LR = 0.001
```

이어서 학습과 테스트 변환을 구현합니다.

```
1 train_transform=A.Compose(
2  [
3     A.Resize(height=224, width=224),
4     A.HorizontalFlip(p=0.5),
5     A.VerticalFlip(p=0.1),
6     A.Normalize([0.485, 0.456, 0.406],[0.229, 0.224, 0.225]),
7     ToTensorV2( )
8  ],
9 )
10
11 test_transform=A.Compose(
12  [
13     A.Resize(height=224, width=224),
14     A.Normalize([0.485, 0.456, 0.406],[0.229, 0.224, 0.225]),
15     ToTensorV2( ),
16  ],
17 )
```

데이터셋과 데이터 로더를 생성합니다.

```
1 trainset, valset, testset = get_dataset(base_path,
2                         train_transforms=train_transform,
3                         test_transforms=test_transform
4                         )
5
6 train_loader = DataLoader(
7   dataset=trainset, shuffle=True,
8   batch_size=BATCH_SIZE, num_workers=NUM_WORKERS,
9 )
10 val_loader = DataLoader(
11   dataset=valset,
12   batch_size=BATCH_SIZE, num_workers=NUM_WORKERS,
13 )
```

모델과 최적화 함수, 손실 함수를 정의합니다.

```
1  # Model
2  model = UNet( )
3
4  # Optimizer, Loss, Scheduler
5  optimizer = optim.Adam(model.parameters( ), lr=LR)
6  criterion = nn.BCEWithLogitsLoss( )
7  scheduler = optim.lr_scheduler.StepLR(optimizer, step_size=3, gamma=0.5)
8
9  model = model.to(device)
10 criterion = criterion.to(device)
```

이제 학습 루프를 구현합니다.

```
1  # Start Training
2  min_loss = 999
3  for epoch in range(EPOCH):
4      print("LR:", scheduler.get_last_lr( ))
5
6      tloss = train(model, train_loader, criterion, optimizer, epoch, device)
7      vloss = validation(model, val_loader, criterion, epoch, device)
8      scheduler.step( )
9
10     if vloss < min_loss:
11         print(f"Update Best Model: {vloss}")
12         torch.save(model.state_dict( ), "best.pth")
13         min_loss = vloss
```

테스트셋 데이터를 하나 불러와서 학습 결과를 살펴보면 모델이 예측한 마스크가 실제 타겟과 매우 유사한 것을 볼 수 있습니다.

```
1  model = UNet( )
2  # load best model
3  model.load_state_dict(torch.load("best.pth"))
4  model.eval( )
5
6  with torch.no_grad( ):
```

```
 7  image, target = testset[0]
 8  print(image.shape, target.shape)
 9
10  output = model(image.unsqueeze(0))
11  sigmoid_output = torch.sigmoid(output)   # Apply sigmoid activation
12
13  mask = sigmoid_output > 0.5
14
15  plt.subplot(1, 3, 1)
16  plt.imshow(image.permute((1, 2, 0)))
17  plt.title("image")
18  plt.axis("off")
19  plt.subplot(1, 3, 2)
20  plt.imshow(target.squeeze( ))
21  plt.title("target")
22  plt.axis("off")
23  plt.subplot(1, 3, 3)
24  plt.imshow(mask.squeeze( ))
25  plt.title("mask")
26  plt.axis("off")
```

[실행 결과]

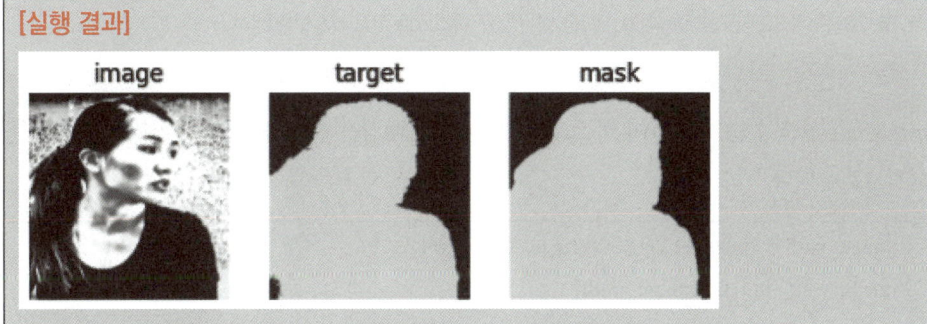

3.5 추론 및 배경 흐리게 처리하기

이미지를 입력받아 마스크를 생성하는 추론 코드를 구현합니다.

```
1 def inference(image):
2   model = UNet( )
3   # load best model
4   model.load_state_dict(torch.load("best.pth"))
5   model.eval( )
```

```
6
7   test_transform=A.Compose(
8     [
9       A.Resize(height=224, width=224),
10      A.Normalize([0.485, 0.456, 0.406],[0.229, 0.224, 0.225]),
11      ToTensorV2( ),
12    ],
13  )
14  image = test_transform(image=image)["image"]
15
16  output = model(image.unsqueeze(0))
17
18  sigmoid_output = torch.sigmoid(output)  # Apply sigmoid activation
19  mask = sigmoid_output > 0.5
20  return mask.squeeze( )
```

코드 설명

- 2~5행 : 모델을 생성하고, 최고 성능의 체크 포인트를 로드합니다.
- 7~13행 : 테스트 변환 코드를 정의합니다.
- 14~16행 : 이미지를 변환하고, 모델에 넣어 결과값을 얻습니다.
- 18~20행 : 시그모이드를 적용하고, 0.5를 넘는 값을 마스크로 저장하여 반환합니다.

inference( ) 함수를 이용하여 마스크를 추론하고, 배경을 분리해 흐리게 처리하는 코드를 살펴보겠습니다.

```
1  image_path = 'dataset/EG1800/Images/00131.png'
2  image = cv2.imread(image_path)
3  image = cv2.cvtColor(image, cv2.COLOR_BGR2RGB)
4
5  mask = inference(image).numpy( ).astype(np.uint8)
6  mask = cv2.resize(mask, (image.shape[1], image.shape[0]))
7
8  radius = 31
9  blur = image.copy( )
10 for i in range(3):
11   blur[:, :, i] = np.where(mask == 0,
12                  cv2.GaussianBlur(blur[:, :, i], (radius, radius), 0),
13                  blur[:, :, i])
```

 **코드 설명**

- 1~3행 : 이미지를 불러와서 RGB로 변환합니다.
- 5~6행 : 모델로 추론을 진행하여 마스크를 반환받습니다. 마스크가 224 크기로 작기 때문에 원본 이미지 크기로 변환합니다.
- 8행 : 배경에 가우시안 블러를 적용하기 위해 블러의 커널값을 지정합니다. 커널값은 홀수값만 지정할 수 있고, 커질수록 강한 블러가 적용됩니다.
- 9행 : 배경을 흐리게 처리할 이미지를 따로 저장하기 위해 원본 이미지를 복사합니다.
- 10~13행 : 각 RGB 채널에 대해 수행할 경우 마스크가 0일 때(배경인 경우)는 배경에 가우시안 블러를 적용하고, 그렇지 않은 경우는 남겨둡니다.

마지막으로 원본, 마스크, 배경이 흐리게 처리된 이미지를 각각 살펴보면 마스크가 있는 사람 부분을 제외한 배경이 흐리게 처리된 것을 볼 수 있습니다

```
1  plt.figure(figsize=(10, 5))
2
3  plt.subplot(1, 3, 1)
4  plt.imshow(image)
5  plt.title("original")
6  plt.axis("off")
7
8  plt.subplot(1, 3, 2)
9  plt.imshow(mask)
10 plt.title("mask")
11 plt.axis("off")
12
13 plt.subplot(1, 3, 3)
14 plt.imshow(blur)
15 plt.title("blured")
16 plt.axis("off")
```

[실행 결과]

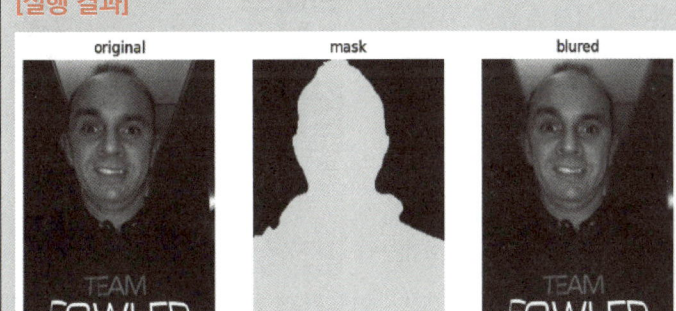

Chapter 04
숫자 이미지 생성하기

앞서 이미지 노이즈 제거에서 특정 이미지로부터 다른 이미지를 만드는 모델을 살펴보았습니다. 이렇게 새로운 데이터, 이미지, 비디오, 텍스트 등을 만들어 내는 모델을 생성 모델이라고 합니다. 간단한 CNN 이나 U-Net도 생성형 모델의 일종이지만 그 중에서도 이미지 생성 모델의 새로운 지평을 여는 모델이 있는데 바로 GAN입니다.

4.1 GAN 알아보기

GAN은 적대적 생성 신경망(Generative Adversarial Networks)의 약자입니다. 기존 모델과 달리 서로 다른 목적을 가진 두 개의 네트워크가 경쟁하면서 학습이 진행됩니다.

문제	손 글씨 숫자 이미지 생성
모델	CGAN (CNN)
데이터셋	MNIST
문제 유형	이미지 생성
평가 지표	MSE, GANLoss

GAN은 생성자와 판별자 두 개의 네트워크로 구성됩니다. 이해를 돕기 위해 생성자는 위조 지폐를 만드는 도둑, 판별자는 위조 지폐를 분별하는 경찰로 비유해 보겠습니다. 생성자는 위조 지폐를 생산하지만 조잡하게 만든 위조 지폐는 판별자가 쉽게 찾을 수 있습니다. 이에 생성자는 다양한 시도를 통해 판별자를 속이려고 하고, 판별자는 고도화된 위조 방식을 판별하려고 학습합니다. 마지막에는 생성자가 만들어낸 위조 지폐가 실제 지폐와 구분이 어려워지게 되면서 생성자의 승리로 끝이 납니다. 이런 비유처럼 GAN은 생성자와 판별자가 서로 경쟁하면 학습되는 모델입니다. 이를 통해 최종적으로 생성자는 실제와 아주 유사한 이미지를 만들게 됩니다.

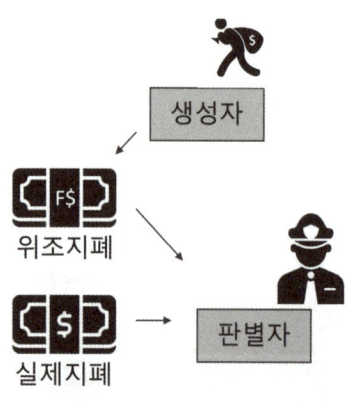

[GAN의 비유]

GAN의 생성자는 입력으로 랜덤한 노이즈 값을 받습니다. 해당 값을 기반으로 실제와 비슷한 그림을 생성할 수 있습니다. 노이즈 값을 바꾸면 생성 결과도 바뀌게 됩니다. 하지만 노이즈 값을 어떻게 바꾸어야 원하는 결과값이 나오는지 알 수가 없습니다. 즉, 위조 지폐를 만들지만 1달러 지폐를 만들지, 100달러 지폐를 만들지는 조절하기가 어렵습니다. 이를 해결하기 위해 CGAN(Conditional GAN)이 나타났습니다. CGAN은 랜덤 노이즈와 함께 특정 조건을 생성자에 전달합니다. 그럼 생성자는 해당 조건에 맞는 이미지를 생성하도록 학습합니다. CGAN을 통하면 1달러, 100달러 등 원하는 지폐를 선택적으로 만들 수 있습니다.

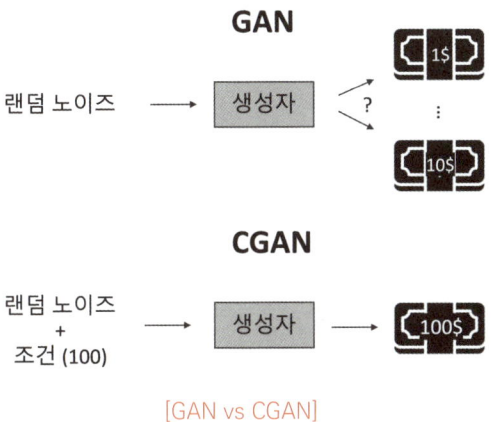

[GAN vs CGAN]

4.2 데이터와 데이터셋

이번 실습에서는 MNIST 데이터셋을 사용하겠습니다. GAN의 학습 정도는 Loss보다 실제 생성한 결과물을 보고 판단하는 것이 적합합니다. 따라서 데이터셋을 검증셋, 테스트셋으로 구분하지 않고, 학습셋만 사용합니다. 랜덤 노이즈와 0~9까지 숫자를 조건으로 숫자 그림을 생성하도록 하겠습니다. MNIST의 숫자별 샘플을 살펴보면 다음과 같습니다.

```
1 base_dir = "dataset"
2
3 transform = transforms.Compose([
4     transforms.ToTensor( ),
5     transforms.Normalize([0.5], [0.5])
6 ])
7 mnist = DataLoader(MNIST(base_dir, train=True, download=True, transform=transform),
8              batch_size=30, shuffle=True)
9
10 for images, labels in mnist:
11   for i in range(len(images)):
```

```
12     plt.subplot(3, 10, i+1)
13     plt.title(labels[i].item( ))
14     plt.imshow(images[i].squeeze( ))
15     plt.axis("off")
16     break
```

[실행 결과]

4.3 CGAN 모델

GAN에서는 판별자와 생성자 모델이 필요합니다. 28x28 크기의 간단한 이미지를 생성, 판단하는 문제이기 때문에 단순한 MLP 모델로 판별자와 생성자를 만들어 보겠습니다. 먼저 판별자입니다.

```
1  class Discriminator(nn.Module):
2    def __init__(self):
3      super(Discriminator, self).__init__( )
4
5      self.label_emb = nn.Embedding(10, 10)
6      self.model = nn.Sequential(
7        nn.Linear(794, 1024),
8        nn.ReLU( ),
9        nn.Linear(1024, 512),
10       nn.ReLU( ),
11       nn.Linear(512, 256),
12       nn.ReLU( ),
13       nn.Linear(256, 1),
14       nn.Sigmoid( )
15     )
16
17   def forward(self, x, labels):
18     x = nn.Flatten( )(x)
```

```
19    c = self.label_emb(labels)
20    x = torch.cat([x, c], dim=1)
21    out = self.model(x)
22    return out.squeeze( )
```

코드 설명

- 5행 : 0~9 숫자 레이블을 특징 벡터로 변환하기 위해 임베딩 레이어를 추가합니다. 네트워크는 0~9까지의 숫자 의미를 모르기 때문에 입력받은 숫자를 이해할 수 있는 벡터로 변환합니다.
- 6~15행 : 28x28 크기 이미지를 받아 실제 이미지인지, 생성된 이미지인지를 구분하는 4층 MLP를 생성합니다.
- 17행 : forward에서 두 개의 입력을 받습니다. x는 판별할 이미지, labels는 해당 이미지의 숫자를 의미합니다.
- 18행 : 이미지를 1D로 변환하여 MLP 입력 크기와 맞춰줍니다.
- 19행 : 각 레이블을 임베딩 레이어에 통과시켜 특징 벡터로 변환합니다.
- 20행 : 이미지와 특징 벡터를 합쳐 모델의 입력값을 만듭니다.
- 21~22행 : 모델을 통과시켜 해당 이미지와 레이블이 실제 이미지인지, 생성된 이미지인지를 판별합니다.

판별자와 유사하지만 이미지를 만들어내는 생성자도 구현합니다.

```
1 class Generator(nn.Module):
2   def __init__(self):
3     super( ).__init__( )
4
5     self.label_emb = nn.Embedding(10, 10)
6     self.model = nn.Sequential(
7       nn.Linear(110, 256),
8       nn.LeakyReLU(0.2),
9       nn.Linear(256, 512),
10      nn.LeakyReLU(0.2),
11      nn.Linear(512, 1024),
12      nn.LeakyReLU(0.2),
13      nn.Linear(1024, 784),
14      nn.Tanh( )
15    )
16
17   def forward(self, z, labels):
18     z = nn.Flatten( )(z)
19     c = self.label_emb(labels)
20     x = torch.cat([z, c], 1)
21     out = self.model(x)
22     return out.reshape(-1, 28, 28)
```

 **코드 설명**

- 5행 : 판별자와 동일하게 숫자 레이블을 특징 벡터로 변환하는 임베딩 레이어를 추가합니다.
- 6~14행 : 노이즈+임베딩 크기(배치 크기, 110) 모양의 텐서를 입력받아 이미지를 생성하는 MLP 네트워크를 생성합니다. 마지막 레이어는 Tanh( ) 함수로 −1~1 사이의 정규화된 값을 출력합니다.
- 17~22행 : 판별자와 동일하게 입력 데이터를 생성하고, 마지막 출력을 흑백 이미지로 변환합니다.

4.4 모델 학습

GAN의 특별한 점은 모델이 아닌 학습 과정에 있습니다. 모델은 기존에 알고 있던 MLP, CNN 등을 자유롭게 사용할 수 있습니다. 생성자와 판별자를 번갈아 학습하는 과정이 중요한데 먼저 생성자 학습의 함수를 살펴보겠습니다.

```
1  def generator_train_step(batch_size, discriminator, generator, g_optimizer, criterion, device):
2
3      z = torch.randn(batch_size, 100).to(device)
4      fake_labels = torch.randint(0, 10, (batch_size,)).to(device)
5
6      g_optimizer.zero_grad( )
7
8      fake_images = generator(z, fake_labels)
9      validity = discriminator(fake_images, fake_labels)
10
11     g_loss = criterion(validity, torch.ones(batch_size).to(device))
12     g_loss.backward( )
13     g_optimizer.step( )
14
15     return g_loss.item( )
```

코드 설명

- 1행 : 배치 크기, 판별자, 생성자, 생성자 최적화 함수, 손실 함수, 디바이스를 입력으로 받습니다.
- 3~4행 : 생성자의 입력으로 랜덤 노이즈와 랜덤 숫자를 차례로 생성합니다.
- 6행 : 생성자 최적화 함수를 초기화 합니다. 생성자와 판별자를 학습해야 하므로 최적화 함수도 생성자와 판별자를 각각 생성하여 전달받습니다.
- 8행 : 생성자의 입력에서 생성된 가짜 이미지를 출력으로 받습니다.
- 9행 : 판별자에 생성된 가짜 이미지와 가짜 레이블을 전달하여 각 샘플이 가짜인지 아닌지를 판별합니다.
- 11행 : 손실 함수는 BCELoss를 사용합니다. 생성자는 판별자가 생성한 이미지를 보고, 진짜 이미지를 판별해야 합니다. 즉, 생성자의 손실 함수는 판별자 예측이 모두 1이 되어야 합니다.
- 12~13행 : 기울기 값을 계산하고, 업데이트합니다.

다음으로 판별자를 한 단계 학습하는 함수를 살펴보겠습니다.

```
1  def discriminator_train_step(batch_size, discriminator, generator,
2                               d_optimizer, criterion, images, labels, device):
3
4      d_optimizer.zero_grad( )
5
6      # train with real images
7      real_validity = discriminator(images.to(device), labels.to(device))
8      real_loss = criterion(real_validity, torch.ones(batch_size).to(device))
9
10     # train with fake images
11     z = torch.randn(batch_size, 100).to(device)
12     fake_labels = torch.randint(0, 10, (batch_size,)).to(device)
13
14     fake_images = generator(z, fake_labels)
15     fake_validity = discriminator(fake_images, fake_labels)
16     fake_loss = criterion(fake_validity, torch.zeros(batch_size).to(device))
17
18     d_loss = real_loss + fake_loss
19     d_loss.backward( )
20     d_optimizer.step( )
21
22     return d_loss.item( )
```

코드 설명

- 1~2행 : 생성자 학습 함수와 유사한 인자를 받습니다. 추가로 실제 레이블과 실제 이미지도 입력으로 받습니다.
- 7행 : 실제 이미지와 레이블을 판별자에 넣어 실제 이미지의 예측값을 얻습니다.
- 8행 : 실제 이미지의 예측값은 모두 실제 이미지로 예측해야 합니다. 즉, 예측값이 모두 1이 되도록 손실 함수로 계산합니다.
- 11~12행 : 가짜 이미지 생성을 위한 랜덤 노이즈와 랜덤 레이블을 준비합니다.
- 14행 : 생성자로부터 가짜 이미지를 생성합니다.
- 15행 : 판별자에게 가짜 이미지를 넣어 예측값을 반환 받습니다.
- 16행 : 판별자는 실제 이미지와 반대로 가짜 이미지를 모두 0으로 예측하도록 손실 함수를 계산합니다.
- 18행 : 최종 판별자의 손실 함수는 실제 이미지를 실제로 예측한 손실과 가짜 이미지를 가짜로 예측한 손실이 됩니다.

이제 두 가지 함수를 활용하여 전체 학습 함수를 구현합니다.

```
1  def train(generator, discriminator, dataloader, criterion,
2              g_optimizer, d_optimizer, epoch, device, n_critic=3):
3
4      generator.train( )
5      discriminator.train( )
6
7      running_g_loss = 0
8      running_d_loss = 0
9
10     with tqdm(dataloader) as pbar:
11         for i, (images, labels) in enumerate(pbar):
12
13             batch_size = len(images)
14
15             # train discriminator in n_critic
16             d_loss = 0
17             for _ in range(n_critic):
18                 d_loss += discriminator_train_step(batch_size, discriminator,
19                                                    generator, d_optimizer, criterion,
20                                                    images, labels, device)
21             d_loss /= n_critic
22
23             # train generator
24             g_loss = generator_train_step(batch_size, discriminator, generator,
25                                           g_optimizer, criterion, device)
26
27             running_d_loss += d_loss
28             running_g_loss += g_loss
29             pbar.set_postfix(d_loss=d_loss, g_loss=g_loss)
30
31     return running_d_loss/len(dataloader), running_g_loss/len(dataloader)
```

코드 설명

- 10~11행 : 데이터 로더에서 실제 이미지와 레이블을 얻습니다.
- 16행 : 판별자 손실에서 저장할 변수를 초기화합니다.
- 17~21행 : n_critic 변수를 통해 판별자와 생성자의 학습 비율을 조절합니다. 여기에서는 3을 사용하여 판별자가 3번 학습될 때 생성자가 1번 학습되도록 합니다.
- 24~25행 : 생성자를 학습합니다.

다음으로 생성자가 0~9까지 이미지를 제대로 생성하는지 확인하기 위해 검증 함수를 구현합니다.

```
1  def validation(generator, epoch, device):
2    generator.eval( )
3
4    z = torch.randn(10, 100).to(device)
5    labels = torch.arange(0, 10).to(device)
6    images = generator(z, labels).unsqueeze(1)
7
8    grid = make_grid(images, nrow=10, normalize=True)
9
10   fig, ax = plt.subplots(figsize=(10, 1))
11   ax.imshow(grid.permute(1, 2, 0).cpu( ), cmap='binary')
12   ax.axis('off')
13   plt.show( )
```

코드 설명

- 4~5행 : 이미지를 생성하기 위한 랜덤 노이즈와 0~9 사이의 레이블 텐서를 생성합니다.
- 6행 : 위의 코드에서 생성된 10장의 이미지를 받습니다.
- 8행 : 이미지를 격자 그리드 모양으로 변환합니다. 생성자 출력이 tanh( )를 통과한 정규화된 값이기 때문에 normalize를 True로 지정합니다.
- 10~13행 : 격자 그리드 이미지를 표시합니다.

전체 학습 코드에서 모델 학습을 진행하기 위해 하이퍼파라미터를 설정합니다. GAN은 에포크를 충분히 주어야 학습이 제대로 진행됩니다.

```
1  EPOCH = 30
2  BATCH_SIZE = 64
3  NUM_WORKERS = 2
4  LR = 0.0001
```

변환과 학습 데이터 로더를 생성합니다.

```
6  transform = transforms.Compose([
7      transforms.ToTensor( ),
8      transforms.Normalize([0.5], [0.5])
9  ])
```

```
10 train_loader = DataLoader(
11     MNIST(base_dir, train=True, download=True, transform=transform),
12     batch_size=BATCH_SIZE, shuffle=True, num_workers=NUM_WORKERS)
```

각 모델에서 사용할 최적화 함수와 손실 함수를 생성합니다.

```
14 generator = Generator( ).to(device)
15 discriminator = Discriminator( ).to(device)
16
17 criterion = nn.BCELoss( ).to(device)
18 g_optimizer = torch.optim.Adam(generator.parameters( ), lr=LR)
19 d_optimizer = torch.optim.Adam(discriminator.parameters( ), lr=LR)
```

학습 루프를 진행합니다. 에포크마다 학습, 검증을 번갈아 진행하고 최종 모델을 저장합니다.

```
21 # Start Training
22 for epoch in range(EPOCH):
23     print(f"Epoch: {epoch}")
24
25     gloss, dloss = train(generator, discriminator, train_loader, criterion,
26                          g_optimizer, d_optimizer, epoch, device)
27
28     validation(generator, epoch, device)
29
30 print(f"Save Model: {gloss}")
31 torch.save(generator.state_dict( ), "last.pth")
```

[실행 결과]

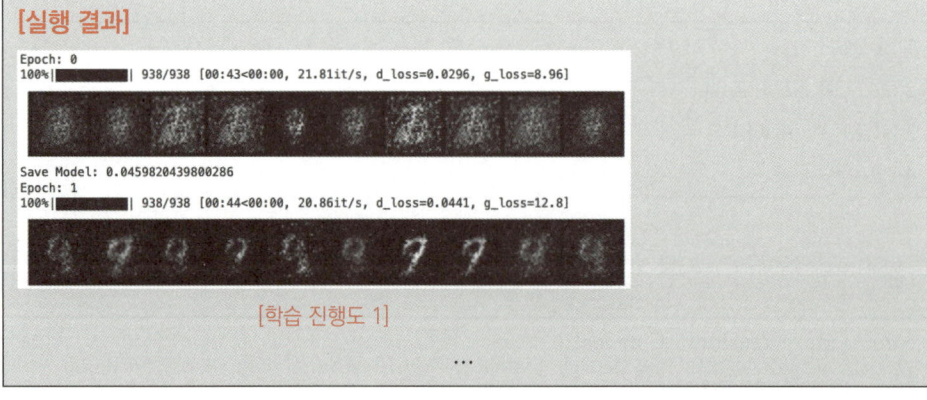

[학습 진행도 1]

...

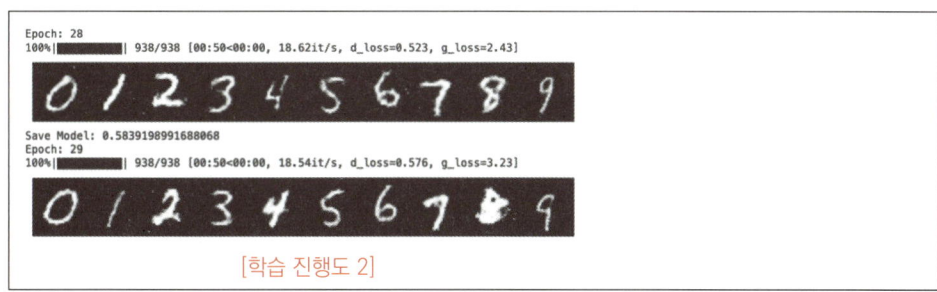

[학습 진행도 2]

첫 에포크에서 모양을 알 수 없는 이미지를 생성했다면 학습이 진행됨에 따라 선명한 이미지가 생성되는 것을 볼 수 있습니다. 손실 함수의 변화 추이를 살펴보겠습니다. 초기에는 생성자가 만든 이미지의 퀄리티가 낮아 판별자가 쉽게 판단하여 손실이 매우 작은 반면 생성자의 손실은 높은 것을 볼 수 있습니다. 하지만 생성자가 만들어 낸 이미지 품질이 실제 이미지와 비슷해지면서 판별자의 판단이 어려워져 손실값이 올라가게 되고, 생성자의 손실값은 점점 작아지게 됩니다.

4.5 추론

마지막으로 학습된 생성자를 이용하여 각 숫자 샘플을 10개씩 생성해 보겠습니다.

```
1  z = torch.randn(100, 100).to(device)
2  labels = (torch.arange(0, 100) // 10).cuda()
3
4  with torch.no_grad():
5      images = generator(z, labels).unsqueeze(1)
6
7  grid = make_grid(images, nrow=10, normalize=True)
8
9  fig, ax = plt.subplots(figsize=(10,10))
10 ax.imshow(grid.permute(1, 2, 0).cpu(), cmap='binary')
11 ax.axis('off')
```

[실행 결과]

 코드 설명

- 1행 : 10 x 10 즉, 100개의 랜덤 노이즈를 생성합니다.
- 2행 : 0~10까지 10번 반복한 레이블 텐서를 생성합니다. 0~100까지 텐서를 먼저 생성하고, 10으로 나눈 나머지 연산을 통해 원하는 값으로 바꿉니다.
- 4~5행 : 100개의 이미지를 생성합니다.
- 7~11행 : 이미지를 10열 그리드로 바꾸고 표시합니다.

 GAN

이미지 노이즈 제거, 초해상도 및 이미지 화질 향상뿐만 아니라 이미지 스타일 변환, 컬러 이미지 변환, 인페인팅 등 다양한 작업에 사용할 수 있습니다. 이번에 사용한 모델은 간단한 MLP 모델이지만 CNN을 사용할 수도 있습니다.

Part 5

시퀀스 데이터와 자연어 처리

시퀀스 데이터의 특성과 자연어 처리의 중요성을 이해하는 것은 현대 딥러닝의 기본 핵심입니다. 텍스트 데이터를 다루는 다양한 방법과 모델을 탐구하면서 실질적인 적용 사례를 분석해 보겠습니다.

Chapter 01

RNN으로
비트 코인 가격 예측하기

지금까지 합성곱을 사용하여 다양한 컴퓨터 비전 문제를 풀어 보았습니다. 세상에는 비전 문제 이외에도 다양한 문제가 있습니다. 이번 챕터에서는 시계열 문제를 해결하는 RNN과 이를 이용하여 시계열 문제에서 대표적으로 다루는 비트 코인 가격의 예측 프로젝트를 진행해 보겠습니다.

1.1 RNN 이해하기

RNN(Recurrent Neural Networks)은 순환 신경망이라고도 하는데 이는 딥러닝을 사용한 대표적인 시계열 모델입니다. 여기에서 시계열 모델은 시계열 데이터를 처리하기 위한 모델로 기계 학습에서는 자가 회귀 모델, 이동 평균 모델 그리고 두 가지 모델을 합친 ARIMA 모델이 널리 사용되고 있습니다.

문제	비트 코인 가격 예측
모델	RNN
데이터셋	비트 코인 일별 가격 데이터
문제 유형	시계열, 회귀
평가 지표	MSE

현실 세계에서는 다양한 시계열 데이터가 있습니다. 대표적으로 음성 인식에서 사용되는 음성 데이터, 기계 번역 그리고 감성 분류에서 사용되는 문장, 비디오, DNA 순서쌍 등이 있습니다.

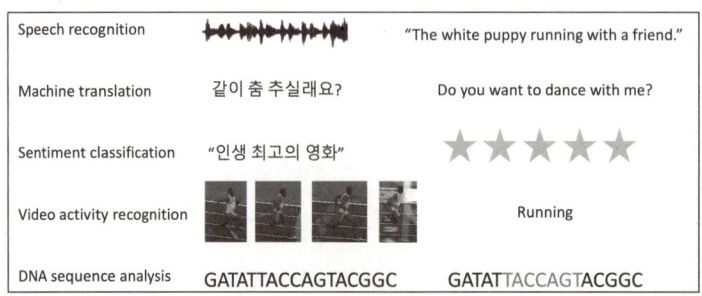

[시계열 데이터 예시]

시계열 모델은 이러한 데이터를 효과적으로 표현하기 위해 다음의 그림처럼 다양한 구조를 가지고 있습니다. 입출력이 모두 시계열일 수도 있고, 둘 중 하나만 시계열로 표현될 수도 있습니다. 또한, 입력의 길이와 출력의 길이도 다양하게 표현될 수 있습니다.

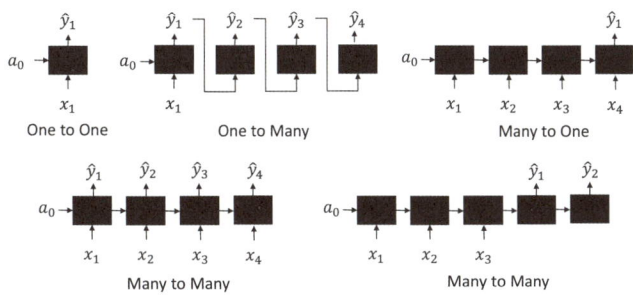

[시계열 모델의 구조들]

기계 번역의 경우 다음과 같이 다대다 형태의 모델을 사용합니다. 영어에서 한국어로 번역하는 경우 입력으로 영어 문장이 들어가고, 출력으로는 한국어 문장이 순차적으로 나오게 됩니다.

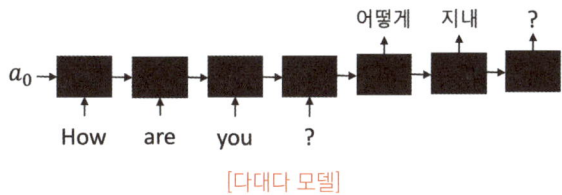

[다대다 모델]

감성 분석의 경우 다대일 형태의 모델을 활용할 수 있습니다. 입력으로 분석할 문장이 들어가고, 출력으로 긍정도에 대한 수치를 출력합니다.

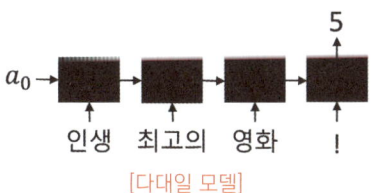

[다대일 모델]

1.2 RNN, LSTM, GRU

RNN은 특정 셀을 반복적으로 사용하는 구조로 입력으로 들어온 값을 처리하여 출력으로 내보내는 MLP와 유사합니다. 여기에서 이전 상태를 기억하기 위한 은닉 상태 변수를 한 개 이상 두어 셀 내부에서 사용한다는 점이 추가되었습니다.

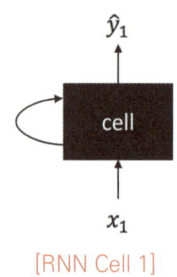

[RNN Cell 1]

RNN을 표현할 때는 왼쪽 그림처럼 단일 셀로 표시하기도 하지만 오른쪽 그림처럼 시간이 지남에 따라 달라지는 상태를 표현하기 위해 펼친 형태로 그리기도 합니다. 이를 '펼쳤다' 혹은 'Unroll 시켰다'라고 표현합니다. 이 둘은 표현 방식만 다를 뿐 결국 같은 의미입니다.

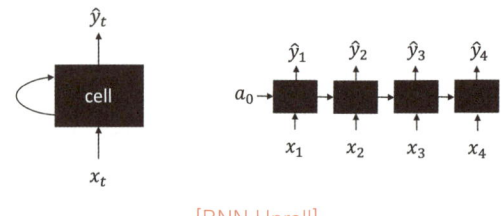

[RNN Unroll]

이제 각 셀의 내부 구조를 살펴보면서 어떻게 변화했는지 알아보겠습니다. 가장 기초적인 RNN 셀은 이전 상태 값을 저장하는 은닉 상태 변수를 사용합니다. 순전파에서 입력값과 은닉 상태를 더한 뒤 Tanh를 통과시켜 출력과 다음의 상태 변수로 사용합니다. RNN 셀에서 은닉 상태는 이전 상태의 출력값이라고 할 수 있습니다.

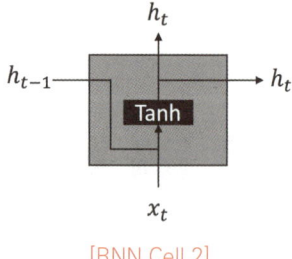

[RNN Cell 2]

LSTM(Long-Short Term Memory)은 장기 기억을 위한 은닉 상태와 단기 기억을 위한 은닉 상태를 사용하는 셀입니다. 기존의 RNN 셀은 활성화 함수로 Tanh를 사용하고 있습니다. Tanh의 미분 그래프를 보면 시그모이드 그래프와 비슷한데 여기에는 기울기 소실 문제가 동일하게 발생합니다. LSTM은 기울기 소실 문제를 효과적으로 대처하기 위한 방식으로 RNN보다 훨씬 복잡하지만 각각의 기능을 가지고 있습니다. 현재 입력 x와 이전 출력인 h,

그리고 셀 상태인 c의 정보를 게이트로 활용합니다. 각 게이트는 시그모이드를 이용하여 특정 정보를 셀 상태에 반영할지 아닌지를 결정합니다.

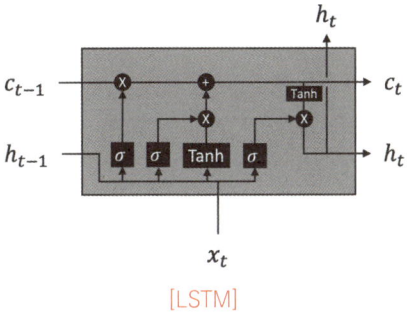

[LSTM]

망각 게이트는 이전 출력 정보를 잊기 위해 사용되는 게이트입니다. 이전 출력과 현재 입력을 받아 시그모이드를 통과시켜 셀 상태와 곱하기합니다. 시그모이드 출력이 0~1 사이값이기 때문에 1에 가까울수록 이전 셀 상태를 기억하고, 0에 가까울수록 이전 셀 상태를 잊어버리게 됩니다.

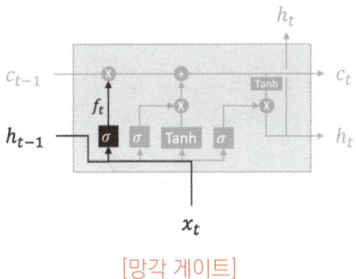

[망각 게이트]

입력 게이트는 현재 정보를 셀 상태에 기억하기 위한 게이트입니다. 이전 출력과 현재 입력을 받아 시그모이드와 Tanh를 계산합니다. 두 가지를 계산하는 이유는 시그모이드 값이 0~1로 현재 정보를 반영할지 말지를 나타내고, Tanh의 값은 -1~1로 방향을 나타냅니다. 최종적으로 두 값을 곱해 셀 스테이트에 더하게 됩니다.

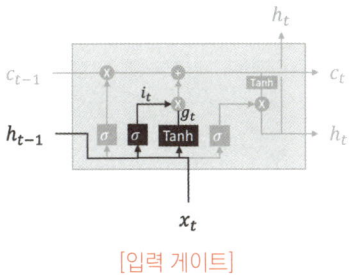

[입력 게이트]

앞서 계산한 망각 게이트와 입력 게이트의 값을 이용해 셀 상태를 업데이트합니다. 망각 게이트로 이전 셀 상태를 얼마나 망각할지 업데이트 한 뒤 입력 게이트 값을 이용해 현재 입력에 대한 강도와 방향을 구하고, 셀 상태에 더해서 업데이트 합니다.

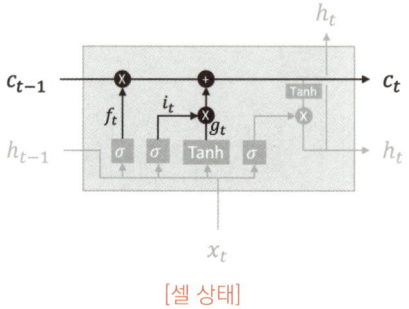

[셀 상태]

출력 게이트는 현재 입력과 이전 은닉 상태를 합쳐서 시그모이드를 통과한 값입니다. 현재 입력과 이전 상태가 현재 출력에 얼마나 영향을 줄지를 의미합니다. 최종적으로 출력과 은닉 상태는 셀 상태가 Tanh를 통과한 값과 출력 게이트 값을 곱해 결정됩니다. 입력 게이트와 마찬가지로 셀 상태의 방향과 출력 게이트의 강도를 곱해서 결정된다고 볼 수 있습니다.

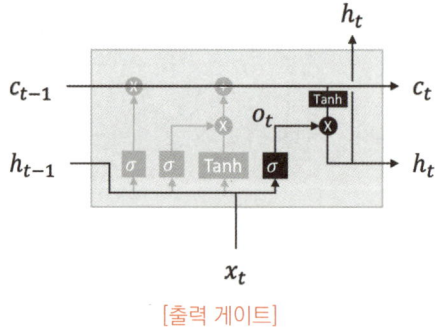

[출력 게이트]

GRU(Gated Recurrent Unit)는 LSTM의 정확도는 유지하면서 복잡도는 낮춘 셀로 복잡한 LSTM을 단순화시킨 셀입니다. 셀 상태를 제거하고, 3개의 게이트를 2개의 게이트로 변경하였습니다.

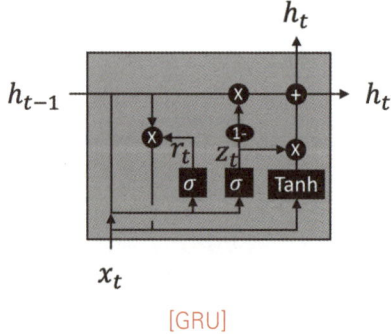

[GRU]

초기화 게이트는 입력과 은닉 상태를 시그모이드에 통과시킨 후 해당 값을 이전 은닉 상태에 곱해줍니다. LSTM의 망각 게이트와 비슷하게 이전 은닉 상태를 얼마나 사용할 것인가를 결정합니다.

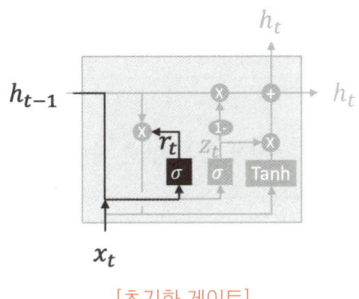

[초기화 게이트]

업데이트 게이트는 초기화 게이트와 동일하게 구합니다. 은닉 상태에 적용할 때 이전 은닉 상태와 현재 입력 상태의 비율을 결정합니다. 1에 가까울수록 현재 입력을 많이 반영하고, 0에 가까울수록 이전 상태를 많이 반영합니다.

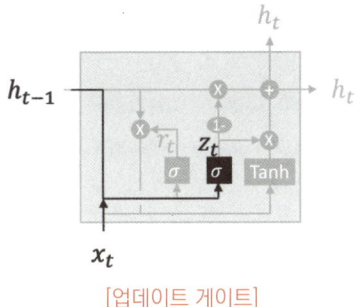

[업데이트 게이트]

출력과 은닉 상태는 초기화 게이트를 통해 나온 값을 곱합니다. 이때, 이전 상태 일부를 잊게 됩니다. 다음으로 현재 입력의 Tanh를 계산하여 입력 방향을 계산합니다. 이후 업데이트 게이트의 결과값을 이용하여 은닉 상태에 현재 입력과 이전 은닉 상태를 각각 반영합니다. 예를 들어 업데이트 게이트 값이 0.8인 경우 현재 입력의 0.8을 곱한 값과 이전 은닉 상태에 1-0.8=0.2를 곱한 값을 더해 현재 은닉 상태와 출력을 내보냅니다.

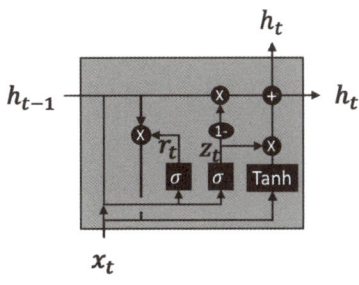

[출력과 은닉 상태]

1.3 비트 코인 가격 데이터

cryptodatadownload.com에서는 비트 코인 일별 가격 데이터를 무료로 다운로드 받을 수 있습니다. 다음의 명령어를 실행하여 CSV 파일을 다운로드 받습니다.

```
1 !wget https://www.cryptodatadownload.com/cdd/Bithumb_BTCKRW_d.csv
```

판다스 데이터 프레임을 이용해서 CSV 파일을 읽고 확인해 보겠습니다.

```
1 df = pd.read_csv("Bithumb_BTCKRW_d.csv", skiprows=1)
2 df['Date'] = df['Date'].apply(pd.Timestamp)
3 df = df.sort_values('Date')
4 df.set_index('Date', inplace=True)
5 print(df.shape)
6 print(df)
```

[실행 결과]
(1267, 8)

Date	Unix Timestamp	Symbol	Open	High	Low	Close \
2017-05-22	1.495411e+09	BTCKRW	3027000	3195000	2966000	3104000
2017-05-23	1.495498e+09	BTCKRW	3104000	3281000	3081000	3206000
2017-05-24	1.495584e+09	BTCKRW	3206000	4314000	3206000	4175000
2017-05-25	1.495670e+09	BTCKRW	4175000	4840000	3102000	4199000
2017-05-26	1.495757e+09	BTCKRW	4199000	4200000	2900000	3227000

Date	Volume BTC	Volume KRW
2017-05-22	8961.76	2.787223e+10
2017-05-23	21579.14	6.831328e+10
2017-05-24	34681.16	1.234760e+11
2017-05-25	35914.56	1.553724e+11
2017-05-26	36647.42	1.288676e+11

 코드 설명

- 1행 : 다운로드 받은 CSV 파일을 읽고, 데이터 프레임으로 변환합니다. skiprows=1을 지정하여 CSV 파일의 가장 첫 번째 줄은 제외합니다.
- 2행 : 데이터 프레임에서 Date 열의 데이터 타입을 Timestamp로 변경합니다.
- 3~4행 : Date 열을 기준으로 전체 데이터를 정렬하고, Date 열을 index로 지정합니다.
- 5~6행 : 데이터 프레임의 모양과 샘플을 출력합니다.
- 데이터는 총 9개의 열로 구성되어 있는데 앞에서부터 유닉스 타임스탬프, 날짜, 거래 심볼, 시가, 고가, 저가, 종가, BTC 거래량, KRW 거래량을 나타냅니다.

이번에는 이전 4일 종가를 이용하여 다음 4일 종가를 예측하는 모델을 만들어 보겠습니다. 종가만 필터링합니다.

```
1 df_close = df.loc[:, ["Close"]]
2 df_close.tail( )
```

[실행 결과]
```
             Close
Date
2020-11-16  18264000
2020-11-17  19350000
2020-11-18  19713000
2020-11-19  19799000
2020-11-20  20072000
```

학습, 검증, 테스트셋으로 사용할 기간을 구분해 보겠습니다. 17년 6월부터 19년 12월까지를 학습셋으로, 20년 1월부터 5월까지를 검증셋으로, 6월부터 나머지 기간을 테스트셋으로 사용합니다. 이를 그래프로 표현하면 다음과 같이 구분됩니다.

```
1 ax = df_close.plot(rot=45)
2 ax.axvline("2017-06-01", linestyle="--", c="black")
3 ax.axvline("2020-01-01", linestyle="--", c="red")
4 ax.axvline("2020-06-01", linestyle="--", c="green")
```

[실행 결과]

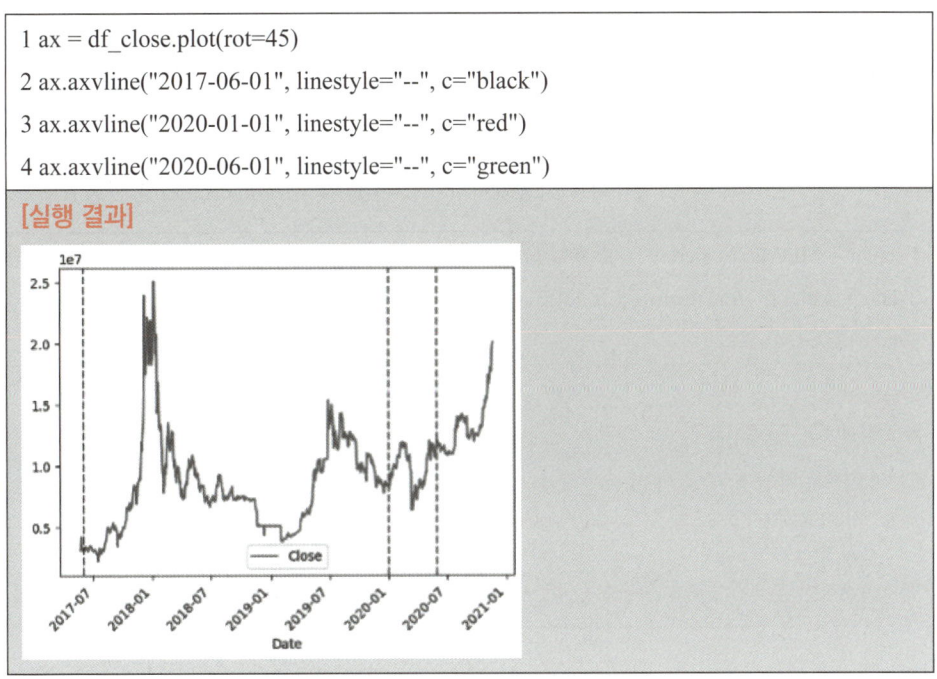

학습 데이터셋은 2년 6개월, 검증과 테스트셋은 5개월, 6개월 정도의 데이터를 사용합니다. 학습 데이터셋을 필터링하고, 샘플로 상위 5개의 데이터를 살펴보겠습니다.

```
1 df_train = df_close[
2   (df_close.index >= "2017-06-01")&(df_close.index < "2020-01-01")
3 ]
4 print(df_train[:5])
```

[실행 결과]
```
              Close
Date
2017-06-01   3142000
2017-06-02   3169000
2017-06-03   3110000
2017-06-04   3061000
2017-06-05   3188000
```

코드 설명

- 1~3행 : 앞서 Date 열을 index로 지정하였으므로 index를 이용하여 조건에 해당하는 범위를 필터링합니다. 17년 6월 1일보다 크거나 같고, 20년 1월 1일보다 작은 범위를 필터링합니다.
- 4행 : 상위 5개의 항목을 출력합니다.

그래프와 출력에서도 볼 수 있듯이 종가 데이터 값이 3백만원 정도로 크기가 큽니다. 이렇게 큰 데이터를 학습할 경우 기울기 폭발 현상이 발생하므로 이를 방지하기 위해 정규화를 진행합니다. 여기에서는 최대 최소 정규화를 사용합니다. 싸이킷런의 MinMaxScaler를 사용합니다.

```
1 scaler = MinMaxScaler( )
2 data = scaler.fit_transform(df_train[:5])
3 data
```

[실행 결과]
```
array([[0.63779528],
       [0.8503937 ],
       [0.38582677],
       [0.        ],
       [1.        ]])
```

코드 설명

- 1행 : MinMaxScaler를 생성합니다.
- 2행 : 학습 데이터에서 상위 5개를 추출하여 스케일러를 학습(fit)시키고, 이를 이용하여 데이터를 변환(transform)합니다.
- 최대값은 1, 최소값은 0으로 변환된 데이터를 볼 수 있습니다.

변환된 데이터를 다시 원래대로 되돌릴 경우 스케일러의 역변환(inverse_transform)을 사용합니다.

```
1 scaler.inverse_transform(data)
```

[실행 결과]
array([[3142000.],
       [3169000.],
       [3110000.],
       [3061000.],
       [3188000.]])

이제 학습에 사용하기 위해 데이터셋을 구성해 보겠습니다. 먼저 생성자입니다.

```
1  class BitcoinDataset(Dataset):
2    def __init__(self, split="train", seq_len=4):
3      self.split = split
4      self.seq_len = seq_len
5
6      self.date_range = {
7        "train": ["2017-06-01", "2020-01-01"],
8        "val": ["2020-01-01", "2020-06-01"],
9        "test": ["2020-06-01", "2020-11-21"]
10     }
11
12     self.data = self._load_data(self.date_range[self.split])
13     self.data, self.labels = self._transform(self.data, self.seq_len)
```

코드 설명

- 1행 : 비트 코인 데이터 클래스를 생성합니다.
- 2행 : 생성자 인자로 어떤 데이터셋을 내보낼지를 지정할 Split와 몇 개의 길이로 데이터 입출력을 사용할지를 지정할 seq_len을 받습니다.
- 6~10행 : 각 split에 사용할 날짜 범위를 미리 선언합니다.
- 12행 : _load_data 함수를 이용하여 데이터를 읽어옵니다.
- 13행 : _transform 함수를 이용하여 데이터를 seq_len 길이로 변형하고, 데이터와 레이블을 저장합니다.

데이터를 읽어오고 변형하는 작업을 추가 함수로 구현해 보겠습니다.

```
15   def _load_data(self, date_range):
16       df = pd.read_csv("Bithumb_BTCKRW_d.csv", skiprows=1)
17       df['Date'] = df['Date'].apply(pd.Timestamp)
18       df = df.sort_values('Date')
19       df.set_index('Date', inplace=True)
20
21       df_close = df.loc[:, ["Close"]]
22       df = df_close[
23         (df_close.index >= date_range[0])&(df_close.index < date_range[1])
24       ]
25
26       self.scaler = MinMaxScaler( )
27       data = self.scaler.fit_transform(df)
28       return data
```

코드 설명

- 16~19행 : CSV 파일을 읽어 데이터 프레임으로 변환합니다. Date 열을 Timestamp 타입으로 변형한 후 정렬시키고 인덱스로 지정합니다.
- 21~24행 : 종가 데이터만 필터링한 후 사용할 데이터 범위를 저장합니다.
- 26~27행 : MinMaxScaler를 이용해 데이터를 정규화합니다.

앞서 진행한 데이터 로드 과정을 그대로 가져왔습니다. 시퀀스 길이에 따라 데이터를 변형하는 _transform( ) 함수를 살펴보겠습니다.

```
30   def _transform(self, data, seq_len):
31       x, y = [ ], [ ]
32
33       for i in range(len(data) - seq_len - 1):
34         x_i = data[i:i+seq_len]
35         y_i = data[i+1:i+seq_len+1]
36         x.append(x_i)
37         y.append(y_i)
38
39       x_tensor = torch.FloatTensor(x)
40       y_tensor = torch.FloatTensor(y)
41
42       return x_tensor, y_tensor
```

> **코드 설명**
> - 31행 : 입력과 레이블을 저장할 리스트 두 개를 초기화합니다.
> - 33행 : (데이터 길이 – 시퀀스 길이 – 1)의 길이가 총 생성 가능한 특징 개수입니다. 반복문을 실행하면서 데이터를 생성합니다.
> - 34행 : 입력 데이터를 슬라이싱합니다. i ~ i+시퀀스 길이만큼 입력 데이터가 됩니다.
> - 35행 : 레이블 데이터를 슬라이싱합니다. i+1 ~ i+시퀀스 길이+1만큼 레이블 데이터가 됩니다. 4일 경우 1~4일까지 데이터는 입력 데이터, 2~5일까지 데이터는 출력 데이터입니다.
> - 36~37행 : 각 데이터를 리스트에 저장합니다.
> - 39~42행 : 저장된 리스트를 FloatTensor로 바꾸고 각각 반환합니다.
> - 여러 날짜 가격을 한번에 받고, 이어서 여러 날짜의 가격을 예측합니다. 따라서 시퀀스 길이만큼 가격 데이터가 반환될 수 있도록 미리 데이터를 구성합니다.

마지막으로 __getitem__( )과 __len__( ) 함수를 살펴봅니다. _transform( ) 함수에서 미리 처리를 진행했기 때문에 __getitem__( ) 함수는 각 인덱스에 있는 데이터를 반환합니다. __len__( ) 함수도 단순히 self.data의 길이를 반환합니다.

```
44   def __getitem__(self, i):
45     return self.data[i], self.labels[i]
46
47   def __len__(self):
48     return len(self.data)
```

각 데이터셋의 길이를 살펴보겠습니다.

```
1 trainset = BitcoinDataset( )
2 valset = BitcoinDataset(split="val")
3 testset = BitcoinDataset(split="test")
4
5 print(len(trainset), len(valset), len(testset))
```

[실행 결과]
927 147 168

시퀀스 길이로 전처리된 학습 데이터가 어떻게 모델에 전달되는지 살펴보겠습니다.

```
1 def plot_sequence(x, y):
2   plt.ylabel("Scaled Close")
3   plt.xlabel("Time Bars")
4   plt.plot(range(len(x)), x, color='r', label='Features')
5   plt.plot(range(1, len(x)+1), y, color='b', linestyle='--', label='Target')
6   plt.legend( )
```

 **코드 설명**

- 1행 : plot_sequence( ) 함수를 선언하고, 인자로 입력값 x와 레이블 y를 받습니다.
- 2~3행 : x, y축 레이블을 지정합니다.
- 4행 : 입력 특징을 빨간색 실선으로 표시합니다.
- 5행 : 타겟 레이블을 파란색 점선으로 표시합니다. 타겟은 하루 뒤의 데이터이기 때문에 x축 입력을 오른쪽으로 하루 더한 값으로 전달합니다.

```
1 plt.figure(figsize=(10,2))
2 for i, (x, y) in enumerate(trainset):
3     plt.subplot(1, 3, i+1)
4     plot_sequence(x, y)
5
6     if i == 2:
7         break
```

[실행 결과]

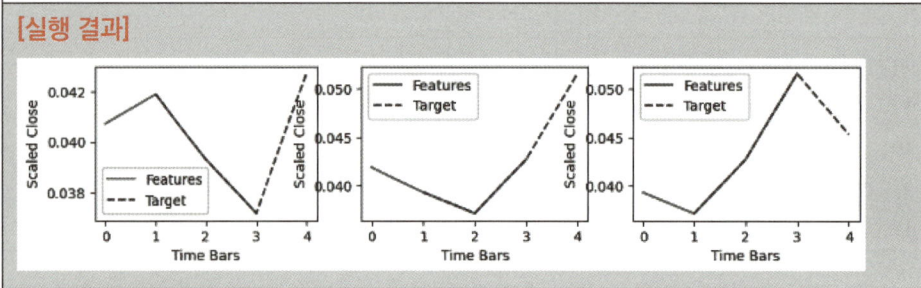

코드 설명

- 1행 : 그래프 크기를 지정합니다.
- 2행 : 학습 데이터셋을 순차적으로 실행하면서 데이터를 가져옵니다.
- 3행 : subplot을 생성합니다. 이번 코드에서는 3개의 샘플만 살펴보겠습니다.
- 4행 : plot_sequence( ) 함수를 이용하여 입력과 레이블을 그래프에 표시합니다.
- 6~7행 : 샘플을 4개까지만 출력하고, 반복문을 빠져나갑니다.
- 입력과 레이블로 사용되는 4개의 데이터를 볼 수 있습니다. 즉, 데이터로 학습한 모델에서 1, 2, 3일에 해당하는 결과는 그대로 내보내고, 마지막 4일에 해당하는 결과를 예측합니다.

1.4 LSTM 모델

이번에 사용할 모델은 4개의 입력을 받아 4개의 출력을 내보내는 다대다 형태의 LSTM 모델입니다. 각 셀은 입력으로 받은 현재 가격의 다음 날 가격을 예측해서 내보냅니다. 최종적으로 가장 마지막에 나오는 예측값을 사용합니다.

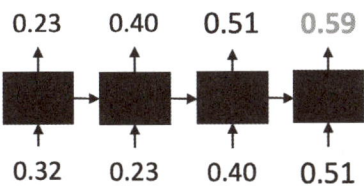

[비트 코인 가격 예측 모델]

RNN은 같은 셀을 여러 번 반복하므로 파이토치에서는 간단하게 구현이 가능합니다. nn.LSTM( )를 사용하면 바로 모델을 생성할 수 있습니다. 인자로는 입력 시퀀스 수, 출력 시퀀스 수를 전달합니다. 가중치를 계속 재사용하기 때문에 매우 작은 가중치 개수를 확인할 수 있습니다.

```
1 model = nn.LSTM(4, 4)
2 summary(model, (1, 4))
==========================================================
Layer (type:depth-idx)      Output Shape      Param #
==========================================================
LSTM                         [1, 4]            160
==========================================================
Total params: 160
Trainable params: 160
Non-trainable params: 0
Total mult-adds (M): 0.00
==========================================================
Input size (MB): 0.00
Forward/backward pass size (MB): 0.00
Params size (MB): 0.00
Estimated Total Size (MB): 0.00
==========================================================
```

파이토치의 RNN 모델 출력은 이전에 보았던 모델들과는 조금 다릅니다. 출력값이 한 개가 아니고, 두 개인데 어떤 값이 출력되는지 살펴보겠습니다.

```
1 output, (hidden_state, cell_state) = model(torch.randn((1,4)).to(device))
2 print(output)
3 print(hidden_state)
4 print(cell_state)
```

[실행 결과]
tensor([[-0.1848, -0.1877, 0.1953, -0.0955]], device='cuda:0',
       grad_fn=<SqueezeBackward1>)
tensor([[-0.1848, -0.1877, 0.1953, -0.0955]], device='cuda:0',
       grad_fn=<SqueezeBackward1>)
tensor([[-0.6075, -0.4240, 0.2630, -0.1641]], device='cuda:0',
       grad_fn=<SqueezeBackward1>)

LSTM의 출력값은 2개로 모델의 출력값과 셀의 상태값입니다. LSTM은 은닉 상태와 셀 상태를 사용하기 때문에 출력되는 상태값은 다시 두 개의 상태가 나옵니다. 은닉 상태는 현재 상태의 출력과 동일하기 때문에 동일한 값이 나오고, 셀 상태는 다른 값을 가지고 있습니다.

1.5 모델 학습

학습 코드와 검증 코드는 이전과 매우 유사합니다. 다만, 모델 출력이 2개인데 이중 앞의 출력만 사용하도록 변경합니다. 13행에서 모델의 출력 중 첫 번째 출력을 outputs으로 사용합니다.

```
1  def train(model, dataloader, criterion, optimizer, epoch, device):
2      model.train( )
3  
4      running_loss = 0
5  
6      with tqdm(dataloader) as pbar:
7          for i, (features, targets) in enumerate(pbar):
8              features = features.to(device)
9              targets = targets.to(device)
10  
11             optimizer.zero_grad( )
12  
13             outputs, _ = model(features)
14             loss = criterion(outputs, targets)
15  
16             loss.backward( )
17             optimizer.step( )
18  
19             running_loss += loss.item( )
20             pbar.set_postfix(loss=loss.item( ))
21  
22     return running_loss/len(dataloader)
```

검증 함수도 이전과 비슷한데 학습 함수와 마찬가지로 모델 출력을 다루는 부분만 변경합니다. 12행의 모델 출력 중 첫 번째 출력을 outputs으로 사용합니다.

```
1  def validation(model, dataloader, criterion, epoch, device):
2      model.eval( )
3  
4      running_loss = 0
5  
6      with tqdm(dataloader) as pbar:
7          with torch.no_grad( ):
8              for i, (features, targets) in enumerate(pbar):
9                  features = features.to(device)
10                 targets = targets.to(device)
11  
12                 outputs, _ = model(features)
13                 loss = criterion(outputs, targets)
14  
15                 running_loss += loss.item( )
16                 pbar.set_postfix(loss=loss.item( ))
17  
18     return running_loss/len(dataloader)
```

전체 학습 코드를 살펴보기 위해 먼저 하이퍼파라미터를 설정합니다. LSTM은 가벼운 모델이기 때문에 EPOCH를 늘려 학습을 많이 시킵니다. 추가로 데이터도 이미지에 비해 작기 때문에 128로 늘려줍니다.

```
1  EPOCH = 60
2  BATCH_SIZE = 128
3  NUM_WORKERS = 2
4  LR = 0.1
```

이어서 데이터셋과 데이터 로더를 생성합니다.

```
6  trainset = BitcoinDataset( )
7  valset = BitcoinDataset(split="val")
8  testset = BitcoinDataset(split="test")
9  
10 train_loader = DataLoader(
```

```
11    dataset=trainset,
12    batch_size=BATCH_SIZE, num_workers=NUM_WORKERS,
13  )
14  val_loader = DataLoader(
15    dataset=valset,
16    batch_size=BATCH_SIZE, num_workers=NUM_WORKERS,
17  )
18  test_loader = DataLoader(
19    dataset=testset,
20    batch_size=BATCH_SIZE, num_workers=NUM_WORKERS,
21  )
```

LSTM 모델을 생성합니다.

```
23  # Model
24  model = nn.LSTM(4, 4)
```

최적화 함수, 손실 함수, 스케줄러를 생성합니다. StepLR 스케줄러에서는 스텝 사이즈를 20으로 지정하면 20, 40 에폭크가 되었을 때 학습률 감쇠가 일어납니다.

```
26  # Optimizer, Loss, Scheduler
27  optimizer = optim.Adam(model.parameters( ), lr=LR)
28  criterion = nn.MSELoss( )
29  scheduler = optim.lr_scheduler.StepLR(optimizer, step_size=20, gamma=0.2)
```

모델 학습을 시작합니다.

```
31  model = model.to(device)
32  criterion = criterion.to(device)
33
34  # Start Training
35  min_loss = 999
36  for epoch in range(EPOCH):
37    print("LR:", scheduler.get_last_lr( ))
38
39    tloss = train(model, train_loader, criterion, optimizer, epoch, device)
40    vloss = validation(model, val_loader, criterion, epoch, device)
```

```
41  print(f'[{epoch}/{EPOCH}] valid loss: {vloss:.4f}\n')
42  scheduler.step( )
43
44  if vloss < min_loss:
45    print(f"Update Best Model: {vloss}")
46    torch.save(model.state_dict( ), "best.pth")
47    min_loss = vloss
```

코드 설명

- 31~32행 : 모델과 손실 함수를 gpu로 이동시킵니다.
- 35행 : 가장 작은 손실값에서 저장할 변수를 초기화합니다.
- 36행 : EPOCH만큼 반복문을 실행하면서 학습을 진행합니다.
- 39~42행 : 학습과 검증을 번갈아 가며 수행합니다.
- 44~47행 : 검증 손실값이 최소 손실값보다 작으면 모델을 저장합니다.

1.6 추론

학습된 모델이 얼마나 정확하게 가격을 예측했는지 결과를 살펴보겠습니다. 먼저 테스트 함수를 구현하여 각 데이터셋의 모든 예측값을 반환합니다.

```
1  def test(model, dataloader, device):
2    model.eval( )
3
4    predicts = [ ]
5
6    with tqdm(dataloader) as pbar:
7      with torch.no_grad( ):
8        for i, (features, _) in enumerate(pbar):
9          features = features.to(device)
10
11         outputs, _ = model(features)
12         predicts.append(outputs[:, -1])
13
14    return torch.cat(predicts)
```

 코드 설명

- 1행 : 테스트 함수를 구현하고 모델, 데이터 로더, 디바이스를 인자로 받습니다.
- 2행, 4행 : 모델을 검증 모드로 변경하고, 예측값을 저장할 리스트를 초기화합니다.
- 6~9행 : 데이터셋을 실행면서 예측을 수행하고, 입력 특징을 GPU로 이동시킵니다.
- 11~12행 : 모델의 예측값을 얻습니다. 예측값 중 마지막 값만 predicts에 저장합니다.
- 14행 : predicts를 한 개의 텐서로 만든 후 반환합니다.

예측값을 쉽게 보기 위해 실제값과 예측값을 그래프로 표시하는 함수를 생성합니다. 내부적으로 test( ) 함수를 사용합니다.

```
1  def show_plot(model, dataloader, device):
2      scaler = dataloader.dataset.scaler
3
4      actual = dataloader.dataset.data[:, -1]
5      predicts = test(model, dataloader, device).cpu( ).numpy( )
6
7      df = pd.DataFrame({"actual": actual, "predicted": predicts})
8      df = df.apply(
9          lambda x: scaler.inverse_transform(np.array(x).reshape(-1, 1)).reshape((-1))
10     )
11     df.plot(figsize=(14,5))
```

 코드 설명

- 2행 : 데이터셋의 스케일러를 가져옵니다. 이는 예측값을 역변환할 때 사용합니다.
- 4~5행 : 실제 데이터를 가져옵니다. test( ) 함수를 사용하여 예측값을 받아옵니다.
- 7행 : 실제값, 예측값으로 구성된 데이터 프레임을 생성합니다.
- 8~10행 : 데이터 프레임의 모든 값을 역변환합니다. 각 열의 값을 numpy.array로 변환하고, 모양을 (-1, 1)로 바꿉니다. 역변환을 진행하고, 다시 (-1) 크기로 변환합니다. 중간에 (-1, 1)로 바꾸는 이유는 스케일러의 역변환 함수가 해당 모양을 사용하기 때문입니다.
- 11행 : 그래프로 표시합니다.

해당 함수를 사용하여 학습셋, 검증셋, 테스트셋의 결과를 확인해 보겠습니다. 먼저 모델을 불러옵니다.

```
1  model = nn.LSTM(4, 4).to(device)
2  model.load_state_dict(torch.load("best.pth"))
```

학습셋의 예측 결과를 표시하면 매우 높게 올라간 특정 구간과 급격하게 떨어지는 구간에서 예측이 뒤늦게 따라가는 것을 볼 수 있습니다.

```
1 show_plot(model, train_loader, device)
```

[실행 결과]

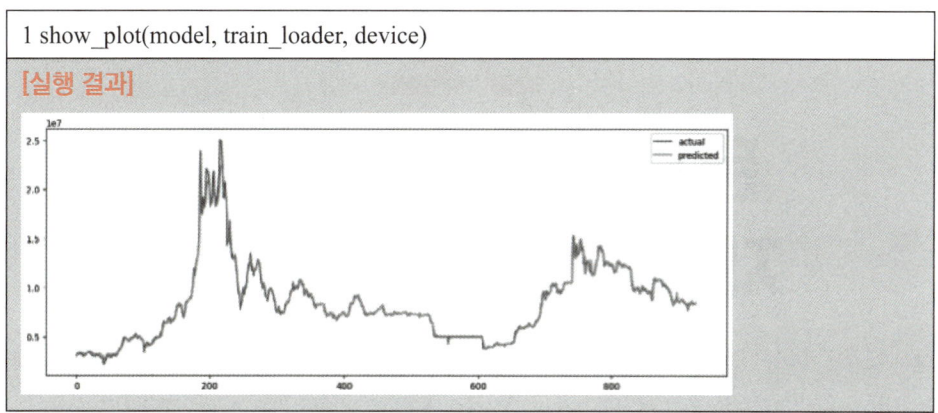

이어서 검증셋과 테스트셋의 결과를 살펴보겠습니다. 모두 추이와 평균값을 어느 정도 따라가지만 급격한 가격 변화는 예측하지 못하고, 이전 결과값을 따라가는 모습이 여전히 한계점입니다.

```
1 show_plot(model, val_loader, device)
```

[실행 결과]

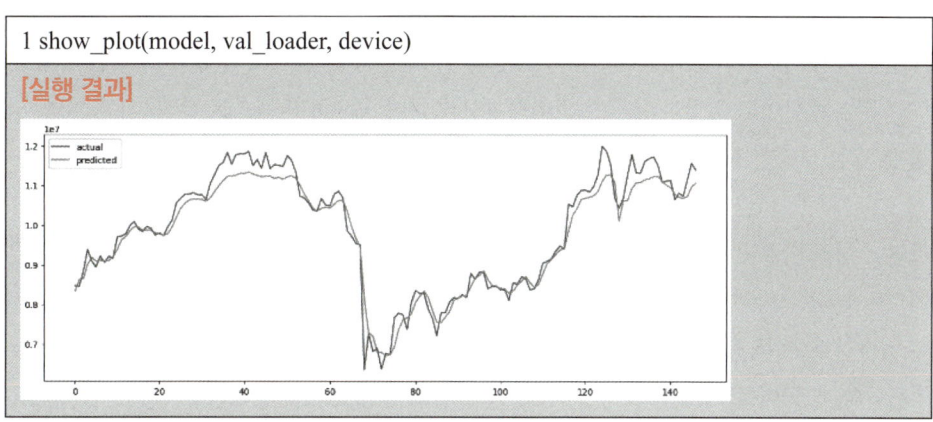

```
1 show_plot(model, test_loader, device)
```

[실행 결과]

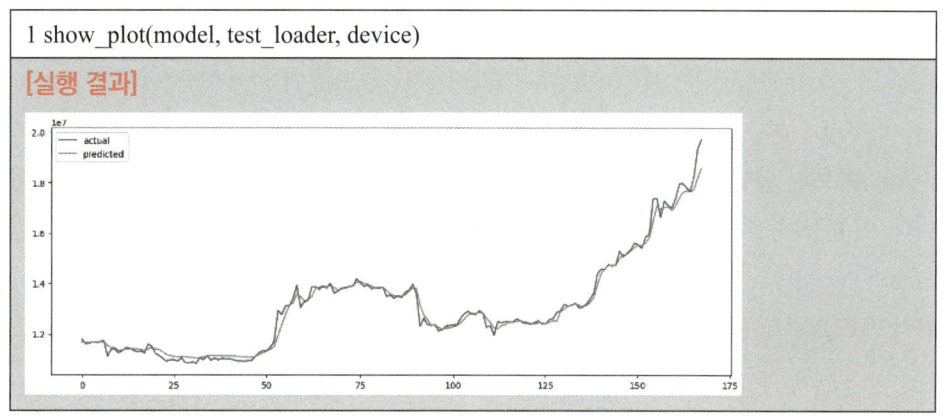

Chapter 02

문자 RNN을 이용해 자연어 품사 태깅하기

품사 태깅은 주어진 텍스트 안에서 각 단어에 문법적 분류를 할당하는 과정입니다. 이번 챕터에서는 RNN을 이용하여 문장을 품사 단위로 나누고, 품사를 예측하는 모델을 만들어 보겠습니다.

2.1 품사 태깅 이해하기

품사 태깅은 문장의 의미와 구조를 이해하는데 필수적인 과정입니다. 예를 들어, '나는 빠르게 달린다'에서 '나는'은 대명사, '빠르게'는 부사, '달린다'는 동사로 분류할 수 있습니다. 이러한 분류는 단어의 역할과 문맥상 의미를 파악하는데 중요하며 텍스트 분석, 기계 번역, 감정 분석 등 다양한 NLP 응용에서 기본적으로 수행합니다.

자연어 처리 단계에서는 토크나이징 작업 후에 품사 태깅 작업을 진행합니다. 토크나이징은 텍스트를 작은 단위로 나누는 과정입니다. 여기에서 단위는 단어, 구 또는 특정 기호가 될 수 있습니다. 예를 들어, 'I love NLP'를 토크나이징하면 ["I", "love", "NLP", "."]와 같이 분리됩니다. 한국어를 예로 들면 '나는 NLP를 사랑해'를 토크나이징하면 ["나", "는", "NLP", "를", "사랑해"]로 분리할 수 있습니다. 한국어의 경우 조사 또는 어미를 다양하게 사용하기 때문에 영어처럼 띄어쓰기 단위로 간단히 분리되지 않습니다.

토크나이징과 품사 태깅은 서로 밀접한 관계가 있습니다. 토크나이징으로 생성된 단위는 품사 태깅의 기본 입력이 되고, 품사 정보는 다시 텍스트 의미를 정확하게 파악하는데 사용됩니다. 예를 들어, 감정 분석에서 '이 영화는 좋다'와 '이 영화는 좋지 않다' 중 '좋다'는 동일한 동사이지만 주변 단어의 문맥에 따라 전체 문장의 의미가 달라집니다.

문제	자연어 품사 태깅
모델	Char RNN
데이터셋	Kolaw 헌법 말뭉치

문제 유형	품사 태깅, 분류
평가 지표	CE, 정확도

2.2 품사 태깅 데이터

품사 태깅 데이터는 자연어 처리에서 활용되는 품사 태깅 라이브러리를 이용해 만들 수 있습니다. 한국어 품사 태깅은 konlpy, spacy 등의 라이브러리를 사용해서 처리합니다. 그럼 konlpy를 이용해서 품사 태깅 데이터를 만들어 보겠습니다.

먼저 konlpy를 설치합니다.

```
1 !pip install konlpy
```

학습을 위해 사용되는 문서 데이터를 말뭉치(Corpus)라고 합니다. 이번에 사용할 말뭉치는 konlpy에서 제공하는 대한민국 헌법입니다.

```
1 with kolaw.open('constitution.txt') as f:
2    corpus = f.read( )
3 print(corpus[:40])
```

[실행 결과]
대한민국헌법

유구한 역사와 전통에 빛나는 우리 대한국민은 3·1운동으로

자연어는 사람이 알아볼 수 있는 언어로 컴퓨터로 처리하기에는 부적합합니다. 컴퓨터가 처리하는 숫자 형태로 변경하기 위해서는 각 단어를 숫자로 매핑하는 작업이 필요합니다. 이번에 사용되는 RNN은 단어 단위가 아닌 문자 단위의 입력을 받는 문자 RNN입니다. 따라서 단어 단위로 매핑하는 것이 아닌 문자 단위로 매핑해야 합니다. 매핑을 위해서는 전체 데이터셋의 단어장(Vocabulary)을 만들어야 합니다. 단어장을 만드는 방식은 여러 가지가 있지만 이번에는 BOW(Bag Of Words) 방식을 사용하겠습니다. 이후 단어의 인덱스를 숫자로 매핑하기 위한 사전 타입의 변수를 생성합니다.

```
1 vocab = list(sorted(set(corpus)))
2 vocab.insert(0, "")
3 char_to_index = {char: i for i, char in enumerate(vocab)}
4 char_to_index
```

[실행 결과]
{'': 0,
 '\n': 1,
 ' ': 2,
 '"': 3,
 ',': 4,
 '.': 5,
 '0': 6,
 '1': 7,
 ...
 '획': 373,
 '휙': 374,
 '효': 375,
 '후': 376,
 '훈': 377,
 '휘': 378,
 '흥': 379,
 '히': 380}

코드 설명

- 1행 : 말뭉치에서 set을 이용해 유니크한 단어를 찾고 정렬한 리스트를 생성합니다.
- 2행 : 리스트 가장 앞에 공백 문자를 추가합니다. 이는 시퀀스 길이를 맞출 때 패딩으로 사용합니다.
- 3행 : 단어를 인덱스로 매핑하기 위한 사전 타입 변수(char_tio_index)를 생성합니다.

이제 문자열을 컴퓨터가 알아보기 쉬운 숫자 형태로 표현할 수 있습니다. 예시 단어 하나를 숫자로 표현해 보겠습니다.

```
1 def text_to_sequence(text):
2     return [char_to_index[char] for char in text]
3 text_to_sequence("대한민국")
```

[실행 결과]
[88, 350, 149, 52]

이어서 품사 태깅을 위한 클래스를 생성합니다. konlpy에서는 Hannanum, Kkma, Komoran, Mecab, Okt 품사 태깅 클래스를 지원합니다. 이번에는 Okt 클래스를 사용하여 단어장의 모든 단어 품사를 태깅해 보겠습니다.

```
1 okt = Okt( )
2 tagged = okt.pos(corpus)
3 tagged
```

[실행 결과]
[('대한민국', 'Noun'),
 ('헌법', 'Noun'),
 ('\n\n', 'Foreign'),
 ('유구', 'Noun'),
 ('한', 'Josa'),
 ('역사', 'Noun'),
 ('와', 'Josa'),
 …]

각 문장별로 단어를 나누면서 품사가 태그됩니다. 입력 단어, 품사별로 따로 저장합니다. zip( ) 함수를 사용하면 같은 열끼리 묶어서 나눌 수 있습니다.

```
1 words, tags = zip(*tagged)
2 print(words)
3 print(tags)
```

[실행 결과]
('대한민국', '헌법', '\n\n', '유구', …)
('Noun', 'Noun', 'Foreign', 'Noun', …)

words는 데이터 입력으로, tags는 데이터 레이블로 사용됩니다. 다른 레이블을 살펴보면 총 19개의 품사로 구분되어 있는 것을 알 수 있습니다.

```
1 okt.tagset
```

[실행 결과]
{'Adjective': '형용사',
 'Adverb': '부사',
 'Alpha': '알파벳',
 'Conjunction': '접속사',
 'Determiner': '관형사',
 'Eomi': '어미',
 'Exclamation': '감탄사',
 'Foreign': '외국어, 한자 및 기타기호',
 'Hashtag': '트위터 해쉬태그',

```
'Josa': '조사',
'KoreanParticle': '(ex: ㅋㅋ)',
'Noun': '명사',
'Number': '숫자',
'PreEomi': '선어말어미',
'Punctuation': '구두점',
'ScreenName': '트위터 아이디',
'Suffix': '접미사',
'Unknown': '미등록어',
'Verb': '동사'}
```

이번에는 구분된 단어의 길이 평균과 중간값을 살펴보겠습니다. 전체 단어의 수는 8,796개이고, 단어의 최대 길이는 9입니다. 평균적으로 1.7개의 문자로 구성되어 있습니다.

```
1 words_len = [len(word) for word in words]
2 print(len(words_len))
3 max_len = max(words_len)
4 mean_len = sum(words_len) / len(words_len)
5 print("MAX:", max_len)
6 print("MEAN:", mean_len)
```

[실행 결과]
8796
MAX: 9
MEAN: 1.7107776261937244

좀더 자세히 보기 위해 히스토그램으로 단어의 분포를 살펴보면 1~4개의 문자로 구성된 단어가 대부분인 것을 볼 수 있습니다.

```
1 plt.hist(words_len, bins=9)
2 plt.show( )
```

[실행 결과]

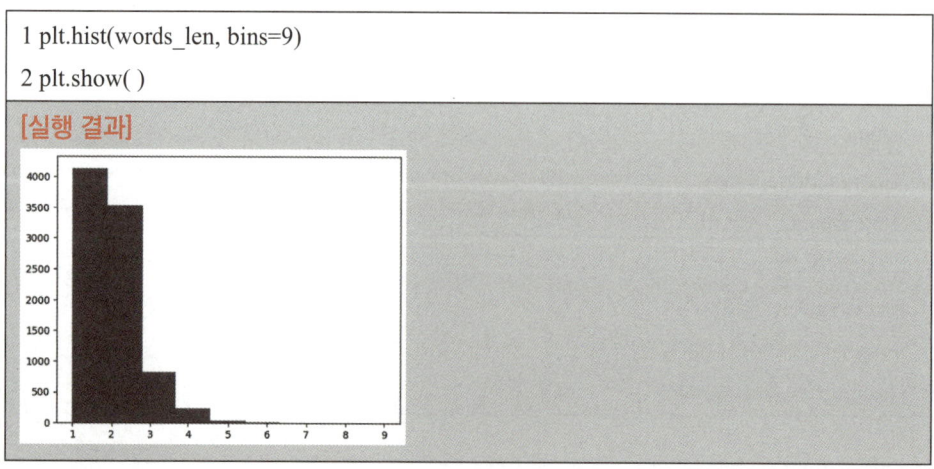

RNN은 고정된 길이의 문자를 입력으로 받습니다. 데이터셋의 최대 길이 단어가 9이므로 시퀀스 길이도 9로 하여 데이터를 만듭니다. 짧은 데이터에는 0이 패딩됩니다. 즉, '대한민국'의 경우 [88, 350, 149, 52]인 숫자 시퀀스로 변경되고, 패딩을 통해 [88, 350, 149, 52, 0, 0, 0, 0, 0]으로 바뀌게 됩니다. 파이토치의 rnn.pad_sequence를 사용하면 자동으로 최대 크기의 시퀀스를 패딩해 줍니다.

```
1 train_x = [torch.Tensor(text_to_sequence(word)) for word in words]
2 nn.utils.rnn.pad_sequence(train_x, batch_first=True).size( )
```

[실행 결과]
torch.Size([8796, 9])

앞서 보았던 변환들을 모두 모아서 TokenizerDataset 데이터셋 클래스를 만들어 보겠습니다. 먼저 생성자입니다.

```
1  class TokenizerDataset(Dataset):
2    def __init__(self):
3      corpus = kolaw.open('constitution.txt').read( )
4      tokenizer = Okt( )
5
6      self.vocab = list(sorted(set(corpus)))
7      self.vocab.insert(0, '')
8      self.char_to_index = {char: i for i, char in enumerate(self.vocab)}
9
10     self.data, self.labels = zip(*tokenizer.pos(corpus))
11     self.data = [torch.LongTensor(self.text_to_sequence(word)) for word in self.data]
12     self.data = nn.utils.rnn.pad_sequence(self.data, batch_first=True)
13
14     self.class_names = list(sorted(set(self.labels)))
15     self.labels = [self.class_names.index(label) for label in self.labels]
```

코드 설명

- 3~4행 : kolaw에서 헌법 말뭉치를 읽어오고, Okt 토크나이저를 불러옵니다.
- 6~7행 : 단어장을 만들고, 가장 앞에 빈 값을 추가합니다.
- 8행 : 문자를 인덱스로 변환하는 사전 타입을 생성합니다.
- 10행 : 토크나이저로 말뭉치에 품사 태깅을 하고, 데이터와 레이블로 나눕니다.
- 11~12행 : 데이터를 텐서로 변환하고, 패딩하여 시퀀스 길이를 맞춥니다.
- 14~15행 : 클래스 이름을 가져오고, 레이블을 클래스 인덱스로 변경합니다.

이어서 텍스트를 숫자 시퀀스로, 숫자 시퀀스를 텍스트로 변환하는 함수를 생성합니다.

```
17  def text_to_sequence(self, text):
18      return [self.char_to_index[char] for char in text]
19
20  def sequence_to_text(self, sequence):
21      if isinstance(sequence, torch.Tensor):
22          sequence = [int(i) for i in sequence]
23      return ''.join([self.vocab[i] for i in sequence])
```

마지막으로 __getitem__( )과 __len__( ) 함수를 생성합니다.

```
25  def __getitem__(self, i):
26      return self.data[i], self.labels[i]
27
28  def __len__(self):
29      return len(self.data)
```

데이터셋에서 데이터를 불러와 살펴보면 대한민국으로 패딩된 숫자 시퀀스를 확인할 수 있습니다. 레이블인 Noun값도 숫자 클래스로 변환하여 8이 나오게 됩니다.

```
1  dataset = TokenizerDataset( )
2  data, label = dataset[0]
3  print(dataset.sequence_to_text(data), data)
4  print(dataset.class_names[label], label)
```

[실행 결과]
대한민국 tensor([88, 350, 149, 52,   0,   0,   0,   0,   0])
Noun 8

마지막으로 get_dataset( ) 함수를 이용해 TokenizerDataset을 3개로 나누겠습니다.

```
1  def get_dataset(train=0.8, val=0.1, random_seed=827):
2      origin = TokenizerDataset( )
3
4      train_samples = int(len(origin) * train)
5      val_samples = int(len(origin) * val)
6      test_samples = len(origin) - train_samples - val_samples
7
8      torch.manual_seed(random_seed)
```

```
 9    trainset, valset, testset = torch.utils.data.random_split(
10        origin,
11        (train_samples, val_samples, test_samples),
12    )
13
14    return trainset, valset, testset
15
16 trainset, valset, testset = get_dataset( )
17 print(len(trainset), len(valset), len(testset))
```

[실행 결과]
7036 879 881

 코드 설명

- 2행 : TokenizerDataset을 생성합니다.
- 4~6행 : 학습셋, 검증셋, 테스트셋의 샘플 개수를 계산합니다.
- 8행 : 토치의 랜덤 시드를 지정합니다.
- 9~12행 : random_split( ) 함수를 이용해 계산한 원본 데이터셋을 각 셋의 개수로 나눕니다.
- 14행 : 나누어진 데이터셋을 반환합니다.
- 16행 : get_dataset( ) 함수를 이용해 나누어진 데이터셋을 가져옵니다.
- 17행 : 학습셋은 7,036개, 검증셋은 879개, 테스트셋은 881개의 샘플을 포함하여 출력합니다.

2.3 RNN 분류기 모델

이번에는 RNN을 이용해 분류하는 작업으로 다양한 분류기를 구성할 수 있지만 다음과 같은 구조로 구성해 보겠습니다. LSTM과 완전 연결 레이어를 이용한 분류기 모델로 문자 RNN 이름대로 한 문자씩 RNN에 입력합니다 문자는 기계가 이해할 수 없으므로 숫자로 변환합니다. 해당 숫자의 의미를 갖는 특징 공간에서 벡터로 변환하기 위해 임베딩 레이어를 통과시킵니다. 변환된 특징 벡터를 LSTM 셀로 통과시키고, 다대다 RNN 구조로 모든 입력의 출력 결과를 활용합니다.

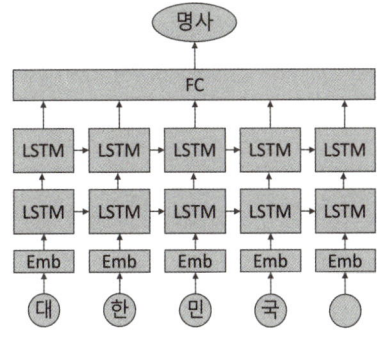

[분류기 모델]

이번 모델은 LSTM을 두 개의 층으로 쌓은 RNN을 사용합니다. 단어 전체를 LSTM에 넣고 각 LSTM 셀의 출력을 모두 모아 완전 연결층으로 입력합니다. 완전 연결층은 해당 단어의 품사를 예측해 내보냅니다.

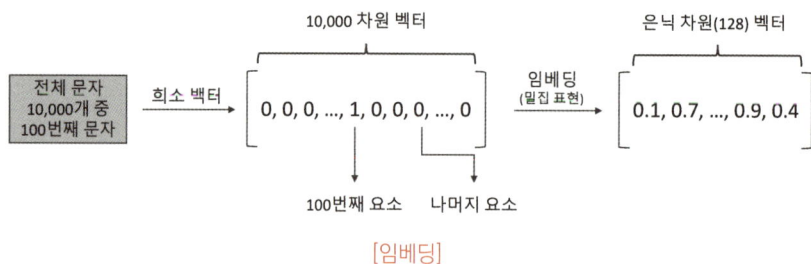

[임베딩]

BOW로 만든 시퀀스를 모델 입력으로 사용할 수 있지만 약간의 문제가 있습니다. BOW 시퀀스의 경우 전체 문자 수와 같은 크기의 벡터로 변환됩니다. 희소 벡터 표현이라고 하는데 이는 문자 인덱스에 해당하는 요소만 1로 표시하고, 나머지는 0으로 표현합니다. 다른 말로 원 핫 인코딩(One-Hot Encoding)이라고 합니다. 단어장의 문자가 많아질수록 입력값 대부분이 0으로 되는데 이런 경우 차원이 많아지기 때문에 학습이 제대로 이루어지지 않습니다. 따라서 희소 벡터를 갖는 밀집된 표현으로 변경하는 작업이 필요합니다. 바로 임베딩 레이어가 이런 역할을 하게 됩니다. 밀집 표현은 희소 표현과 반대로 대부분의 값이 0이 아닌 값으로 벡터를 표현합니다. 이렇게 되면 더 적은 차원에 많은 양의 정보를 담을 수 있습니다. 또한, 학습도 잘 이루어지게 됩니다. 파이토치는 nn.Embedding( )으로 구현이 가능하고, 내부 코드 구현을 살펴보면 nn.Linear( )와 같은 구조로 되어 있습니다. 그럼 모델을 코드로 구현해 보겠습니다.

```
1 class PosTagger(nn.Module):
2   def __init__(self, vocab_size, hidden_dims, layers, seq_len, classes):
3     super(PosTagger, self).__init__( )
4     self.hidden_dims = hidden_dims
5     self.seq_len = seq_len
6
7     self.embedding = nn.Embedding(vocab_size, hidden_dims)
8     self.lstm = nn.LSTM(hidden_dims, hidden_dims, layers, batch_first=True)
9     self.fc = nn.Linear(hidden_dims*seq_len, classes, bias=True)
10
11  def forward(self, x):
12    x = self.embedding(x)
13    x, _ = self.lstm(x)
14    x = x.reshape((-1, self.hidden_dims * self.seq_len))
15    x = self.fc(x)
16    return x
```

 **코드 설명**

- 2행 : 모델 생성자의 입력으로 단어장 크기, 은닉 공간 크기, 레이어 개수, 시퀀스 길이, 클래스 개수를 넣습니다.
- 7행 : 임베딩 레이어를 정의합니다. 단어장 크기만큼 벡터를 입력받아 은닉 공간 크기의 특징 벡터로 변환합니다.
- 8행 : LSTM 레이어를 정의합니다. 은닉 공간 크기 입력을 은닉 공간 크기 출력으로 내보냅니다. 레이어 개수를 받아 여러 개의 레이어를 쌓을 수 있습니다.
- 9행 : 완전 연결층을 구성합니다. 완전 연결층은 모든 시퀀스의 LSTM 결과를 받아 레이블 클래스를 예측합니다. 각 문자는 은닉 공간만큼의 크기를 가지고 있으므로 완전 연결층의 입력은 (은닉 공간 크기 * 시퀀스 길이)가 됩니다.
- 11~16행 : forward( ) 함수는 임베딩, LSTM, 완전 연결층을 순서대로 통과하고 결과를 내보냅니다.

이번에 사용할 모델을 만들어서 각 층의 파라미터와 입출력 크기를 살펴보겠습니다.

```
1 model = PosTagger(len(dataset.vocab), 128, 2, 9, len(dataset.class_names))
2 summary(model, input_data=torch.randint(0, 380, (2, 9)))
```

[실행 결과]

```
==========================================================================
Layer (type:depth-idx)          Output Shape              Param #
==========================================================================
PosTagger                       [2, 13]                   --
├─Embedding: 1-1                [2, 9, 128]               48,768
├─LSTM: 1-2                     [2, 9, 128]               264,192
├─Linear: 1-3                   [2, 13]                   14,989
==========================================================================
Total params: 327,949
Trainable params: 327,949
Non-trainable params: 0
Total mult-adds (M): 4.88
==========================================================================
Input size (MB): 0.00
Forward/backward pass size (MB): 0.04
Params size (MB): 1.31
Estimated Total Size (MB): 1.35
==========================================================================
```

모델은 (2, 9) 크기의 입력을 받는데 2는 배치 크기, 9는 시퀀스 길이입니다. 입력은 0에서 단어장 크기인 380 사이의 정수로 되어 있습니다. 임베딩 레이어를 통과하면 (2, 9, 128)로 은닉 공간 크기가 추가됩니다. LSTM과 완전 연결층을 통과하면 (2, 13) 13개의 각 클래스 확률이 출력됩니다.

2.4 모델 학습

그럼 학습 함수를 살펴보겠습니다. 학습 함수는 CNN 분류기와 동일합니다. 데이터 로더에서 데이터를 받아 순전파 시킨 뒤 손실 함수를 계산하고, 역전파하여 학습을 진행합니다. 정확도는 동일하게 구할 수 있습니다.

```
1  def train(model, dataloader, criterion, optimizer, epoch, device):
2      model.train( )
3
4      running_loss = 0
5      correct = 0
6
7      with tqdm(dataloader) as pbar:
8          for i, (data, targets) in enumerate(pbar):
9              data, targets = data.to(device), targets.to(device)
10
11             optimizer.zero_grad( )
12             outputs = model(data)
13             loss = criterion(outputs, targets)
14             loss.backward( )
15             optimizer.step( )
16
17             running_loss += loss.item( )
18             pbar.set_postfix(loss=loss.item( ))
19
20             with torch.no_grad( ):
21                 _, predicted = torch.max(outputs, 1)
22                 correct += predicted.eq(targets.view_as(predicted)).sum( )
23
24     data_num = len(dataloader.dataset)
25     acc = 100. * correct / data_num
26
27     return running_loss/len(dataloader), acc
```

검증 함수도 학습 함수와 비슷합니다. torch.no_grad( ) 함수를 이용하여 기울기를 계산하지 않도록 합니다.

```
1  def validation(model, dataloader, criterion, epoch, device):
2    model.eval( )
3
4    correct = 0
5    running_loss = 0.
6
7    with tqdm(dataloader) as pbar:
8      with torch.no_grad( ):
9        for i, (data, targets) in enumerate(pbar):
10         data, targets = data.to(device), targets.to(device)
11
12         outputs = model(data)
13         loss = criterion(outputs, targets)
14
15         running_loss += loss.item( )
16         pbar.set_postfix(loss=loss.item( ))
17
18         _, predicted = torch.max(outputs, 1)
19         correct += predicted.eq(targets.view_as(predicted)).sum( )
20
21    data_num = len(dataloader.dataset)
22    acc = 100. * correct / data_num
23
24    return running_loss/len(dataloader), acc
```

전체 학습 과정을 살펴보겠습니다. 먼저 하이퍼파라미터를 설정합니다.

```
1  EPOCH = 10
2  BATCH_SIZE = 128
3  NUM_WORKERS = 1
4  LR = 0.001
```

데이터셋을 만들고, 데이터 로더를 설정합니다.

```
 6 trainset, valset, testset = get_dataset( )
 7
 8 # dataloader
 9 train_loader = DataLoader(
10    dataset=trainset,
11    shuffle=True,
12    batch_size=BATCH_SIZE,
13    num_workers=NUM_WORKERS,
14 )
15 val_loader = DataLoader(
16    dataset=valset,
17    batch_size=BATCH_SIZE,
18    num_workers=NUM_WORKERS,
19 )
20 test_loader = DataLoader(
21    dataset=testset,
22    batch_size=BATCH_SIZE,
23    num_workers=NUM_WORKERS,
24 )
```

이어서 모델을 생성합니다.

```
26 vocab_len = len(trainset.dataset.vocab)
27 classes = len(trainset.dataset.class_names)
28 model = PosTagger(vocab_len, 128, 2, 9, classes)
```

최적화 함수, 손실 함수, 학습률 스케줄러를 생성합니다. 모델과 손실 함수를 디바이스로 이동합니다.

```
30 # Optimizer, Loss, Scheduler
31 optimizer = optim.Adam(model.parameters( ), lr=LR)
32 criterion = nn.CrossEntropyLoss( )
33 scheduler = optim.lr_scheduler.StepLR(optimizer, step_size=3, gamma=0.5)
34
35 model = model.to(device)
36 criterion = criterion.to(device)
```

본 학습 루프에 들어갑니다. 각 에포크마다 학습 함수, 검증 함수를 번갈아 가면서 학습을 수행합니다. 검증 최대 정확도를 달성한 모델의 가중치를 저장합니다.

```
38 max_acc = 0
39
40 for epoch in range(EPOCH):
41     print("LR:", scheduler.get_last_lr( ))
42
43     tloss, tacc = train(model, train_loader, criterion, optimizer, epoch, device)
44     print(f"[{epoch}/{EPOCH}] train loss: {tloss:.4f} train acc: {tacc:.2f}%")
45     vloss, vacc = validation(model, val_loader, criterion, epoch, device)
46     print(f"[{epoch}/{EPOCH}] valid loss: {vloss:.4f} valid acc: {vacc:.2f}%\n")
47
48     scheduler.step( )
49
50     if vacc > max_acc:
51         torch.save(model.state_dict( ), "best.pth")
```

[실행 결과]
LR: [0.00025]
100%|████████| 55/55 [00:05<00:00, 10.35it/s, loss=0.163]
[8/10] train loss: 0.0514 train acc: 98.35%
100%|████████| 7/7 [00:00<00:00, 17.86it/s, loss=0.216]
[8/10] valid loss: 0.1114 valid acc: 97.04%

LR: [0.000125]
100%|████████| 55/55 [00:04<00:00, 12.70it/s, loss=0.0526]
[9/10] train loss: 0.0479 train acc: 98.44%
100%|████████| 7/7 [00:00<00:00, 26.39it/s, loss=0.233]
[9/10] valid loss: 0.1161 valid acc: 97.16%

마지막으로 테스트 결과를 살펴보면 검증셋과 동일한 97.16%의 정확도를 기록했습니다. 학습이 제대로 이루어진 것을 확인할 수 있습니다.

```
1 tloss, tacc = validation(model, test_loader, criterion, epoch, device)
2 print(f"\n[TEST] loss: {tloss:.4f} acc: {tacc:.2f}%")
```

[실행 결과]
100%|████| 7/7 [00:00<00:00, 25.04it/s, loss=0.0854]
[TEST] loss: 0.0812 acc: 97.16%

2.5 추론

```
1 def inference(text, dataset, model):
2   input = dataset.text_to_sequence(text)
3   input = torch.nn.functional.pad(torch.LongTensor(input), (0, 9-len(input)))
4   logit = model(input)
5   output = torch.argmax(logit)
6   return dataset.class_names[output.item( )]
```

 코드 설명

- 1행 : 검증 함수를 정의하고 입력 문자, 데이터셋, 모델을 입력 인자로 받습니다.
- 2행 : 입력 텍스트를 숫자 시퀀스로 변경합니다.
- 3행 : torch.nn.functional.pad 함수를 이용하여 입력 숫자 시퀀스에 패딩을 더해 시퀀스 길이를 맞춥니다. 앞서 사용한대로 시퀀스 길이는 9를 사용합니다.
- 4행 : 모델에 입력을 넣고, 결과값을 받습니다.
- 5행 : torch.argmax( ) 함수에 결과값을 넣어 최대값의 클래스 값을 가져옵니다.
- 6행 : 클래스 값에 해당하는 클래스 이름을 반환합니다.

이제 추론 함수를 사용할 수 있도록 모델과 데이터셋을 초기화합니다.

```
1 dataset = TokenizerDataset( )
2 vocab_len = len(dataset.vocab)
3 classes = len(dataset.class_names)
4 model = PosTagger(vocab_len, 128, 2, 9, classes)
5 model.load_state_dict(torch.load("best.pth"))
```

코드 설명

- 1행 : 데이터셋을 불러옵니다.
- 2~3행 : 단어장 길이와 클래스 개수를 가져옵니다.
- 4~5행 : 모델을 생성하고, 가중치를 불러옵니다.

마지막으로 몇 가지 단어를 넣어 추론 결과를 확인해 보겠습니다.

```
1 print(inference("모든", dataset, model))
2 print(inference("권력", dataset, model))
3 print(inference("은", dataset, model))
4 print(inference("국민", dataset, model))
5 print(inference("으로부터", dataset, model))
6 print(inference("나온다", dataset, model))
```

[실행 결과]
Noun
Noun
Josa
Noun
Josa
Verb

이렇게 RNN을 활용하면 다음에 예측하는 회귀 문제도 풀 수 있고, 완전 연결층과 같이 구성하면 분류기로도 활용할 수 있습니다. RNN은 간단한 시퀀스 분류에는 유용하게 사용될 수 있지만 입력 시퀀스 길이가 길어지면 성능이 떨어지는 단점이 있습니다.

Chapter 03

트랜스포머를 이용한 객체명 인식기

트랜스포머는 기존 RNN에서 가지고 있는 몇 가지 한계점과 단점을 극복하기 위한 모델로 병렬화를 통해 처리 능력을 향상시켜 강력한 성능을 낼 수 있습니다. 이번 작업에서는 트랜스포머의 구조와 가장 중요한 어텐션의 작동 방식을 알아보고, 트랜스포머를 이용해 객체명 인식기를 만들어 보겠습니다.

3.1 트랜스포머 이해하기

트랜스포머는 2017년에 등장해 자연어 처리 분야의 혁신적인 성과를 이루면서 현대 자연어 처리의 근간이 되는 모델입니다. RNN과 마찬가지로 입력 시퀀스를 넣어 출력 시퀀스를 생성하는 시퀀스 모델입니다. 입력과 같은 출력을 만들 수도 있고 다른 출력을 만들어 낼 수도 있으며, 마지막에 FC 레이어를 붙여 분류기로 변환도 가능합니다. 그럼 모델의 구조를 살펴보겠습니다.

문제	객체명 인식(Named Entity Recognition)
모델	트랜스포머
데이터셋	Naver NLP Challenge 데이터셋
문제 유형	객체명 인식, 분류
평가 지표	CE, 정확도

트랜스포머(Transformers)의 구조

트랜스포머는 크게 인코더와 디코더로 이루어져 있습니다. 각 인코더와 디코더는 모듈 모음으로 이루어진 인코더 블럭과 디코더 블럭을 쌓아서 구성합니다. 인코더는 입력을 받아 입력 문맥을 표현하는 문맥 벡터(Context Vector)를 생성하고, 디코더는 인코더 출력인 문맥 벡터와 실제 레이블을 받아 레이블 값을 예측하는 역할을 합니다. 일반적으로 인코더와 디코더는 인코더 블럭, 디코더 블럭을 각각 6번씩 반복하여 구성합니다. 인코더, 디코더에 입력하는 모듈 중 가장 핵심이 되는 모듈은 멀티 헤드 어텐션 모듈입니다.

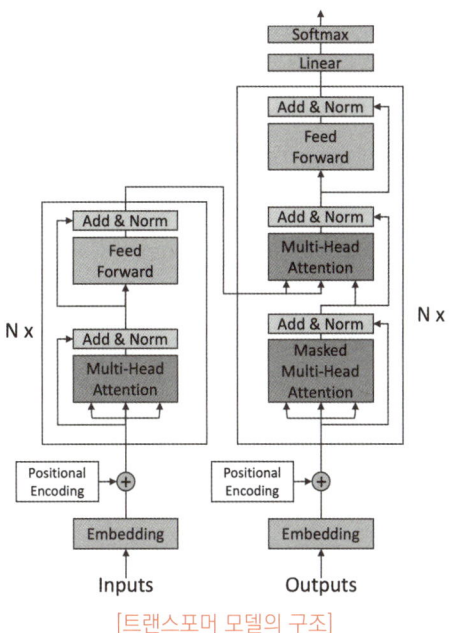

[트랜스포머 모델의 구조]

어텐션(Attention)의 개념

어텐션은 주의, 집중이라는 뜻으로 문장 내의 특정 단어와 다른 단어 사이의 관계성을 계산하는 방법입니다. 다음의 문장을 통해 개념을 이해해 보겠습니다.

> 강아지는 고양이가 있는 쪽으로 달리기 시작했고, 그는 순식간에 눈앞에서 사라졌다.

문장에서 '그는' 무엇을 지칭하는 것일까요? 당연히 '강아지'라는 것을 직관적으로 알 수 있습니다. 하지만 기계는 '그'가 '강아지'인지 '고양이'인지 알지 못합니다. 어텐션은 이런 문제를 해결하기 위해 두 단어(토큰) 사이의 연관성을 계산하는 방법입니다. 이렇게 한 문장 안에서 두 단어 사이의 어텐션을 계산하는 것을 셀프 어텐션(Self-Attention)이라고 합니다. 반면 서로 다른 문장에 있는 단어 사이의 어텐션을 계산하는 경우는 크로스 어텐션(Cross-Attention)이라고 합니다.

셀프 어텐션과 RNN

RNN은 은닉 상태라는 상태 정보를 이용해 이전 시점까지 나온 토큰 정보를 저장합니다. RNN으로 위의 문장을 활용하면 은닉 상태를 이용해 '그'가 가리키는 값이 이전에 나온 '강아지'라는 것을 알 수 있습니다. 셀프 어텐션 역시 RNN의 은닉 상태가 가지는 정보와 같은 역할을 하는 것이 목적입니다. 하지만 RNN보다 두 가지의 중요한 장점을 갖습니다.

첫 번째는 병렬 처리입니다. RNN은 특정 시점의 은닉 상태를 구하기 위해서는 특정 시점 이전의 모든 데이터가 필요합니다. 해당 데이터를 이용해 앞에서부터 순차적으로 상태를 업데이트합니다. 따라서 병렬 처리가 불가능합니다. 셀프 어텐션은 이점을 개선하고, 모든 토큰 쌍 사이의 어텐션을 한번의 행렬 곱으로 구하기 때문에 병렬 처리에 용이합니다. 두 번째는 장기 기억입니다. RNN은 시간이 지날수록 오래된 토큰 정보가 많이 희미해집니다. 예시 문장의 '고양이가' 시점에서 은닉 상태를 구한 경우 '강아지는' 토큰에 대한 정보가 명확하게 남아있지만 '그는', '눈앞에서' 시점에서는 희미해져 있을 경우가 높습니다. 셀프 어텐션의 경우 토큰과 토큰 사이의 연관 관계를 직접 계산하기 때문에 중간에 다른 토큰을 거치지 않고 바로 계산됩니다. 이에 RNN보다 명확하고 멀리 떨어진 토큰에 대해 정확한 관계를 계산할 수 있습니다.

어텐션의 구성

이제 어떤 방식으로 어텐션이 계산되는지 예시 문장을 통해 살펴보겠습니다.

> 강아지는 고양이가 있는 쪽으로 달리기 시작했고, 그는 순식간에 눈앞에서 사라졌다.

어텐션을 구할 때는 쿼리(Query), 키(Key), 값(Value)의 입력 벡터가 필요합니다. 각각의 영어 앞 글자를 따서 Q, K, V로 나타내기도 합니다. 각 벡터의 의미는 다음과 같습니다.
- 쿼리(Query) : 기준이 되는 현재 시점 토큰
- 키(Key) : 어텐션의 계산 대상이 되는 토큰
- 값(Value) : 어텐션의 계산 대상이 되는 토큰(Key와 같은 토큰)

'그는'이 어떤 것을 지칭하는지 어텐션을 통해 알아내는 경우 쿼리는 '그는'이 됩니다. 이후 문장의 앞에서부터 뒤까지 모든 토큰을 키와 값으로 사용합니다. 키와 값이 '강아지는'인 경우 '그는'과 '강아지는'의 관계 계산을 하고, 키와 값이 '사라졌다'인 경우 '그는'과 '사라졌다'에 대한 관계 계산을 합니다. 따라서 문장 안에서 '그는'에 대한 어텐션을 구한다면 '그는'은 쿼리로 고정하고, 모든 단어 토큰에 대해 어텐션을 계산하여 가장 높은 값을 갖는 토큰을 찾아내는 것이 어텐션 과정입니다. 여기에서 키와 값은 같은 값인데 두 개를 따로 입력하는지 궁금증이 생길 수 있습니다. 이는 어텐션 계산 과정에서 사용되는 곳이 다르기 때문에 같은 값이지만 두 번 넣는 것입니다. .

어텐션의 계산법

어텐션의 전체 계산 방법은 그림과 같습니다. 키와 값이 같은 값이지만 사용되는 곳이 다른 것을 알 수 있습니다. 어텐션을 계산하는 방법은 예시로 한 단계씩 살펴보겠습니다.

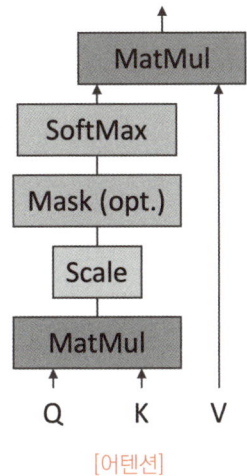

[어텐션]

먼저 '그는'과 '강아지는' 사이의 어텐션을 구해보겠습니다. '그는'은 쿼리로, '강아지는'은 키와 값으로 사용됩니다. 각 단어 토큰의 임베딩 크기(d_k)는 3으로 쿼리, 키, 값은 모두 (1 x 3) 크기의 벡터가 사용됩니다.

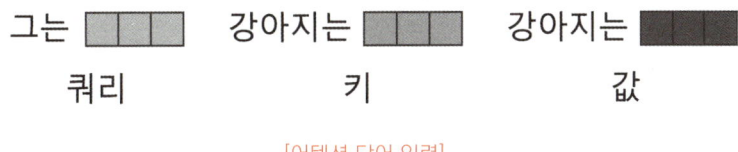

[어텐션 단어 입력]

어텐션의 첫 번째 연산은 쿼리와 키의 내적(MatMul, Matrix Multiplication)입니다. 두 값을 곱하여 스칼라 값인 어텐션 점수를 얻게 됩니다. 추가적으로 어텐션 점수가 너무 커지지 않도록 임베딩 크기의 제곱근($\sqrt{d_k}$)으로 나눠주는 스케일링 과정을 거치게 됩니다. 값이 너무 커지는 경우 기울기 소실, 폭발 문제가 발생할 수 있기 때문에 스케일링 과정이 필요합니다.

[어텐션 내적]

이제 토큰과 문장 사이의 어텐션을 구하기 위해 쿼리의 '그는'을 고정시킨 채 키와 값을 문장으로 확장시켜 보겠습니다. 문장은 단어의 집합으로 쿼리와 문장내 모든 단어 벡터의 내적을 구한 뒤 합치면 문장의 어텐션 점수를 구할 수 있습니다. 해당 결과는 문장 토큰 벡터를 모아 만든 행렬과 쿼리 벡터를 곱한 것과 같은 결과를 만들게 됩니다.

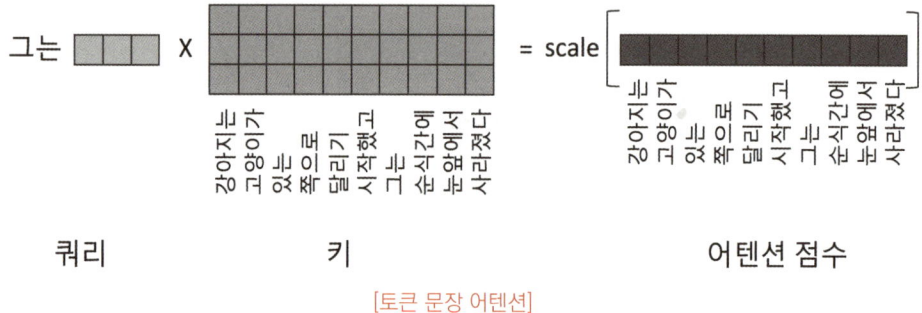

[토큰 문장 어텐션]

토큰과 문장의 어텐션은 키와 토큰 행렬을 단 한 번 내적하는 것으로 간단하게 구할 수 있습니다. 이러한 특성이 병렬화를 가능하게 하는 어텐션의 최고 장점입니다. 다음은 계산된 어텐션 스코어를 소프트맥스에 통과시켜 어텐션 확률로 변환합니다. 어텐션 확률은 쿼리 토큰과 문장의 각 단어 토큰이 얼마나 연관성이 높은지를 확률로 나타낸 것입니다. 최종적으로 어텐션 확률을 값과 곱하여 쿼리의 어텐션을 구하게 됩니다.

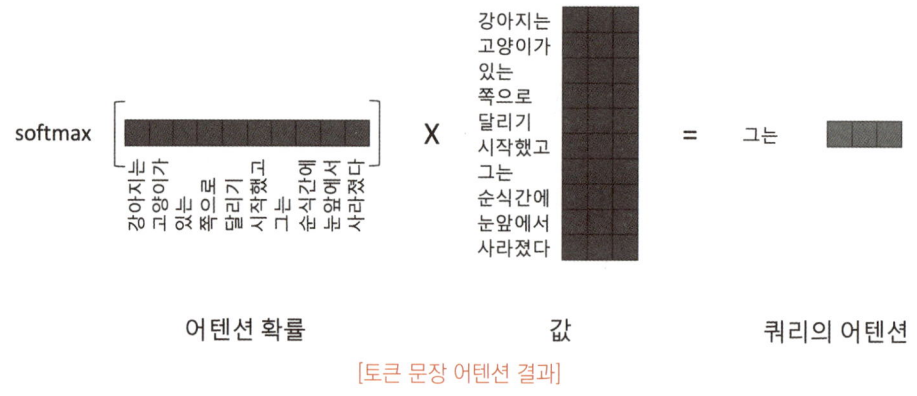

[토큰 문장 어텐션 결과]

최종적으로 문장과 문장 사이의 어텐션을 구해보겠습니다. 앞서 단어와 단어 사이의 계산을 단어와 문장 사이로 확장해 보았습니다. 동일하게 단어와 문장 사이의 어텐션 계산도 쿼리 단어를 쿼리 문장으로 변경하여 간단하게 해결할 수 있습니다.

[문장 어텐션 입력]

이렇게 쿼리를 문장 토큰 행렬로 확장하였습니다. 이제 셀프 어텐션을 계산하면 어텐션의 입력 쿼리, 키, 값이 모두 같은 값이 됩니다. 어텐션은 앞의 계산과 동일한 과정을 거쳐 계산됩니다.

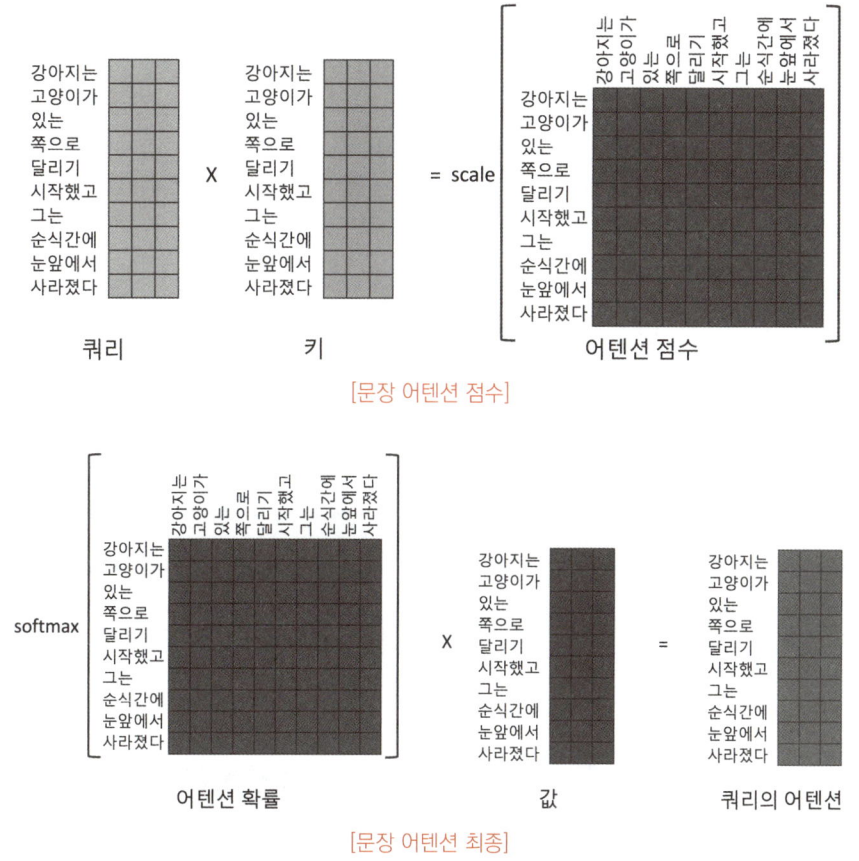

[문장 어텐션 점수]

[문장 어텐션 최종]

마스크(Mask)의 구성

마스크는 사용되지 않는 단어에 어텐션을 계산하지 않도록 하는 기능입니다. 트랜스포머에서 사용하는 마스크는 패드 마스크(Pad Mask)와 서브시퀀스 마스크(Subsequence Mask)가 있습니다. RNN을 사용할 때 모든 입력 문장의 길이를 시퀀스 길이로 맞추기 위해 짧은 문장 뒷부분에 패딩을 추가합니다. 트랜스포머도 시퀀스 길이를 맞추기 위해 패딩을 사용합니다. 어텐션을 계산할 때는 의미 없는 패딩값에 어텐션을 주면 안됩니다. 따라서 어텐션 확률을 구하기 전에 마스크 벡터를 곱하여 패딩값에 어텐션 확률이 낮게 계산되도록 합니다. 그림과 같이 시퀀스 길이가 6일때 '새가 나무위로 쏜살같이 날아간다'라는 단어를 시퀀스로 만들면 4개의 단어가 됩니다. 이때, 길이를 맞추기 위해 〈PAD〉를 사용합니다. 패드 마스크는 어텐션 점수에서 패딩인 단어 토큰에 0을 곱하고, 아닌 단어 토큰에는 1을 곱해 다음에 계산할 소프트맥스의 어텐션 확률을 낮게 만듭니다.

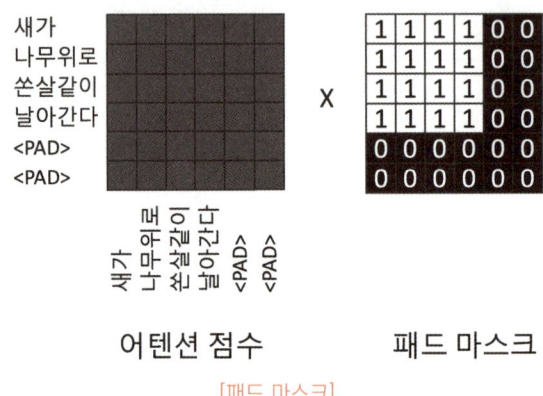

[패드 마스크]

서브시퀀스 마스크는 디코더의 멀티 헤드 어텐션에서 사용하는 마스크로 현재 시점에서 앞으로 오게 될 단어의 어텐션 확률을 낮추기 위해 사용합니다. 디코더는 현재 시점의 입력을 받아 다음 시점의 답을 생성하는데 입력으로 들어오는 값은 현재를 포함한 모든 값이 입력으로 들어옵니다. 따라서 마스킹을 통해 미래 시점의 데이터를 볼 수 없도록 하여 현재 시점까지 제공된 정보로만 다음 결과를 생성합니다. 첫 번째 행에서 아래로 내려오면 현재 시점이 바뀐다고 볼 수 있습니다. 첫 번째 행에서는 '새가', 두 번째 행에는 '나무위로'가 현재 시점이 됩니다. 트랜스포머에서 풀려는 문제가 다음 단어를 만드는 문제라면 '나무위로' 시점에서는 '쏜살같이' 단어를 예측해야 합니다. 미리 정답을 알려주고 예측하면 안되기 때문에 해당 시점 이후의 단어들은 못 본 단어로 취급하여 0으로 마스킹한 뒤 예측을 계산합니다.

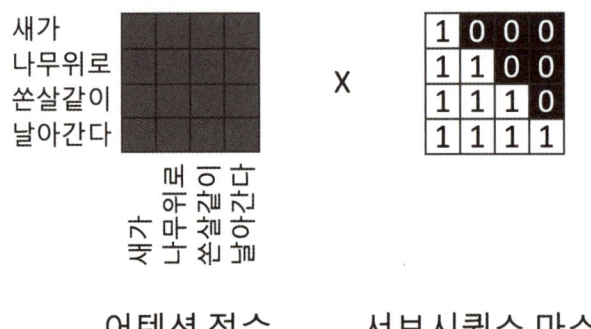

[서브시퀀스 마스크]

멀티 헤드 어텐션의 이해

트랜스포머는 어텐션을 하나의 블록에서 여러 번 수행하는데 이를 멀티 헤드 어텐션이라고 합니다. 어텐션을 여러 번 실행하는 이유는 한 문장 안에서 여러 단어 사이의 연관성을 찾을 수 있기 때문입니다.

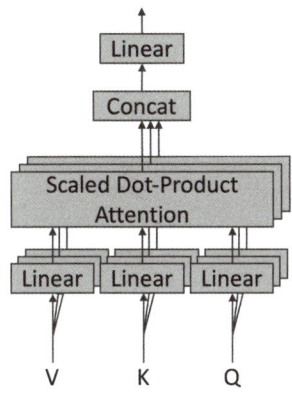

[멀티 헤드 어텐션]

다시 예시 문장을 살펴보겠습니다. '강아지는'은 '그는'의 지시 대상으로 연관이 있고, '사라졌다'의 행동 주체로도 연관이 있습니다. 또한, '고양이가', '있는', '쪽으로'는 '사라졌다'의 위치 정보를 나타내는 단어입니다. 이처럼 한 문장에도 다양한 연관 관계를 찾을 수 있기 때문에 여러 개의 어텐션을 사용하여 최대한 다양한 문맥을 파악하도록 설계되었습니다.

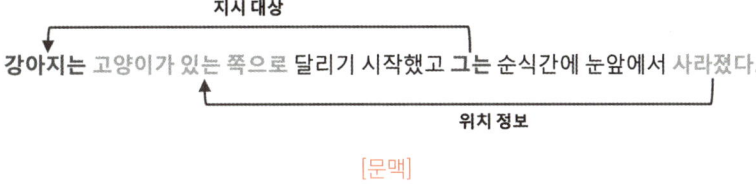

[문맥]

3.2 객체명 인식 데이터

이제 트랜스포머를 사용하여 한국어 객체명 인식을 위한 데이터를 살펴보겠습니다. 이번에 사용할 데이터셋은 Naver NLP Challenge입니다. 2018년도에 진행된 챌린지는 객체명 인식과 의미 결정의 두 가지 문제를 풀어내는 대회입니다. 여기에서 객체명 인식 데이터셋을 사용하는데 해당 데이터셋에는 총 14 종류의 객체명이 있습니다.

구분	개체명 범주	태그	정의
1	PERSON	PER	실존, 가상 등 인물명에 해당
2	FIELD	FLD	학문 분야 및 이론, 법칙, 기술 등
3	ARTIFACTS_WORKS	AFW	인공물로 사람에 의해 창조된 대상물
4	ORGANIZATION	ORG	기관 및 단체와 회의/회담을 모두 포함
5	LOCATION	LOC	지역 명칭과 행정 구역 명칭 등
6	CIVILIZATION	CVL	문명 및 문화에 관련된 용어
7	DATE	DAT	날짜

8	TIME	TIM	시간
9	NUMBER	NUM	숫자
10	EVENT	EVT	특정 사건 및 사고 명칭과 행사 등
11	ANIMAL	ANM	동물
12	PLANT	PLT	식물
13	MATERIAL	MAT	금속, 암석, 화학물질 등
14	TERM	TRM	의학 용어, IT 관련 용어 등 일반 용어를 총칭

여러 가지로 표현된 객체명을 위해 BIO 표현을 접미사로 사용합니다. 시작 어절에는 Begin의 줄임말로 B를, 이후 중간 어절에는 Inside의 줄임말로 I를 접미사로 붙입니다. 예를 들어 '23시 30분'의 경우 '23시'가 시작 어절이고, '30분'이 중간 어절입니다. 따라서 'TIME_B TIME_I'와 같은 레이블이 붙게 됩니다. 'O'는 Outside로 객체명이 아닌 대상에 붙이는 레이블입니다. 해당 데이터셋에서는 'O'대신 '-'를 사용합니다.

그럼 데이터를 살펴보기 위해 다음의 명령어를 실행시키고, 데이터를 다운로드 받습니다.

```
1 !wget https://raw.githubusercontent.com/naver/nlp-challenge/master/missions/ner/data/train/train_data
```

개체명 코퍼스는 구별자가 탭 형식인 CoNLL 구조입니다. 다음의 함수로 파일을 살펴보겠습니다.

```
1  def train_iter(file_path="train_data):
2    sentences = [ ]
3    sentence = [[ ], [ ], [ ]]
4    for line in open(file_path, encoding="utf-8"):
5      line = line.strip( )
6      if line == "":
7        sentences.append(sentence)
8        sentence = [[ ], [ ], [ ]]
9      else:
10       idx, ejeol, ner_tag = line.split("\t")
11       # idx는 0부터 시작하도록
12       sentence[0].append(int(idx))
13       sentence[1].append(ejeol)
14       sentence[2].append(ner_tag)
15   return sentences
```

 **코드 설명**

- 1행 : 학습 데이터셋을 읽어오는 함수를 정의합니다.
- 2~3행 : 문장을 저장할 리스트를 정의합니다.
- 4~5행 : 파일을 한 줄씩 읽고, 한 줄의 양끝 공백을 제거합니다.
- 6행 : 빈 줄인 경우 한 문장이 끝난 것으로 최종 결과 리스트 sentesces에 저장하고, sentence를 초기화합니다.
- 9~10행 : 그렇지 않은 경우는 탭으로 인덱스, 어절, 객체명 태그를 분리합니다.
- 12~14행 : 순서대로 리스트에 저장합니다.
- 15행 : 최종 결과 리스트를 반환합니다.

샘플 데이터 하나를 살펴보겠습니다. 텍스트는 분할되어 있고, 각 텍스트에 해당 태그가 있습니다.

```
1 dl = train_iter( )
2 dl[3]
```

[실행 결과]
[[1, 2, 3, 4, 5, 6, 7, 8, 9, 10],
['7승', '25패는', '상트페테르부르크가', '역대', '월드리그에', '출진한', '분별', '최선의', '성적이다', '.'],
['NUM_B', 'NUM_B', 'LOC_B', '-', 'EVT_B', '-', '-', '-', '-', '-']]

총 데이터는 90,000개의 문장으로 구성되어 있습니다. 이후 학습, 검증, 테스트셋으로 분리해서 사용합니다.

```
1 len(dl)
```

[실행 결과]
90000

이어서 단어장을 구축합니다. 텍스트 단어장과 NER 태그 단어장을 각각 생성합니다.

```
1 indices, sentences, labels = zip(*dl)
2
3 UNK_IDX, PAD_IDX, BOS_IDX, EOS_IDX = 0, 1, 2, 3
4 special_symbols = ['<unk>', '<pad>', '<bos>', '<eos>']
5
6 text_vocab = build_vocab_from_iterator(sentences,
7                                        min_freq=1,
8                                        specials=special_symbols,
9                                        special_first=True)
10 text_vocab.set_default_index(text_vocab["<unk>"])
```

```
11
12 ner_vocab = build_vocab_from_iterator(labels,
13                                        min_freq=1,
14                                        specials=special_symbols,
15                                        special_first=True)
16 ner_vocab.set_default_index(text_vocab["<unk>"])
```

> **코드 설명**
>
> - 1행 : 데이터셋을 인덱스, 문장, 레이블을 담고 있는 리스트로 변환합니다.
> - 3행 : 특수 심볼의 인덱스를 저장합니다. UNK는 단어장에 없는 토큰, PAD는 시퀀스 길이를 맞추기 위한 패딩, BOS와 EOS는 각각 Begin of Sentence, End of Sentence의 줄임 말로 문장의 시작과 끝을 나타냅니다.
> - 6행 : torchtext의 build_vocab_from_iterator로 단어장을 생성합니다. min_freq=1은 최소 등장 횟수가 1번 이상인 단어를 단어장에 저장한다는 뜻입니다. 이어서 specials에 특수 심볼을 지정하고, special_first=True로 단어장 가장 앞에 특수 심볼을 위치시킵니다.
> - 10행 : set_default_index로 단어장에 없는 문자의 경우 〈unk〉 토큰을 반환합니다.
> - 12~16행 : ner 단어장도 위와 동일하게 구성합니다.

get_itos( ) 함수로 단어장에 등록된 문자 리스트를 볼 수 있습니다. Itos는 index to string 의 줄임말입니다.

```
1 print(ner_vocab.get_itos( ))
```

[실행 결과]
['<unk>', '<pad>', '<bos>', '<eos>', '-', 'CVL_B', 'NUM_B', 'PER_B', 'ORG_B', 'DAT_B', 'LOC_B', 'TRM_B', 'EVT_B', 'NUM_I', 'DAT_I', 'ANM_B', 'EVT_I', 'PER_I', 'ORG_I', 'AFW_B', 'CVL_I', 'TRM_I', 'TIM_B', 'FLD_B', 'AFW_I', 'TIM_I', 'PLT_B', 'MAT_B', 'LOC_I', 'ANM_I', 'FLD_I', 'MAT_I', 'PLT_I']

구성한 단어장에서 예시 문장을 변환해 보겠습니다.

```
1 text_vocab(["오늘도", "빠지지", "말고", "프로젝트로", "시작하는", "파이토치", "공부하자","!"])
```

[실행 결과]
[2599, 6351, 1260, 34688, 2807, 0, 0, 30]

3.3 데이터셋

이제 함수들을 조합하여 NER 데이터셋을 만들어 보겠습니다.

```
1 class NERDataset(Dataset):
2   def __init__(self, file_path="train_data"):
3     sentences = [ ]
4     sentence = [[ ], [ ]]
5     for line in open(file_path, encoding="utf-8"):
6       line = line.strip( )
7       if line == "":
8         sentences.append(sentence)
9         sentence = [[ ], [ ]]
10      else:
11        idx, ejeol, ner_tag = line.split("\t")
12        sentence[0].append(ejeol)
13        sentence[1].append(ner_tag)
14
15    self.texts, self.labels = zip(*sentences)
16
17  def __getitem__(self, i):
18    return self.texts[i], self.labels[i]
19
20  def __len__(self):
21    return len(self.texts)
```

코드 설명

- 3~13행 : 데이터 파일을 읽어 sentences에 저장합니다.
- 15행 : 텍스트와 레이블을 분리하여 저장합니다.
- 17~18행 : __getitem__( )에서는 i번째 텍스트와 레이블을 반환합니다.
- 20·21행 : __len__( )으로 전체 데이터셋의 길이를 반환합니다.

get_dataset( ) 함수에서 데이터셋 분할 시 정확한 샘플 개수가 아닌 비율을 넘겨도 됩니다.

```
1 def get_dataset(train=0.8, val=0.1, random_seed=827):
2   origin = NERDataset( )
3
4   torch.manual_seed(random_seed)
5   trainset, valset, testset = torch.utils.data.random_split(
6     origin,
```

```
7    (train, val, 1 – train - val),
8  )
9
10   return trainset, valset, testset
11
12 trainset, valset, testset = get_dataset( )
13 print(len(trainset), len(valset), len(testset))
```

[실행 결과]
72001 9000 8999

이어서 데이터셋을 학습에 필요한 형태로 변환할 수 있는 몇 가지 함수들을 살펴보겠습니다. sequential_transforms( )는 순차적인 변환 작업을 묶어주는 함수로 torchvision.transforms.Compose( )의 텍스트 버전입니다. 전달된 변환 작업을 순서대로 수행하여 결과를 전달합니다.

```
1 def sequential_transforms(*transforms):
2   def func(txt_input):
3     for transform in transforms:
4       txt_input = transform(txt_input)
5     return txt_input
6   return func
```

tensor_transform( )은 토큰 아이디 리스트를 입력받아 앞 뒤에 ⟨bos⟩, ⟨eos⟩ 토큰의 인덱스를 붙이고, 텐서로 변환하는 함수입니다.

```
1 def tensor_transform(token_ids):
2   return torch.cat((torch.tensor([BOS_IDX]),
3                     torch.tensor(token_ids),
4                     torch.tensor([EOS_IDX])))
```

두 가지 함수와 단어장을 조합하여 다음과 같은 변환을 생성합니다.

```
1 text_transforms = sequential_transforms(text_vocab,
2                                          tensor_transform)
3 ner_transforms = sequential_transforms(ner_vocab,
4                                         tensor_transform)
```

 **코드 설명**

- 1~2행 : text_transforms는 토크나이저로 분할된 문장을 입력받아 토큰 인덱스로 변환하고, tensor_transform을 수행하는 변환 집합입니다.
- 3~4행 : ner_transforms도 위와 동일하며, 단어장만 ner_vocab으로 바뀌었습니다.

데이터 로더에서 데이터셋을 불러올 때 위의 변환을 사용하도록 collate_fn( ) 함수를 생성합니다.

```
1 def collate_fn(batch):
2     src_batch, tgt_batch = [ ], [ ]
3     for src_sample, tgt_sample in batch:
4         src_batch.append(text_transforms(src_sample))
5         tgt_batch.append(ner_transforms(tgt_sample))
6
7     src_batch = pad_sequence(src_batch, padding_value=PAD_IDX)
8     tgt_batch = pad_sequence(tgt_batch, padding_value=PAD_IDX)
9     return src_batch, tgt_batch
```

코드 설명

- 3행 : 배치 데이터를 샘플별로 가져옵니다.
- 4~5행 : 위에서 정의한 변환을 적용하여 데이터를 저장합니다.
- 7~8행 : torch.nn.utils.rnn.pad_sequence( )를 사용하여 배치가 같은 크기를 갖도록 패딩을 추가합니다.

샘플 데이터 로더를 정의해서 학습 모델에 들어갈 데이터를 살펴보겠습니다.

```
1 dataloader = DataLoader(ner_dataset, batch_size=128, shuffle=False, collate_fn=collate_fn)
2 for labels, texts in dataloader:
3     print(labels)
4     print(texts)
5     break
```

[실행 결과]
```
tensor([[     2,      2,      2,      2],
        [ 73762,     10, 124749,  15446],
        [  8239, 262719,  61435, 115838],
        [    87,   5261, 119193, 218342],
        [ 81336,   1030,    296,    388],
        [ 18246, 111342, 199356,  32484],
```

```
         [256519,      4,  17581,    2418],
         [ 34887,      3, 108843,   14186],
         [242483,      1,  49384,    2622],
         [263591,      1,  25990,   24028],
         [ 37334,      1, 113884,       4],
         [     3,      1,     48,       3],
         [     1,      1, 317094,       1],
         [     1,      1, 119460,       1],
         [     1,      1,    131,       1],
         [     1,      1,      4,       1],
         [     1,      1,      3,       1]])
tensor([[ 2,  2,  2,  2],
        [ 7,  4,  6,  6],
        [ 9,  4,  4,  6],
        [ 4,  4,  6, 10],
        [ 8,  6,  8,  4],
        [ 5,  6,  7, 12],
        [ 4,  4,  4,  4],
        [ 4,  3,  6,  4],
        [ 4,  1,  4,  4],
        [ 4,  1,  4,  4],
        [ 4,  1,  6,  4],
        [ 3,  1,  4,  3],
        [ 1,  1,  4,  1],
        [ 1,  1,  6,  1],
        [ 1,  1,  4,  1],
        [ 1,  1,  4,  1],
        [ 1,  1,  3,  1]])
```

데이터는 [시퀀스 길이, 배치, 토큰 인덱스] 형태로 생성됩니다. 출력은 세로 열이 한 문장을 의미합니다. 샘플 시작의 시작 토큰 인덱스는 '2'가 지정되고, 문장의 마지막 끝에 토큰 인덱스는 '3'이 지정됩니다. 샘플 길이가 동일하도록 패딩 토큰 인덱스에 '1'로 채워진 것을 확인할 수 있습니다.

3.4 트랜스포머 모델

입력 문장 시퀀스로 출력 NER 시퀀스를 예측하는 Seq2Seq 모델을 구성합니다.

Seq2SeqTransformer 모델은 4개의 부분으로 구성됩니다. 먼저 각 입력 임베딩을 처리하는 부분은 TokenEmbedding 모듈을 사용합니다. 이어서 시퀀스 순서에 대한 정보를 추가하기 위해 PositionalEncoding을 사용합니다. 주 모델인 트랜스포머는 파이토치의 nn.Transformer를 사용하여 구현합니다. 마지막으로 모델 확률을 출력하기 위해서 nn.Linear와 Softmax를 사용합니다.

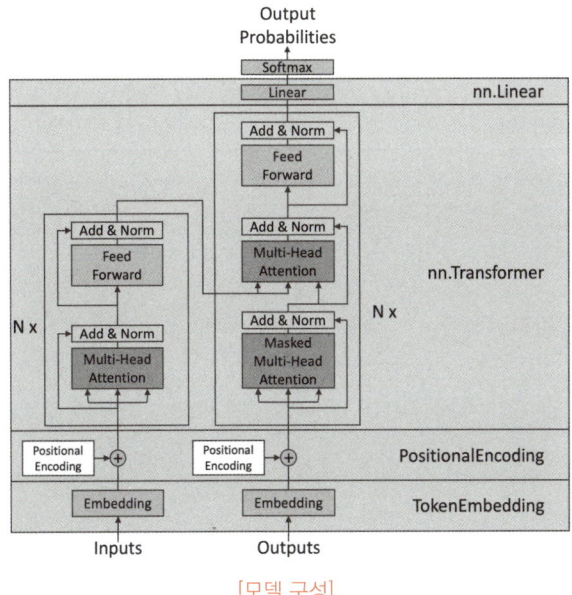

[모델 구성]

각 컴포넌트의 세부 구현을 살펴보겠습니다. 먼저 TokenEmbedding입니다.

```
1 class TokenEmbedding(nn.Module):
2   def __init__(self, vocab_size, emb_size):
3     super(TokenEmbedding, self).__init__()
4     self.embedding = nn.Embedding(vocab_size, emb_size)
5     self.emb_size = emb_size
6
7   def forward(self, tokens):
8     x = self.embedding(tokens.long())
9     return x * math.sqrt(self.emb_size)
```

코드 설명

- 2행 : 토큰 인덱스 시퀀스를 임베딩 사이즈로 줄이기 위해 nn.Embedding에 들어갈 단어장 크기와 임베딩 크기를 받습니다.
- 4행 : nn.Embedding 레이어를 생성합니다.
- 7~9행 : 토큰 리스트가 들어오면 임베딩 레이어를 통과시키고, 임베딩 크기의 제곱근으로 정규화합니다.

TokenEmbedding에 샘플 입력을 넣어서 출력 결과를 살펴보겠습니다.

```
1 vocab_size = 10
2 emb_size = 32
3 batch_size = 4
4 emb = TokenEmbedding(vocab_size, emb_size)
5
6 sample = torch.randint(0, vocab_size, (seq_len, batch_size))
7 print(sample)
8 print(emb(sample).shape)
```

[실행 결과]
tensor([[2, 8, 5, 4],
        [4, 2, 1, 7],
        [8, 6, 7, 4],
        [5, 1, 3, 0],
        [1, 8, 6, 6],
        [3, 0, 7, 6],
        [2, 0, 4, 2],
        [9, 9, 5, 6],
        [7, 3, 9, 7],
        [8, 2, 7, 0]])
torch.Size([10, 4, 32])

코드 설명

- 1~4행 : TokenEmbedding 레이어를 생성합니다.
- 6행 : 샘플을 만들어 냅니다. 샘플 모양은 (시퀀스 길이, 배치 크기)입니다.
- (10, 4) 크기의 입력이 임베딩 레이어를 거쳐 임베딩 차원이 추가된 (10, 4, 32)로 바뀌게 됩니다.

RNN은 입력 시퀀스의 앞에서부터 순차적으로 네트워크 입력을 전달하기 때문에 자연스럽게 순서에 대한 정보를 활용합니다. 하지만 트랜스포머는 한번에 모든 입력을 네트워크에서 처리하기 때문에 순서에 대한 정보를 알 수 없습니다. 그러므로 순서에 대한 정보를 전달하기 위해서 PositionalEncoding을 사용합니다. PositionalEncoding에서는 순서 정보를 전달하기 위해 삼각 함수인 사인과 코사인 함수를 사용합니다. 삼각 함수를 사용하는 이유는 주기적이고 연속적인 특성때문에 모델이 입력 시퀀스의 위치에 따른 패턴을 제대로 인식하고 처리할 수 있습니다. 코사인과 사인 함수는 다양한 주파수와 위상을 제공해 위치 정보를 표현하고, 각 차원별로 독립적인 변화를 가능하게 합니다. 그럼 PositionalEncoding 클래스를 살펴보겠습니다.

```
1  class PositionalEncoding(nn.Module):
2    def __init__(self, emb_size, dropout, maxlen=5000):
3      super(PositionalEncoding, self).__init__()
4      den = torch.exp(- torch.arange(0, emb_size, 2)* math.log(10000) / emb_size)
5      pos = torch.arange(0, maxlen).reshape(maxlen, 1)
6
7      pos_embedding = torch.zeros((maxlen, emb_size))
8      pos_embedding[:, 0::2] = torch.sin(pos * den)
9      pos_embedding[:, 1::2] = torch.cos(pos * den)
10     pos_embedding = pos_embedding.unsqueeze(-2)
11
12     self.dropout = nn.Dropout(dropout)
13     self.register_buffer('pos_embedding', pos_embedding)
14
15   def forward(self, token_embedding):
16     token_embedding += self.pos_embedding[:token_embedding.size(0), :]
17     return self.dropout(token_embedding)
```

코드 설명

- **2~3행**: PositionalEncoding 클래스의 생성자에서 3개의 인자를 받습니다. emb_size는 임베딩 벡터의 크기, dropout은 드롭아웃 비율, maxlen은 포지셔널 인코딩 벡터의 최대 길이를 의미하며 기본값은 5000입니다.
- **4행**: 포지셔널 인코딩을 계산할 때 필요한 감쇠 인자를 계산합니다. 임베딩 차원에 따라 값을 지속적으로 감소시키는 방식으로 진행됩니다.
- **5행**: maxlen 길이만큼 위치 값들의 벡터를 만들고, 이를 열 벡터로 변형합니다.
- **7행**: 포지셔널 인코딩의 기본이 되는 모든 원소에서 0인 텐서를 maxlen과 emb_size 크기로 생성합니다.
- **8~9행**: 위치에 따라 사인 함수와 코사인 함수를 사용하여 포지셔널 인코딩을 계산하고, 이를 통해 위치 정보에 주기성을 부여합니다.
- **10행**: 계산된 포지셔널 인코딩 텐서에 배치 차원을 위한 새로운 차원을 추가합니다.
- **12행**: 모델이 학습할 때 사용할 드롭아웃 레이어를 준비합니다.
- **13행**: 포지셔널 인코딩 텐서를 클래스 버퍼로 등록합니다. 해당 버퍼는 모델의 학습 파라미터가 아니므로 업데이트되지 않습니다.
- **15행**: 모델이 입력 데이터를 처리할 때 실행될 forward 메소드를 정의합니다.
- **16행**: 입력된 토큰 임베딩에 포지셔널 인코딩을 더합니다. 이를 통해 각 토큰에 위치 정보를 부여하여 모델이 시퀀스 순서를 이해할 수 있습니다.
- **17행**: 드롭아웃을 적용한 후 최종적인 토큰 임베딩을 반환합니다. 해당 과정은 모델이 과적합되는 것을 방지합니다.

포지셔널 인코딩을 적용한 결과를 확인해 보겠습니다.

```
1 seq_len, batch_size, emb_size, dropout = 10, 4, 32, 0.1
2 pe = PositionalEncoding(emb_size, dropout)
3
4 sample = torch.rand((seq_len, batch_size, emb_size))
5 x = pe(sample).shape
6 print("PE:   ", pe.pos_embedding[:sample.size(0), :].shape)
7 print("RESULT:", x)
```

코드 설명

- 1행 : 시퀀스 길이(seq_len), 배치 크기(batch_size), 임베딩 크기(emb_size), 드롭아웃 비율(dropout)을 각각 10, 4, 32, 0.1로 설정합니다.
- 2행 : 포지셔널 인코딩 클래스를 emb_size와 dropout 값을 사용하여 초기화하고 객체를 생성합니다.
- 4행 : 시퀀스 길이, 배치 크기, 임베딩 크기를 기준으로 임의의 값의 샘플 데이터 텐서를 생성합니다.
- 5행 : 생성된 샘플 데이터에 포지셔널 인코딩을 적용하고, 그 결과 형태(shape)를 변수 x에 저장합니다.
- 6행 : 포지셔널 인코딩 객체의 포지셔널 인코딩 텐서 중 샘플 데이터의 시퀀스 길이에 해당하는 형태를 출력합니다.
- 7행 : 최종적으로 포지셔널 인코딩이 적용된 결과 형태를 출력합니다.

이제 모듈을 사용해서 트랜스포머 Seq2Seq 모델을 구현하겠습니다. 먼저 생성자입니다.

```
 1 # Seq2Seq 신경망
 2 class Seq2SeqTransformer(nn.Module):
 3   def __init__(self,
 4                num_encoder_layers: int,
 5                num_decoder_layers: int,
 6                emb_size: int,
 7                nhead: int,
 8                src_vocab_size: int,
 9                tgt_vocab_size: int,
10                dim_feedforward: int = 512,
11                dropout: float = 0.1):
12     super(Seq2SeqTransformer, self).__init__()
13     self.transformer = nn.Transformer(d_model=emb_size,
14                                       nhead=nhead,
15                                       num_encoder_layers=num_encoder_layers,
16                                       num_decoder_layers=num_decoder_layers,
17                                       dim_feedforward=dim_feedforward,
18                                       dropout=dropout)
```

```
19    self.generator = nn.Linear(emb_size, tgt_vocab_size)
20    self.src_tok_emb = TokenEmbedding(src_vocab_size, emb_size)
21    self.tgt_tok_emb = TokenEmbedding(tgt_vocab_size, emb_size)
22    self.positional_encoding = PositionalEncoding(
23        emb_size, dropout=dropout)
```

 코드 설명

- 2~11행 : Seq2SeqTransformer 클래스를 정의하고, nn.Module을 상속받아 시작합니다. 해당 클래스는 인코더와 디코더 레이어의 수, 임베딩 크기, 멀티 헤드 어텐션의 헤드 수, 소스와 타겟 어휘 크기, 순방향 네트워크 차원, 드롭아웃 비율을 초기화 인자로 받습니다.
- 12행 : 클래스의 생성자에서 상위 클래스의 생성자를 호출해 초기화합니다.
- 13~18행 : 파이토치의 nn.Transformer 모듈을 초기화하여 클래스의 transformer 속성으로 저장합니다. 여기에는 모델의 주요 매개변수가 설정됩니다.
- 19행 : 소스 텍스트에서 생성된 출력을 타겟 어휘 사이즈로 변환하는 선형 레이어를 초기화합니다.
- 20~21행 : 소스와 타겟 어휘에 대해 토큰 임베딩을 초기화합니다.
- 22~23행 : 포지셔널 인코딩을 초기화하고, 이를 클래스 속성으로 저장합니다.

```
25    def forward(self,
26            src,
27            trg,
28            src_mask,
29            tgt_mask,
30            src_padding_mask,
31            tgt_padding_mask,
32            memory_key_padding_mask):
33        src_emb = self.positional_encoding(self.src_tok_emb(src))
34        tgt_emb = self.positional_encoding(self.tgt_tok_emb(trg))
35        outs = self.transformer(src_emb, tgt_emb, src_mask, tgt_mask, None,
36            src_padding_mask, tgt_padding_mask, memory_key_padding_mask)
37        return self.generator(outs)
```

 코드 설명

- 25~37행 : forward 메소드는 모델이 입력을 받아 출력을 생성할 때 사용됩니다. 소스와 타겟 입력, 마스크들을 인자로 받습니다.
- 33~34행 : 소스와 타겟 입력에 대해 토큰 임베딩과 포지셔널 인코딩을 적용합니다.
- 35~36행 : 트랜스포머 모델을 통해 인코딩된 입력을 디코딩하고, 필요한 마스크를 적용하여 출력을 생성합니다.
- 37행 : 생성된 출력에 선형 레이어(generator)를 적용하여 최종 결과를 반환합니다.

```
39  def encode(self, src, src_mask):
40      return self.transformer.encoder(self.positional_encoding(
41              self.src_tok_emb(src)), src_mask)
42
43  def decode(self, tgt, memory, tgt_mask):
44      return self.transformer.decoder(self.positional_encoding(
45              self.tgt_tok_emb(tgt)), memory,
46              tgt_mask)
```

코드 설명

- 39~41행 : encode 메소드는 인코더 부분만을 사용하여 소스 입력을 인코딩합니다.
- 43~46행 : decode 메소드는 디코더 부분을 사용하여 타겟 입력을 메모리(인코더의 출력)와 결합하고 디코딩합니다.

다음으로 마스크를 생성하는 두 가지 함수를 살펴보겠습니다. 먼저 서브시퀀스 마스크를 생성하는 generate_square_subsequent_mask( ) 함수입니다.

```
1 def generate_square_subsequent_mask(sz):
2   mask = (torch.triu(torch.ones((sz, sz), device=device)) == 1).transpose(0, 1)
3   mask = mask.float( ).masked_fill(mask == 0, float('-inf')).masked_fill(mask == 1, float(0.0))
4   return mask
5
6 generate_square_subsequent_mask(4)
```

[실행 결과]
tensor([[0., -inf, -inf, -inf],
        [0., 0., -inf, -inf],
        [0., 0., 0., -inf],
        [0., 0., 0., 0.]], device='cuda:0')

코드 설명

- 1행 : 주어진 크기(sz)에 대해 정사각형 마스크를 생성합니다.
- 2행 : torch.ones를 사용하여 크기가 sz x sz인 텐서를 생성하고, torch.triu를 사용하여 상삼각 행렬(Upper Triangular Matrix)을 만든 다음 이를 전치(transpose)합니다. 이는 시퀀스에서 미래의 위치를 마스킹하는 데 사용됩니다.
- 3행 : 마스크 텐서를 실수형으로 변환하고, 마스크의 0값을 -inf(무한대 음수)로, 1값을 0.0으로 채워 넣습니다. 이는 어텐션 메커니즘에서 특정 위치를 무시하게 만듭니다.
- 4행 : 최종적으로 생성된 마스크를 반환합니다. 해당 마스크는 디코더의 자기 주의(self-attention) 메커니즘에서 예측 시퀀스가 미래의 토큰을 보지 않도록 합니다.
- 6행 : 위의 함수에 4를 넣어 4 x 4 서브시퀀스 마스크를 생성합니다.

다음은 소스와 타겟 시퀀스 마스크를 생성하는 create_maks( ) 함수입니다. generate_square_subsequent_mask( ) 함수를 내부적으로 사용합니다.

```
1  def create_mask(src, tgt):
2    src_seq_len = src.shape[0]
3    tgt_seq_len = tgt.shape[0]
4
5    tgt_mask = generate_square_subsequent_mask(tgt_seq_len)
6    src_mask = torch.zeros((src_seq_len, src_seq_len),device=device).type(torch.bool)
7
8    src_padding_mask = (src == PAD_IDX).transpose(0, 1)
9    tgt_padding_mask = (tgt == PAD_IDX).transpose(0, 1)
10   return src_mask, tgt_mask, src_padding_mask, tgt_padding_mask
```

코드 설명

- 2~3행 : 소스 시퀀스와 타겟 시퀀스의 길이를 첫 번째 차원을 통해 얻습니다.
- 5행 : 타겟 시퀀스 길이를 사용하여 generate_square_subsequent_mask 함수를 호출하고, 타겟 마스크를 생성합니다
- 6행 : 소스 마스크는 소스 시퀀스 길이를 기반으로 모든 값이 0인 부울 텐서를 생성합니다.
- 8~9행 : 소스와 타겟 시퀀스의 패딩을 위한 마스크를 생성합니다. 해당 마스크는 패딩 인덱스(PAD_IDX)와 같은 위치를 찾아서 True를 표시하고, 시퀀스 차원을 전치합니다.
- 10행 : 생성된 네 가지 마스크를 반환합니다. 마스크들은 모델이 소스와 타겟 시퀀스를 처리할 때 사용됩니다.

샘플 입력으로 마스크를 생성하면 다음과 같습니다.

```
1  src = torch.Tensor([[5], [5], [5], [1], [1]])
2  tgt = torch.Tensor([[5], [5], [1], [1], [1]])
3  create_mask(src, tgt)
```

[실행 결과]
(tensor([[False, False, False, False, False],
        [False, False, False, False, False],
        [False, False, False, False, False],
        [False, False, False, False, False],
        [False, False, False, False, False]], device='cuda:0'),
 tensor([[0., -inf, -inf, -inf, -inf],
        [0., 0., -inf, -inf, -inf],
        [0., 0., 0., -inf, -inf],
        [0., 0., 0., 0., -inf],

```
         [0., 0., 0., 0., 0.]], device='cuda:0'),
tensor([[[False, False, False,  True,  True]]),
tensor([[[False, False,  True,  True,  True]]))
```

소스 마스크(src_mask)는 모든 값이 False인 5x5 텐서입니다. 소스 시퀀스에는 마스킹할 미래의 값이 없기 때문에 모든 값이 False입니다. 일반적으로 소스 시퀀스 내에서 자기-주의를 수행할 때 미래의 위치를 지정하는데 사용됩니다. 타겟 마스크(tgt_mask)는 5x5 텐서로 generate_square_subsequent_mask( ) 함수에 의해 생성됩니다. 이는 디코더에서 자기-주의를 할 때 각 토큰이 미래의 토큰을 보지 못하도록 합니다. -inf는 미래의 위치를 나타내며, 어텐션 계산 시 위치들이 무시되도록 합니다. 소스 패딩 마스크(src_padding_mask)는 1x5 텐서로 소스 시퀀스 내의 패딩 토큰 위치를 나타냅니다. PAD_IDX 값(여기에서는 1)이 있는 위치는 True로 설정됩니다. 전치(transpose)를 통해 각 배치에서 패딩 토큰의 위치를 가리키는 마스크로 변환됩니다. 타겟 패딩 마스크(tgt_padding_mask)는 1x5 텐서로 타겟 시퀀스의 패딩 토큰 위치를 나타냅니다. PAD_IDX 값이 있는 위치는 True로 설정됩니다. 또한, 디코더가 타겟 시퀀스의 패딩 토큰을 무시하도록 합니다.

3.5 모델 학습

학습 함수, 검증 함수를 순차적으로 정의합니다. 순전파, 손실 함수 계산, 역전파 과정을 위주로 살펴보겠습니다.

```
1  def train(model, dataloader, criterion, optimizer, epoch, device):
2      model.train( )
3
4      running_loss = 0
5      correct = 0
6
7      with tqdm(dataloader) as pbar:
8          pbar.set_description(f'Epoch - {epoch} TRAIN')
9          for i, (data, targets) in enumerate(pbar):
10             data, targets = data.to(device), targets.to(device)
11
12             tgt_input = targets[:-1, :]
13
14             src_mask, tgt_mask, src_padding_mask, tgt_padding_mask = create_mask(data,
                   tgt_input)
15
```

```
16        logits = model(data, tgt_input, src_mask, tgt_mask, src_padding_mask, tgt_
          padding_mask, src_padding_mask)
17
18        optimizer.zero_grad( )
19        tgt_out = targets[1:, :]
20        loss = criterion(logits.reshape(-1, logits.shape[-1]), tgt_out.reshape(-1))
21        torch.nn.utils.clip_grad_norm_(model.parameters( ), 0.5)
22        loss.backward( )
23        optimizer.step( )
24
25        running_loss += loss.item( )
26
27        _, predicted = torch.max(logits.data, -1)
28        correct += (predicted == tgt_out).sum( ).item( )
29
30        pbar.set_postfix(loss=loss.item( ))
31
32     data_num = len(dataloader.dataset)
33     acc = 100. * correct / data_num
34
35     final_loss = running_loss/len(dataloader)
36     pbar.set_postfix(loss=final_loss, acc=acc)
37
38  return final_loss, acc
```

코드 설명

- 12행 : 타겟 데이터의 입력 부분을 생성합니다. 마지막 요소를 제외한 모든 요소를 사용합니다.
- 14행 : 데이터와 타겟 입력을 사용하여 마스크를 생성합니다. 마스크는 모델이 입력 데이터를 처리하는데 도움을 줍니다.
- 16행 : 모델에 데이터와 마스크를 입력하여 로짓을 계산합니다. 로짓은 모델 출력으로 손실 계산에 사용됩니다.
- 18~23행 : 기울기를 0으로 초기화하고, 손실을 계산한 후 기울기를 역전파하여 최적화 단계를 수행합니다. 여기에서는 기울기 클리핑도 적용됩니다.

트랜스포머 모델을 학습할 때 특이한 점은 모델 순전파 시 타겟 시퀀스의 일부를 사용하는 것입니다. 12행에서 타겟 시퀀스의 마지막 요소를 제외한 모든 요소를 선택하는 이유는 시퀀스 예측에서 다음 요소를 예측하는데 현재 요소까지의 정보만 사용하기 때문입니다. 이러한 접근법은 교사 강요(Teacher Forcing)라는 개념과 관련이 있습니다. 교사 강요는 학습 과정에서 모델이 이전 시간 단계의 실제 타겟을 다음 입력으로 사용하는 방법입니다. 이는 모델이 정확한 시퀀스 구조를 빨리 학습하도록 도와줍니다. 그리고 21행에서 사용된 기울기 클리핑(Gradient Clipping)은 신경망 학습 중에 발생할 수 있는 기울기 폭발 문제를 방지합니다. 깊은 네트워크나 순환 신경망(RNN)에서는 역전파 과정 중 큰 기울기 값이 발생할 수 있습니다. 이러한 기울기 값은 가중치 업데이트 시 매우 큰 변경을 초래합니다. 또한, 네트워크가 불안정해지고 학습이 제대로 진행되지 않는 원인이 됩니다. 이때, 기울기 클리핑을 사용하여 기울기 최대값을 제한합니다. torch.nn.utils.clip_grad_norm_(model.parameters(), 0.5)는 모델의 모든 파라미터에서 기울기의 L2 Norm이 0.5를 초과하지 않도록 제한합니다. 트랜스포머는 깊은 층과 주의 메커니즘(Attention Mechanism)을 사용하는데, 이로 인해 학습 중 기울기가 불안정해질 수 있습니다. 특히, 트랜스포머는 RNN과 달리 시퀀스의 모든 요소를 동시에 처리하므로 긴 시퀀스에서 기울기가 불안정해지는 문제가 발생할 수 있어 기울기 클리핑 기법을 사용합니다.

다음은 검증 함수입니다.

```
1  def validation(model, dataloader, criterion, epoch, device):
2      model.eval()
3
4      correct = 0
5      running_loss = 0.
6
7      with tqdm(dataloader) as pbar:
8          pbar.set_description(f'Epoch - {epoch} VALID')
9          with torch.no_grad():
10             for i, (data, targets) in enumerate(pbar):
11                 data, targets = data.to(device), targets.to(device)
12
13                 tgt_input = targets[:-1, :]
14                 src_mask, tgt_mask, src_padding_mask, tgt_padding_mask = create_mask(data, tgt_input)
15
16                 logits = model(data, tgt_input, src_mask, tgt_mask, src_padding_mask, tgt_padding_mask, src_padding_mask)
17
18                 tgt_out = targets[1:, :]
19                 loss = criterion(logits.reshape(-1, logits.shape[-1]), tgt_out.reshape(-1))
20
```

```
21          running_loss += loss.item( )
22
23          _, predicted = torch.max(logits.data, -1)
24          correct += (predicted == tgt_out).sum( ).item( )
25
26          pbar.set_postfix(loss=loss.item( ))
27
28      data_num = len(dataloader.dataset)
29      acc = 100. * correct / data_num
30
31      final_loss = running_loss/len(dataloader)
32      pbar.set_postfix(loss=final_loss)
33
34      return final_loss, acc
```

이제 학습을 진행해 보겠습니다. 먼저 하이퍼파라미터를 설정합니다.

```
1 EPOCH = 7
2 BATCH_SIZE = 64
3 NUM_WORKERS = 1
4 LR = 0.0001
```

이어서 데이터셋과 데이터 로더를 생성합니다.

```
1 trainset, valset, testset = get_dataset( )
2
3 # dataloader
4 train_loader = DataLoader(
5   dataset=trainset,
6   shuffle=True,
7   batch_size=BATCH_SIZE,
8   num_workers=NUM_WORKERS,
9   collate_fn=collate_fn
10 )
11 val_loader = DataLoader(
12   dataset=valset,
13   batch_size=BATCH_SIZE,
14   num_workers=NUM_WORKERS,
```

```
15    collate_fn=collate_fn
16  )
17  test_loader = DataLoader(
18    dataset=testset,
19    batch_size=BATCH_SIZE,
20    num_workers=NUM_WORKERS,
21    collate_fn=collate_fn
22  )
```

다음으로 모델을 생성합니다. 13~15행에서는 모델의 가중치를 초기화합니다. model.parameters( ) 함수는 모델의 학습 가능한 모든 파라미터를 반환하고, 이중 차원이 1보다 큰 가중치를 xavier_uniform( ) 함수로 초기화합니다.

```
1  NUM_ENCODER_LAYERS = 3
2  NUM_DECODER_LAYERS = 3
3  EMB_SIZE = 512
4  NHEAD = 8
5  SRC_VOCAB_SIZE = len(text_vocab)
6  TGT_VOCAB_SIZE = len(ner_vocab)
7  FFN_HID_DIM = 512
8  DROPOUT = 0.2
9
10 model = Seq2SeqTransformer(NUM_ENCODER_LAYERS, NUM_DECODER_
   LAYERS, EMB_SIZE,
11                NHEAD, SRC_VOCAB_SIZE, TGT_VOCAB_SIZE, FFN_HID_
                  DIM, DROPOUT)
12
13 for p in model.parameters( ):
14    if p.dim( ) > 1:
15        nn.init.xavier_uniform_(p)
```

학습에 사용할 최적화 함수, 손실 함수, 스케줄러를 생성합니다.

```
1  # Optimizer, Loss, Scheduler
2  criterion = nn.CrossEntropyLoss(ignore_index=PAD_IDX).to(device)
3  optimizer = torch.optim.AdamW(model.parameters( ), lr=LR, betas=(0.9, 0.98), eps=1e-9)
4  scheduler = optim.lr_scheduler.StepLR(optimizer, step_size=1, gamma=0.95)
5
```

```
6 model = model.to(device)
7 criterion = criterion.to(device)
```

학습 루프를 실행하면서 학습을 진행합니다.

```
1 min_loss = 999
2 # Start Training
3 for epoch in range(EPOCH):
4   print("LR:", scheduler.get_last_lr( ))
5
6   start_time = timer( )
7   tloss, tacc = train(model, train_loader, criterion, optimizer, epoch, device)
8   end_time = timer( )
9
10  start_time = timer( )
11  vloss, vacc = validation(model, val_loader, criterion, epoch, device)
12  end_time = timer( )
13
14  scheduler.step( )
15
16  if vloss < min_loss:
17      min_loss = vloss
18      torch.save(model.state_dict( ), "best.pth")
19      print("save model")
```

3.6 추론

학습 후 모델을 이용해 NER 예측을 진행하고, 추론을 위한 두 가지 함수를 소개합니다. 탐욕적 디코딩을 위한 함수입니다.

```
1 def greedy_decode(model, src, src_mask, max_len, start_symbol):
2   src = src.to(device)
3   src_mask = src_mask.to(device)
4
5   memory = model.encode(src, src_mask)
6   ys = torch.ones(1, 1).fill_(start_symbol).type(torch.long).to(device)
7
8   for i in range(max_len-1):
```

```
9    memory = memory.to(device)
10   tgt_mask = (generate_square_subsequent_mask(ys.size(0))
11           .type(torch.bool)).to(device)
12   out = model.decode(ys, memory, tgt_mask)
13   out = out.transpose(0, 1)
14   prob = model.generator(out[:, -1])
15   _, next_word = torch.max(prob, dim=1)
16   next_word = next_word.item( )
17
18   ys = torch.cat([ys,
19             torch.ones(1, 1).type_as(src.data).fill_(next_word)], dim=0)
20   if next_word == EOS_IDX:
21      break
22 return ys
```

코드 설명

- 1행 : greedy_decode 함수는 모델, 소스 시퀀스, 소스 마스크, 최대 길이, 시작 심볼을 매개변수로 받습니다.
- 2~3행 : 소스 시퀀스와 소스 마스크를 지정된 장치로 이동합니다. 이는 GPU와 같은 하드웨어 가속을 사용하기 위해서입니다.
- 5행 : 모델의 인코더를 사용하여 소스 시퀀스의 메모리 표현을 계산합니다.
- 6행 : 디코딩을 시작하기 위한 초기 토큰(시작 심볼)을 생성합니다.
- 8~21행 : 디코딩 과정을 max_len-1번 반복합니다. 이는 생성될 시퀀스의 최대 길이를 제한합니다.
- 9~11행 : 타겟 마스크를 생성합니다. 마스크는 디코더가 생성한 시퀀스의 위치까지만 고려합니다.
- 12~13행 : 모델의 디코더를 사용하여 현재까지 생성된 시퀀스의 출력을 얻습니다.
- 14~15행 : 모델 출력에서 다음 단어를 예측합니다. 이는 탐욕적 선택을 통해 가장 높은 확률을 가진 단어를 선택합니다.
- 18~19행 : 예측된 단어를 현재 시퀀스에 추가합니다.
- 20~21행 : 예측된 단어가 EOS(End of Sequence) 토큰인 경우 디코딩을 종료합니다.
- 22행 : 생성된 시퀀스를 반환합니다.

greedy_decode( ) 함수

트랜스포머 모델을 사용하여 시퀀스를 생성할 때 각 단계별로 가능성이 높은 단어를 선택하는 방법입니다. 이는 단순하고 계산 효율적이며, 실시간 시퀀스 생성에 적합합니다. 그러나 각 단계에서만 최적의 선택을 하기 때문에 전체적인 관점에서 최적의 시퀀스를 항상 보장하지는 않습니다.

마지막으로 트랜스포머 모델을 사용하여 주어진 문장에서 NER을 수행해 보겠습니다.

```
1 def translate(model: torch.nn.Module, src_sentence: str):
2   model.eval( )
```

```
3   src = text_transforms(src_sentence).view(-1, 1)
4   num_tokens = src.shape[0]
5   src_mask = (torch.zeros(num_tokens, num_tokens)).type(torch.bool)
6   tgt_tokens = greedy_decode(
7     model, src, src_mask, max_len=num_tokens + 5, start_symbol=BOS_IDX).flatten( )
8   return " ".join(
9     ner_vocab.lookup_tokens(list(tgt_tokens.cpu( ).numpy( )))
10  ).replace("<bos>", "").replace("<eos>", "")
```

코드 설명

- 1행 : translate 함수는 트랜스포머 모델과 번역할 소스 문장을 매개변수로 받습니다.
- 2행 : 모델을 평가 모드로 설정합니다. 이는 추론 시 일부 레이어의 동작이 다르기 때문입니다(예 : 드롭아웃 비활성화).
- 3행 : 입력된 문장을 모델에 맞는 토큰 형태로 변환하고, 적절한 형태로 재구성합니다.
- 4행 : 입력 토큰의 개수를 계산합니다.
- 5행 : 소스 마스크를 생성하여 인코더가 문장의 모든 위치를 동일하게 처리할 수 있도록 합니다.
- 6~7행 : greedy_decode 함수를 이용하여 번역된 토큰 시퀀스를 생성합니다. max_len은 원본 토큰 수에 5를 더한 값으로 번역된 문장이 원본보다 더 길어질 수 있음을 고려합니다.
- 8~10행 : 생성된 토큰 시퀀스를 실제 단어로 변환하고, 문장으로 조합합니다. 시작(〈bos〉) 및 종료(〈eos〉) 토큰은 제거됩니다.

다음과 같이 NER을 수행합니다.

```
1 model.load_state_dict(torch.load("best.pth"))
2 tokenizer = get_tokenizer("spacy", "ko_core_news_sm")
3 print(translate(model, tokenizer("12월 25일 부산에서 아시안게임 개최 논의")))
```

[실행 결과]
DAT_B DAT_I LOC_B EVT_B - -

트랜스포머 모델을 활용하여 NER 태스크의 해결 방법을 학습했습니다. 트랜스포머의 강력한 어텐션 메커니즘을 이용하여 문맥상 의미 있는 정보를 포착하고, 개체명을 정확하게 식별할 수 있는 모델의 구축 과정을 살펴보았습니다. 각 단계별로 데이터 전처리부터 모델 구축, 훈련 그리고 예측까지의 과정을 차근차근 짚어보면서 트랜스포머가 복잡한 NLP 태스크를 어떻게 수행할 수 있는지 실제 코드와 함께 학습하였습니다. 이를 통해 NER과 같은 고급 NLP 문제를 해결하기 위한 트랜스포머의 능력과 구현 방법에 대해 깊은 이해를 얻을 수 있었습니다. 이제 여러분은 트랜스포머를 이용해 복잡한 텍스트 분석과 엔티티 인식 문제를 해결할 수 있는 충분한 지식과 실습 경험을 갖추게 되었습니다.

찾아보기

ㄱ~ㄹ
강화학습	14
객체 인식	218
경사 하강법	72
구글 코랩	19, 20
기울기 소실	74
다중 채널	121
다층 신경망	66
데이터 증강	183
데이터 프레임	45, 47, 50, 53

ㅁ~ㅂ
매트릭스	23, 24
벡터	23
비지도학습	14

ㅅ~ㅇ
사인 함수	78
사전 훈련	157
손실 함수	71
스칼라	23
스트라이드	117
오차 역전파	74
오토 인코더	242
이미지 분류	123

ㅈ~ㅌ
자동 미분	84
전이 학습	158
지도학습	14
최적화 함수	91
텐서	24, 25, 26, 27
토치 허브	158
트랜스포머	314, 328

ㅍ~ㅎ
파이토치	18, 88, 108
패딩	118
퍼셉트론	60, 61
풀링	122

품사 태깅	298, 299
합성곱 레이어	120
합성곱 신경망	114
혼돈 행렬	208
회귀 모델	102

A~H
Albumentations	183, 184
arange	32
cat	42
CGAN/GAN	268, 266
CIFAR10 데이터셋	136
empty	29
FasterRCNN	228
full	31
F1 스코어	211

I~N
Kaggle	161, 162
LeNet 모델	127, 128
LSTM	290, 291
Matplotlib	56
MNIST 데이터셋	125

O~Q
ones	30
permute	40

R~Z
random	31
reshape	39
ResNet	140, 141
ResNet18, 50	206, 169
RNN	278, 305
RoI Pooling	230
squeeze	41
unsqueeze	41
U-NET	255, 256
VGG	139
Weights & Blases	191
zeros	29